2022

Training Quali

Original-Prüfungsaufgaben

Bayern

Mathematik

LÖSUNGEN

STARK

© 2021 Stark Verlag GmbH
18. ergänzte Auflage
www.stark-verlag.de

Inhalt

Training Grundwissen

Vorbereitung auf die neue Prüfung 2022

Abschlussprüfungsaufgaben an Mittelschulen in Bayern

Das Corona-Virus hat im vergangenen Schuljahr auch die Prüfungsabläufe durcheinandergebracht und manches verzögert. Daher sind die Lösungen zur Prüfung 2021 in diesem Jahr nicht im Buch abgedruckt, sondern erscheinen in digitaler Form. Sobald die Original-Prüfungsaufgaben 2021 zur Veröffentlichung freigegeben sind, kannst du die Lösungen als PDF auf der Plattform MyStark herunterladen (Zugangscode vgl. vorne im Buch).

Autoren:
Walter Modschiedler, Walter Modschiedler jun.

1   Grundlagen des Rechnens

1
a) $5 \cdot (6+4) = 5 \cdot 10 = 50$
b) $(7,3-2,3) \cdot 8 = 5 \cdot 8 = 40$
c) $24 : (39-33) = 24 : 6 = 4$
d) $(20,2+6,8) : 9 = 27 : 9 = 3$
e) $3 \cdot 8 + 7 \cdot 8 = 24 + 56 = 80$
f) $8 \cdot 5 - 4 \cdot 5 = (8-4) \cdot 5 = 4 \cdot 5 = 20$
g) $7,9 \cdot 2 + 2,1 \cdot 2 = (7,9+2,1) \cdot 2 = 10 \cdot 2 = 20$
h) $5,8 \cdot 3 - 4,8 \cdot 3 = (5,8-4,8) \cdot 3 = 1 \cdot 3 = 3$

2
a) $3 + 2 \cdot 12 + 4 + 6 \cdot 5 = 3 + 24 + 4 + 30 = 61$
b) $(31+32) : 7 - 5 + 5 \cdot 4 = 63 : 7 - 5 + 20 = 9 - 5 + 20 = 24$
c) $18 - 14 : 7 + 3 \cdot 4 - 2 + 8 : 4 = 18 - 2 + 12 - 2 + 2 = 28$
d) $(24+36) : 3 + 17 - 15 \cdot 2 = 60 : 3 + 17 - 30 = 20 + 17 - 30 = 7$
e) $(3,5-1,5) \cdot 14 - 10 : 2 = 2 \cdot 14 - 5 = 28 - 5 = 23$
f) $20,5 - 3,5 \cdot 5 + 5 \cdot 4,2 - 1,2 = 20,5 - 17,5 + 21 - 1,2 = 22,8$

3
a) $3 \cdot 4 \boxed{} 18 = 30$
$3 \cdot 4 + 18 = 30$
$12 + 18 = 30$
$30 = 30$

b) $50 \boxed{} 2 + 3 = 28$
$50 : 2 + 3 = 28$
$25 + 3 = 28$
$28 = 28$

c) $12 \boxed{} 4 + 30 = 66 : 2$
$12 : 4 + 30 = 33$
$3 + 30 = 33$
$33 = 33$

d) $5 \boxed{} 8 - 32 = 10 - 2$
$5 \cdot 8 - 32 = 8$
$40 - 32 = 8$
$8 = 8$

e) $19 \boxed{} 2 + 12 = 100 : 2$
$19 \cdot 2 + 12 = 50$
$38 + 12 = 50$
$50 = 50$

f) $1,7 \boxed{} 2,3 = 6 \boxed{} 2$
$1,7 + 2,3 = 6 - 2$
$4 = 4$

g) $259 \boxed{} 59 = 400 \boxed{} 2$
$259 - 59 = 400 : 2$
$200 = 200$

h) $28 \boxed{} 28 = 14 \cdot 4$
$28 + 28 = 56$
$56 = 56$

i) $2 \cdot 5 \boxed{} 15 = 300 \boxed{} 2$
$2 \cdot 5 \cdot 15 = 300 : 2$
$150 = 150$

4
a) $12 + 13 + 18 + 17 =$
$12 + 18 + 13 + 17 =$
$30 + 30 = 60$

b) $127 + 395 - 107 - 385 =$
$127 - 107 + 395 - 385 =$
$20 + 10 = 30$

c) $125 - 13 - 100 - 7 =$
$125 - 100 - 13 - 7 =$
$125 - 100 - 20 = 5$

d) $3 \cdot 9 - 3 \cdot 8 + 5 \cdot 12 - 4 \cdot 12 =$
$3 \cdot (9-8) + 12 \cdot (5-4) =$
$3 \cdot 1 + 12 \cdot 1 = 15$

e) $100 : 5 + 100 : 5 + 100 : 5 - 20 =$
$20 + 20 + 20 - 20 =$
$60 - 20 = 40$

f) $3 \cdot 6 + 7 \cdot 6 - 120 : 2 =$
$6 \cdot (3+7) - 60 =$
$6 \cdot 10 - 60 = 0$

5
a) $(305 - 155) + (30 \cdot 5) =$
$150 + 150 = 300$
b) $(42 + 18) - (100 : 25) =$
$60 - 4 = 56$
c) $(5 \cdot 6) \cdot (125 - 95) =$
$30 \cdot 30 = 900$
d) $(1\,000 : 4) : (12 + 13) =$
$250 : 25 = 10$

6
a) $501,22 \,€ : 7 = 71,602\ldots\, € \approx 71,60\, €$
b) $739,85 \,€ : 33 = 22,419\ldots\, € \approx 22,42\, €$
c) $58,44 \,€ : 15 = 3,896 \,€ \approx 3,90\, €$
d) $127,91 \,€ : 19 = 6,732\ldots\, € \approx 6,73\, €$

7
a) $56,49 \,€ \approx 56,00\, €$
b) $245,58 \,€ \approx 246,00\, €$
c) $469,25 \,€ \approx 469,00\, €$
d) $899,62 \,€ \approx 900,00\, €$

8

Zehner	$437 \approx 440$	$1\,284 \approx 1\,280$	$4\,496 \approx 4\,500$	$9\,904 \approx 9\,900$
Hunderter	$8\,583 \approx 8\,600$	$7\,136 \approx 7\,100$	$5\,983 \approx 6\,000$	$1\,035 \approx 1\,000$
Tausender	$72\,346 \approx 72\,000$	$69\,705 \approx 70\,000$	$86\,449 \approx 86\,000$	$99\,575 \approx 100\,000$
Zehntel	$13,47 \approx 13,50$	$11,04 \approx 11,00$	$67,66 \approx 67,70$	$49,95 \approx 50,00$
Hundertstel	$7,096 \approx 7,100$	$2,252 \approx 2,250$	$14,005 \approx 14,010$	$29,994 \approx 29,990$

9

kleinstmögliche Zahl	Rundungsergebnis	größtmögliche Zahl
3,750 ⟶	3,800 ⟵	3,849
4,650	4,700	4,749
5,850	5,900	5,949
6,865	6,870	6,874
7,025	7,03	7,034
0,099…	0,1	0,144…

10

Land	Fläche	Einwohner
Finnland	$338\,465 \text{ km}^2 \approx 338\,000 \text{ km}^2$	$5,517$ Millionen $\approx 5,5$ Millionen
Norwegen	$385\,201 \text{ km}^2 \approx 385\,000 \text{ km}^2$	$5,367$ Millionen $\approx 5,4$ Millionen
Deutschland	$357\,582 \text{ km}^2 \approx 358\,000 \text{ km}^2$	$83,166$ Millionen $\approx 83,2$ Millionen
Polen	$312\,696 \text{ km}^2 \approx 313\,000 \text{ km}^2$	$38,386$ Millionen $\approx 38,4$ Millionen
Italien	$301\,338 \text{ km}^2 \approx 301\,000 \text{ km}^2$	$60,260$ Millionen $\approx 60,3$ Millionen
Ungarn	$99\,036 \text{ km}^2 \approx 99\,000 \text{ km}^2$	$9,773$ Millionen $\approx 9,8$ Millionen
Griechenland	$131\,957 \text{ km}^2 \approx 132\,000 \text{ km}^2$	$10,727$ Millionen $\approx 10,7$ Millionen
Bulgarien	$110\,994 \text{ km}^2 \approx 111\,000 \text{ km}^2$	$7,050$ Millionen $\approx 7,1$ Millionen
Österreich	$83\,879 \text{ km}^2 \approx 84\,000 \text{ km}^2$	$8,858$ Millionen $\approx 8,9$ Millionen
Belgien	$30\,688 \text{ km}^2 \approx 31\,000 \text{ km}^2$	$11,431$ Millionen $\approx 11,4$ Millionen

11
a) $23 + 85 \approx 20 + 90 = 110$ — genaues Ergebnis: 108
b) $506 + 791 \approx 500 + 800 = 1\,300$ — genaues Ergebnis: 1 297
c) $52,1 + 36,9 \approx 50 + 40 = 90$ — genaues Ergebnis: 89
d) $23,4 + 66,7 \approx 20 + 70 = 90$ — genaues Ergebnis: 90,1
e) $44,25 - 23,75 \approx 40 - 20 = 20$ — genaues Ergebnis: 20,5
f) $19,97 - 8,47 \approx 20 - 8 = 12$ — genaues Ergebnis: 11,5
g) $248,1 - 103,9 \approx 250 - 100 = 150$ — genaues Ergebnis: 144,2
h) $569,55 - 166,75 \approx 570 - 170 = 400$ — genaues Ergebnis: 402,8

12
a) $7,045 + 2,733 + 24,875 + 15,125 \approx 7 + 3 + 25 + 15 = 50$ — genaues Ergebnis: 49,778
b) $8,61 + 13,09 + 71,81 + 56,81 \approx 9 + 13 + 72 + 57 = 151$ — genaues Ergebnis: 150,32
c) $94,81 - 27,12 - 15,23 - 16,74 \approx 95 - 27 - 15 - 17 = 36$ — genaues Ergebnis: 35,72
d) $43,32 - 11,01 - 12,99 - 8,85 \approx 43 - 11 - 13 - 9 = 10$ — genaues Ergebnis: 10,47

13
a) $67 \cdot 23 \approx 70 \cdot 20 = 1\,400$ — genaues Ergebnis: 1 541
b) $19 \cdot 53 \approx 20 \cdot 50 = 1\,000$ — genaues Ergebnis: 1 007
c) $45,9 \cdot 5,4 \approx 50 \cdot 5 = 250$ — genaues Ergebnis: 247,86
d) $93,62 : 15,1 \approx 90 : 15 = 6$ — genaues Ergebnis: 6,2
e) $59,28 : 5,7 \approx 60 : 6 = 10$ — genaues Ergebnis: 10,4
f) $101,91 : 3,95 \approx 100 : 4 = 25$ — genaues Ergebnis: 25,8
g) $1,95 : 2,14 \cdot 9,75 \approx 2 : 2 \cdot 10 = 10$ — genaues Ergebnis: 8,8843…
h) $89,18 : 4,9 \cdot 5,2 \approx 90 : 5 \cdot 5 = 90$ — genaues Ergebnis: 94,64

i) $500{,}5 \cdot 9{,}75 : 249{,}25 \approx 500 \cdot 10 : 250 = 20$ genaues Ergebnis: $19{,}5782\ldots$

---

14 a) **Überschlag der Gesamtkosten**

Raufasertapete:		$6{,}82\ \text{€} \approx 7\ \text{€}$	$7\ \text{€} \cdot 10 = 70\ \text{€}$
Deckenpaneele:		$6{,}49\ \text{€} \approx 6\ \text{€}$	$6\ \text{€} \cdot 25 = 150\ \text{€}$
Dielenbretter:	$25\ \text{m}^2 : 2{,}5\ \text{m}^2 = 10$	$34{,}99\ \text{€} \approx 35\ \text{€}$	$35\ \text{€} \cdot 10 = 350\ \text{€}$
Kleister:		$7{,}77\ \text{€} \approx 8\ \text{€}$	$8\ \text{€} \cdot 4 = 32\ \text{€}$
Fußbodenleiste:	$20\ \text{m} : 2{,}5\ \text{m} = 8$	$9{,}35\ \text{€} \approx 9\ \text{€}$	$9\ \text{€} \cdot 8 = 72\ \text{€}$
Pinselsortiment:		$9{,}76\ \text{€} \approx 10\ \text{€}$	$10\ \text{€}$
Gesamtkosten:	$70\ \text{€} + 150\ \text{€} + 350\ \text{€} + 32\ \text{€} + 72\ \text{€} + 10\ \text{€} = 684\ \text{€}$		

b) **Genaue Berechnung der Gesamtkosten**

Raufasertapete:	$6{,}82\ \text{€} \cdot 10 = 68{,}20\ \text{€}$
Deckenpaneele:	$6{,}49\ \text{€} \cdot 25 = 162{,}25\ \text{€}$
Dielenbretter:	$34{,}99\ \text{€} \cdot 10 = 349{,}90\ \text{€}$
Kleister:	$7{,}77\ \text{€} \cdot 4 = 31{,}08\ \text{€}$
Fußbodenleiste:	$9{,}35\ \text{€} \cdot 8 = 74{,}80\ \text{€}$
Pinselsortiment:	$9{,}76\ \text{€}$

Gesamtkosten: $68{,}20\ \text{€} + 162{,}25\ \text{€} + 349{,}90\ \text{€} + 31{,}08\ \text{€} + 74{,}80\ \text{€} + 9{,}76\ \text{€} = 695{,}99\ \text{€}$

Abweichung genaue Kosten – Überschlagsergebnis
$695{,}99\ \text{€} - 684\ \text{€} = 11{,}99\ \text{€}$ Abweichung

c) **Geld für die Einstandsparty**
$750\ \text{€} - 695{,}99\ \text{€} = 54{,}01\ \text{€}$
Jonas bleiben $54{,}01\ \text{€}$ für eine Einstandsparty übrig.

---

15 Als Bezugsgröße dient das Päckchen Papiertaschentücher. Das Päckchen ist 5 cm breit und 10 cm hoch. Pflastersteine sind keine idealen Würfel, die Kanten sind nie gleich lang.

Stein A: Der Stein ist etwas höher als die Höhe und die Breite des Päckchens zusammen, also
$10\ \text{cm} + 5\ \text{cm} + 1\ \text{cm} = 16\ \text{cm}$
geschätzte Kantenlänge: $\approx 16\ \text{cm}$

Stein B: Bei Stein B ist die linke Kante etwas größer (ca. 10,5 cm), die rechte Kante etwas kleiner (ca. 9,5 cm) als die Höhe der Bezugsgröße.
geschätzte Kantenlänge: $\approx 10\ \text{cm}$

Stein C: Im Vergleich zu Stein B (Kantenlänge ca. 10 cm) ist die Kantenlänge um ca. 2 cm kleiner. Der Stein C ist nur halb so hoch wie Stein A.
geschätzte Kantenlänge: $\approx 8\ \text{cm}$

Stein D: Die Kanten sind etwas länger als die Breite der Vergleichsgröße.
geschätzte Kantenlänge: $\approx 6\ \text{cm}$

---

16 Als Bezugsgröße dient der Mann vor dem großen Coil. Der Mann scheint eine durchschnittliche Größe von ca. 1,75 m zu haben.

Großer Coil: Der Durchmesser des großen Coils und die Größe des Manns sind gleich.
geschätzter Durchmesser: $\approx 1{,}75\ \text{cm}$

Kleiner Coil: Der Durchmesser des kleinen Coils ist rund einen halben Meter kleiner als die Bezugsgröße.
geschätzter Durchmesser: $\approx 1{,}25\ \text{cm}$

Mittelgroßer Coil: Der Durchmesser des mittelgroßen Coils ist ca. 25 cm größer als der Durchmesser des kleinen Coils und ca. 25 cm kleiner als der Durchmesser des großen Coils. Er liegt in der „Mitte".
geschätzter Durchmesser: $\approx 1{,}50\ \text{cm}$

Beachte für spätere Schätzungen: Der Coil am linken Bildrand und der Coil am rechten Bildrand haben denselben Durchmesser. Da das Bild von rechts aufgenommen wurde, ist der Durchmesser des Coils am rechten Bildrand doppelt so groß wie der Durchmesser des Coils am linken Bildrand → perspektivische Verzerrung!

17 Als Bezugsgröße dient der Mann neben dem Treibrad. Der Mann scheint eine durchschnittliche Größe von ca. 1,75 m zu haben.

Durchmesser des Treibrads: Die Oberkante des Treibrads reicht ungefähr bis zum Kinn des Mannes. Es fehlen nach oben ca. 20 cm bis zur Bezugsgröße. Das Treibrad steht auf einer Eisenbahnschiene, die ca. 15 cm hoch ist. (Die Schiene ragt weit über den Fußknöchel der Bezugsgröße.) 1,75 m − 20 cm − 15 cm = 1,40 m
geschätzter Durchmesser des Treibrads: ≈ 1,40 m

Umfang des Treibrads: u = d · 3,14
Zur Rechnung rundet man 3,14 auf 3 ab.
u = 1,40 m · 3
u = 4,20 m ≈ 4,40 m (Das Ergebnis wird nach dem Komma aufgerundet.)
geschätzter Umfang des Treibrads: ≈ 4,40 m

Länge der Ankerkette: Auch hier dient der Mann als Bezugsgröße. Die Bezugsgröße passt rund zweimal von der Öse rechts oben bis zum Ende der Ankerkette links unten hinein.
1,75 m · 2 = 3,50 m
geschätzte Länge der Ankerkette: ≈ 3,50 m

---

18 Zur Volumenbestimmung des quaderförmigen Aufbaus des Waggons müssen zunächst die Länge, die Breite und die Höhe geschätzt werden. Das Bild zeigt den Waggon schräg von vorne, d. h. die Länge und die Breite sind stark verzerrt (verkürzt), was bei der Schätzung berücksichtigt werden muss.

Schätzen der Höhe des quaderförmigen Aufbaus
Als Bezugsgröße dient der Mann auf dem Waggon. Die Körpergröße des Manns scheint etwas kleiner zu sein als die durchschnittliche Körpergröße, ca. 1,70 m.
Der quaderförmige Aufbau des Waggons ist ca. 30 cm höher als die Bezugsgröße.
geschätzte Höhe: ≈ 2 m

Schätzen der Breite des quaderförmigen Aufbaus
Legt man die Bezugsgröße parallel zu Breite des Aufbaus, um die Breite zu schätzen, käme man auf ca. 1,90 m. Das kann nicht sein!
Man benötigt eine neue Bezugsgröße für die Breite des Aufbaus. In einem Nahverkehrswagen der Bahn-AG sind neben dem Mittelgang (ca. 70 cm breit) je zwei Sitzreihen mit zwei Sitzen (Breite eines Sitzes ca. 50 cm) angeordnet.
innere Breite eines Nahverkehrswagens: 70 cm + 4 · 50 cm = 270 cm = 2,70 m
Die Breite eines Nahverkehrswagens entspricht in etwa der Breite des Aufbaus.
geschätzte Breite: ≈ 2,70 m

Schätzen der Länge des quaderförmigen Aufbaus
Die Vorderseite des quaderförmigen Aufbaus wird durch senkrechte Verstrebungen in 9 Flächen geteilt. 7 Teilflächen haben dieselbe Länge (Breite), die beiden Flächen mit den Türen sind jeweils ca. 50 cm länger (breiter).
Als Bezugsgröße dient die Größe der geschätzten Breite. Da die Länge stärker verkürzt wird als die Breite, hat die erste Fläche neben dem Mann eine geschätzte Länge von mindestens 1,50 m.
Gesamte Länge des quaderförmigen Aufbaus:
1,50 m · 9 + 1 m = 14,50 m aufgerundet: ≈ 15 m

Volumen des quaderförmigen Aufbaus
h ≈ 2 m, b ≈ 2,7 m, l ≈ 15 m
V = 2 m · 2,7 m · 15 m
V = 81 m³ ≈ 80 m³
Geschätztes Volumen des quaderförmigen Aufbaus: ≈ 80 m³

---

19 a) Als Bezugsgröße dient der Mann unter dem Silo. Die Größe des Manns scheint etwas unter der durchschnittlichen Körpergröße zu liegen, ca. 1,70 m.

Durchmesser des Silos: Legt man die Bezugsgröße waagrecht an die Unterkante des zylinderförmigen Silos, um den Durchmesser zu schätzen, sieht man, dass die Bezugsgröße etwas kleiner als der Durchmesser ist.
d ≈ 1,70 m + 30 cm ≈ 2 m
geschätzter Durchmesser des Silos: ≈ 2 m

Höhe des Silos: Die Bezugsgröße passt etwa dreimal in die Höhe des Silos, es fehlen einige cm.

$1{,}70 \text{ cm} \cdot 3 + 0{,}5 \text{ m} \approx 5{,}6 \text{ m}$

Da das Bild nach oben verkürzt ist, wird die Höhe auf ganze Meter aufgerundet.

geschätzte Höhe des Silos: ≈ 6 m

b) Als Bezugsgröße dient die junge Frau neben dem Baum mit einer geschätzten Körpergröße von 1,70 m.

Höhe des Baumstamms: Die Höhe des Baums beträgt rund sieben mal die Höhe der Bezugsgröße.

$1{,}70 \text{ m} \cdot 7 = 11{,}90 \text{ m} \approx 12 \text{ m}$

Das geschätzte Ergebnis wird wegen der Verkürzung nach oben um einen Meter aufgerundet.

$12 \text{ m} + 1 \text{ m} = 13 \text{ m}$

geschätzte Höhe des Baumstamms: ≈ 13 m

20 a) Als Bezugsgröße dient der Feuerwehrmann links neben der „Pommesbude". Mit Helm dürfte er ca. 1,85 m groß sein.

Maße der „Pommesbude": Auch hier verkürzt das Bild die Maße in die Tiefe. Die Stange rechts vorne entspricht der Höhe, hier dient der Feuerwehrmann als Bezugsgröße.

geschätzte Maße: Höhe $\approx 2{,}50$ m, Länge ≈ 2 m, Breite ≈ 2 m

b) Mit den geschätzten Größen aus der Teilaufgabe a) werden die Maße der Explosionswolke geschätzt.

Maximale Höhe der Explosionswolke: Die Explosionswolke breitet sich vom „Herd" bis zur Oberkante des Bildes aus.

Höhe der Explosionswolke in der Pommesbude $\approx 1{,}50$ m, Höhe außerhalb der Pommesbude ≈ 2 m

geschätzte Höhe der Explosionswolke: $\approx 3{,}50$ m

Maximale Breite der Explosionswolke: Auf der rechten Seite schlagen die Flammen ca. 50 cm aus der Pommesbude heraus, auf der linken Seite ca. 2 m.

$50 \text{ cm} + 2 \text{ m} + 2 \text{ m} = 4{,}50 \text{ m}$

geschätzte Breite der Explosionswolke: $\approx 4{,}50$ m

21 Die Vierkant-Stahlstangen sind zu Bündel mit 9 Stangen (linke Bildhälfte) und 10 Stangen (rechte Bildhälfte) zusammengepackt.

1. Schritt: Zählen der Bündel, auch der halb sichtbaren Bündel. Zählergebnis ca. 27 Bündel

2. Schritt: Anzahl der Vierkant-Stahlstangen

$27 \cdot 10 \text{ Stangen} = 270 \text{ Stangen}$

$27 \cdot 9 \text{ Stangen} = 243 \text{ Stangen}$

Wegen der halben Bündel und der unterschiedlichen Anzahl von Vierkantstahlstangen ist das zweite Ergebnis realistischer und wird auf 250 Stangen aufgerundet.

geschätzte Anzahl der Vierkant-Stahlstangen: ≈ 250 Stangen

22 **1. Schritt:** Bezugsgröße suchen

Das Bild hat eine Größe von 13,3 cm × 4,4 cm. Ein geeignetes Raster wäre z. B. 2,2 cm × 2,2 cm. Das Bild wird dadurch in 12 Kästchen eingeteilt, wobei das letzte Kästchen um 0,1 cm länger ist. Das wird beim abschließenden Runden berücksichtigt. Nach dem Auszählen der Steine und der teils verdeckten Steine kommt man auf etwa 25 bis 30 Steine in der Bezugsgröße.

2. Schritt: Anzahl mithilfe der Bezugsgröße bestimmen

mindestens: $25 \text{ Steine} \cdot 12 = 300 \text{ Steine}$

höchstens: $30 \text{ Steine} \cdot 12 = 360 \text{ Steine}$

Da zwei Kästchen etwas größer sind als das Vergleichskästchen und die Steine in der Mitte etwas dichter liegen als in der Vergleichsgröße, wird das zweite Ergebnis auf 350 Steine abgerundet.

geschätzte Anzahl der Pflastersteine: ≈ 350 Steine

23

	a)	b)	c)	d)	e)	f)	g)
Bruch	$\frac{1}{2}$	$\frac{2}{5}$	$\frac{9}{10}$	$\frac{4}{5}$	$\frac{3}{10}$	$\frac{1}{5}$	$\frac{3}{4}$
Hundertstelbruch	$\frac{50}{100}$	$\frac{40}{100}$	$\frac{90}{100}$	$\frac{80}{100}$	$\frac{30}{100}$	$\frac{20}{100}$	$\frac{75}{100}$
Dezimalbruch	0,5	0,4	0,9	0,8	0,3	0,2	0,75
Prozentsatz	50 %	40 %	90 %	80 %	30 %	20 %	75 %

24 a) $\frac{6}{10} = \frac{3}{5} = 60\,\%$ b) $\frac{4}{8} = \frac{1}{2} = 50\,\%$

25 a) $\frac{2}{8} = \frac{1}{4}$ b) $\frac{3}{8}$ oder $\frac{4}{8}$

(Je nachdem, was man für den „versteckten" Teil annimmt.)

26 a) 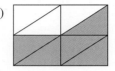   b)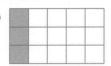

27 erste Möglichkeit   zweite Möglichkeit

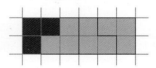   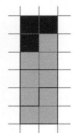

28 a) $\frac{2}{8}$ und $\frac{6}{8}$ b) $\frac{1}{6}$ und $\frac{5}{6}$

29 a) $60\,\% = \frac{3}{5}$ b) $\frac{3}{100} = 3\,\% \;\Rightarrow\; \frac{3}{100} < 33\,\%$

c) $\frac{29}{10} = 2,9 \;\Rightarrow\; \frac{29}{10} > 0,29$ d) $\frac{4}{5} = 80\,\%$

30 $\boxed{\text{✗}}$ 4,25 %   0,425 $\frac{43}{100}$

$\frac{2}{5} = 40\,\%$ $0,425 = 42,5\,\%$ $\frac{43}{100} = 43\,\%$

31 $29\,\% > \frac{1}{4}$ $0,55 < \frac{6}{10}$ $\frac{2}{5} = \frac{40}{100} = 40\,\%$

32 Im Rechteck ist etwas mehr als die Hälfte grau gefärbt. Im passenden Kreis muss etwas mehr als die Hälfte der Kreisfläche grau gefärbt sein.

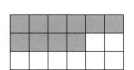

33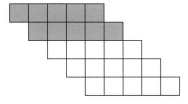

$\dfrac{2}{5}$ der Fläche sind grau gefärbt.

$\dfrac{3}{5} = 60\,\%$ bleiben weiß.

34 falsche Darstellungen

35 a) $\dfrac{1}{4} = 25\,\%$ des Kreises sind grau gefärbt.

    b)

36 a) $\dfrac{2}{3} = \dfrac{2 \cdot 3}{3 \cdot 3} = \dfrac{6}{9}$ $\qquad$ $\dfrac{2}{3} = \dfrac{2 \cdot 4}{3 \cdot 4} = \dfrac{8}{12}$ $\qquad$ $\dfrac{2}{3} = \dfrac{2 \cdot 6}{3 \cdot 6} = \dfrac{12}{18}$ $\qquad$ $\dfrac{2}{3} = \dfrac{2 \cdot 8}{3 \cdot 8} = \dfrac{16}{24}$

    b) $\dfrac{4}{5} = \dfrac{4 \cdot 2}{5 \cdot 2} = \dfrac{8}{10}$ $\qquad$ $\dfrac{4}{5} = \dfrac{4 \cdot 5}{5 \cdot 5} = \dfrac{20}{25}$ $\qquad$ $\dfrac{4}{5} = \dfrac{4 \cdot 7}{5 \cdot 7} = \dfrac{28}{35}$ $\qquad$ $\dfrac{4}{5} = \dfrac{4 \cdot 10}{5 \cdot 10} = \dfrac{40}{50}$

37 a) $\dfrac{4}{8} = \dfrac{2}{4} = \dfrac{1}{2}$ $\qquad$ b) $\dfrac{6}{18} = \dfrac{3}{9} = \dfrac{1}{3}$ $\qquad$ c) $\dfrac{15}{20} = \dfrac{3}{4}$ $\qquad$ d) $\dfrac{16}{36} = \dfrac{8}{18} = \dfrac{4}{9}$

38 a) $\dfrac{7}{25} = \dfrac{\mathbf{28}}{100}$ $\qquad$ b) $\dfrac{\mathbf{15}}{40} = \dfrac{3}{8}$ $\qquad$ c) $\dfrac{8}{\mathbf{12}} = \dfrac{2}{3}$ $\qquad$ d) $\dfrac{2}{5} = \dfrac{12}{\mathbf{30}}$

39 a) $\dfrac{3}{\mathbf{5}} = \dfrac{12}{20} = \dfrac{\mathbf{6}}{10} = \dfrac{36}{\mathbf{60}}$ $\qquad\qquad$ b) $\dfrac{20}{24} = \dfrac{10}{\mathbf{12}} = \dfrac{5}{6} = \dfrac{\mathbf{15}}{18}$

40 ☒ $\dfrac{3}{8}$ $\quad \dfrac{6}{16} \quad \dfrac{12}{32} \quad \dfrac{9}{24}$ $\qquad\qquad$ $\dfrac{6}{16} = \dfrac{3}{8}$ $\qquad \dfrac{12}{32} = \dfrac{3}{8}$ $\qquad \dfrac{9}{24} = \dfrac{3}{8}$

41 a) $\dfrac{12\,\text{€}}{36\,\text{€}} = \dfrac{1}{3}$ $\qquad$ b) $\dfrac{450\,\text{kg}}{600\,\text{kg}} = \dfrac{3}{4}$ $\qquad$ c) $\dfrac{45\,\ell}{180\,\ell} = \dfrac{1}{4}$ $\qquad$ d) $\dfrac{72\,\text{h}}{84\,\text{h}} = \dfrac{6}{7}$

42 a) $\dfrac{15}{2} = 7\dfrac{1}{2}$ b) $\dfrac{11}{3} = 3\dfrac{2}{3}$ c) $\dfrac{23}{4} = 5\dfrac{3}{4}$ d) $\dfrac{13}{5} = 2\dfrac{3}{5}$

43 a) $9\dfrac{1}{2} = \dfrac{19}{2}$ b) $4\dfrac{2}{3} = \dfrac{14}{3}$ c) $9\dfrac{3}{4} = \dfrac{39}{4}$ d) $10\dfrac{4}{5} = \dfrac{54}{5}$

44 $\dfrac{17}{2} < 8{,}75$ $5\dfrac{1}{2} = \dfrac{11}{2}$ $375\,\% > 3\dfrac{1}{2}$

45 a) $\dfrac{4}{2} = \dfrac{20}{10}$ b) $\dfrac{5}{2} = \dfrac{10}{4}$ c) $3\dfrac{5}{8} = \dfrac{29}{8}$ d) $6\dfrac{1}{3} = \dfrac{38}{6}$

$\;\;\dfrac{6}{5} = \dfrac{12}{10}$ $\;\;2\dfrac{3}{4} = \dfrac{11}{4}$ $\;\;3\dfrac{3}{4} = \dfrac{30}{8}$ $\;\;\dfrac{40}{6} > 6\dfrac{1}{3}$

$\;\;\dfrac{4}{2} > \dfrac{6}{5}$ $\;\;2\dfrac{3}{4} > \dfrac{5}{2}$ $\;\;3\dfrac{3}{4} > 3\dfrac{5}{8}$

46 a) $2\dfrac{4}{5} = \dfrac{28}{10}$ b) $4\dfrac{3}{4} = \dfrac{38}{8}$ c) $3\dfrac{1}{3} = \dfrac{20}{6}$ d) $4\dfrac{1}{2} = \dfrac{27}{6}$

$\;\;\dfrac{29}{10} > 2\dfrac{4}{5}$ $\;\;\dfrac{17}{6} < 3\dfrac{1}{3}$ $\;\;\dfrac{13}{3} = \dfrac{26}{6}$

$\;\;4\dfrac{1}{2} > \dfrac{13}{3}$

47 a) $125\,\% = \dfrac{125}{100} = \dfrac{5}{4} = 1\dfrac{1}{4}$ b) $220\,\% = \dfrac{220}{100} = \dfrac{11}{5} = 2\dfrac{1}{5}$

c) $350\,\% = \dfrac{350}{100} = \dfrac{7}{2} = 3\dfrac{1}{2}$ d) $460\,\% = \dfrac{460}{100} = \dfrac{23}{5} = 4\dfrac{3}{5}$

48 a) $\dfrac{3}{5} = \dfrac{6}{10}$ b) $\dfrac{1}{6} = \dfrac{3}{18}$ c) $\dfrac{3}{4} = \dfrac{12}{16}$ d) $\dfrac{5}{8} = \dfrac{25}{40}$

$\;\;\dfrac{7}{10} > \dfrac{3}{5}$ $\;\;\dfrac{5}{18} > \dfrac{1}{6}$ $\;\;\dfrac{13}{16} > \dfrac{3}{4}$ $\;\;\dfrac{5}{8} > \dfrac{23}{40}$

49 a) Hauptnenner: 24 b) Hauptnenner: 36 c) Hauptnenner: 24 d) Hauptnenner: 45

$\;\;\dfrac{5}{6} = \dfrac{20}{24}$ $\;\;\dfrac{8}{9} = \dfrac{32}{36}$ $\;\;\dfrac{7}{8} = \dfrac{21}{24}$ $\;\;\dfrac{5}{9} = \dfrac{25}{45}$

$\;\;\dfrac{7}{8} = \dfrac{21}{24}$ $\;\;\dfrac{11}{12} = \dfrac{33}{36}$ $\;\;\dfrac{11}{12} = \dfrac{22}{24}$ $\;\;\dfrac{8}{15} = \dfrac{24}{45}$

$\;\;\dfrac{5}{6} < \dfrac{7}{8}$ $\;\;\dfrac{8}{9} < \dfrac{11}{12}$ $\;\;\dfrac{7}{8} < \dfrac{11}{12}$ $\;\;\dfrac{5}{9} > \dfrac{8}{15}$

50 a) Hauptnenner: 24

$\;\;\dfrac{7}{8} = \dfrac{21}{24}$

$\;\;\dfrac{7}{12} = \dfrac{14}{24}$

$\;\;\dfrac{7}{8} > \dfrac{7}{12} > \dfrac{11}{24}$

b) Hauptnenner: 30

$$\frac{3}{5} = \frac{18}{30}$$

$$\frac{7}{10} = \frac{21}{30}$$

$$\frac{11}{15} = \frac{22}{30}$$

$$\frac{3}{5} < \frac{7}{10} < \frac{11}{15}$$

---

51   a) Hauptnenner: 24

$$\frac{3}{4} = \frac{9}{12}$$

$$\frac{5}{6} = \frac{10}{12}$$

$$\frac{7}{12} < \frac{3}{4} < \frac{5}{6}$$

b) Hauptnenner: 30

$$\frac{1}{2} = \frac{15}{30}$$

$$\frac{2}{3} = \frac{20}{30}$$

$$\frac{3}{5} = \frac{18}{30}$$

$$\frac{1}{2} < \frac{3}{5} < \frac{2}{3}$$

c) Hauptnenner: 30

$$\frac{4}{5} = \frac{24}{30}$$

$$\frac{1}{3} = \frac{10}{30}$$

$$\frac{3}{10} = \frac{9}{30}$$

$$\frac{3}{10} < \frac{1}{3} < \frac{4}{5}$$

d) Hauptnenner: 40

$$\frac{7}{8} = \frac{35}{40}$$

$$\frac{4}{5} = \frac{32}{40}$$

$$\frac{17}{20} = \frac{34}{40}$$

$$\frac{4}{5} < \frac{17}{20} < \frac{7}{8}$$

---

52   ☒ $\frac{15}{6}$ $2\frac{2}{3}$ $275\,\%$ $2,8$

$$2\frac{1}{2} < 2\frac{2}{3} < 2\frac{3}{4} < 2\frac{4}{5} \qquad \frac{15}{6} = 2\frac{1}{2} \qquad 2,8 = 2\frac{4}{5} \qquad 275\,\% = 2\frac{3}{4}$$

---

53   a) $\frac{3}{4} + \frac{7}{8}$ Hauptnenner: 8

$$\frac{3\cdot 2}{4\cdot 2} + \frac{7}{8} = \frac{6+7}{8} = \frac{13}{8} = 1\frac{5}{8}$$

b) $\frac{3}{4} + \frac{2}{3}$ Hauptnenner: 12

$$\frac{3\cdot 3}{4\cdot 3} + \frac{2\cdot 4}{3\cdot 4} = \frac{9+8}{12} = \frac{17}{12} = 1\frac{5}{12}$$

c) $\frac{1}{2} + \frac{3}{4} + \frac{5}{8}$ Hauptnenner: 8

$$\frac{1\cdot 4}{2\cdot 4} + \frac{3\cdot 2}{4\cdot 2} + \frac{5}{8} = \frac{4+6+5}{8} = \frac{15}{8} = 1\frac{7}{8}$$

d) $\frac{1}{2} + \frac{2}{3} + \frac{5}{6}$ Hauptnenner: 6

$$\frac{1\cdot 3}{2\cdot 3} + \frac{2\cdot 2}{3\cdot 2} + \frac{5}{6} = \frac{3+4+5}{6} = \frac{12}{6} = 2$$

---

54   a) $\frac{7}{12} - \frac{3}{8}$ Hauptnenner: 24

$$\frac{7\cdot 2}{12\cdot 2} - \frac{3\cdot 3}{8\cdot 3} = \frac{14-9}{24} = \frac{5}{24}$$

b) $\frac{23}{24} - \frac{5}{6}$ Hauptnenner: 24

$$\frac{23}{24} - \frac{5\cdot 4}{6\cdot 4} = \frac{23-20}{24} = \frac{3}{24} = \frac{1}{8}$$

c) $\frac{19}{20} - \frac{1}{5} - \frac{3}{10}$ Hauptnenner: 20

$$\frac{19}{20} - \frac{1\cdot 4}{5\cdot 4} - \frac{3\cdot 2}{10\cdot 2} = \frac{19-4-6}{20} = \frac{9}{20}$$

d) $\frac{11}{12} - \frac{1}{6} - \frac{3}{4}$ Hauptnenner: 12

$$\frac{11}{12} - \frac{1\cdot 2}{6\cdot 2} - \frac{3\cdot 3}{4\cdot 3} = \frac{11-2-9}{12} = 0$$

---

55   a) $\frac{1}{3} + \frac{4}{9} - \frac{5}{18}$ Hauptnenner: 18

$$\frac{1\cdot 6}{3\cdot 6} + \frac{4\cdot 2}{9\cdot 2} - \frac{5}{18} = \frac{6+8-5}{18} = \frac{9}{18} = \frac{1}{2}$$

b) $\frac{2}{3} - \frac{3}{10} + \frac{4}{5}$ Hauptnenner: 30

$$\frac{2\cdot 10}{3\cdot 10} - \frac{3\cdot 3}{10\cdot 3} + \frac{4\cdot 6}{5\cdot 6} = \frac{20-9+24}{30}$$

$$= \frac{35}{30} = 1\frac{5}{30} = 1\frac{1}{6}$$

c) $\dfrac{7}{10}+\dfrac{3}{4}-\dfrac{4}{5}$ Hauptnenner: 20

$\dfrac{7\cdot 2}{10\cdot 2}+\dfrac{3\cdot 5}{4\cdot 5}-\dfrac{4\cdot 4}{5\cdot 4}=\dfrac{14+15-16}{20}=\dfrac{13}{20}$

d) $\dfrac{1}{2}-\dfrac{7}{18}+\dfrac{2}{9}$ Hauptnenner: 18

$\dfrac{1\cdot 9}{2\cdot 9}-\dfrac{7}{18}+\dfrac{2\cdot 2}{9\cdot 2}=\dfrac{9-7+4}{18}=\dfrac{6}{18}=\dfrac{1}{3}$

56 a) $\left(\dfrac{3}{4}-\dfrac{5}{12}\right)+\left(\dfrac{5}{6}+\dfrac{2}{3}\right)$ Hauptnenner: 12

$\dfrac{3\cdot 3}{4\cdot 3}-\dfrac{5}{12}+\dfrac{5\cdot 2}{6\cdot 2}+\dfrac{2\cdot 4}{3\cdot 4}=\dfrac{9-5+10+8}{12}=\dfrac{22}{12}=\dfrac{11}{6}=1\dfrac{5}{6}$

b) $\left(\dfrac{7}{8}+\dfrac{5}{6}\right)-\left(\dfrac{11}{12}-\dfrac{2}{3}\right)$ Hauptnenner: 24

$\dfrac{7\cdot 3}{8\cdot 3}+\dfrac{5\cdot 4}{6\cdot 4}-\dfrac{11\cdot 2}{12\cdot 2}+\dfrac{2\cdot 8}{3\cdot 8}=\dfrac{21+20-22+16}{24}=\dfrac{35}{24}=1\dfrac{11}{24}$

57 a) $2\dfrac{1}{6}+1\dfrac{5}{9}$ Hauptnenner: 18

$\dfrac{13}{6}+\dfrac{14}{9}=\dfrac{13\cdot 3}{6\cdot 3}+\dfrac{14\cdot 2}{9\cdot 2}=\dfrac{39+28}{18}=\dfrac{67}{18}=3\dfrac{13}{18}$

b) $3\dfrac{1}{4}+4\dfrac{5}{6}$ Hauptnenner: 12

$\dfrac{13}{4}+\dfrac{29}{6}=\dfrac{13\cdot 3}{4\cdot 3}+\dfrac{29\cdot 2}{6\cdot 2}=\dfrac{39+58}{12}=\dfrac{97}{12}=8\dfrac{1}{12}$

c) $1\dfrac{3}{8}+3\dfrac{3}{4}$ Hauptnenner: 16

$\dfrac{11}{8}+\dfrac{15}{4}=\dfrac{11\cdot 2}{8\cdot 2}+\dfrac{15\cdot 4}{4\cdot 4}=\dfrac{22+60}{16}=\dfrac{82}{16}=5\dfrac{1}{8}$

d) $2\dfrac{4}{5}+7\dfrac{9}{10}$ Hauptnenner: 10

$\dfrac{14}{5}+\dfrac{79}{10}=\dfrac{14\cdot 2}{5\cdot 2}+\dfrac{79}{10}=\dfrac{28+79}{10}=\dfrac{107}{10}=10\dfrac{7}{10}$

58 a) $3\dfrac{1}{4}-1\dfrac{2}{3}$ Hauptnenner: 12

$\dfrac{13}{4}-\dfrac{5}{3}=\dfrac{13\cdot 3}{4\cdot 3}-\dfrac{5\cdot 4}{3\cdot 4}=\dfrac{39-20}{12}=\dfrac{19}{12}=1\dfrac{7}{12}$

b) $4\dfrac{1}{2}-1\dfrac{1}{3}$ Hauptnenner: 6

$\dfrac{9}{2}-\dfrac{4}{3}=\dfrac{9\cdot 3}{2\cdot 3}-\dfrac{4\cdot 2}{3\cdot 2}=\dfrac{27-8}{6}=\dfrac{19}{6}=3\dfrac{1}{6}$

c) $7\dfrac{7}{8}-4\dfrac{7}{12}$ Hauptnenner: 24

$\dfrac{63}{8}-\dfrac{55}{12}=\dfrac{63\cdot 3}{8\cdot 3}-\dfrac{55\cdot 2}{12\cdot 2}=\dfrac{189-110}{24}=\dfrac{79}{24}=3\dfrac{7}{24}$

d) $8\dfrac{1}{6}-7\dfrac{4}{9}$ Hauptnenner: 18

$\dfrac{49}{6}-\dfrac{67}{9}=\dfrac{49\cdot 3}{6\cdot 3}-\dfrac{67\cdot 2}{9\cdot 2}=\dfrac{147-134}{18}=\dfrac{13}{18}$

59 a) $8\dfrac{1}{2}$; 10; $11\dfrac{1}{2}$ b) $4\dfrac{1}{4}$; 5; $5\dfrac{3}{4}$ c) $6\dfrac{1}{2}$; 5; $3\dfrac{1}{2}$ d) $5\dfrac{2}{3}$; 5; $4\dfrac{1}{3}$

60 $2\dfrac{1}{2}\,\text{kg}+\dfrac{1}{4}\,\text{kg}+3\dfrac{3}{4}\,\text{kg}+\dfrac{3}{8}\,\text{kg}+3\dfrac{1}{2}\,\text{kg}+\dfrac{1}{2}\,\text{kg}$ Hauptnenner: 8

$\dfrac{5\cdot 4}{2\cdot 4}\,\text{kg}+\dfrac{1\cdot 2}{4\cdot 2}\,\text{kg}+\dfrac{15\cdot 2}{4\cdot 2}\,\text{kg}+\dfrac{3}{8}\,\text{kg}+\dfrac{7\cdot 4}{2\cdot 4}\,\text{kg}+\dfrac{1\cdot 4}{2\cdot 4}\,\text{kg}=\dfrac{20+2+30+3+28+4}{8}\,\text{kg}=\dfrac{87}{8}\,\text{kg}=10\dfrac{7}{8}\,\text{kg}$

Die Reißfestigkeit der Einkaufstasche reicht nicht für alle Waren auf dem Einkaufszettel.

61 a) $\dfrac{7}{8}\cdot\dfrac{3}{7}=\dfrac{7\cdot 3}{8\cdot 7}=\dfrac{7^{1}\cdot 3}{8\cdot 7^{1}}=\dfrac{3}{8}$

b) $\dfrac{5}{6}\cdot\dfrac{3}{5}=\dfrac{5\cdot 3}{6\cdot 5}=\dfrac{5^{1}\cdot 3^{1}}{6^{2}\cdot 5^{1}}=\dfrac{1}{2}$

c) $\dfrac{20}{21}\cdot\dfrac{9}{10}=\dfrac{20\cdot 9}{21\cdot 10}=\dfrac{20^{2}\cdot 9^{3}}{21^{7}\cdot 10^{1}}=\dfrac{2\cdot 3}{7\cdot 1}=\dfrac{6}{7}$

d) $\dfrac{14}{3}\cdot\dfrac{12}{7}=\dfrac{14\cdot 12}{3\cdot 7}=\dfrac{14^{2}\cdot 12^{4}}{3^{1}\cdot 7^{1}}=\dfrac{2\cdot 4}{1\cdot 1}=8$

62 a) $\dfrac{2}{3}\cdot\dfrac{4}{5}\cdot\dfrac{3}{4}=\dfrac{2\cdot\cancel{4}^1\cdot\cancel{3}^1}{\cancel{3}^1\cdot5\cdot\cancel{4}^1}=\dfrac{2}{5}$

b) $\dfrac{14}{3}\cdot\dfrac{12}{7}\cdot\dfrac{3}{8}=\dfrac{\cancel{14}^2\cdot\cancel{12}^3\cdot\cancel{3}^1}{\cancel{3}^1\cdot\cancel{7}^1\cdot\cancel{8}^2}=\dfrac{\cancel{2}^1\cdot3}{\cancel{2}^1}=3$

c) $\dfrac{5}{9}\cdot\dfrac{3}{10}\cdot\dfrac{6}{2}=\dfrac{\cancel{5}^1\cdot\cancel{3}^1\cdot\cancel{6}^3}{\cancel{9}^3\cdot\cancel{10}^2\cdot\cancel{2}^1}=\dfrac{1\cdot1\cdot\cancel{3}^1}{\cancel{3}^1\cdot2\cdot1}=\dfrac{1}{2}$

d) $\dfrac{3}{4}\cdot\dfrac{3}{5}\cdot\dfrac{5}{6}=\dfrac{\cancel{3}^1\cdot3\cdot\cancel{5}^1}{4\cdot\cancel{5}^1\cdot\cancel{6}^2}=\dfrac{1\cdot3\cdot1}{4\cdot2}=\dfrac{3}{8}$

---

63 a) $2\dfrac{1}{4}\cdot\dfrac{5}{6}=\dfrac{9}{4}\cdot\dfrac{5}{6}=\dfrac{\cancel{9}^3\cdot5}{4\cdot\cancel{6}^2}=\dfrac{3\cdot5}{4\cdot2}=\dfrac{15}{8}=1\dfrac{7}{8}$

b) $\dfrac{4}{7}\cdot2\dfrac{5}{8}=\dfrac{4}{7}\cdot\dfrac{21}{8}=\dfrac{\cancel{4}^1\cdot\cancel{21}^3}{\cancel{7}^1\cdot\cancel{8}^2}=\dfrac{1\cdot3}{1\cdot2}=\dfrac{3}{2}=1\dfrac{1}{2}$

c) $2\dfrac{1}{2}\cdot3\dfrac{2}{5}=\dfrac{5}{2}\cdot\dfrac{17}{5}=\dfrac{\cancel{5}^1\cdot17}{2\cdot\cancel{5}^1}=\dfrac{17}{2}=8\dfrac{1}{2}$

d) $3\dfrac{1}{8}\cdot4\dfrac{4}{5}=\dfrac{25}{8}\cdot\dfrac{24}{5}=\dfrac{\cancel{25}^5\cdot\cancel{24}^3}{\cancel{8}^1\cdot\cancel{5}^1}=\dfrac{5\cdot3}{1\cdot1}=15$

---

64 a) $\dfrac{3}{8}$ von $80\,\text{kg}=\dfrac{3}{8}\cdot80\,\text{kg}=\dfrac{3\cdot80\,\text{kg}}{8}=3\cdot10\,\text{kg}=30\,\text{kg}$

b) $\dfrac{5}{6}$ von $720\,\text{t}=\dfrac{5}{6}\cdot720\,\text{t}=\dfrac{5\cdot720\,\text{t}}{6}=5\cdot120\,\text{t}=600\,\text{t}$

c) $\dfrac{5}{8}$ von $240\,\text{km}=\dfrac{5}{8}\cdot240\,\text{km}=\dfrac{5\cdot240\,\text{km}}{8}=5\cdot30\,\text{km}=150\,\text{km}$

d) $\dfrac{3}{5}$ von $200\,\text{m}=\dfrac{3}{5}\cdot200\,\text{m}=\dfrac{3\cdot200\,\text{m}}{5}=3\cdot40\,\text{m}=120\,\text{m}$

---

65 a) $\dfrac{7}{8}:\dfrac{7}{3}=\dfrac{7}{8}\cdot\dfrac{3}{7}=\dfrac{\cancel{7}^1\cdot3}{8\cdot\cancel{7}^1}=\dfrac{3}{8}$

b) $\dfrac{3}{5}:\dfrac{7}{15}=\dfrac{3}{5}\cdot\dfrac{15}{7}=\dfrac{3\cdot\cancel{15}^3}{\cancel{5}^1\cdot7}=\dfrac{3\cdot3}{1\cdot7}=\dfrac{9}{7}=1\dfrac{2}{7}$

c) $\dfrac{6}{7}:\dfrac{9}{35}=\dfrac{6}{7}\cdot\dfrac{35}{9}=\dfrac{\cancel{6}^2\cdot\cancel{35}^5}{\cancel{7}^1\cdot\cancel{9}^3}=\dfrac{2\cdot5}{1\cdot3}=\dfrac{10}{3}=3\dfrac{1}{3}$

d) $\dfrac{11}{10}:\dfrac{3}{5}=\dfrac{11}{10}\cdot\dfrac{5}{3}=\dfrac{11\cdot\cancel{5}^1}{\cancel{10}^2\cdot3}=\dfrac{11\cdot1}{2\cdot3}=\dfrac{11}{6}=1\dfrac{5}{6}$

---

66 a) $\dfrac{12}{7}:2=\dfrac{12}{7}\cdot\dfrac{1}{2}=\dfrac{\cancel{12}^6\cdot1}{7\cdot\cancel{2}^1}=\dfrac{6}{7}$

b) $\dfrac{9}{8}:3=\dfrac{9}{8}\cdot\dfrac{1}{3}=\dfrac{\cancel{9}^3\cdot1}{8\cdot\cancel{3}^1}=\dfrac{3\cdot1}{8\cdot1}=\dfrac{3}{8}$

c) $6:\dfrac{1}{2}=\dfrac{6}{1}\cdot\dfrac{2}{1}=\dfrac{6\cdot2}{1\cdot1}=12$

d) $12:\dfrac{6}{5}=\dfrac{12}{1}\cdot\dfrac{5}{6}=\dfrac{\cancel{12}^2\cdot5}{1\cdot\cancel{6}^1}=\dfrac{2\cdot5}{1\cdot1}=\dfrac{10}{1}=10$

---

67 a) $5\dfrac{1}{4}:3\dfrac{1}{2}=\dfrac{21}{4}:\dfrac{7}{2}=\dfrac{21}{4}\cdot\dfrac{2}{7}=\dfrac{\cancel{21}^3\cdot\cancel{2}^1}{\cancel{4}^2\cdot\cancel{7}^1}=\dfrac{3\cdot1}{2\cdot1}=\dfrac{3}{2}=1\dfrac{1}{2}$

b) $4\dfrac{4}{5}:3\dfrac{6}{10}=\dfrac{24}{5}:\dfrac{36}{10}=\dfrac{24}{5}\cdot\dfrac{10}{36}=\dfrac{\cancel{24}^4\cdot\cancel{10}^2}{\cancel{5}^1\cdot\cancel{36}^6}=\dfrac{4\cdot\cancel{2}^1}{1\cdot\cancel{6}^3}=\dfrac{4\cdot1}{1\cdot3}=\dfrac{4}{3}=1\dfrac{1}{3}$

c) $7\dfrac{1}{3}:2\dfrac{3}{4}=\dfrac{22}{3}:\dfrac{11}{4}=\dfrac{22}{3}\cdot\dfrac{4}{11}=\dfrac{\cancel{22}^2\cdot4}{3\cdot\cancel{11}^1}=\dfrac{2\cdot4}{3\cdot1}=\dfrac{8}{3}=2\dfrac{2}{3}$

d) $3\dfrac{1}{2}:1\dfrac{5}{9}=\dfrac{7}{2}:\dfrac{14}{9}=\dfrac{7}{2}\cdot\dfrac{9}{14}=\dfrac{\cancel{7}^1\cdot9}{2\cdot\cancel{14}^2}=\dfrac{1\cdot9}{2\cdot2}=\dfrac{9}{4}=2\dfrac{1}{4}$

68 a) $\dfrac{3}{5}$ von 150 kg $=\dfrac{3\cdot 150\ \text{kg}}{5}=3\cdot 30\ \text{kg}=90\ \text{kg}$

$\dfrac{3}{4}$ von 140 kg $=\dfrac{3\cdot 140\ \text{kg}}{4}=3\cdot 35\ \text{kg}=105\ \text{kg}$

90 kg $<$ 150 kg $\Rightarrow$ $\dfrac{3}{5}$ von 150 kg $<\dfrac{3}{4}$ von 140 kg

b) $\dfrac{2}{3}$ von 180 km $=\dfrac{2\cdot 180\ \text{km}}{3}=2\cdot 60\ \text{km}=120\ \text{km}$

$\dfrac{7}{8}$ von 160 km $=\dfrac{7\cdot 160\ \text{km}}{8}=7\cdot 20\ \text{km}=140\ \text{km}$

120 km $<$ 140 km $\Rightarrow$ $\dfrac{2}{3}$ von 180 km $<\dfrac{7}{8}$ von 160 km

c) $\dfrac{5}{7}$ von 420 € $=\dfrac{5\cdot 420\ \text{€}}{7}=5\cdot 60\ \text{€}=300\ \text{€}$

$\dfrac{2}{3}$ von 450 € $=\dfrac{2\cdot 450\ \text{€}}{3}=2\cdot 150\ \text{€}=300\ \text{€}$

$\dfrac{5}{7}$ von 420 € $=\dfrac{2}{3}$ von 450 €

d) $\dfrac{3}{4}$ von 1 200 $\ell=\dfrac{3\cdot 1\,200\ \ell}{4}=3\cdot 300\ \ell=900\ \ell$

$\dfrac{7}{8}$ von 880 $\ell=\dfrac{7\cdot 880\ \ell}{8}=7\cdot 110\ \ell=770\ \ell$

900 $\ell>770\ \ell$ $\Rightarrow$ $\dfrac{3}{4}$ von 1 200 $\ell>\dfrac{7}{8}$ von 880 ℓ

---

69 a) $\dfrac{1}{2}$ t $=500$ kg   1 t $=1\,000$ kg $17\dfrac{1}{2}$ t $=17\,500$ kg $1\dfrac{1}{4}$ kg $=\dfrac{5}{4}$ kg

$17\,500:\dfrac{5}{4}=17\,500\cdot\dfrac{4}{5}=\dfrac{17\,500\cdot 4}{5}=14\,000$

Es entstehen 14 000 Liter Apfelsaft.

b) Anzahl der $\dfrac{7}{10}$ ℓ-Flaschen

$6\,300:\dfrac{7}{10}=6\,300\cdot\dfrac{10}{7}=\dfrac{6\,300\cdot 10}{7}=9\,000$ (Flaschen)

restlicher Apfelsaft
14 000 $\ell-6\,300\ \ell=7\,700\ \ell$

Anzahl der $\dfrac{1}{3}$ ℓ-Flaschen

$7\,700:\dfrac{1}{3}=7\,700\cdot\dfrac{3}{1}=23\,100$ (Flaschen)

c) Apfelsaftmenge aus 1,5 t Äpfel für Babynahrung
1,5 t $=1\,500$ kg

$1\,500:\dfrac{5}{4}=1\,500\cdot\dfrac{4}{5}=1\,200$ (Liter Apfelsaft)

Anzahl der $\dfrac{1}{4}$ ℓ -Flaschen

$1\,200:\dfrac{1}{4}=1\,200\cdot\dfrac{4}{1}=4\,800$ (Flaschen)

70

Bruch	$\frac{1}{2}$	$\frac{1}{4}$	$\frac{3}{4}$	$\frac{1}{5}$	$\frac{4}{5}$	$\frac{7}{10}$	$1\frac{1}{4}$	$\frac{1}{8}$
Dezimalbruch	0,5	0,25	0,75	0,2	0,8	0,70	1,25	0,125
Prozent	50 %	25 %	75 %	20 %	80 %	70 %	125 %	12,5 %

---

71   a) $\frac{2}{3}$

b) 75 %

c) $\frac{1}{4}$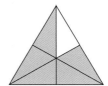

d) $\frac{3}{12}$

e) 45 %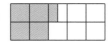

f) $\frac{5}{6}$

---

72   a) $0,15 = 15\,\%$; $0,35 = 35\,\%$ $20\,\% - 0,15 + 0,35 = \mathbf{40}\,\%$

b) $38\,\% = 0,38$; $100\,\% = 1$ $0,60 - 38\,\% + 0,20 + \mathbf{0,58} = 100\,\%$

c) $100\,\% = 1$; $95\,\% = 0,95$ $100\,\% - 0,97 + \mathbf{0,97} - 0,05 = 95\,\%$

d) $\frac{1}{4} = 0,25$; $12\,\% = 0,12$; $\frac{3}{10} = 0,30$ $0,45 + \frac{1}{4} - 12\,\% + \frac{3}{10} = \mathbf{0,88}$

---

73   a) $\frac{3}{4} = 0,75$ $\Rightarrow \frac{3}{4} > 0,7$

b) $0,35 = \frac{35}{100}$

c) $\frac{36}{72} = \frac{1}{2} = 0,5$ $\Rightarrow 0,60 > \frac{36}{72}$

d) $\frac{3}{5} = 0,6$ $\Rightarrow \frac{3}{5} > 0,06$

e) $\frac{2}{3} \cdot \frac{3}{4} = \frac{\cancel{2} \cdot \cancel{3}}{\cancel{3} \cdot \cancel{4}^{2}} = \frac{1}{2}$; $\frac{1}{2} : \frac{5}{6} = \frac{1 \cdot \cancel{6}^{3}}{\cancel{2} \cdot 5} = \frac{3}{5}$ $\Rightarrow \frac{2}{3} \cdot \frac{3}{4} < \frac{1}{2} : \frac{5}{6}$

f) $\frac{5}{12} - \frac{1}{4} = \frac{5}{12} - \frac{3}{12} = \frac{\cancel{2}}{\cancel{12}^{6}} = \frac{1}{6}$; $\frac{1}{9} + \frac{1}{18} = \frac{2}{18} + \frac{1}{18} = \frac{\cancel{3}}{\cancel{18}^{6}} = \frac{1}{6}$ $\Rightarrow \frac{5}{12} - \frac{1}{4} = \frac{1}{9} + \frac{1}{18}$

g) $0,36 + 14\,\% = 0,36 + 0,14 = 0,5$ $\Rightarrow 0,36 + 14\,\% = \frac{1}{2}$

h) $1\frac{3}{5} = 1,6$ $\Rightarrow 1,50 < 1\frac{3}{5}$

---

74   a)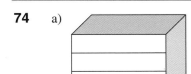

b)

c)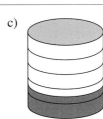

$25\,\% = \frac{1}{4}$ $66\,\% \approx \frac{2}{3}$ $\frac{3}{10} = \frac{1,5}{5}$

75 a) $\left(4\frac{2}{7}\cdot 1\frac{2}{5}\right):\left(4\frac{3}{10}-3\frac{1}{2}\right)=7\frac{1}{2}$

$4\frac{2}{7}\cdot 1\frac{2}{5}=\frac{30}{7}\cdot\frac{7}{5}=\frac{\cancel{30}^{6}\cdot\cancel{7}^{1}}{\cancel{7}^{1}\cdot\cancel{5}^{1}}=\frac{6\cdot 1}{1\cdot 1}=6$

$4\frac{3}{10}-3\frac{1}{2}$ Hauptnenner: 10

$4\frac{3}{10}-3\frac{1}{2}=\frac{43}{10}-\frac{7}{2}=\frac{43}{10}-\frac{7\cdot 5}{2\cdot 5}=\frac{43-35}{10}=\frac{\cancel{8}^{4}}{\cancel{10}^{5}}=\frac{4}{5}$

$6:\frac{4}{5}=6\cdot\frac{5}{4}=\frac{\cancel{6}^{3}\cdot 5}{\cancel{4}^{2}}=\frac{3\cdot 5}{2}=\frac{15}{2}=7\frac{1}{2}$

b) $\left(3\frac{3}{7}:\frac{16}{21}\right)-\left(\frac{5}{6}+\frac{2}{3}\right)=3$

$3\frac{3}{7}:\frac{16}{21}=\frac{24}{7}:\frac{16}{21}=\frac{24}{7}\cdot\frac{21}{16}=\frac{\cancel{24}^{3}\cdot\cancel{21}^{3}}{\cancel{7}^{1}\cdot\cancel{16}^{2}}=\frac{3\cdot 3}{1\cdot 2}=\frac{9}{2}$

$\frac{5}{6}+\frac{2}{3}$ Hauptnenner: 6

$\frac{5}{6}+\frac{2\cdot 2}{3\cdot 2}=\frac{5+4}{6}=\frac{\cancel{9}^{3}}{\cancel{6}^{2}}=\frac{3}{2}$

$\frac{9}{2}-\frac{3}{2}=\frac{6}{2}=3$

---

76 a) Eltern: $\frac{1}{6}$ von 480 €   Großeltern: 25 % $=\frac{1}{4}$ von 480 €

480 € : 6 = 80 €   480 € : 4 = 120 €

Sparkonto:
480 € − 80 € − 120 € = 280 €

Svenja hebt 280 € von ihrem Sparkonto ab.

b) $\frac{2}{3}$ von $0,75=\frac{3}{4}$

$\frac{2}{3}\cdot\frac{3}{4}=\frac{\cancel{2}\cdot\cancel{3}}{\cancel{3}\cdot\cancel{4}^{2}}=\frac{1}{2}=0,5\ (\ell)$

$0,75\ \ell-0,5\ \ell=0,25\ \ell$

Es sind noch 0,25 ℓ in der Flasche.

c) $1\frac{1}{4}$ t = 1,25 t = 1 250 kg

1 Palette: 1 250 kg   2 Paletten: 2 500 kg   3 Paletten: 3 750 kg

4 Paletten: 5 000 kg   5 Paletten: 6 250 kg   6 Paletten: 7 500 kg (zu viel)

Keve darf maximal fünf Paletten auf den Lastwagen laden.

---

77 a) $1-\frac{3}{8}-\frac{1}{3}$ Hauptnenner: 24

$\frac{1\cdot 24}{1\cdot 24}-\frac{3\cdot 3}{8\cdot 3}-\frac{1\cdot 8}{3\cdot 8}=\frac{24-9-8}{24}=\frac{7}{24}$

Der Bruchteil des dritten Stücks an der gesamten Länge ist $\frac{7}{24}$.

b) Länge der einzelnen Stücke

$$\frac{3}{8} \text{ von } 12\text{ m} = \frac{3 \cdot \cancel{12}^{\,3}\text{ m}}{\cancel{8}^{\,2}} = \frac{3 \cdot 3\text{ m}}{2} = \frac{9\text{ m}}{2} = 4\frac{1}{2}\text{ m}$$

$$\frac{1}{3} \text{ von } 12\text{ m} = \frac{1 \cdot \cancel{12}^{\,4}\text{ m}}{\cancel{3}^{\,1}} = \frac{1 \cdot 4\text{ m}}{1} = 4\text{ m}$$

$$\frac{7}{24} \text{ von } 12\text{ m} = \frac{7 \cdot \cancel{12}^{\,1}\text{ m}}{\cancel{24}^{\,2}} = \frac{7}{2}\text{ m} = 3\frac{1}{2}\text{ m} \quad oder \quad 12\text{ m} - 4\frac{1}{2}\text{ m} - 4\text{ m} = 3\frac{1}{2}\text{ m}$$

78 a) Anzahl der Obstbäume insgesamt

Birnbäume	30
Apfelbäume	50
Kirschbäume	16
Zwetschgenbäume	24
insgesamt	**120**

b) Anteile der einzelnen Obstbaumsorten am gesamten Obstbaumbestand

Birnbäume $\quad\quad\quad$ 30 von 120 $= \dfrac{30}{120} = \dfrac{1}{4}$

Apfelbäume $\quad\quad\quad$ 50 von 120 $= \dfrac{50}{120} = \dfrac{5}{12}$

Kirschbäume $\quad\quad\quad$ 16 von 120 $= \dfrac{16}{120} = \dfrac{2}{15}$

Zwetschgenbäume $\quad$ 24 von 120 $= \dfrac{24}{120} = \dfrac{1}{5}$

79 a) $\dfrac{7}{8} = 7:8 = 0{,}875$ $\quad\quad\quad\quad\quad$ b) $\dfrac{9}{16} = 9:16 = 0{,}5625$

c) $\dfrac{23}{20} = 23:20 = 1{,}15$ $\quad\quad\quad\quad$ d) $\dfrac{29}{25} = 29:25 = 1{,}16$

e) $\dfrac{4}{3} = 4:3 = 1{,}333\ldots = 1{,}\overline{3}$ $\quad\quad$ f) $\dfrac{7}{6} = 7:6 = 1{,}1666\ldots = 1{,}1\overline{6}$

g) $\dfrac{11}{9} = 11:9 = 1{,}222\ldots = 1{,}\overline{2}$ $\quad\quad$ h) $\dfrac{8}{15} = 8:15 = 0{,}533\ldots = 0{,}5\overline{3}$

80 a) $1 > 0{,}\overline{9}$ $\quad\quad\quad\quad\quad\quad\quad\quad\quad$ b) $\dfrac{3}{5} = 0{,}6 \;\Rightarrow\; \dfrac{3}{5} < 0{,}\overline{6}$

c) $\dfrac{1}{6} = 0{,}166\ldots = 0{,}1\overline{6} \;\Rightarrow\; \dfrac{1}{6} = 0{,}1\overline{6}$ $\quad\quad$ d) $\dfrac{3}{4} = 0{,}75 \;\Rightarrow\; \dfrac{3}{4} > 0{,}749$

e) $\dfrac{3}{8} = 0{,}375 \;\Rightarrow\; \dfrac{3}{8} = 0{,}375$ $\quad\quad$ f) $\dfrac{5}{6} = 0{,}8333\ldots = 0{,}8\overline{3} \;\Rightarrow\; 0{,}8\overline{3} = \dfrac{5}{6}$

g) $\dfrac{1}{3} = 0{,}333\ldots = 0{,}\overline{3} \;\Rightarrow\; \dfrac{1}{3} = 0{,}\overline{3}$ $\quad\quad$ h) $\dfrac{1}{20} = 0{,}05 \;\Rightarrow\; \dfrac{1}{20} < 0{,}0\overline{5}$

81 a) $3\,\ell : 5 = 0{,}6\,\ell$ $\quad\quad\quad\quad\quad\quad\quad$ b) $5\,\ell : 8 = 0{,}625\,\ell$
c) $2\,\ell : 3 = 0{,}666\ldots\,\ell \approx 0{,}67\,\ell$ $\quad\quad$ d) $13\,\ell : 7 = 1{,}857\ldots\,\ell \approx 1{,}86\,\ell$
e) $212\text{ km} : 7 = 30{,}285\ldots\text{ km} \approx 30{,}29\text{ km}$ $\quad$ f) $136\text{ km} : 8 = 17\text{ km}$
g) $218\text{ km} : 3 = 72{,}666\ldots\text{ km} \approx 72{,}7\text{ km}$ $\quad$ h) $197\text{ km} : 6 = 32{,}833\ldots\text{ km} \approx 32{,}8\text{ km}$

82 $5 \ell : 7 = 0{,}714\ldots \ell \approx 0{,}7 \ell$
Jede Radfahrerin kann $0{,}7 \ell$ Erfrischungsgetränk in die Trinkflasche füllen.

83
   a) $717 \text{ km} : 11 = 65{,}181 \ldots \text{ km} \approx 65 \text{ km}$
       Sven fuhr täglich im Durchschnitt 65 km.

   b)   Rouven: $678 \text{ km} : 13 = 52{,}153 \ldots \text{ km} \approx 52 \text{ km}$
       Antonia: $373 \text{ km} : 7 = 53{,}285 \ldots \text{ km} \approx 53 \text{ km}$
       Sergej: $669 \text{ km} : 13 = 51{,}461 \ldots \text{ km} \approx 51 \text{ km}$
       Antonia schaffte durchschnittlich die meisten Kilometer pro Tag.

84
a) $0{,}2 + 0{,}3 = 0{,}5$	b) $0{,}4 + 1{,}8 = 2{,}2$	c) $1{,}2 + 0{,}05 = 1{,}25$	d) $1{,}625 + 1{,}05 = 2{,}675$
e) $1 + 2{,}2 + 0{,}8 = 4$	f) $1{,}9 + 9 + 1{,}2 = 12{,}1$	g) $1{,}4 + 3 + 1{,}6 = 6$	h) $3{,}9 + 6 + 0{,}1 = 10$

85

a)
$$\begin{array}{r} 43{,}9 \\ +\ 7{,}7 \\ \hline 51{,}6 \end{array}$$
b)
$$\begin{array}{r} 7{,}357 \\ +\ 7{,}190 \\ \hline 14{,}547 \end{array}$$
c)
$$\begin{array}{r} 8{,}482 \\ +\ 5{,}990 \\ \hline 14{,}472 \end{array}$$
d)
$$\begin{array}{r} 9{,}300 \\ +\ 7{,}738 \\ \hline 17{,}038 \end{array}$$

e)
$$\begin{array}{r} 91{,}020 \\ +\ 13{,}675 \\ \hline 104{,}695 \end{array}$$
f)
$$\begin{array}{r} 63{,}309 \\ +\ 46{,}020 \\ \hline 109{,}329 \end{array}$$
g)
$$\begin{array}{r} 997{,}600 \\ +\ 95{,}432 \\ \hline 1\,093{,}032 \end{array}$$
h)
$$\begin{array}{r} 475{,}900 \\ +\ 8{,}875 \\ \hline 484{,}775 \end{array}$$

86
a) $0{,}9 - 0{,}3 = 0{,}6$	b) $13{,}4 - 2{,}4 = 11$	c) $8{,}75 - 1{,}25 = 7{,}5$	d) $6{,}2 - 0{,}07 = 6{,}13$
e) $2 - 1{,}11 = 0{,}89$	f) $3{,}25 - 2{,}15 = 1{,}1$	g) $30 - 20{,}7 = 9{,}3$	h) $47{,}8 - 15{,}9 = 31{,}9$

87

a)
$$\begin{array}{r} 12{,}700 \\ -\ 6{,}842 \\ \hline 5{,}858 \end{array}$$
b)
$$\begin{array}{r} 80{,}000 \\ -\ 39{,}075 \\ \hline 40{,}925 \end{array}$$
c)
$$\begin{array}{r} 267{,}40 \\ -\ 189{,}19 \\ \hline 78{,}21 \end{array}$$
d)
$$\begin{array}{r} 54{,}700 \\ -\ 23{,}457 \\ \hline 31{,}243 \end{array}$$

88
a) $9{,}75;\ 11{,}0;\ 12{,}25$	b) $7{,}9;\ 7{,}1;\ 6{,}3$
c) $8{,}8;\ 11{,}0;\ 13{,}2$	d) $20{,}7;\ 17{,}4;\ 14{,}1$

89
   a) $3{,}4 + 7{,}9 - 1{,}4 + 2{,}1 = 3{,}4 - 1{,}4 + 7{,}9 + 2{,}1 = 2 + 10 = 12$
   b) $15{,}5 + 7{,}1 - 6{,}5 + 3{,}9 = 15{,}5 - 6{,}5 + 7{,}1 + 3{,}9 = 9 + 11 = 20$
   c) $2{,}7 - 6{,}3 + 10{,}3 - 3{,}7 = 2{,}7 + 10{,}3 - 6{,}3 - 3{,}7 = 13 - 10 = 3$
   d) $1{,}78 + 1{,}75 + 1{,}22 + 1{,}25 = 1{,}78 + 1{,}22 + 1{,}75 + 1{,}25 = 3 + 3 = 6$

90
   a) $16{,}6 \text{ h} - 7{,}8 \text{ h} = 8{,}8 \text{ h} = 8 \text{ h } 48 \text{ min}$
       Der längste Tag ist um 8,8 h (8 h 48 min) länger als der kürzeste.

   b)   Dauer der Nacht am längsten Tag: $24 \text{ h} - 16{,}6 \text{ h} = 7{,}4 \text{ h}$ $7{,}4 \text{ h} = 7 \text{ h } 24 \text{ min}$
       Dauer der Nacht am kürzesten Tag: $24 \text{ h} - 7{,}8 \text{ h} = 16{,}2 \text{ h}$ $16{,}2 \text{ h} = 16 \text{ h } 12 \text{ min}$

91
Zirkelkasten	15,99 €	Preis für die Sporttasche
Holzfarbstifte	7,49 €	$50 € - 32{,}37 € - 4{,}68 € = 12{,}95 €$
Malkasten	8,89 €	Die Sporttasche kostet 12,95 €.
Summe	**32,37 €**	

92   Laufzeit der drei Mädchen
$8,5 \text{ s} + 8,2 \text{ s} + 7,9 \text{ s} = 24,6 \text{ s}$

höchste Laufzeit für das vierte Mädchen
$33 \text{ s} - 24,6 \text{ s} = 8,4 \text{ s}$
Leonie kann mit einer Laufzeit von 8,3 s in der Pendelstaffel starten, Ince mit 8,6 s kann nicht starten.

---

93   a) $0,2 \cdot 0,4 = 0,08$ b) $5 \cdot 0,12 = 0,6$ c) $2,5 \cdot 40 = 100$ d) $7,5 \cdot 0,2 = 1,5$

---

94   a) $0,932 \cdot 10 = 9,32$ b) $6,701 \cdot 100 = 670,1$
       c) $73,4 \cdot 1\,000 = 73\,400$ d) $5,004 \cdot 10\,000 = 50\,040$

---

95   a) $11,2 \cdot 6,8 = 76,16$ b) $9,04 \cdot 4,3 = 38,872$ c) $24,8 \cdot 0,2 = 4,96$
       d) $1,28 \cdot 9,78 = 12,5184$ e) $13,4 \cdot 5,78 = 77,452$ f) $4,375 \cdot 8,4 = 36,75$

---

96   a) $4,51 \cdot 2,3 = 10,373$ b) $25,75 \cdot 4,04 = 104,03$ c) $0,034 \cdot 2,5 = 0,085$ d) $13,05 \cdot 7,04 = 91,872$

---

97   a) $2,4 \cdot \mathbf{1,5} \cdot \mathbf{2} = 2,4 \cdot \mathbf{3} = 7,2$ b) $\mathbf{0,25} \cdot 3,8 \cdot \mathbf{4} = \mathbf{1} \cdot 3,8 = 3,8$
       c) $13 \cdot \mathbf{0,5} \cdot \mathbf{0,4} = 13 \cdot 0,2 = 2,6$ d) $1,5 \cdot \mathbf{0,2} \cdot \mathbf{5} = 1,5 \cdot \mathbf{1} = 1,5$

---

98   a) $3,3 \cdot 0,22 = 0,726$ $3,3 \cdot 0,2200 = 0,726$
          $3,3 \cdot 0,22 = 3,3 \cdot 0,2200$

       b) $0,025 \cdot 0,25 = 0,00625$ $0,205 \cdot 0,52 = 0,1066$
          $0,1066 > 0,00625 \;\Rightarrow\; 0,025 \cdot 0,25 < 0,205 \cdot 0,52$

       c) $7,07 \cdot 0,77 = 5,4439$ $0,707 \cdot 0,77 = 0,54439$
          $5,4439 > 0,54439 \;\Rightarrow\; 7,07 \cdot 0,77 > 0,707 \cdot 0,77$

       d) $4,4 \cdot 4,404 = 19,3776$ $44,04 \cdot 0,44 = 19,3776$
          $4,4 \cdot 4,404 = 44,04 \cdot 0,44$

---

99   a) $64,8 \ \ell : 892,6 \text{ km} \cdot 100 \text{ km} = 7,259\ldots \ \ell \approx 7,3 \ \ell$
         Das Auto verbraucht 7,3 ℓ Benzin auf 100 km.

       b) $64,8 \ \ell \cdot 2,33 \ \frac{\text{kg}}{\ell} = 150,984 \text{ kg} \approx 151 \text{ kg}$
         Durch die Fahrt wurden 151 kg CO_2 freigesetzt.

---

100 Gruppenraum I $2,5 \cdot 62,85 \ € = 157,125 \ € \approx 157,13 \ €$
       Gruppenraum II $2,75 \cdot 62,85 \ € = 172,8375 \ € \approx 172,84 \ €$
       Gruppenraum III $3,25 \cdot 62,85 \ € = 204,2625 \ € \approx 204,26 \ €$
       Flur, Diele $5,5 \cdot 62,85 \ € = 345,675 \ € \approx 345,68 \ €$
       Gemeinschaftsraum $8,5 \cdot 62,85 \ € = 534,225 \ € \approx 534,23 \ €$
       Schlafraum $6 \cdot 62,85 \ € = 377,10 \ €$

       gesamte Kosten
       $157,13 \ € + 172,84 \ € + 204,26 \ € + 345,68 \ € + 534,23 \ € + 377,10 \ € = 1\,791,24 \ €$
       Die KITA muss insgesamt 1 791,24 € bezahlen.

---

101 a) $9 : 0,3 = 30$ b) $2,4 : 0,8 = 3$ c) $1,6 : 0,04 = 40$ d) $4,5 : 0,15 = 30$

102   a) $45{,}07 : 10 = 4{,}507$ b) $753{,}8 : 100 = 7{,}538$ c) $9{,}47 : 1\,000 = 0{,}00947$ d) $0{,}08 : 100 = 0{,}0008$

103   a) $32{,}4 : 4{,}5 = 7{,}2$ b) $22{,}14 : 3{,}6 = 6{,}15$ c) $32{,}3 : 4{,}75 = 6{,}8$ d) $963{,}9 : 4{,}59 = 210$

104   a) $(3{,}1 + 0{,}93) : (0{,}9 + 0{,}4) = 4{,}03 : 1{,}3 = 3{,}1$
        b) $(30 - 2{,}45) : (3 - 0{,}1) = 27{,}55 : 2{,}9 = 9{,}5$

105   Vergleichspreise für jeweils 1 kg (1 000 g) Frühstücksmüsli
        750 g kosten 1,89 €   2,5 kg kosten 6,23 €
        1 g kostet $1{,}89\ € : 750 = 0{,}00252\ €$ 1 kg kostet $6{,}23\ € : 2{,}5 = 2{,}492\ € \approx 2{,}49\ €$
        1 000 g kosten $0{,}00252\ € \cdot 1\,000 = 2{,}52\ €$
        Die 2,5 kg-Packung ist günstiger.

106   a) $-8{,}2;\ -1;\ -0{,}03;\ 0{,}01;\ 1{,}4$ b) $-19{,}3;\ -0{,}75;\ 1;\ 1{,}75;\ 18{,}1$
        c) $-2{,}7;\ -2{,}5;\ 2{,}4;\ 6{,}3;\ 26{,}5$ d) $-17{,}2;\ -13{,}4;\ -13{,}04;\ 17{,}1;\ 26{,}5$

107   a) $12{,}6\ °C$ b) $10{,}8\ °C$ c) $17{,}7\ °C$

108 $-6{,}7\ °C + 18{,}7\ °C - 12{,}8\ °C = -0{,}8\ °C$

109   a) niedrigste Temperatur: $-26{,}7\ °C$ höchste Temperatur: $+15{,}6\ °C$
           Temperaturunterschied: $42{,}3\ °C$

        b) $(-26{,}7) + (-22{,}4) + (-11{,}9) + (+0{,}1) + (+8{,}3) + (+13{,}7) + (+15{,}6) + (+12{,}5) + (+5{,}9) + (-5) + (-17{,}9) + (-24{,}7)$
           $= -52{,}5$
           $-52{,}5\ °C : 12 = -4{,}375\ °C \approx -4{,}4\ °C$

110   Kosten für die Autowerkstatt: 527,69 €
        Anzahlung für den Urlaub: 1 250 €
        Abbuchungen (gesamt):   1 777,69 €
        Kontostand vor den Abbuchungen: $-793{,}49\ € + 1\,777{,}69\ € = 984{,}20\ €$

111

	alter Kontostand	Buchung	neuer Kontostand
a)	369,55 €	− 567,89 €	− 198,34 €
b)	959,90 €	− 832,54 €	127,36 €
c)	− 607,88 €	+ 2 170,73 €	1 562,85 €
d)	− 437,11 €	1 999,99 €	+ 1 562,88 €
e)	1 651,08 €	− 1 528,75 €	122,33 €
f)	− 175,42 €	− 732,61 €	− 908,03 €

112   a) $8{,}2 + 7{,}3 = 15{,}5$ b) $2{,}8 - 3{,}7 = -0{,}9$ c) $-16{,}8 - 4{,}8 = -21{,}6$
        d) $6{,}6 - 24{,}1 = -17{,}5$ e) $10{,}2 - 30{,}2 = -20$ f) $-39{,}4 + 33{,}1 = -6{,}3$

113   a) $(+4) - (+13) = (+4) + (-13)$ b) $(-18) - (+2) = (-18) + (-2)$
        c) $-(+12) - (-25) = (-12) + (+25)$ d) $-(+4) - (-16) = (-4) + (+16)$

114 a) $-(+6)-(\mathbf{-7})=(+1)$ b) $(\mathbf{-8})+(-17)=(-25)$ c) $(-6)-(\mathbf{+5})=(-11)$

       d) $(-12)-(-8)=(-4)$ e) $-(-9)+(+5)=(+14)$ f) $(-8)+(\mathbf{-13})=(-21)$

---

115 a) $\mathbf{-12}-17+\mathbf{12}=-17$ b) $-25-\mathbf{31}+\mathbf{30}=-26$ c) $\mathbf{+11}-45+\mathbf{39}=5$

       d) $\mathbf{+11}-\mathbf{22}+13=2$ e) $\mathbf{-33}-\mathbf{66}+99=0$ f) $-36+\mathbf{29}+\mathbf{71}=64$

---

116 a) $3,2-5,8=-2,6$ b) $0+5=5$ c) $-41+47=6$ d) $-3+4,5=1,5$

---

117 a) $(+6,3)-(-8,5)+((+5,3)-(-8,2))=6,3+8,5+13,5=28,3$

       b) $(-17,6)+(+2,8)-((-5,1)-(-12,9))=-17,6+2,8-7,8=-22,6$

       c) $(-7,2)+(-3,5)+((-2,4)+(-8,9))=-7,2-3,5+(-11,3)=-22$

---

118 a) -40 b) 24 c) -70 d) 10

       e) -320 f) $-5,1$ g) -7 h) 45

---

119 a) $+0,9+1,2+18,4-4=16,5$ b) $-1,5+25-4,5+7,2=26,2$ c) $70-3-40+3,4=30,4$

---

120 a) $+0,5$ b) $+8$ c) -40

---

121 a) $(-4)\cdot(\mathbf{-10})=(+40)$ b) $(\mathbf{+9})\cdot(-5)=(-45)$ c) $(-27):(\mathbf{-9})=(+3)$ d) $(\mathbf{-45}):(+15)=(-3)$

---

122 a) $(-3)\cdot(+6)=-18$ $(-5)\cdot(-3)=(+15)$

          $(-18)<(+15)$ $\Rightarrow$ $(-3)\cdot(+6)<(-5)\cdot(-3)$

       b) $(+7)\cdot(-9)=(-63)$ $(+189):(-3)=(-63)$

          $(+7)\cdot(-9)=(+189):(-3)$

       c) $(-1,5)\cdot(-8)=(+12)$ $(-3)\cdot(+4)=(-12)$

          $(+12)>(-12)$ $\Rightarrow$ $(-1,5)\cdot(-8)>(-3)\cdot(+4)$

       d) $(+49,7):(+7,1)=(+7)$ $(-6,3):(-0,9)=(+7)$

          $(+49,7):(+7,1)=(-6,3):(-0,9)$

       e) $(-9)\cdot(+8)=(-72)$ $(+144):(+2)=(+72)$

          $(-72)<(+72)$ $\Rightarrow$ $(-9)\cdot(+8)<(+144):(+2)$

       f) $(+1,2)\cdot(+0,5)=(+0,6)$ $(+12)\cdot(-0,5)=(-6)$

          $(+0,6)>(-6)$ $\Rightarrow$ $(+1,2)\cdot(+0,5)>(+12)\cdot(-0,5)$

---

123 a) $(+128);\ (+256);\ (+512)$ b) $(-24);\ (-12);\ (-48)$ c) $(+48);\ (+24);\ (-96)$

---

124 a) $11^2=121$ b) $(-7)^2=49$ c) $(-0,1)^2=0,01$ d) $100^2=10\,000$

       e) $0,3^2=0,09$ f) $(-0,09)^2=0,0081$ g) $40^2=1\,600$ h) $(-0,05)^2=0,0025$

---

125 a) $\dfrac{3^2}{4^2}=\dfrac{9}{16}$ b) $\dfrac{7^2}{12^2}=\dfrac{49}{144}$ c) $\dfrac{(-8^2)}{(9^2)}=\dfrac{64}{81}$ d) $\left(\dfrac{15}{16}\right)^2=\dfrac{225}{256}$

---

126 a) $\sqrt{25}=5$ b) $\sqrt{49}=7$ c) $\sqrt{100}=10$ d) $\sqrt{169}=13$

---

127 a) $\sqrt{0,01}=0,1$ b) $\sqrt{0,04}=0,2$ c) $\sqrt{0,16}=0,4$ d) $\sqrt{0,64}=0,8$

128 a) $\sqrt{\dfrac{9}{289}} = \dfrac{3}{17}$ b) $\sqrt{\dfrac{25}{121}} = \dfrac{5}{11}$ c) $\sqrt{\dfrac{49}{81}} = \dfrac{7}{9}$ d) $\sqrt{\dfrac{144}{400}} = \dfrac{12}{20}$

129 a) $\sqrt{17} = 4,123\ldots \approx 4,12$ b) $\sqrt{117} = 10,816\ldots \approx 10,82$
c) $\sqrt{17,92} = 4,233\ldots \approx 4,23$ d) $\sqrt{289,05} = 17,001\ldots \approx 17,00$

130 a) $\sqrt{177} = 13,304\ldots \quad 13 < \sqrt{177} < 14$ b) $\sqrt{207} = 14,387\ldots \quad 14 < \sqrt{207} < 15$
c) $\sqrt{577} = 24,020\ldots \quad 24 < \sqrt{577} < 25$ d) $\sqrt{815} = 28,548\ldots \quad 28 < \sqrt{815} < 29$
e) $\sqrt{1\,000} = 31,622\ldots \quad 31 < \sqrt{1\,000} < 32$ f) $\sqrt{2\,357} = 48,548\ldots \quad 48 < \sqrt{2\,357} < 49$

131 a) $\sqrt{255} \cdot 12 - 4,5^2 \cdot 5 = 15 \cdot 12 - 20,25 \cdot 5 = 180 - 101,25 = 78,75$
b) $16 : \sqrt{0,16} + 3,5^2 \cdot 8 = 16 : 0,4 + 12,25 \cdot 8 = 40 + 98 = 138$
c) $41 - \sqrt{196} \cdot 6,5^2 + 189 = 41 - 14 \cdot 42,25 + 189 = 41 - 591,5 + 189 = -361,5$
d) $14,5^2 - \sqrt{441} \cdot 14 + 9,5^2 = 210,25 - 21 \cdot 14 + 90,25 = 210,25 - 294 + 90,25 = 6,5$
e) $\sqrt{729} : \sqrt{81} + 25^2 : 5^2 = 27 : 9 + 625 : 25 = 3 + 25 = 28$
f) $\sqrt{961} - 5,5^2 + 3,5^2 : \sqrt{0,0625} = 31 - 30,25 + 12,25 : 0,25 = 31 - 30,25 + 49 = 49,75$

132 a) $\sqrt{576} + 2^2 = 24 + 4 = 28 \qquad \sqrt{1\,024} - 2^2 = 32 - 4 = 28$
$\sqrt{576} + 2^2 = \sqrt{1\,024} - 2^2$
b) $12^2 - \sqrt{169} = 144 - 13 = 131 \qquad 4,5^2 + 11^2 = 20,25 + 121 = 141,25$
$131 < 141,25 \quad \Rightarrow \quad 12^2 - \sqrt{169} < 4,5^2 + 11$
c) $0,25 - 0,25^2 = 0,25 - 0,0625 = 0,1875 \qquad \sqrt{0,16} + 0,2^2 = 0,4 + 0,04 = 0,44$
$0,1875 < 0,44 \quad \Rightarrow \quad 0,25 - 0,25^2 < \sqrt{0,16} + 0,2^2$
d) $\sqrt{156,25} + 8,5^2 = 12,5 + 72,25 = 84,75 \qquad 10^2 - \sqrt{12,25} = 100 - 3,5 = 96,5$
$84,75 < 96,5 \quad \Rightarrow \quad \sqrt{156,25} + 8,5^2 < 10^2 - \sqrt{12,25}$
e) $\sqrt{0,04} \cdot \sqrt{121} = 0,2 \cdot 11 = 2,2 \qquad \sqrt{196} : \sqrt{49} = 14 : 7 = 2$
$2,2 > 2 \quad \Rightarrow \quad \sqrt{0,04} \cdot \sqrt{121} > \sqrt{196} : \sqrt{49}$
f) $8^2 + \sqrt{36} = 64 + 6 = 70 \qquad \sqrt{5\,929} - \sqrt{49} = 77 - 7 = 70$
$8^2 + \sqrt{36} = \sqrt{5\,929} - \sqrt{49}$

133 a) $97\,650\,000\,000 \approx 9,77 \cdot 10^{10}$ b) $3\,842\,500\,000\,000\,000 \approx 3,84 \cdot 10^{15}$
c) $80\,876\,345,56 \approx 8,09 \cdot 10^7$ d) $99\,999\,888\,777\,654 \approx 1,00 \cdot 10^{14}$

134 a) $0,000\,000\,562 \approx 5,6 \cdot 10^{-7}$ b) $0,000\,000\,002\,24 \approx 2,2 \cdot 10^{-9}$
c) $0,002\,099\,236\,5 \approx 2,1 \cdot 10^{-3}$ d) $0,000\,009\,879 \approx 9,9 \cdot 10^{-6}$

135 a) $2,2 \cdot 10^3 = 2\,200$ b) $1,3 \cdot 10^4 = 13\,000$
c) $5,7 \cdot 10^5 = 570\,000$ d) $6,1 \cdot 10^8 = 610\,000\,000$
e) $7,9 \cdot 10^{11} = 790\,000\,000\,000$ f) $8,2 \cdot 10^{13} = 82\,000\,000\,000\,000$

136 a) $2 \cdot 10^{-3} = 0,002$ b) $8 \cdot 10^{-4} = 0,000\,8$ c) $2,3 \cdot 10^{-6} = 0,000\,002\,3$
d) $5,1 \cdot 10^{-7} = 0,000\,000\,51$ e) $4,7 \cdot 10^{-5} = 0,000\,047$ f) $9,25 \cdot 10^{-8} = 0,000\,000\,092\,5$

137 a) $\dfrac{3}{1\,000} = 3 \cdot 10^{-3}$

b) $\dfrac{67}{1\,000\,000} = 6{,}7 \cdot 10^{-5}$

c) $\dfrac{245}{100\,000\,000\,000} = 2{,}45 \cdot 10^{-9}$

d) $\dfrac{8{,}9}{100\,000\,000} = 8{,}9 \cdot 10^{-8}$

e) $\dfrac{0{,}578}{10\,000\,000\,000} = 5{,}78 \cdot 10^{-11}$

f) $\dfrac{7\,800}{1\,000\,000\,000\,000} = 7{,}8 \cdot 10^{-9}$

---

138 a) $858\,000\,000 \text{ t} = 858$ Megatonnen

b) $611\,000\,000\,000 \text{ kWh} = 611\,000\,000 \text{ MWh}$
$611\,000\,000 \text{ MWh} - 243\,000\,000 \text{ MWh} = 368\,000\,000 \text{ MWh}$
$368\,000\,000 \text{ MWh} = 368 \text{ TWh}$
Es wurden 368 TWh durch nicht erneuerbare Energien erzeugt.

c) $579 \text{ MWh} = 579\,000 \text{ kWh}$
$648 \text{ MWh} = 648\,000 \text{ kWh}$
$850 \text{ MWh} = 850\,000 \text{ kWh}$
$2\,000 \text{ MWh} = 2\,000\,000 \text{ kWh}$

---

139 a) $8 \text{ TB} = 8\,000\,000 \text{ MB}$ $16 \text{ TB} = 16\,000\,000 \text{ MB}$

b) $4{,}7 \text{ GB} = 4\,700 \text{ MB} = 4\,700\,000 \text{ KB}$ $17 \text{ GB} = 17\,000 \text{ MB} = 17\,000\,000 \text{ KB}$

---

140 Wellenlängen des sichtbaren Lichts
$0{,}000\,000\,38 \text{ m} = 3{,}8 \cdot 10^{-7} \text{ m} = 3{,}8 \cdot 10^{2} \text{ nm} = 3{,}8 \cdot 10^{5} \text{ pm}$
$0{,}000\,000\,75 \text{ m} = 7{,}5 \cdot 10^{-7} \text{ m} = 7{,}5 \cdot 10^{2} \text{ nm} = 7{,}5 \cdot 10^{5} \text{ pm}$

Wellenlängen der Röntgenstrahlung
$0{,}000\,000\,000\,009 \text{ m} = 9 \cdot 10^{-12} \text{ m} = 9 \cdot 10^{-3} \text{ nm} = 9 \text{ pm}$
$0{,}000\,000\,003 \text{ m} = 3 \cdot 10^{-9} \text{ m} = 3 \text{ nm} = 3 \cdot 10^{3} \text{ pm}$

---

141 a) $0{,}000\,000\,012 \text{ s} = 12 \text{ ns}$

b) $8 \text{ nm} = 8 \cdot 10^{-9} \text{ m}$

c) $0{,}000\,000\,012 \text{ m} = 12 \text{ nm}$ $0{,}000\,000\,022 = 22 \text{ nm}$

---

142 a) $7{,}4 \cdot 10^{11} \cdot 2{,}7 \cdot 10^{-8} \cdot 3{,}5 \cdot 10^{4} \approx 7{,}0 \cdot 10^{8}$

b) $6{,}2 \cdot 10^{12} : (0{,}8 \cdot 10^{-7}) \cdot 4{,}13 \cdot 10^{9} \approx 3{,}2 \cdot 10^{29}$

c) $5{,}73 \cdot 10^{5} \cdot 8{,}12 \cdot 10^{-10} \cdot 0{,}3 \cdot 10^{6} \approx 1{,}4 \cdot 10^{2}$

d) $4{,}3 \cdot 10^{-2} : (7{,}88 \cdot 10^{-14}) \cdot 5{,}95 \cdot 10^{-13} \approx 3{,}2 \cdot 10^{-1}$

---

143 $1{,}2 \cdot 10^{5} \text{ ha} = 0{,}12 \cdot 10^{6}$
$(11{,}79 + 4{,}71 + 0{,}12) \cdot 10^{6} \text{ ha} = 16{,}62 \cdot 10^{6} \text{ ha} = 16\,620\,000 \text{ ha}$
Es wurden 16,62 Millionen ha landwirtschaftlich genutzt.

---

144 a) $\sqrt{144} = 12$ $2 \cdot 7 = 14$
$12 < 14 \quad \Rightarrow \quad \sqrt{144} < 2 \cdot 7$

b) $\sqrt{121} = 11$ $40 : 4 = 10$
$11 > 10 \quad \Rightarrow \quad \sqrt{121} > 40 : 4$

c) $9^{2} = 81$ $\sqrt{81} + 71 = 9 + 71 = 80$
$81 > 80 \quad \Rightarrow \quad 9^{2} > \sqrt{81} + 71$

d) $4^{2} + 3^{2} = 16 + 9 = 25$ $5^{2} = 25$
$4^{2} + 3^{2} = 5^{2}$

e) $6^{2} + 8^{2} = 36 + 64 = 100$ $10^{2} = 100$
$6^{2} + 8^{2} = 10^{2}$

f) $\sqrt{36} + \sqrt{16} = 6 + 4 = 10$ $3 \cdot 5 = 15$
$10 < 15 \quad\quad\quad \Rightarrow \quad \sqrt{36} + \sqrt{16} < 3 \cdot 5$

145 Nur in der Reihe b) sind die Zahlen von der kleinsten bis zur größten Zahl richtig geordnet.

$\frac{1}{5} = 0,2; \quad \sqrt{81} = 0,9$

$0,17 < 0,2 < 0,456 < 0,9 \quad \Rightarrow \quad 0,17 < \frac{1}{5} < 0,456 < \sqrt{0,81}$

---

146 ☒ $0,04 \cdot 10^2 = 4$

☒ $1,2 \cdot 10^{-4} = 0,000\,12$

---

147 a) ☒ $149\,600\,000$ km

b) ☒ $4,4 \cdot 10^{-8}$

---

148 2 Billionen $= 2 \cdot 10^{12}$

250 Milliarden $= 250 \cdot 10^9$

$2 \cdot 10^{12} \cdot 250 \cdot 10^9 = 5 \cdot 10^{23}$

---

149 a) Masse eines Protons: $1,673 \cdot 10^{-27}$ kg

Masse eines Elektrons: $1,673 \cdot 10^{-27}$ kg $: 1\,836 = 9,1122\ldots \cdot 10^{-31}$ kg $\approx 9,112 \cdot 10^{-31}$ kg

b) Masse eines Urankerns:

92 Protonen $+$ 146 Neutronen $= 238$ Kernbausteine

$1,673 \cdot 10^{-27}$ kg $\cdot 238 = 3,9817\ldots \cdot 10^{-25}$ kg $\approx 3,982 \cdot 10^{-25}$ kg

---

150 a) $6\,\ell = 6$ dm$^3 = 6\,000$ cm$^3 = 6\,000\,000$ mm$^3 = 6 \cdot 10^6$ mm^3

$5 \cdot 10^6 \cdot 6 \cdot 10^6 = 30 \cdot 10^{12} = 3 \cdot 10^{13}$

Ein Erwachsener besitzt ca. $3 \cdot 10^{13}$ rote Blutkörperchen.

b) $3 \cdot 10^{13} \cdot 7 \cdot 10^{-3}$ mm $= 21 \cdot 10^{10}$ mm

$21 \cdot 10^{10}$ mm $= 21 \cdot 10^7$ m $= 21 \cdot 10^4$ km $= 210\,000$ km

Das Band wäre $210\,000$ km lang.

c) Anzahl der Neubildungen der roten Blutkörperchen in einem Jahr

365 Tage $:$ 120 Tage $= 3,04\ldots \approx 3$ Neubildungen

Anzahl der Neubildungen der roten Blutkörperchen in 50 Jahren

$3 \cdot 50 = 150$

Anzahl der neu gebildeten roten Blutkörperchen in 50 Jahren

$150 \cdot 3 \cdot 10^{13} = 450 \cdot 10^{13} = 4,5 \cdot 10^{15}$

---

151 a) Minuten pro Jahr

$60 \cdot 24 \cdot 365 = 525\,600$ min

Plastikmüll in Tonnen pro Jahr

$525\,600 \cdot 15$ t $= 7\,884\,000$ t

b) Volumen des Plastikmülls

$7\,884\,000$ t $: 0,8$ t/m$^3 = 9\,855\,000$ m^3

c) Anzahl der entstehenden Mikroplastikteilchen (4 mm^3)

$9\,855\,000$ m$^3 = 9\,855\,000\,000$ dm$^3 = 9\,855\,000\,000\,000$ cm$^3 =$

$9\,855\,000\,000\,000\,000$ mm$^3 = 9,855 \cdot 10^{15}$ mm^3

$9,855 \cdot 10^{15}$ mm$^3 : 4$ mm$^3 = 2,463\ldots \cdot 10^{15} \approx 2,46 \cdot 10^{15}$ Mikroplastikteilchen

Anzahl der entstehenden Nanoplastikteilchen (0,01 mm^3)

$9,855 \cdot 10^{15}$ mm$^3 : 0,01$ mm$^3 = 9,855 \cdot 10^{17} \approx 9,86 \cdot 10^{17}$ Nanoplastikteilchen

152 a) richtig: Die Werte im Balkendiagramm sind in Prozent angegeben. Knapp 100 % der Befragten haben angegeben, dass sie gerne Freunde treffen. Das ist mit Abstand der höchste Wert.

b) falsch: Die Balken für Fernsehen und Sport sind gleich lang. Mit ca. 70 % der Nennungen sind beide Beschäftigungen gleich beliebt.

c) richtig: Der Balken für Lesen ragt etwas über den Strich hinaus, der 20 % der Befragten anzeigt.

d) falsch: Die Hälfte der Befragten sind 50 %. Der Wert für Videospiele beträgt jedoch weniger als 40 %.

e) richtig: $\frac{2}{3} \approx 0,66 = 66\,\%$

Im Diagramm kann man ablesen, dass etwa 70 % der Befragten Sport treiben.

153 richtig: Diagramm b

600 $m\ell$ Orangensaft sind mehr als die Hälfte des Getränks. Der Anteil am Kreisdiagramm muss daher größer als die Hälfte sein. 250 $m\ell$ Apfelsaft entsprechen genau einem Viertel der Menge und somit einem Viertel des Kreises. Die Anteile für den Karottensaft und für den Zitronensaft sind sehr klein, wobei der Anteil für den Zitronensaft der kleinere ist.

a) falsch: Alle vier Anteile sind etwa gleich groß sind. Der Anteil für den Orangensaft müsste aber etwa 12-mal größer sein als der Anteil an Zitronensaft.

c) falsch: Das Diagramm zeigt nur drei Anteile. Im Multivitamin-Getränk sind aber vier verschiedene Säfte enthalten.

d) falsch: Keiner der Anteile in diesem Kreisdiagramm ist größer als die Hälfte und könnte somit dem Anteil des Orangensafts entsprechen.

b) Dies ist das korrekte Diagramm.

154 a) richtig: Das Säulendiagramm zeigt den Anteil der Schülerinnen und Schüler in Prozent. Das Fach Wirtschaft wurde von 30 % der Mädchen gewählt. Der Anteil der Buben hingegen ist unter 10 %.

b) richtig: Die Säule, die anzeigt, wie viele Mädchen das Fach Soziales wählen, zeigt etwa 50 % an.

c) falsch: Buben wählen zu mehr als 50 % Musik und nur zu gut 40 % Kunst. Buben bevorzugen also Musik. Mädchen wählen zu knapp 70 % Kunst und nur zu gut 30 % Musik.

d) falsch: Der Anteil der Mädchen, die Technik wählen beträgt knapp 20 %.

e) richtig: Bilde die Mittelwerte der Fächer und vergleiche:
   – Technik: ($\approx 20\,\%$ Mädchen, $\approx 80\,\%$ Buben); Mittelwert: $(20\,\% + 80\,\%) : 2 = 50\,\%$
   – Wirtschaft: ($\approx 30\,\%$ Mädchen, $\approx 10\,\%$ Buben); Mittelwert: $(30\,\% + 10\,\%) : 2 = 20\,\%$
   – Soziales: ($\approx 50\,\%$ Mädchen, $\approx 10\,\%$ Buben); Mittelwert: $(50\,\% + 10\,\%) : 2 = 30\,\%$
   – Kunst: ($\approx 70\,\%$ Mädchen, $\approx 40\,\%$ Buben); Mittelwert: $(70\,\% + 40\,\%) : 2 = 55\,\%$
   – Musik: ($\approx 30\,\%$ Mädchen, $\approx 50\,\%$ Buben); Mittelwert: $(30\,\% + 50\,\%) : 2 = 40\,\%$
   Der Anteil der Schüler, die Wirtschaft wählen ist mit etwa 20 % am geringsten.

f) richtig: $\frac{3}{4} = 0,75 = 75\,\%$

Dreiviertel aller Buben entspricht 75 %. Aus dem Diagramm kann man ablesen, dass mehr als 80 % der Buben das Fach Technik wählen.

155 a) Anteil der Energiesteuer am Benzinpreis: 48 %
   Anteil der Mehrwertsteuer am Benzinpreis: 19 %
   Anteil aller Steuern am Benzinpreis: $48\,\% + 19\,\% = 67\,\%$

b) Anteil der Herstellungskosten am Benzinpreis: 3 %
   Anteil des Ölpreises am Benzinpreis: 25 %
   Anteil der Betriebskosten am Benzinpreis: 5 %
   Anteil aller Kosten am Benzinpreis: $3\,\% + 25\,\% + 5\,\% = 33\,\%$

Die Summe der Produktions- und Vertriebskosten beträgt 33 % und macht somit nur ein Drittel des Benzinpreises aus. Verglichen mit dem prozentualen Anteil der Steuern ist dieser Anteil relativ gering.

c) Die Aussage ist falsch.
halber Preis der Energiesteuer: 48 % : 2 = 24 %
Preisanteil Öl: 25 %

156 a) In allen Monaten sind die Verkaufszahlen für die Standard-Ausgabe am höchsten. Also wurden von dieser Ausgabe am meisten verkauft.

b) Die Monate 3 und 4 scheiden auf den ersten Blick aus. Die Werte für die Monate 1 und 2 werden abgelesen und verglichen.

1. Monat		**2. Monat**	
Standard-Ausgabe	≈ 45 000 Stück	Standard-Ausgabe	≈ 67 000 Stück
Digitale Ausgabe	≈ 22 000 Stück	Digitale Ausgabe	≈ 11 000 Stück
Deluxe-Ausgabe:	≈ 6 000 Stück	Deluxe-Ausgabe:	≈ 2 000 Stück
Summe:	= 73 000 Stück	Summe:	= 80 000 Stück

Im 2. Monat wurden die meisten Spiele verkauft.

c) Im 4. Monat ist kein Balken für die Deluxe-Ausgabe eingezeichnet. Somit wurden in diesem Monat keine Spiele dieser Ausgabe verkauft.

157 a) **Diagramm D:** Diagramm D zeigt nur die Leistungssteigerung und nicht die „schwachen Leistungen" zwischen den einzelnen Versuchen. Die Hochwertachse beginnt erst bei 30 m und ist in 0,5 m-Schritte eingeteilt. Die Höhe der Säulen soll Emre eine enorme Leistungssteigerung zeigen.

b) **Diagramm A:** Die Hochwertachse beginnt bei 0 m und ist in 10 m-Schritten eingeteilt. Im Diagramm A sind die Unterschiede zwischen den einzelnen Säulen dem Sachverhalt entsprechend gering.

c) **Diagramm B:** Die Hochwertachse beginnt erst bei 28,0 m und reicht in 0,5 m-Schritten bis 33,0 m. Die Unterschiede zwischen den einzelnen Versuchen werden durch diese Einteilung der Hochwertachse übertrieben dargestellt.

d) **Diagramm C:** Bei Diagramm C beginnt die Hochwertachse bei 25 m und geht in zwei 5 m-Schritten bis 35 m. Das angefertigte Liniendiagramm soll dem Betrachter eine unausgewogene Leistung zeigen.

Diagramm A stellt den Sachverhalt der Situation angemessen dar. Die Hochwertachse beginnt bei 0 und ist gleichmäßig in 10er-Schritten eingeteilt. Wie man in der Tabelle sieht, sind die Unterschiede zwischen den einzelnen erzielten Weiten nicht sehr groß. Dieser Sachverhalt wird auch im Diagramm A korrekt dargestellt.

158 a) Die Hochwertachse beginnt bei 0 € und verläuft in 5 €-Schritten bis zu einem Höchstwert von 40 €. Die Säulenhöhen für die letzten fünf Jahre betragen rund ein Fünftel der maximalen Säulenhöhe im Diagrammbereich.
Der Preis für eine Tageskarte im Jahr 2021 liegt bei 7,90 €. Eine Preiserhöhung von 0,15 € von 2020 auf 2021 kann aus der Säulenhöhe nicht abgelesen werden.
Aus dem Diagramm kann Herr Carsten eine leichte Preiserhöhung ablesen, die absolute Erhöhung der Fahrpreise ist auf dem ersten Blick nicht ersichtlich.

b) Das Diagramm stellt die Preisentwicklung für das Tagesticket anschaulich dar. Das Liniendiagramm ist für jedes Jahr mit den Kosten des Tagestickets beschriftet, die Linie steigt von 2017 bis 2021 den Preiserhöhungen entsprechend an.
Die Hochwertachse beginnt bei 7,00 € und reicht in 10 Cent-Schritten bis 8,00 €. Bei oberflächlicher Betrachtung des Diagramms kann der Eindruck entstehen, dass der Preis für das Tagesticket in den letzten fünf Jahren doch sehr stark gestiegen ist.

c) Die Hochwertachse hat keine Beschriftung und beginnt nicht bei null. Im Diagramm werden nur die Preiserhöhungen dargestellt, wobei ein Teilstrich 10 Cent entspricht.
Die Säulen für die Jahre 2018 bis 2021 werden durch diesen Trick sehr hoch und täuschen eine enorme Preiserhöhung vor.
Der Preis für ein Tagesticket ist seit 2017 um 55 Cent gestiegen und hat sich nicht versechsfacht.
Der Diagrammtitel ist falsch und hat mit dem wirklichen Sachverhalt nichts zu tun.

d) Die Rechtswertachse und die Hochwertachse sind gleichmäßig eingeteilt, die Hochwertachse beginnt bei 0 €
und reicht in 1,00 €-Schritten bis 9,00 €.

Aus dem Diagramm kann der Betrachter eine leichte Preissteigerung entnehmen.

Herr Eckart sieht nur die Höhe der Säulen für die einzelnen Jahre, die fast bis an den oberen Rand des
Diagrammbereichs reichen und kommt daher zu dieser Aussage.

Diagramm D stellt den tatsächlichen Sachverhalt angemessen dar, eine Beschriftung der Säulen mit den
Preisen würde die Aussagekraft des Diagramms steigern.

---

159 a) Flächeninhalt der großen Grafik   Flächeninhalt der kleinen Grafik

$A = 4 \, cm \cdot 4 \, cm$ $A = 2 \, cm \cdot 3 \, cm$

$A = 16 \, cm^2$ $A = 6 \, cm^2$

$16 \, cm^2 : 6 \, cm^2 = 2,666... \approx 2,67$

Die kleine Grafik passt 2,67 mal in die große Grafik, das Bilddiagramm stellt den Sachverhalt nicht korrekt
dar.

b) Anzahl der Auszubildenden für 2020 der Größe der Grafik entsprechend

$16 \, cm^2 \,\hat{=}\, 34\,000$ Auszubildenden

$1 \, cm^2 \,\hat{=}\, 34\,000 : 16 = 2\,125$ Auszubildenden

$6 \, cm^2 \,\hat{=}\, 2\,125 \cdot 6 = 12\,750$ Auszubildenden

---

160 Der Jahresumsatz hat sich von 4 Millionen € im Jahr 2019 auf 12 Millionen € im Jahr 2020 verdreifacht.

Das Rechteck für das Jahr 2020 muss daher den 3-fachen Flächeninhalt haben.

Flächeninhalt des Rechtecks für den Umsatz im Jahr 2019

$a = 3,5 \, cm, \; b = 2,5 \, cm$

$A = 3,5 \, cm \cdot 2,5 \, cm$

$A = 8,75 \, cm^2$

Flächeninhalt des Rechtecks für den Umsatz im Jahr 2020

$A = 8,75 \, cm^2 \cdot 3$

$A = 26,25 \, cm^2$

mögliche Maße für das Rechteck

$a = 7 \, cm$ $b = 3,75 \, cm \approx 3,8 \, cm$

$a = 6 \, cm$ $b = 4,375 \, cm \approx 4,4 \, cm$

---

161 a) Anzahl der befragten Schülerinnen und Schüler

$(5 + 6 + 9 + 8) = 28$ Schüler/-innen

28 Schüler/-innen von 560 Schüler/-innen sind 5 % der Schüler/-innen an der Schule.

Die Befragung hat keine Aussagekraft.

17 Schüler/-innen sind der Meinung, das sie an der Schule zu viele oder extrem viele Probearbeiten schreiben
müssen.

17 von 560 Schüler/-innen sind rund 3 % der Schüler/-innen an der Schule. Das ist keine große Mehrheit.

b) Die Rechtswertachse beginnt bei 4 Schüler/-innen und endet bei 9 Schüler/-innen. Dadurch erstrecken sich
die Balken für „zu viel" und „extrem viel" von links nach rechts über weite Teile des Diagrammfeld. Bei der
gewählten Einteilung der Rechtswertachse bleiben die Balken für „in Ordnung" und „weiß nicht" klein und
erscheinen für den Betrachter unwichtig. Die Unterschiede treten besonders hervor.

2 Rechnen mit Größen

162

mm	cm	dm
1 257	125,7	12,57
470	47	4,7
11	1,1	0,11

m	dm	cm
0,002	0,02	0,2
59,75	597,5	5 975
750	7 500	75 000

m	cm	mm
14,5	1 450	14 500
0,5936	59,36	593,6
0,85	85	850

163   a) 2,73 m + 127 cm = 2,73 m + 1,27 m = 4 m
b) 654 m + 3,35 km = 0,654 km + 3,35 km = 4,004 km
c) 179 cm − 7,2 dm = 17,9 dm − 7,2 dm = 10,7 dm
d) 87 mm − 3,5 cm = 8,7 cm − 3,5 cm = 5,2 cm
e) 6 570 m − 6,47 km = 6,57 km − 6,47 km = 0,1 km
f) 812,7 dm − 56,2 m = 81,27 m − 56,2 m = 25,07 m

164   a) 12,5 m − 3,8 m − 3 cm − 97 cm = 12,5 m − 3,8 m − 0,03 m − 0,97 m = 7,7 m
b) 3 750 m + 0,271 km − 210 dm = 3,75 km + 0,271 km − 0,021 km = 4 km
c) 128,5 dm + 34,8 cm − 125 mm = 128,5 dm + 3,48 dm − 1,25 dm = 130,73 dm
d) 13,5 dm − 725 mm + 43,8 cm = 1 350 mm − 725 mm + 438 mm = 1 063 mm

165   a) ☐ 0,05 km   ☒ 5 000 m   ☒ 5 000 dm   ☐ 50 000 mm
b) ☒ 17,6 m   ☐ 176 cm   ☐ 170,06 dm   ☐ 17 000 mm
c) ☐ 0,001 km   ☐ 100 mm   ☐ 0,01 m   ☒ 100,1 cm

166   4,5 km = 4 500 m
4 500 m : 15 m = 300
Man braucht 300 Rohre.

167

dm²	cm²	mm²
0,57	57	5 700
4,7	470	47 000
5,6	560	56 000

mm²	cm²	dm²
810,5	8,105	0,08105
255 500	2 555	25,55
6 250	62,5	0,625

km²	ha	a
3,57	357	35 700
85	8 500	850 000
0,0725	7,25	725

168   a) 34 mm² + 7,4 cm² = 0,34 cm² + 7,4 cm² = 7,74 cm²
b) 0,738 m² − 975 cm² = 0,738 m² − 0,0975 m² = 0,6405 m²
c) 3,25 km² + 950 ha = 3,25 km² + 9,5 km² = 12,75 km²
d) 0,82 ha + 785 m² = 0,82 ha + 0,0785 ha = 0,8985 ha
e) 7,54 m² − 3 750 cm² = 7,54 m² − 0,375 m² = 7,165 m²
f) 97,5 dm² − 0,255 m² = 0,975 m² − 0,255 m² = 0,72 m²

169   a) ☐ 0,03 km²   ☐ 30 000 m²   ☒ 300 ha   ☐ 3 000 a
b) ☐ 8,8 m²   ☒ 8 800 dm²   ☐ 88 000 cm²   ☐ 880 000 mm²
c) ☒ 15 500 ha   ☐ 155 000 a   ☐ 15,5 km²   ☐ 155 000 m²

170 $40 \text{ dm}^2 \cdot 5\,800\,000\,000 = 232\,000\,000\,000 \text{ dm}^2 = 2\,320 \text{ km}^2$
Mit den Kunststofftüten könnte man eine Fläche von 2 320 km² abdecken.

171 $24{,}82 \text{ km}^2 - 812{,}5 \text{ ha} - 4{,}625 \text{ km}^2 - 73\,450 \text{ a} - 356\,000 \text{ m}^2 =$
$24{,}82 \text{ km}^2 - 8{,}125 \text{ km}^2 - 4{,}625 \text{ km}^2 - 7{,}345 \text{ km}^2 - 0{,}356 \text{ km}^2 = 4{,}369 \text{ km}^2$
Auf das Gewerbegebiet entfällt eine Fläche von 4,369 km².

172 a) gesamte Fläche des Neubaugebiets
$3{,}42 \text{ ha} + 6\,500 \text{ m}^2 + 44{,}5 \text{ a} = 34\,200 \text{ m}^2 + 6\,500 \text{ m}^2 + 4\,450 \text{ m}^2 = 45\,150 \text{ m}^2$

b) Grundstücksgröße für ein Einfamilienhaus
$3{,}42 \text{ ha} = 34\,200 \text{ m}^2$
$34\,200 \text{ m}^2 : 36 = 950 \text{ m}^2$

c) Kaufpreis für ein Grundstück
$950 \text{ m}^2 \cdot 280 \text{ €/m}^2 = 266\,000 \text{ €}$

173

dm³	cm³	mm³
5,7	5 700	5 700 000
0,35	350	350 000
0,0092	9,2	9 200

m³	dm³	cm³
0,25	250	250 000
0,0037	3,7	3 700
0,91	910	910 000

hl	l	ml
0,79	79	79 000
0,75	75	75 000
4,56	456	456 000

174 a) $12 \text{ m}^3 = 12\,000 \text{ } l$
b) $6{,}5 \text{ dm}^3 = 6{,}5 \text{ } l$
c) $67 \text{ } ml = 0{,}067 \text{ } l$
d) $0{,}078 \text{ m}^3 = 78 \text{ } l$
e) $55\,000 \text{ dm}^3 = 55\,000 \text{ } l$
f) $3{,}75 \text{ m}^3 = 3\,750 \text{ } l$

175 a) $3\,350 \text{ mm}^3 + 7{,}4 \text{ } ml = 3{,}35 \text{ } ml + 7{,}4 \text{ } ml = 10{,}75 \text{ } ml$
b) $82 \text{ m}^3 - 370 \text{ } hl = 82 \text{ m}^3 - 37 \text{ m}^3 = 45 \text{ m}^3$
c) $5{,}75 \text{ m}^3 + 67{,}8 \text{ } hl = 5{,}75 \text{ m}^3 + 6{,}78 \text{ m}^3 = 12{,}53 \text{ m}^3$
d) $85 \text{ m}^3 - 700 \text{ } hl = 85 \text{ m}^3 - 70 \text{ m}^3 = 15 \text{ m}^3$
e) $7{,}54 \text{ m}^3 - 3\,750 \text{ dm}^3 = 7{,}54 \text{ m}^3 - 3{,}75 \text{ m}^3 = 3{,}79 \text{ m}^3$
f) $125 \text{ } hl + 765 \text{ } l = 125 \text{ } hl + 7{,}65 \text{ } hl = 132{,}65 \text{ } hl$

176 a) Wasserverbrauch der Großstadt
$9 \text{ } l \cdot 600\,000 = 5\,400\,000 \text{ } l = 5\,400 \text{ m}^3$

b) $\dfrac{3}{4}$ von 600 000 Spülungen sind 450 000 Spülungen

Einsparung je Spülung
$9 \text{ } l - 5 \text{ } l = 4 \text{ } l$

jährliche Einsparung
$4 \text{ } l \cdot 450\,000 \cdot 365 = 657\,000\,000 \text{ } l = 657\,000 \text{ m}^3$

177 a) $2{,}95 \text{ t} = 2\,950 \text{ kg}$
b) $3\,750 \text{ kg} = 3{,}75 \text{ t}$
c) $87{,}3 \text{ kg} = 0{,}0873 \text{ t}$
d) $0{,}24 \text{ kg} = 240 \text{ g}$
e) $25 \text{ g} = 0{,}025 \text{ kg}$
f) $4\,752 \text{ g} = 4{,}752 \text{ kg}$
g) $0{,}125 \text{ g} = 125 \text{ mg}$
h) $3\,450 \text{ mg} = 3{,}45 \text{ g}$

178 Umrechnen der Größen in g
0,018 kg   49 g   0,396 kg   256 g   0,0076 kg   4 250 mg
$0{,}018 \text{ kg} = 18 \text{ g}$ $0{,}396 \text{ kg} = 396 \text{ g}$ $0{,}0076 \text{ kg} = 7{,}6 \text{ g}$ $4\,250 \text{ mg} = 4{,}25 \text{ g}$

Ordnen nach der Größe
$4{,}25 \text{ g} < 7{,}6 \text{ g} < 18 \text{ g} < 49 \text{ g} < 256 \text{ g} < 396 \text{ g}$
$\Rightarrow 4\,250 \text{ mg} < 0{,}0076 \text{ kg} < 0{,}018 \text{ kg} < 49 \text{ g} < 256 \text{ g} < 0{,}396 \text{ kg}$

179 a) $70 \text{ t} = 70\,000 \text{ kg}$ b) $5\,400 \text{ g} > 5 \text{ kg } 40 \text{ g}$

c) $6\,430 \text{ mg} < 64,3 \text{ g}$ d) $13 \text{ t } 475 \text{ kg} = 13\,475 \text{ kg}$

---

180 a) Gewicht des Metalls zur Herstellung der 10-Cent-Münzen
$4,10 \text{ g} \cdot 15\,890\,000\,000 = 65\,149\,000\,000 \text{ g} = 65\,149\,000 \text{ kg} = 65\,149 \text{ t}$

Gewicht des Metalls zur Herstellung der 20-Cent-Münzen
$5,74 \text{ g} \cdot 12\,374\,000\,000 = 71\,026\,760\,000 \text{ g} = 71\,026\,760 \text{ kg} = 71\,026,76 \text{ t}$

Gewicht des Metalls zur Herstellung der 50-Cent-Münzen
$7,80 \text{ g} \cdot 6\,560\,000\,000 = 51\,168\,000\,000 \text{ g} = 51\,168\,000 \text{ kg} = 51\,168 \text{ t}$

insgesamt benötigtes Metall zur Herstellung der Münzen
$65\,149 \text{ t} + 71\,026,76 \text{ t} + 51\,168 \text{ t} = 187\,343,76 \text{ t} \approx 187\,344 \text{ t}$

b) $187\,344 \text{ t} : 25 \text{ t} = 7\,493,76$
Man würde zum Transport der Münzen 7 494 Lkw benötigen.

c) Turmhöhe aller 10-Cent-Münzen
$1,93 \text{ mm} \cdot 15\,890\,000\,000 = 30\,667\,700\,000 \text{ mm} = 30\,667\,700 \text{ m} = 30\,667,7 \text{ km}$

Turmhöhe aller 20-Cent-Münzen
$2,14 \text{ mm} \cdot 12\,374\,000\,000 = 26\,480\,360\,000 \text{ mm} = 26\,480\,360 \text{ m} = 26\,480,36 \text{ km}$

Turmhöhe aller 50-Cent-Münzen
$2,38 \text{ mm} \cdot 6\,560\,000\,000 = 15\,612\,800\,000 \text{ mm} = 15\,612\,800 \text{ m} = 15\,612,8 \text{ km}$

Turmhöhe aller Münzen
$30\,667,7 \text{ km} + 26\,480,36 \text{ km} + 15\,612,8 \text{ km} = 72\,760,86 \text{ km} \approx 72\,761 \text{ km}$

---

181 a) $6 \text{ h} = 6 \cdot 60 \text{ min} = 360 \text{ min}$ b) $45 \text{ min} = 45 : 60 \text{ h} = 0,75 \text{ h} = \frac{3}{4} \text{ h}$

c) $1,5 \text{ h} = 1,5 \cdot 60 \text{ min} = 90 \text{ min}$ d) $3\frac{1}{2} \text{ d} = 3 \cdot 24 \text{ h} + \frac{1}{2} \cdot 24 \text{ h} = 72 \text{ h} + 12 \text{ h} = 84 \text{ h}$

e) $5\frac{1}{4} \text{ min} = 5 \cdot 60 \text{ s} + \frac{1}{4} \cdot 60 \text{ s} = 300 \text{ s} + 15 \text{ s} = 315 \text{ s}$

f) $7\frac{3}{4} \text{ h} = 7 \cdot 60 \text{ min} + \frac{3}{4} \cdot 60 \text{ min} = 420 \text{ min} + 45 \text{ min} = 465 \text{ min}$

---

182 a) $3 \text{ h } 23 \text{ min} + 2 \text{ h } 47 \text{ min} = 370 \text{ min} = 6 \text{ h } 10 \text{ min}$

b) $9 \text{ h } 37 \text{ min} + 6 \text{ h } 59 \text{ min} = 996 \text{ min} = 16 \text{ h } 36 \text{ min}$

c) $7 \text{ h } 28 \text{ min} - 5 \text{ h } 26 \text{ min} = 122 \text{ min} = 2 \text{ h } 2 \text{ min}$

d) $6 \text{ h } 2 \text{ min} - 1 \text{ h } 9 \text{ min} = 5 \text{ h } 2 \text{ min} - 9 \text{ min} = 4 \text{ h } 53 \text{ min}$

---

183 a) $560 \text{ s} = 9 \text{ min } 20 \text{ s}$ b) $998 \text{ s} = 16 \text{ min } 38 \text{ s}$ c) $1\,600 \text{ s} = 26 \text{ min } 40 \text{ s}$ d) $3\,150 \text{ s} = 52 \text{ min } 30 \text{ s}$

---

184 a) $1,3 \text{ h} = 1 \text{ h} + 0,3 \text{ h} = 1 \text{ h} + (0,3 \cdot 60) \text{ min} = 1 \text{ h } 18 \text{ min}$

b) $4,9 \text{ h} = 4 \text{ h} + 0,9 \text{ h} = 4 \text{ h} + (0,9 \cdot 60) \text{ min} = 4 \text{ h } 54 \text{ min}$

c) $2,35 \text{ h} = 2 \text{ h} + 0,35 \text{ h} = 2 \text{ h} + (0,35 \cdot 60) \text{ min} = 2 \text{ h } 21 \text{ min}$

d) $8,05 \text{ h} = 8 \text{ h} + 0,05 \text{ h} = 8 \text{ h} + (0,05 \cdot 60) \text{ min} = 8 \text{ h } 3 \text{ min}$

---

185 a) $97 \text{ min} = 1 \text{ h } 37 \text{ min}$ Verspätung
$22{:}45 \text{ Uhr} + 1 \text{ h } 37 \text{ min} = 00{:}22 \text{ Uhr}$
Der Bus fährt um 00:22 in München ab.

b) Ankunftszeit in Paris
$7{:}12 \text{ Uhr} + 1 \text{ h } 37 \text{ min} = 8{:}49 \text{ Uhr}$
Der Bus kommt um 8:49 in Paris an.

c) Fahrzeit für die Strecke München – Paris
Abfahrtszeit in München: 00:22 Uhr
Ankunftszeit in Paris: 8:49 Uhr
Fahrzeit: 8 h 27 min
Die Fahrzeit beträgt 8 h 27 min.

186   a) $560 \text{ km in } 7 \text{ h} = 80 \dfrac{\text{km}}{\text{h}}$ b) $680 \text{ km in } 8 \text{ h} = 85 \dfrac{\text{km}}{\text{h}}$ c) $360 \text{ km in } 5 \text{ h} = 72 \dfrac{\text{km}}{\text{h}}$

      d) $120 \text{ km in } 1,25 \text{ h} = 96 \dfrac{\text{km}}{\text{h}}$ e) $660 \text{ km in } 8,25 \text{ h} = 80 \dfrac{\text{km}}{\text{h}}$ f) $624 \text{ km in } 9,75 \text{ h} = 64 \dfrac{\text{km}}{\text{h}}$

187

	Weg	Zeit	Geschwindigkeit
a)	12 m	1,5 s	$\mathbf{8\,\frac{m}{s}}$
b)	225 km	**2,5 h**	$90\,\frac{\text{km}}{\text{h}}$
c)	**402,5 km**	3,5 h	$115\,\frac{\text{km}}{\text{h}}$
d)	48 000 km	90 min	$\mathbf{32\,000\,\frac{\text{km}}{\text{h}}}$
e)	**136 m**	16 s	$8,5\,\frac{m}{s}$
f)	**650 km**	40 min	$975\,\frac{\text{km}}{\text{h}}$
g)	12 cm	15 min	$\mathbf{0,8\,\frac{cm}{min}}$

188

Masse	43,6 kg	**2 891,7 g**	45 t	37,25 g	**1 245,68 mg**	221 t
Volumen	$117,72 \text{ dm}^3$	255 dm^3	$\mathbf{\approx 5,7 \text{ m}^3}$	$1,94 \text{ cm}^3$	92 mm^3	$\mathbf{85 \text{ m}^3}$
Dichte	$\mathbf{\approx 0,37\,\frac{kg}{dm^3}}$	$11,34 \text{ g/dm}^3$	$7,9 \text{ t/m}^3$	$\mathbf{\approx 19,2\,\frac{g}{cm^3}}$	$13,54 \text{ mg/mm}^3$	$2,6 \text{ t/m}^3$

189 1 dm^3 Schaumstoff wiegt $0,125 \text{ kg}$ $\Rightarrow$ 1 m^3 Schaumstoff wiegt $0,125 \text{ t}$

     $\text{Masse} = 0,125\,\dfrac{\text{t}}{\text{m}^3} \cdot 65 \text{ m}^3$

     $\text{Masse} = 8,125 \text{ t}$
Der Lkw kann höchstens 8,125 t Schaumstoff laden.

190 1 dm^3 Marmor wiegt $2,5 \text{ kg}$ $\Rightarrow$ 1 m^3 Marmor wiegt $2,5 \text{ t}$

     $\text{Volumen} = 6,7 \text{ t} : 2,5\,\dfrac{\text{t}}{\text{m}^3}$

     $\text{Volumen} = 2,68 \text{ m}^3$
Der Marmorblock hat einen Rauminhalt von $2,68 \text{ m}^3$.

191   Masse des eingefüllten Benzins
     $4,25 \text{ kg} - 550 \text{ g} = 4,25 \text{ kg} - 0,55 \text{ kg} = 3,7 \text{ kg}$
     $5\,\ell = 5 \text{ dm}^3$

     $\text{Dichte}_{\text{Benzin}} = \dfrac{3,7 \text{ kg}}{5 \text{ dm}^3} = 0,74\,\dfrac{\text{kg}}{\text{dm}^3}$

192 a) $4,07\ \text{m} = 407\ \text{cm}$ b) $375\ \text{mm} = 3,75\ \text{dm}$ c) $125\,000\ \text{mm}^2 = 12,5\ \text{dm}^2$

        d) $4\,700\ \text{cm}^2 = 0,47\ \text{m}^2$ e) $630\ m\ell = 0,63\ \text{dm}^3$ f) $0,75\ \text{dm}^3 = 750\ \text{cm}^3$

193 a) $100\ \text{min} = 1\ \text{h}\ 40\ \text{min} \approx 1,67\ \text{h}$ b) $150\ \text{min} = 2\ \text{h}\ 30\ \text{min} = 2,5\ \text{h} = 2\frac{1}{2}\ \text{h}$

        c) $200\ \text{min} = 3\ \text{h}\ 20\ \text{min} \approx 3,33\ \text{h}$ d) $225\ \text{min} = 3\ \text{h}\ 45\ \text{min} = 3,75\ \text{h} = 3\frac{3}{4}\ \text{h}$

194 a) $1\ \text{h}\ 20\ \text{min} = 80\ \text{min}$ b) $2\ \text{h}\ 50\ \text{min} = 170\ \text{min}$

        c) $4\ \text{h}\ 25\ \text{min} = 265\ \text{min}$ d) $9\ \text{h}\ 10\ \text{min} = 550\ \text{min}$

195 a) $8\,750\ \text{g} > 0,875\ \text{kg}$ b) $90\,000\ \text{mg} = 90\ \text{g}$ c) $17,3\ \text{t} > 1,730\ \text{kg}$

196 a) Strecke des Sekundenzeigers an einem Tag

        $2,6\ \text{mm} \cdot 60 \cdot 60 \cdot 24 = 224\,640\ \text{mm} = 224,640\ \text{m} \approx 225\ \text{m}$

        b) Strecke des Minutenzeigers in einem Jahr

        $2,1\ \text{mm} \cdot 60 \cdot 24 \cdot 365 = 1\,103\,760\ \text{mm} = 1\,103,760\ \text{m} = 1,103760\ \text{km} \approx 1,1\ \text{km}$

197

	könnte stimmen	ist sicher falsch
Ein neu geborenes Kind wiegt 9 500 g. $9\,500\ \text{g} = 9,5\ \text{kg}$	☐	☒
Ein Kugelschreiber kostet 250 Cent. $250\ \text{Cent} = 2,50\ €$	☒	☐
Das Display eines Smartphones ist 9 dm² groß. $9\ \text{dm}^2 = 900\ \text{cm}^2$	☐	☒
Eine Zimmertür ist 2 000 mm hoch. $2\,000\ \text{mm} = 2\ \text{m}$	☒	☐
Ein Wasserglas hat ein Volumen von ca. 1,1 cm³. $1,1\ \text{cm}^3 = 1,1\ m\ell$	☐	☒
Eine Unterrichtsstunde dauert 2 700 Sekunden. $2\,700\ \text{s} : 60 = 45\ \text{min}$	☒	☐

198 a)

Zement:	$50\ \text{kg} \cdot 100 = 5\,000\ \text{kg}$
Kalk:	$40\ \text{kg} \cdot 80 = 3\,200\ \text{kg}$
Ziegel:	$350\ \text{kg} \cdot 12 = 4\,200\ \text{kg}$
Gesamtgewicht:	$12\,400\ \text{kg}$

        $12\,400\ \text{kg} = 12,4\ \text{t}$

        Das Material kann nicht geladen werden.

        b)

Baustahlmatten:	$45\ \text{kg} \cdot 80 = 3\,600\ \text{kg}$
Baustahlstäbe:	$18\ \text{kg} \cdot 120 = 2\,160\ \text{kg}$
U-Träger:	$95\ \text{kg} \cdot 12 = 1\,140\ \text{kg}$
Doppel-T-Träger:	$150\ \text{kg} \cdot 4 = 600\ \text{kg}$
Gesamtgewicht:	$7\,500\ \text{kg}$

        $7\,500\ \text{kg} = 7,5\ \text{t}$

        Das Material kann geladen werden.

199 Berechnen der Zeitdauer:

        Hinfahrt: $1\ \text{h}\ 25\ \text{min} + 35\ \text{min} + 1\ \text{h}\ 40\ \text{min} = 3\ \text{h}\ 40\ \text{min}$

        Rückfahrt: $3\ \text{h}\ 40\ \text{min}$

        Zeitspanne bei Philipp: $5\ \text{h}\ 30\ \text{min}$

        gesamte Zeit $3\ \text{h}\ 40\ \text{min} + 5\ \text{h}\ 30\ \text{min} + 3\ \text{h}\ 40\ \text{min} = 12\ \text{h}\ 50\ \text{min}$

        Berechnen der Uhrzeit: $8\ \text{h}\ 15\ \text{min} + 12\ \text{h}\ 50\ \text{min} = 21\ \text{h}\ 5\ \text{min}$

        Uhrzeit zu Hause: 21.05 Uhr

200 Dauer des Schulwegs ab Bushaltestelle:
$30 \text{ min} + 3 \text{ min} = 33 \text{ min}$

Abfahrzeit des Busses:
$7{:}40 \text{ Uhr} - 33 \text{ min} = 7{:}07 \text{ Uhr}$
Violetta muss den Bus um 7:00 Uhr nehmen.

201 $5 \text{ h } 45 \text{ min} = 5{,}75 \text{ h}$

$765 \text{ km} : 5{,}75 \text{ h} = 133{,}04\ldots \dfrac{\text{km}}{\text{h}} \approx 133 \dfrac{\text{km}}{\text{h}}$

Der ICE fährt mit einer durchschnittlichen Geschwindigkeit von $133 \dfrac{\text{km}}{\text{h}}$.

202 a) $598{,}5 \text{ g} : 57 \text{ cm}^3 = 10{,}5 \dfrac{\text{g}}{\text{cm}^3}$

Es handelt sich um Silber.

b) $11{,}3 \dfrac{\text{g}}{\text{cm}^3} \cdot 53 \text{ cm}^3 = 598{,}9 \text{ g}$

53 cm^3 Blei haben eine Masse von $598{,}9$ g.

c) $345 \text{ t} : 7{,}9 \dfrac{\text{t}}{\text{m}^2} = 43{,}67\ldots \text{ m}^3 \approx 43{,}7 \text{ m}^3$

345 t Eisen haben ein Volumen von $43{,}7 \text{ m}^3$.

203 Dichte der Münze

$\dfrac{21{,}56 \text{ g}}{2{,}47 \text{ cm}^3} = 8{,}728\ldots \dfrac{\text{g}}{\text{cm}^3} \approx 8{,}73 \dfrac{\text{g}}{\text{cm}^3}$

Die Münze besteht nicht aus purem Gold, sondern aus Messing.

204 a)
Abfahrt in Regensburg:	08:46 Uhr
Ankunft in Salzburg:	11:54 Uhr
Reisezeit:	3 h 8 min

Katharina ist 3 h 8 min unterwegs.

b)
Ankunft in Mühldorf:	10:25 Uhr
Abfahrt in Mühldorf:	10:44 Uhr
Zeit zum Umsteigen:	19 min

Katharina bleiben in Mühldorf 19 min Zeit zum Umsteigen.

c)
planmäßige Ankunft in Salzburg:	11:54 Uhr
Verspätung wegen technischer Störung:	25 min
verspätete Ankunftszeit in Salzburg:	12:19 Uhr

Katharina kommt um 12:19 Uhr in Salzburg an.

205

Flug	Abflug	Flugdauer	Ankunft
München – New York	9:20 Uhr (MEZ)	9 h 25 min	**18:45 Uhr (MEZ)**
Frankfurt – Johannesburg	20.45 Uhr (MEZ)	**10 h 40 min**	7:25 Uhr (MEZ)
Berlin – Sydney	**16:46 Uhr (MEZ)**	22 h 12 min	14:58 Uhr (MEZ)

206 a) Länge des Kunststoffstricks
$50 \text{ cm} \cdot 2\,000\,000\,000 = 100\,000\,000\,000 \text{ cm} = 1\,000\,000 \text{ km}$

Länge für die Knoten
$20 \text{ \% von } 1\,000\,000 \text{ km} = 200\,000 \text{ km}$

Länge des Kunststoffstricks ohne Knoten
1 000 000 km − 200 000 km = 800 000 km

Umwicklungen um den Äquator
800 000 km : 40 074 km = 19,963… ≈ 20

Man könnte den Kunststoffstrick rund 20 mal um den Äquator wickeln.

b) Länge des Kunststoffstricks ohne Knoten: 800 000 km
Entfernung Erde – Mond: 384 400 km
Der Kunststoffstrick reicht bis zum Mond und zurück.

c) Fläche einer Kunststoff–Tragetasche
$40\ \text{cm} \cdot 50\ \text{cm} \cdot 2 = 4\,000\ \text{cm}^2 = 0{,}4\ \text{m}^2$

Fläche von 2 Billionen Kunststoff-Tragetaschen
$0{,}4\ \text{m}^2 \cdot 2\,000\,000\,000\,000 = 800\,000\,000\,000\ \text{m}^2 = 800\,000\ \text{km}^2$

Man könnte mit der Menge an Kunststoff-Tragetaschen die Fläche der Bundesrepublik Deutschland 2-mal parkettieren.

207

	Entfernung Karte	Entfernung Wirklichkeit	Maßstab
a)	40 cm	**6 km**	1 : 15 000
b)	**28,25 cm**	56,5 km	1 : 200 000
c)	7 cm	1 400 km	**1 : 20 000 000**

208 Länge in Wirklichkeit: 3 050 m = 305 000 cm
Maßstab: 1 : 50 000
  50 000 cm $\hat{=}$ 1 cm
305 000 cm $\hat{=}$ 305 000 cm : 50 000 = 6,1 cm
Die Länge des Tunnels auf der Karte beträgt 6,1 cm.

209   4 cm $\hat{=}$ 800 cm
   1 cm $\hat{=}$ 200 cm
Maßstab: 1 : 200

210 Modell A: 30 cm Modell $\hat{=}$ 30 000 cm Original
       1 cm Modell $\hat{=}$ 30 000 cm : 30 = 1 000 cm Original
       Maßstab: 1 : 1 000

Modell B: 20 cm Modell $\hat{=}$ 30 000 cm
       1 cm Modell $\hat{=}$ 30 000 cm : 20 = 1 500 cm
       Maßstab: 1 : 1 500

Modell C: 25 cm Modell $\hat{=}$ 30 000 cm
       1 cm Modell $\hat{=}$ 30 000 cm : 25 = 1 200 cm
       Maßstab: 1 : 1 200

211 a) Länge auf der Karte: 30 cm
Länge in Wirklichkeit: 30 cm · 50 000 = 1 500 000 cm = 15 km

b) 20 cm $\hat{=}$ 1 500 000 cm
   1 cm $\hat{=}$ 75 000 cm
   Maßstab: 1 : 75 000

212 $7,6 \text{ cm} \,\hat{=}\, 3\,800 \text{ cm}$
$1 \text{ cm} \,\hat{=}\, 500 \text{ cm}$
Maßstab: $1:500$

213 $250\,000 \text{ cm} \,\hat{=}\, 1 \text{ cm}$
$42 \text{ km} = 4\,200\,000 \text{ cm}$
$4\,200\,000 \text{ cm} : 250\,000 = 16,8 \text{ cm}$

214   Länge auf der Karte: $11 \text{ cm} + 14 \text{ cm} + 8,5 \text{ cm} = 33,5 \text{ cm}$
Länge in Wirklichkeit: $33,5 \text{ cm} \cdot 500\,000 = 16\,750\,000 \text{ cm} = 167,5 \text{ km}$

3 Rechnen mit Termen und Gleichungen

215 a) $125 + 35a - 77 - 18a = 48 + 17\,a$
b) $2{,}7b - 3{,}5c + 1{,}7b - 1{,}5c = 4{,}4b - 5c$
c) $8{,}5x - 2{,}5y - 3{,}7x - 12{,}2y = 4{,}8x - 14{,}7y$
d) $-99z - 145 - 222 + 132z = 33z - 367$
e) $7{,}2d + 8{,}9e - 13{,}8e + 2{,}3d = 9{,}5d - 4{,}9e$
f) $-11{,}1z - 77{,}7 + 33{,}3z - 55{,}5 = 22{,}2z - 133{,}2$

216 a) $18{,}9x + 19{,}3 + 51{,}7y - 73{,}4 - 82{,}9y + 52{,}8x = 71{,}7x - 31{,}2y - 54{,}1$
b) $73 - 65a + 23b - 69 + 64a - 13b - 81 + 39a - 47b = 38a - 37b - 77$
c) $-45 - 93z - 63y + 65z - 22 - 15y + 88 - 32z - 91y = 21 - 169y - 60z$
d) $10{,}9a - 13{,}4b - 10{,}7a + 13{,}6b + 10{,}6a - 13{,}5b - 10{,}3a - 13{,}2b = 0{,}5a - 26{,}5b$

217 a) $3 \cdot (12x - 7) = 36x - 21$
b) $(3a + 5b) \cdot 12 = 36a + 60b$
c) $2{,}5 \cdot (4x - 20y) = 10x - 50y$
d) $(-2) \cdot (8 - 6x) = -16 + 12x$
e) $(3x + 7y) \cdot (-4) = -12x - 28y$
f) $(-9) \cdot (9a - 10) = -81a + 90$

218 a) $(44z + 32) : 4 = 11z + 8$
b) $(30 - 9a) : 3 = 10 - 3a$
c) $(81x - 45y) : 9 = 9x - 5y$
d) $(12a - 6) : (-2) = -6a + 3$
e) $(-20x - 15y) : (-5) = 4x + 3y$
f) $(66 + 42b) : (-6) = -11 - 7b$

219 a) $12x - 25 \cdot (2x - 4) - (75 + 30) : 5 + 25 = 12x - 50x + 100 - 15 - 6 + 25 = -38x + 104$
b) $(0{,}5 + 3x) \cdot 12 + 7x - (48x - 160) : (-8) + 14 = 6 + 36x + 7x + 6x - 20 + 14 = 49x$
c) $(-8) \cdot (5x + 30) + 10 - 20 \cdot (8x - 5) + 23x = -40x - 240 + 10 - 160x + 100 + 23x = -177x - 130$
d) $2 - 2 \cdot (7{,}5x - 18) + (26x - 40) : 2 + 7 \cdot 2x = 2 - 15x + 36 + 13x - 20 + 14x = 18 + 12x$

220 a) $4 \cdot (6x + 4) + (12 - 8x) : 4 = 24x + 16 + 3 - 2x = 22x + 19$
☐ $(6x - 4) \cdot 4 + (12 + 8x) : 4 = 24x - 16 + 3 + 2x = 26x - 13$
☐ $(12 + 8x) : 4 - (4 - 6x) \cdot 4 = 3 + 2x - 16 + 24x = 26x - 13$
☐ $4 \cdot (6x - 4) + (12 + 8x) : 4 = 24x - 16 + 3 + 2x = 26x - 13$
☒ $4 \cdot (4 + 6x) - (8x - 12) : 4 = 16 + 24x - 2x + 3 = 22x + 19$

b) $3 \cdot (9a - 15) + (6 - 12a) : 6 = 27a - 45 + 1 - 2a = 25a - 44$
☐ $3 \cdot (15 - 9a) + (12a - 6) : 6 = 45 - 27a + 2a - 1 = 44 - 25a$
☐ $(9a + 15) \cdot 3 - (-12a - 6) : 6 = 27a + 45 + 2a + 1 = 29a + 46$
☒ $3 \cdot (9a - 15) - (12a - 6) : 6 = 27a - 45 - 2a + 1 = 25a - 44$
☐ $(6 - 12a) : 3 + (15 - 9a) \cdot 6 = 2 - 4a + 90 - 54a = -58a + 92$

221 a) $24x - (16x - \mathbf{25}) = 8x + 25$
b) $\mathbf{18x} - (20 - 7x) = 25x - 20$
c) $21x - (\mathbf{9x - 13}) = 12x + 13$
d) $43x - (\mathbf{41x + (-18)}) = 2x + 18$
e) $12x - 2 \cdot (\mathbf{1 + 4{,}5x}) = 3x - 2$
f) $\mathbf{-13x} + 6 \cdot (4x + (\mathbf{-1{,}5})) = 11x - 9$

222 a) A: $2x + 2 \cdot (3x + 3\ \text{cm}) = 2x + 6x + 6\ \text{cm} = 8x + 6\ \text{cm}$
B: $2x + 4x + 1\ \text{cm} + 3{,}5x = 9{,}5x + 1\ \text{cm}$
C: $0{,}5x + 2 \cdot (x - 1{,}5\ \text{cm}) + x = 0{,}5x + 2x - 3\ \text{cm} + x = 3{,}5x - 3\ \text{cm}$
D: $8x + 2 \cdot (1{,}5x + 1\ \text{cm}) + 2 \cdot (4x - 2{,}5\ \text{cm}) = 8x + 3x + 2\ \text{cm} + 8x - 5\ \text{cm} = 19x - 3\ \text{cm}$

b) $u_A = 8 \cdot 6\ \text{cm} + 6\ \text{cm}$
$u_A = 48\ \text{cm} + 6\ \text{cm}$
$u_A = 54\ \text{cm}$

$u_B = 9{,}5 \cdot 6 \text{ cm} + 1 \text{ cm}$

$u_B = 57 \text{ cm} + 1 \text{ cm}$

$u_B = 58 \text{ cm}$

$u_C = 3{,}5 \cdot 6 \text{ cm} - 3 \text{ cm}$

$u_C = 21 \text{ cm} - 3 \text{ cm}$

$u_C = 18 \text{ cm}$

$u_D = 19 \cdot 6 \text{ cm} - 3 \text{ cm}$

$u_D = 114 \text{ cm} - 3 \text{ cm}$

$u_D = 111 \text{ cm}$

223 a) A: $2 \cdot (3{,}5x - 1 \text{ cm}) + 8 \cdot 1{,}5x + 2x + 6 \cdot (4{,}5x - 7 \text{ cm}) =$
$7x - 2 \text{ cm} + 12x + 2x + 27x - 42 \text{ cm} = 48x - 44 \text{ cm}$

B: $2 \cdot x + 2 \cdot 2x + 2 \cdot (4x - 5 \text{ cm}) + 2 \cdot (2{,}5x + 2 \text{ cm}) + 4 \cdot (3x + 3 \text{ cm}) =$
$2x + 4x + 8x - 10 \text{ cm} + 5x + 4 \text{ cm} + 12x + 12 \text{ cm} = 31x + 6 \text{ cm}$

C: $12 \cdot (2x + 1 \text{ cm}) + 4 \cdot (1{,}5x + 4 \text{ cm}) =$
$24x + 12 \text{ cm} + 6x + 16 \text{ cm} = 30x + 28 \text{ cm}$

b) Länge aller Kanten des Körpers A:
$48 \cdot 4{,}5 \text{ cm} - 44 \text{ cm} = 216 \text{ cm} - 44 \text{ cm} = 172 \text{ cm}$

Länge aller Kanten des Körpers B:
$31 \cdot 4{,}5 \text{ cm} + 6 \text{ cm} = 139{,}5 \text{ cm} + 6 \text{ cm} = 145{,}5 \text{ cm}$

Länge aller Kanten des Körpers C:
$30 \cdot 4{,}5 \text{ cm} + 28 \text{ cm} = 135 \text{ cm} + 28 \text{ cm} = 163 \text{ cm}$

224 **Addition**

Vermehrt man eine Zahl um 3	$x + 3$
Addiert man 53 zu einer Zahl	$x + 53$
Die Summe aus einer Zahl und 12	$x + 12$

Subtraktion

Eine um 17 verminderte Zahl	$x - 17$
Die Differenz aus einer Zahl und 30	$x - 30$
Subtrahiert man von einer Zahl 56	$x - 56$

Multiplikation

Multipliziert man das 12-fache einer Zahl mit 7	$12x \cdot 7$
Das Produkt aus dem 3-fachen einer Zahl und 17	$3x \cdot 17$
Die doppelte Summe aus dem 3-fachen einer Zahl und 8	$2 \cdot (3x + 8)$

Division

Dividiert man eine Zahl durch 70	$x : 70$
Der Quotient aus einer Zahl und 3	$x : 3$
Der vierte Teil der Summe aus einer Zahl und 84	$(x + 84) : 4$

225 a) $2 \cdot (3x + 28) + (5x + 7) = 6x + 56 + 5x + 7 = 11x + 63$

b) $8 \cdot (x + 32) - 3 \cdot (x - 45) = 8x + 256 - 3x + 135 = 5x + 391$

c) $2 \cdot (4x + 5) \cdot (61 - 57) = (8x + 10) \cdot 4 = 32x + 40$

d) $(9x - 15) : (18 : 6) = (9x - 15) : 3 = 3x - 5$

226 a) $4x + 104 = 296 \quad |-104$
$4x = 192 \quad |:4$
$x = 48$

b) $3x + 1 = 13 \quad |-1$
$3x = 12 \quad |:3$
$x = 4$

c) $28 = 15x - 92 \quad |+92$
$120 = 15x \quad |:15$
$8 = x$

d) $52 = 20 + 16x \quad |-20$
$32 = 16x \qquad |:16$
$2 = x$

e) $108 = 45 + 3x \quad |-45$
$63 = 3x \qquad |:3$
$21 = x$

f) $2x - 104 = 54 \quad |+104$
$2x = 158 \quad |:2$
$x = 79$

227 a) $7x - 19 = 4x + 2 \quad |-4x$
$3x - 19 = 2 \qquad |+19$
$3x = 21 \qquad |:3$
$x = 7$

b) $7x - 5 = 6x + 8 \quad |-6x$
$x - 5 = 8 \qquad |+5$
$x = 13$

c) $4x + 32 = 14x + 12 \quad |-14x$
$-10x + 32 = 12 \qquad |-32$
$-10x = -20 \qquad |:(-10)$
$x = 2$

d) $4x + 24 = 8x - 48 \quad |-8x$
$-4x + 24 = -48 \qquad |-24$
$-4x = -72 \qquad |:(-4)$
$x = 18$

e) $34 - 4x = 16 + 5x \quad |-5x$
$34 - 9x = 16 \qquad |-34$
$-9x = -18 \qquad |:(-9)$
$x = 2$

f) $5x + 5 = 69 - 3x \quad |+3x$
$8x + 5 = 69 \qquad |-5$
$8x = 64 \qquad |:8$
$x = 8$

228 a) $16x - 5 = 203 \quad |+5$
$16x = 208 \quad |:16$
$x = 13$

b) $x : 3 = 26 \quad |\cdot 3$
$x = 78$

c) $7 + 5x = 25 - x \quad |+x$
$7 + 6x = 25 \qquad |-7$
$6x = 18 \qquad |:6$
$x = 3$

d) $2x + 24 = 8x - 36 \quad |-8x$
$-6x + 24 = -36 \qquad |-24$
$-6x = -60 \qquad |:(-6)$
$x = 10$

229 a) $5x - 4 + 6x = 2x + 87 - 4x$
$11x - 4 = -2x + 87 \qquad |+2x$
$13x - 4 = 87 \qquad |+4$
$13x = 91 \qquad |:13$
$x = 7$

b) $5x - 29 + 3x = 12x + 61 - 10x$
$8x - 29 = 2x + 61 \qquad |-2x$
$6x - 29 = 61 \qquad |+29$
$6x = 90 \qquad |:6$
$x = 15$

c) $2x + 105 - 26 = 95 - 4x + 5x$
$2x + 79 = 95 + x \qquad |-x$
$x + 79 = 95 \qquad |-79$
$x = 16$

d) $19 - 2x + 19 = x + 32 - 2x$
$38 - 2x = 32 - x \qquad |+x$
$38 - x = 32 \qquad |-38$
$-x = -6 \qquad |:(-1)$
$x = 6$

230 a) $3x - 6 + 2x + 4 - 14 = 40 - 2x - 10 - 4$
$5x - 16 = 26 - 2x \qquad |+2x$
$7x - 16 = 26 \qquad |+16$
$7x = 42 \qquad |:7$
$x = 6$

b) $12x + 4 - 12 + 4x - 32 = 10x - 10 - 4x$
$16x - 40 = 6x - 10 \qquad |-6x$
$10x - 40 = -10 \qquad |+40$
$10x = 30 \qquad |:10$
$x = 3$

c) $14x + 8 - 4x = 2x + 12 + 9x - 3 + 3x + 5$
$10x + 8 = 14x + 14 \qquad |-14x$
$-4x + 8 = 14 \qquad |-8$
$-4x = 6 \qquad |:(-4)$
$x = -1,5$

d) $55 - 14x + 20 + 4x + 7x - 30 - 2x = 0$
$45 - 5x = 0 \qquad |-45$
$-5x = -45 \quad |:5$
$x = 9$

e) $35x - 15 - 200 + 24x = 42x + 24 - 6x - 15 - 33x$
$59x - 215 = 3x + 9 \qquad |-3x$
$56x - 215 = 9 \qquad |+215$
$56x = 224 \qquad |:56$
$x = 4$

231 a) $28x - 6(2x - 9) = 8(4x - 16) + 22$

$\quad\ 28x - 12x + 54 = 32x - 128 + 22$

$\quad\qquad 16x + 54 = 32x - 106 \qquad | -32x$

$\quad\qquad -16x + 54 = -106 \qquad\quad | -54$

$\quad\qquad\quad -16x = -160 \qquad\qquad | : (-16)$

$\quad\qquad\qquad\quad x = 10$

b) $2,5x - (9 - 2x) \cdot 3 = 2,5 \cdot (5x + 12) - 2x$

$\quad\ 2,5x - 27 + 6x = 12,5x + 30 - 2x$

$\quad\qquad 8,5x - 27 = 10,5x + 30 \qquad | -10,5x$

$\quad\qquad -2x - 27 = 30 \qquad\qquad | +27$

$\quad\qquad\quad -2x = 57 \qquad\qquad | : (-2)$

$\quad\qquad\qquad x = -28,5$

c) $2x + 7,75 - 0,5(6 - 5x) = 4,5(4 - 5x) + 6,75x + 7$

$\quad\ 2x + 7,75 - 3 + 2,5x = 18 - 22,5x + 6,75x + 7$

$\quad\qquad 4,5x + 4,75 = 25 - 15,75x \qquad | +15,75x$

$\quad\qquad 20,25x + 4,75 = 25 \qquad\qquad | -4,75$

$\quad\qquad 20,25x = 20,25 \qquad\qquad | : 20,25$

$\quad\qquad\qquad x = 1$

d) $5x - (324 - 72x) : 6 = 5 \cdot (5x + 12) - 4x$

$\quad\ 5x - 54 + 12x = 25x + 60 - 4x$

$\quad\qquad 17x - 54 = 21x + 60 \qquad | -21x$

$\quad\qquad -4x - 54 = 60 \qquad\qquad | +54$

$\quad\qquad\quad -4x = 114 \qquad\qquad | : (-4)$

$\quad\qquad\qquad x = -28,5$

e) $-5(x + 2) - 35 = 21x + 4(10 - 12x) - 3(15 - 6x)$

$\quad\ -5x - 10 - 35 = 21x + 40 - 48x - 45 + 18x$

$\quad\qquad -5x - 45 = -9x - 5 \qquad\qquad | +9x$

$\quad\qquad 4x - 45 = -5 \qquad\qquad | +45$

$\quad\qquad\quad 4x = 40 \qquad\qquad | : 4$

$\quad\qquad\qquad x = 10$

---

232 a) $(200x + 600) : 20 + (1 - 20x) : 4 = 55,25 - (5x + 2) : 2$

$\quad\ 10x + 30 + 0,25 - 5x = 55,25 - 2,5x - 1$

$\quad\qquad 5x + 30,25 = 54,25 - 2,5x \qquad | +2,5x$

$\quad\qquad 7,5x + 30,25 = 54,25 \qquad\qquad | -30,25$

$\quad\qquad 7,5x = 24 \qquad\qquad | : 7,5$

$\quad\qquad\qquad x = 3,2$

b) $3(x - 2) + (30x - 40) : 5 = (10x + 4) : 2 - 2(3x + 2)$

$\quad\ 3x - 6 + 6x - 8 = 5x + 2 - 6x - 4$

$\quad\qquad 9x - 14 = -x - 2 \qquad\qquad | +x$

$\quad\qquad 10x - 14 = -2 \qquad\qquad | +14$

$\quad\qquad 10x = 12 \qquad\qquad | : 10$

$\quad\qquad\qquad x = 1,2$

c) $(x - 3) \cdot 10 - (25 - 150x) : 5 = 5(x - 7) + (10x + 60) : 2$

$\quad\ 10x - 30 - 5 + 30x = 5x - 35 + 5x + 30$

$\quad\qquad 40x - 35 = 10x - 5 \qquad\qquad | -10x$

$\quad\qquad 30x - 35 = -5 \qquad\qquad | +35$

$\quad\qquad 30x = 30 \qquad\qquad | : 30$

$\quad\qquad\qquad x = 1$

d) $(2,352x + 2,94) : 2,8 - (0,864 - 4,896x) : 2,4 = 2(1,368 - 0,265x)$

$$0,84x + 1,05 - 0,36 + 2,04x = 2,736 - 0,53x \qquad | +0,53x$$
$$3,41x + 0,69 = 2,736 \qquad | -0,69$$
$$3,41x = 2,046 \qquad | : 3,41$$
$$x = 0,6$$

e) $2,8(0,3x + 0,375) - (0,15 - 0,85x) \cdot 2,4 = (42,76 - 8,48x) : 4$

$$0,84x + 1,05 - 0,36 + 2,04x = 10,69 - 2,12x$$
$$2,88x + 0,69 = 10,69 - 2,12x \qquad | +2,12x$$
$$5x + 0,69 = 10,69 \qquad | -0,69$$
$$5x = 10 \qquad | : 5$$
$$x = 2$$

233

a) $\dfrac{2}{5}x = 8$
$0,4x = 8 \quad | : 0,4$
$x = 20$

b) $\dfrac{7}{5}x = 21$
$1,4x = 21 \quad | : 1,4$
$x = 15$

c) $\dfrac{3}{4}x = 150$
$0,75x = 150 \quad | : 0,75$
$x = 200$

d) $\dfrac{9}{4}x = 108$
$2,25x = 108 \quad | : 2,25$
$x = 48$

e) $\dfrac{9}{10}x = 4,5$
$0,9x = 4,5 \quad | : 0,9$
$x = 5$

f) $\dfrac{7}{8}x = 112$
$0,875x = 112 \quad | : 0,875$
$x = 128$

g) $\dfrac{2}{3}x = 12 \quad | \cdot 3$
$2x = 36 \quad | : 2$
$x = 18$

h) $\dfrac{7}{3}x = 210 \quad | \cdot 3$
$7x = 630 \quad | : 7$
$x = 90$

234

a) $\dfrac{3}{8}x - 12 = 15$
$0,375x - 12 = 15 \quad | +12$
$0,375x = 27 \quad | : 0,375$
$x = 72$

b) $\dfrac{5}{4}x + 35 = 80$
$1,25x + 35 = 80 \quad | -35$
$1,25x = 45 \quad | : 1,25$
$x = 36$

c) $\dfrac{5}{7}x - 60 = 35 \quad | +60$
$\dfrac{5}{7}x = 95 \quad | \cdot 7$
$5x = 665 \quad | : 5$
$x = 133$

d) $\dfrac{4}{3}x + 34 = -32 \quad | -34$
$\dfrac{4}{3}x = -66 \quad | \cdot 3$
$4x = -198 \quad | : 4$
$x = -49,5$

e) $43 = 1 + \dfrac{7}{10}x$
$43 = 1 + 0,7x \quad | -1$
$42 = 0,7x \quad | : 0,7$
$60 = x$

f) $40 = 10 + \dfrac{3}{4}x$
$40 = 10 + 0,75x \quad | -10$
$30 = 0,75x \quad | : 0,75$
$40 = x$

g) $96 = 100 + \dfrac{5}{2}x$
$96 = 100 + 2,5x \quad | -100$
$-4 = 2,5x \quad | : 2,5$
$-1,6 = x$

h) $20 = 10 + \dfrac{4}{3}x \quad | -10$
$10 = \dfrac{4}{3}x \quad | \cdot 3$
$30 = 4x \quad | : 4$
$7,5 = x$

235

a) $\dfrac{3}{4}x + 28 = 49$
$0,75x + 28 = 49 \quad | -28$
$0,75x = 21 \quad | : 0,75$
$x = 28$

b) $\dfrac{1}{8}x - 0,7 = 1,3$
$0,125x - 0,7 = 1,3 \quad | +0,7$
$0,125x = 2 \quad | : 0,125$
$x = 16$

c) $\frac{1}{9}x + 2,5 = 6,5 \quad |-2,5$

$\quad \frac{1}{9}x = 4 \quad |\cdot 9$

$\quad x = 36$

d) $\frac{5}{6}x - 43 = 12 \quad |+43$

$\quad \frac{5}{6}x = 55 \quad |\cdot 6$

$\quad 5x = 330 \quad |:5$

$\quad x = 66$

---

236 a) $\frac{2}{3}x - \frac{5}{6} = \frac{1}{2}x + \frac{1}{6} \quad |\text{HN}:6$

$\quad \frac{2\cdot 6}{3}x - \frac{5\cdot 6}{6} = \frac{1\cdot 6}{2}x + \frac{1\cdot 6}{6}$

$\quad 4x - 5 = 3x + 1 \quad |+5-3x$

$\quad x = 6$

b) $\frac{3}{4}x + \frac{1}{5} = \frac{7}{8}x - \frac{3}{10}$

$\quad 0,75x + 0,2 = 0,875x - 0,3 \quad |-0,2-0,875x$

$\quad -0,125x = -0,5 \quad |:(-0,125)$

$\quad x = 4$

c) $1\frac{1}{8}x - 2\frac{1}{5} = 20 + \frac{1}{5}x$

$\quad 1,125x - 2,2 = 20 + 0,2x \quad |+2,2-0,2x$

$\quad 0,925x = 22,2 \quad |:0,925$

$\quad x = 24$

d) $\frac{3}{5}x - \frac{1}{2} = 12\frac{5}{6} - \frac{1}{15}x$

$\quad \frac{3}{5}x - \frac{1}{2} = \frac{77}{6} - \frac{1}{15}x \quad |\text{HN}:30$

$\quad \frac{3\cdot 30}{5}x - \frac{1\cdot 30}{2} = \frac{77\cdot 30}{6} + \frac{1\cdot 30}{15}x$

$\quad 18x - 15 = 385 - 2x \quad |+2x+15$

$\quad 20x = 400 \quad |:20$

$\quad x = 20$

---

237 a) $\frac{1}{3}x + \frac{1}{6}x + \frac{1}{9}x = 5,5 \quad |\text{HN}:18$

$\quad \frac{1\cdot 18}{3}x - \frac{1\cdot 18}{6}x + \frac{1\cdot 18}{9}x = 5,5\cdot 18$

$\quad 6x + 3x + 2x = 99$

$\quad 11x = 99 \quad |:11$

$\quad x = 9$

b) $\frac{2}{3}x - \frac{3}{4}x = 2 - \frac{1}{6}x \quad |\text{HN}:12$

$\quad \frac{2\cdot 12}{3}x - \frac{3\cdot 12}{4}x = 2\cdot 12 - \frac{1\cdot 12}{6}x$

$\quad 8x - 9x = 24 - 2x \quad |+2x$

$\quad x = 24$

c) $2 - \frac{3}{8}x = \frac{1}{8}x + 1 \quad |\cdot 8$

$\quad 16 - 3x = x + 8 \quad |+3x-8$

$\quad 8 = 4x \quad |:4$

$\quad 2 = x$

---

238 a) $\frac{1}{3}(x-18) = \frac{1}{2}(2x-6) \quad |\text{HN}:6$

$\quad 2(x-18) = 3(2x-6)$

$\quad 2x - 36 = 6x - 18 \quad |-6x+36$

$\quad -4x = 18 \quad |:(-4)$

$\quad x = -4,5$

b) $\frac{7}{5} - \frac{1}{3}(9x-6) = -\frac{2}{5}(3x-4) \quad |\text{HN}:15$

$\quad 21 - 5(9x-6) = -6(3x-4)$

$\quad 21 - 45x + 30 = -18x + 24$

$\quad 51 - 45x = -18x + 24 \quad |+18x-51$

$\quad -27x = -27 \quad |:(-27)$

$\quad x = 1$

c) $\frac{1}{9}(21x+18) - \frac{x}{3} = 5\frac{1}{2} - \frac{1}{2}(5x-2)$

$\quad \frac{1}{9}(21x+18) - \frac{x}{3} = \frac{11}{2} - \frac{1}{2}(5x-2) \quad |\text{HN}:18$

$\quad 2(21x+18) - 6x = 99 - 9(5x-2)$

$\quad 42x + 36 - 6x = 99 - 45x + 18$

$\quad 36x + 36 = 117 - 45x \quad |+45x-36$

$\quad 81x = 81 \quad |:81$

$\quad x = 1$

d) $\frac{1}{6}(10x-4) + 2 = \frac{1}{2}(5x-3) - 4\frac{1}{3}$

$\quad \frac{1}{6}(10x-4) + 2 = \frac{1}{2}(5x-3) - \frac{13}{3} \quad |\text{HN}:6$

$\quad (10x-4) + 12 = 3(5x-3) - 26$

$\quad 10x + 8 = 15x - 35 \quad |-15x-8$

$\quad -5x = -43 \quad |:(-5)$

$\quad x = 8,6$

239 a) $\frac{1}{9}(2x-12)=\frac{1}{9}(x+3)$ $\quad|\cdot 9$

$\qquad 2x-12=x+3$ $\qquad|-x+12$

$\qquad\qquad x=15$

b) $\frac{1}{15}(10x-1)=\frac{1}{5}(3x+2)$ $\quad|$ HN:15

$\qquad 10x-1=9x+6$ $\qquad|-9x+1$

$\qquad\qquad x=7$

---

240 a) $\frac{3x+7}{4}=\frac{4x-8}{5}+3$ $\qquad|$ HN: 20

$\qquad 5(3x+7)=4(4x-8)+3\cdot 20$

$\qquad 15x+35=16x-32+60$

$\qquad 15x+35=16x+28$ $\qquad|-15x-28$

$\qquad\qquad 7=x$

b) $\frac{12x+20}{8}=\frac{5x+4}{3}$ $\qquad|$ HN: 24

$\qquad 3(12x+20)=8(5x+4)$

$\qquad 36x+60=40x+32$ $\qquad|-40x-60$

$\qquad\qquad -4x=-28$ $\qquad|:(-4)$

$\qquad\qquad x=7$

c) $\frac{2(x-1)}{3}=40-\frac{3(x-4)}{5}$ $\quad|$ HN:15

$\qquad 10(x-1)=600-9(x-4)$

$\qquad 10x-10=600-9x+36$

$\qquad 10x-10=636-9x$ $\qquad|+9x+10$

$\qquad\qquad 19x=646$ $\qquad|:19$

$\qquad\qquad x=34$

d) $\frac{3x-19}{3}=\frac{x-12}{2}+\frac{5x}{18}$ $\quad|$ HN:18

$\qquad 6(3x-19)=9(x-12)+5x$

$\qquad 18x-114=9x-108+5x$

$\qquad 18x-114=14x-108$ $\qquad|-14x+114$

$\qquad\qquad 4x=6$ $\qquad|:4$

$\qquad\qquad x=1,5$

---

241 a) $5(3x-1)=4(4x-3)$

$\qquad 15x-5=16x-12$ $\qquad|-15x+12$

$\qquad\qquad 7=x$

b) $3(x+5)=(10x+8):4$

$\qquad 3x+15=2,5x+2$ $\qquad|-2,5x-15$

$\qquad\qquad 0,5x=-13$ $\qquad|:0,5$

$\qquad\qquad x=-26$

c) $34-3(x+7)=6+4x$

$\qquad 34-3x-21=6+4x$

$\qquad 13-3x=6+4x$ $\qquad|+3x-6$

$\qquad\qquad 7=7x$ $\qquad|:7$

$\qquad\qquad 1=x$

d) $8(x-12)=-441-7(x-45)$

$\qquad 8x-96=-441-7x+315$

$\qquad 8x-96=-126-7x$ $\qquad|+7x+96$

$\qquad\qquad 15x=-30$ $\qquad|:15$

$\qquad\qquad x=-2$

e) $2\frac{1}{8}x+9=3\frac{1}{4}x-2$

$\qquad \frac{17}{8}x+9=\frac{13}{4}x-2$ $\qquad|$ HN:8

$\qquad 17x+72=26x-16$ $\qquad|-26x-72$

$\qquad\qquad -9x=-88$ $\qquad|:(-9)$

$\qquad\qquad x=9\frac{7}{9}$

f) $\frac{4}{5}x+\frac{1}{4}=-\frac{9}{20}x+4$ $\quad|$ HN: 20

$\qquad 16x+5=-9x+80$ $\qquad|+9x-5$

$\qquad\qquad 25x=75$ $\qquad|:25$

$\qquad\qquad x=3$

---

242 a) $4\cdot(\mathbf{-3}\cdot x+\mathbf{5})-4=-12\cdot x+20-4$

b) $\mathbf{3}\cdot(\mathbf{7}x-5)=21x-15$

c) $21x+\mathbf{6}=3\cdot(\mathbf{7x}+2)$

---

243 a) $(14x-24):2-3x=5x-2\cdot(3x+4)$

$\qquad (14x-24):2-3x=5x-6x-8$

$\qquad \underline{7x-\mathbf{24}-3x=-x-8}$

$\qquad \underline{7x-12-3x=-x-8}$

$\qquad\qquad 5x=4$

$\qquad\qquad x=0,8$

b) $5,5x-2\cdot(x-5)=3\cdot(x+6)$

$\qquad \underline{5,5x-2x-\mathbf{10}=3x+18}$

$\qquad 5,5x-2x+10=3x+18$

$\qquad 3,5x+10=3x+18$

$\qquad\qquad 0,5x=8$

$\qquad\qquad x=16$

c) $4 \cdot (2x + 2,5) + 7 = 20 - 2 \cdot (x + 4)$
$\underline{8x + 10 + 7 = 20 - 2x + 8}$
$8x + 17 = 20 - 2x - 8$
$10x = -5$
$x = -0,5$

d) $5 \cdot (6x - 3) - 3 \cdot (4x + 3) = 12$
$30x - 15 - 12x - 9 = 12$
$\underline{18x - 6 = 12}$
$18x - 24 = 12$
$18x = 36$
$x = 2$

244 a) $\mathbf{10x + 5 = 32 + 7x} \quad | -7x$
$3x + 5 = 32 \qquad | -5$
$\mathbf{3x = 27} \qquad\quad | :3$
$x = 9$

b) $\mathbf{6x - 8 = 2x + 12} \quad | +8$
$6x = 2x + 20 \quad | -2x$
$\mathbf{4x = 20} \qquad\quad | :4$
$x = 5$

c) $\dfrac{1}{5}(2x + 50) = \dfrac{1}{5}(4x - 150) \quad | \cdot 5$
$\mathbf{2x + 50 = 4x - 150} \qquad | -4x$
$-2x + 50 = -150 \qquad\quad | -50$
$\mathbf{-2x = -200} \qquad\qquad | :(-2)$
$x = 100$

d) $\dfrac{1}{4}(0,5x + 1,5) = \dfrac{1}{4}(15 - 2,5x) \quad | \cdot 4$
$\mathbf{0,5x + 1,5 = 15 - 2,5x} \qquad | +2,5x$
$3x + 1,5 = 15 \qquad\qquad\quad | -1,5$
$\mathbf{3x = 13,5} \qquad\qquad\quad | :3$
$x = 4,5$

245 a) $u = 5x + 3x + 2x + 4x$
$u = 14x$
$14x = 28 \text{ cm}$
$x = 2 \text{ cm}$

b) $u = 2 \cdot 3x + 2 \cdot 1,5x$
$u = 6x + 3x$
$u = 9x$
$9x = 63 \text{ dm}$
$x = 7 \text{ dm}$

c) $u = 3x + x + x + x + x + x + x + x$
$u = 10x$
$10x = 15 \text{ m}$
$x = 1,5 \text{ m}$

d) achsensymmetrische Figur
$u = 2 \cdot (3,5x + 6x + 1,5x + x + 1,5x)$
$u = 2 \cdot 13,5x$
$u = 27x$
$27x = 108 \text{ dm}$
$x = 4 \text{ dm}$

e) achsensymmetrische Figur
$u = 2 \cdot (2x + 2x + x + x + x + 3,5x)$
$u = 2 \cdot 10,5x$
$u = 21x$
$21x = 126 \text{ mm}$
$x = 6 \text{ mm}$

f) achsensymmetrische Figur
$u = 2 \cdot (3,5x + 3x + 3x + 2x + 3x + 3x + 3,5x)$
$u = 2 \cdot 21x$
$u = 42x$
$42x = 126 \text{ m}$
$x = 3 \text{ m}$

246 a) $\dfrac{2(7x - 6)}{3} - \dfrac{5x - 25}{6} = 3 - \dfrac{3(9x + 30)}{4} + \dfrac{x - 1}{2} \qquad |\,\text{HN: } 24$
$16(7x - 6) - 4(5x - 25) = 72 - 18(9x + 30) + 12(x - 1)$
$112x - 96 - 20x + 100 = 72 - 162x - 540 + 12x - 12$
$92x + 4 = -150x - 480 \qquad\qquad | +150x - 4$
$242x = -484 \qquad\qquad\qquad | :242$
$x = -2$

b) $8x - \dfrac{1}{4} \cdot (4x + 32) + \dfrac{1}{2} \cdot (8x - 4) + 3 = \dfrac{1}{8} \cdot (48 + 64x) - (10x - 35) \cdot \dfrac{1}{5} \qquad |\,\text{Klammern auflösen}$
$8x - x - 8 + 4x - 2 + 3 = 6 + 8x - 2x + 7$
$11x - 7 = 6x + 13 \qquad\qquad\qquad\qquad | -6x + 7$
$5x = 20 \qquad\qquad\qquad\qquad\qquad\; | :5$
$x = 4$

c) $(27x + 19,2) : 6 - 8,25 = 0,8 \cdot (10 + 0,5x) - (3x - 6) : 4$

$\qquad 4,5x + 3,2 - 8,25 = 8 + 0,4x - 0,75x + 1,5$

$\qquad\qquad 4,5x - 5,05 = 9,5 - 0,35x \qquad\qquad\qquad | + 0,35x + 5,05$

$\qquad\qquad\qquad 4,85x = 14,55 \qquad\qquad\qquad\qquad | : 4,85$

$\qquad\qquad\qquad\qquad x = 3$

d) $34,25x - 48 - 3,5 \cdot (23 + x) = (166,25 + 20x) : 2,5 + 6,5x$

$\qquad 34,25x - 48 - 80,5 - 3,5x = 66,5 + 8x + 6,5x$

$\qquad\qquad 30,75x - 128,5 = 66,5 + 14,5 + 14,5x \qquad | -14,5x + 128,5$

$\qquad\qquad\qquad 16,25x = 195 \qquad\qquad\qquad\qquad | : 16,25$

$\qquad\qquad\qquad\qquad x = 12$

247

a) erste Zahl: x
zweite Zahl: $x + 30$ $\quad\Big\}$ Summe der Zahlen: 400
dritte Zahl: $x - 80$

Gleichung aufstellen
$x + x + 30 + x - 80 = 400$ erste Zahl: 150
$\qquad\qquad 3x - 50 = 400$ zweite Zahl: $150 + 30 = 180$
$\qquad\qquad\qquad 3x = 450$ dritte Zahl: $150 - 80 = 70$
$\qquad\qquad\qquad x = 150$

b) erste Zahl: $x + 30$
zweite Zahl: x $\quad\Big\}$ Summe der Zahlen: $2x + 50$
dritte Zahl: $x - 60$

Gleichung aufstellen
$x + 30 + x + x - 60 = 2x + 50$ erste Zahl: $80 + 30 = 110$
$\qquad\qquad 3x - 30 = 2x + 50$ zweite Zahl: 80
$\qquad\qquad\qquad x = 80$ dritte Zahl: $80 - 60 = 20$

c) erste Zahl: $2x$
zweite Zahl: x $\quad\Big\}$ Summe der Zahlen: 520
dritte Zahl: $x : 4$

Gleichung aufstellen
$2x + x + x : 4 = 520$ erste Zahl: $2 \cdot 160 = 320$
$\qquad\qquad 3,25x = 520$ zweite Zahl: 160
$\qquad\qquad\qquad x = 160$ dritte Zahl: $160 : 4 = 40$

d) erste Zahl: $2 \cdot (x - 7)$
zweite Zahl: $x - 7$
dritte Zahl: x $\quad\Big\}$ Summe der Zahlen: 56
vierte Zahl: $3 \cdot (x - 7)$

Gleichung aufstellen
$2 \cdot (x - 7) + x - 7 + x + 3 \cdot (x - 7) = 56$ erste Zahl: $2 \cdot (14 - 7) = 14$
$\qquad 2x - 14 + x - 7 + x + 3x - 21 = 56$ zweite Zahl: $14 - 7 = 7$
$\qquad\qquad\qquad\qquad 7x - 42 = 56$ dritte Zahl: 14
$\qquad\qquad\qquad\qquad 7x = 98$ vierte Zahl: $3 \cdot (14 - 7) = 21$
$\qquad\qquad\qquad\qquad x = 14$

---

248 a) **C:** $65 - 4x = 2(1,5x + 1)$ b) **D:** $(5x - 18) = \dfrac{1}{3}(6 + 9x)$ c) **B:** $(5x - 6) \cdot 4 = 3(x + 1) \cdot 3$

d) **D:** $(x + 5) \cdot 2 - 4 = \dfrac{1}{4}(72 - 4x)$ e) **D:** $x + (2x + 8) + 3 \cdot (2x + 8) - 24 = 116$

249 a) erste Zahl: 3x
         zweite Zahl: x   } Summe der Zahlen: 43
         dritte Zahl: $2x - 5$

         Gleichung aufstellen

$$3x + x + 2x - 5 = 43$$
$$6x = 48$$
$$x = 8$$

erste Zahl: $3 \cdot 8 = 24$
zweite Zahl: 8
dritte Zahl: $2 \cdot 8 - 5 = 11$

b) erste Zahl: $2 \cdot (x + 8)$
         zweite Zahl: x
         dritte Zahl: $3x - 12$ } Summe der Zahlen: 268
         vierte Zahl: $3 \cdot (3x - 12)$

         Gleichung aufstellen

$$2 \cdot (x + 8) + x + 3x - 12 + 3 \cdot (3x - 12) = 268$$
$$2x + 16 + x + 3x - 12 + 9x - 36 = 268$$
$$15x - 32 = 268$$
$$15x = 300$$
$$x = 20$$

erste Zahl: $2 \cdot (20 + 8) = 56$
zweite Zahl: 20
dritte Zahl: $3 \cdot 20 - 12 = 48$
vierte Zahl: $3 \cdot (3 \cdot 20 - 12) = 144$

---

250 kleine Töpfe: $0,5x$
        mittlere Töpfe: x   } zusammen 96 Töpfe
        große Töpfe: $0,5x + 12$

        Gleichung aufstellen

$$0,5x + x + 0,5x + 12 = 96$$
$$2x + 12 = 96$$
$$2x = 84$$
$$x = 42$$

kleine Töpfe: $0,5 \cdot 42 = 21$
mittlere Töpfe: 42
große Töpfe: $0,5 \cdot 42 + 12 = 33$

---

251 Zulieferer A: x Teile
        Zulieferer B: $x + 13\,800$ Teile
        Zulieferer C: $2 \cdot (x + 13\,800 \text{ Teile})$ } zusammen 146 100 Teile
        Zulieferer D: 12 300 Teile

        Gleichung aufstellen

$$x + x + 13\,800 + 2 \cdot (x + 13\,800) + 12\,300 = 146\,100$$
$$x + x + 13\,800 + 2x + 27\,600 + 12\,300 = 146\,100$$
$$4x + 53\,700 = 146\,100$$
$$4x = 92\,400$$
$$x = 23\,100$$

Zulieferer A: 23 100 Teile
Zulieferer B: 23 100 Teile + 13 800 Teile = 36 900 Teile
Zulieferer C: $2 \cdot (23\,100 \text{ Teile} + 13\,800 \text{ Teile}) = 73\,800$ Teile
Zulieferer D: 12 300 Teile

---

252 Pfirsiche: $x - 8$
        Ananas: x
        Mangos: $0,5x + 12$ } zusammen 84 Früchte
        Kiwis: 3x
        Äpfel: 14

        Gleichung aufstellen

$$x - 8 + x + 0,5x + 12 + 3x + 14 = 84$$
$$5,5x + 18 = 84$$
$$5,5x = 66$$
$$x = 12$$

Pfirsiche: $12 - 8 = 4$
Ananas: 12
Mangos: $0,5 \cdot 12 + 12 = 18$
Kiwis: $3 \cdot 12 = 36$
Äpfel: 14

253 a) Anouk: $\frac{1}{3}x - 10$

Bekim: $\frac{1}{4}x + 5$ zusammen x Stimmen

Florian: $\frac{1}{6}x + 20$

Gleichung aufstellen

$$\frac{1}{3}x - 10 + \frac{1}{4}x + 5 + \frac{1}{6}x + 20 = x \qquad | \text{HN}:12$$
$$4x - 120 + 3x + 60 + 2x + 240 = 12x$$
$$9x + 180 = 12x$$
$$-3x = -180$$
$$x = 60$$

Es wurden insgesamt 60 Stimmen abgegeben.

b) Stimmen für die einzelnen Bewerber:

Anouk: $\frac{1}{3} \cdot 60 - 10 = 10$ Stimmen

Bekim: $\frac{1}{4} \cdot 60 + 5 = 20$ Stimmen

Florian: $\frac{1}{6} \cdot 60 + 20 = 30$ Stimmen

---

254 Setze den Betrag, den Torsten gesammelt hat, auf x € fest.

Torsten: x €

Stefan: $(x + 14)$ €   zusammen 326 €

Markus: $(x - 21)$ €

Gleichung aufstellen
$$x + x + 14 + x - 21 = 326$$
$$3x - 7 = 326$$
$$3x = 333$$
$$x = 111$$

Sammelergebnisse

Torsten: 111 €

Stefan: 111 € + 14 € = 125 €

Markus: 111 € − 21 € = 90 €

---

255 Setze den Betrag, den Marcus gesammelt hat, auf x € fest.

Marcus: x €

Tulia: $(x + 12)$ €   zusammen 80 €

Corinna: $(x + 32)$ €

Gleichung aufstellen
$$x + x + 12 + x + 32 = 80$$
$$3x + 44 = 80$$
$$3x = 36$$
$$x = 12$$

Sammelergebnisse

Marcus: 12 €

Tulia: 12 € + 12 € = 24 €

Corinna: 12 € + 32 € = 44 €

---

256 Setze den Betrag, den die Klasse 9b erzielte, auf x € fest.

9b: x €

9a: $(2x + 30)$ €

9c: $(3 \cdot (2x + 30) - 18)$ €   zusammen 912 €

Gleichung aufstellen
$$x + 2x + 30 + 3(2x + 30) - 18 = 912$$
$$3x + 30 + 6x + 90 - 18 = 912$$
$$9x + 102 = 912$$
$$9x = 810$$
$$x = 90$$

Sammelergebnis der Klassen

9b: 90 €

9a: $2 \cdot 90$ € + 30 € = 210 €

9c: $3(2 \cdot 90$ € + 30 €$) - 18$ € =

    $3 \cdot 210$ € − 18 € = 630 € − 18 € = 612 €

257 a) Die Anzahl aller verkauften Karten beträgt x Karten.

Preisklasse 1: $\frac{1}{4}x$

Preisklasse 2: $\frac{1}{8}x$

Preisklasse 3: $\frac{1}{4}x + 8\,000$

Preisklasse 4: $\frac{1}{4}x - 1\,000$

} zusammen x Karten

Gleichung ansetzen

$$\frac{1}{4}x + \frac{1}{8}x + \frac{1}{4}x + 8\,000 + \frac{1}{4}x - 1\,000 = x$$

$$\frac{3}{4}x + \frac{1}{8}x + 7\,000 = x \qquad |\cdot 8$$

$$6x + x + 56\,000 = 8x$$

$$7x + 56\,000 = 8x$$

$$x = 56\,000$$

Es wurden insgesamt 56 000 Karten verkauft.

b) Berechnen der Einnahmen

Preisklasse 1: $\left(\frac{1}{4} \cdot 56\,000\right) \cdot 128\,€ = \qquad 1\,792\,000\,€$

Preisklasse 2: $\left(\frac{1}{8} \cdot 56\,000\right) \cdot 97\,€ = \qquad 679\,000\,€$

Preisklasse 3: $\left(\frac{1}{4} \cdot 56\,000 + 8\,000\right) \cdot 74\,€ = 1\,628\,000\,€$

Preisklasse 4: $\left(\frac{1}{4} \cdot 56\,000 - 1\,000\right) \cdot 65\,€ = \underline{\quad 845\,000\,€}$

Gesamteinnahmen: 4 944 000 €

258 Setze den Preis für das Tischchen auf x fest.

Tischchen: x €
Bettwäsche: 3x €
Couch: 256 €
Schrank: $2 \cdot (3x + 256)$ €

} zusammen 1 018 €

Gleichung aufstellen

$$x + 3x + 256 + 2 \cdot (3x + 256) = 1\,018$$

$$4x + 256 + 6x + 512 = 1\,018$$

$$10x + 768 = 1\,018$$

$$10x = 250$$

$$x = 25$$

Preise
Tischchen: 25 €
Bettwäsche: $3 \cdot 25\,€ = 75\,€$
Schrank: $2 \cdot (3 \cdot 25\,€ + 256\,€) = 662\,€$

259 Setze den vollen Preis für eine Teilnehmerin mit x € fest.

19 Mädchen: x €
2 Sportlerinnen: $x - 80$ €

} zusammen 4 880 €

Gleichung aufstellen

$$19x + 2 \cdot (x - 80) = 4\,880$$

$$19x + 2x - 160 = 4\,880$$

$$21x = 5\,040$$

$$x = 240$$

Der reguläre Preis für eine Teilnehmerin beträgt 240 €.

260 Setze die Länge der Seite c auf x cm fest.

$u = a + b + c$

a: $\frac{2}{3}$ x cm − 2 cm

b: $\frac{1}{2}$ x cm + 6 cm $\left.\right\}$ u = 56 cm

c: x cm

Gleichung ansetzen

$$\frac{2}{3}x - 2 + \frac{1}{2}x + 6 + x = 56$$

$$\frac{2}{3}x + \frac{1}{2}x + x + 4 = 56 \qquad | \cdot 6$$

$$4x + 3x + 6x + 24 = 336$$

$$13x = 312$$

$$x = 24$$

Länge der Dreiecksseiten

a: $\frac{2}{3} \cdot 24$ cm − 2 cm = 14 cm

b: $\frac{1}{2} \cdot 24$ cm + 6 cm = 18 cm

c: 24 cm

---

261 Setze die Anzahl der 2-€-Münzen auf x fest.

	Anzahl	Euro
2-€-Münzen:	x	2 · x €
1-€-Münzen:	(x + 6)	1 · (x + 6) €

$\left.\right\}$ insgesamt 30 €

Gleichung aufstellen

$$2x + (x + 6) = 30$$

$$3x + 6 = 30$$

$$3x = 24$$

$$x = 8$$

Münzen

2-€-Münzen: 8 Stück

1-€-Münzen: 14 Stück

---

262 Setze den monatlichen Taschengeldbetrag auf x fest.

$$450 + 5 \cdot 50 + 5 \cdot x = 925$$

$$450 + 250 + 5x = 925$$

$$5x = 225$$

$$x = 45$$

---

263 a) Mike berücksichtigt bei seinem Ansatz die Preise für den Wochenskipass nicht.

Setze die Anzahl der Schülerinnen und Schüler in Gruppe A auf x fest.

	Anzahl	Preis pro Schüler/-in
Gruppe A:	x	27 €
Gruppe B:	(x + 4)	27 €
Gruppe C:	2x	31,50 €
Gruppe D:	(2x − 6)	54 €

$\left.\right\}$ insgesamt 909 €

b) Gleichung aufstellen

$$x \cdot 27 + (x + 4) \cdot 27 + 2x \cdot 31,50 + (2x - 6) \cdot 54 = 909$$

$$27x + 27x + 108 + 63x + 108x - 324 = 909$$

$$225x - 216 = 909$$

$$225x = 1\,125$$

$$x = 5$$

Teilnehmer

Gruppe A: 5 Teilnehmer

Gruppe B: 9 Teilnehmer

Gruppe C: 10 Teilnehmer

Gruppe D: 4 Teilnehmer

---

264 Die Aufgabe ist nicht eindeutig lösbar, da keine Angabe über das Verhältnis 4-Bett-Zimmer zu 6-Bett-Zimmer gemacht wird. So könnte es z. B. 60 Zimmer mit 4-Betten und 5 Zimmer mit 6 Betten geben, oder 45 Zimmer mit 4 Betten und 15 Zimmer mit 6 Betten, usw.

265 Setze die Anzahl der gefangenen Fische auf x Fische fest.

Hotelkoch: $\frac{1}{3}x$

Fischhändler: $\frac{1}{3}x + 60$

Großküche: $\frac{1}{4}x$ } insgesamt x Fische

Katze: 1

Räuchern: 38

a) Gleichung aufstellen

$$\frac{1}{3}x + \frac{1}{3}x + 60 + \frac{1}{4}x + 1 + 38 = x$$

$$\frac{2}{3}x + \frac{1}{4}x + 99 = x \qquad | \cdot 12$$

$$8x + 3x + 1188 = 12x$$

$$11x + 1188 = 12x$$

$$1188 = x$$

Fischer Fritze hat 1 188 Fische gefangen.

b) Verteilung der Fische

Hotelkoch: $\frac{1}{3} \cdot 1188 = 396$ Fische

Fischhändler: $\frac{1}{3} \cdot 1188 + 60 = 456$ Fische

Großküche: $\frac{1}{4} \cdot 1188 = 297$ Fische

266 Setze den Betrag, den Annika zur Verfügung hat, mit x € fest.

Annika: x €

Björn: x € + 4 500 €

Carsten: 250 000 € : 4 = 62 500 € } zusammen 250 000 €

Darlehen: 250 000 € : 5 = 50 000 €

Werbebanner: 2 500 €

Gleichung aufstellen

$$x + x + 4\,500 + 62\,500 + 50\,000 + 2\,500 = 250\,000$$

$$2x + 119\,500 = 250\,000$$

$$2x = 130\,500$$

$$x = 65\,250$$

Annika: 65 250 €

Björn: 65 250 € + 4 500 € = 69 750 €

Carsten: 62 500 €

267 a) Lege die Anzahl aller verkauften Karten mit x fest.

Haupttribüne: $\frac{1}{4}x$

Gegentribüne: $\frac{1}{3}x$

Nordkurve: $\frac{1}{6}x$ } zusammen x Karten

Südkurve: $\frac{1}{6}x + 5\,500$

Gleichung aufstellen

$$\frac{1}{4}x + \frac{1}{3}x + \frac{1}{6}x + \frac{1}{6}x + 5\,500 = x \qquad | \text{HN:12}$$

$$3x + 4x + 2x + 2x + 66\,000 = 12x$$

$$11x + 66\,000 = 12x$$

$$x = 66\,000$$

Es wurden insgesamt 66 000 Karten verkauft.

b) Haupttribüne: $\frac{1}{4} \cdot 66\,000 = 16\,500$ Karten

Gegentribüne: $\frac{1}{3} \cdot 66\,000 = 22\,000$ Karten

Nordkurve: $\frac{1}{6} \cdot 66\,000 = 11\,000$ Karten

Südkurve: $\frac{1}{6} \cdot 66\,000 + 5\,500 = 16\,500$ Karten

Einnahmen aus dem Kartenverkauf
Haupttribüne: $16\,500 \cdot 72,50\ € = 1\,196\,250\ €$
Gegentribüne: $22\,000 \cdot 63,00\ € = 1\,386\,000\ €$
Nordkurve: $11\,000 \cdot 34,50\ € = 379\,500\ €$
Südkurve: $16\,500 \cdot 45,00\ € = 742\,500\ €$

Gesamteinnahmen
$1\,196\,250\ € + 1\,386\,000\ € + 379\,500\ € + 742\,500\ € = 3\,704\,250\ €$

---

268 Der zusammengesetzte Körper setzt sich aus einem Würfel (12 gleich lange Kanten a)
und einer Pyramide (4 gleich lange Seitenkanten s) zusammen.

Würfelkanten: a (cm) $12 \cdot a$ (cm) $\left.\vphantom{\begin{matrix}a\\a\end{matrix}}\right\}$ insgesamt 180 cm
Seitenkanten: $s = 2 \cdot a$ (cm) $4 \cdot 2 \cdot a$ (cm)

Gleichung aufstellen
$$12a + 4 \cdot 2 \cdot a = 180$$
$$12a + 8a = 180$$
$$20a = 180$$
$$a = 9$$

Kantenlänge des Würfels: 9 cm
Seitenlänge der Pyramide: $2 \cdot 9$ cm $= 18$ cm

---

269 Setze das Alter von Lena auf x Jahre fest.

Lena: x
Jens: 2x
Mike: $\frac{1}{2}x$ $\left.\vphantom{\begin{matrix}a\\a\\a\\a\end{matrix}}\right\}$ zusammen 17 Jahre
Judith: $\frac{1}{4}(x + 2x)$

Gleichung aufstellen
$$x + 2x + \frac{1}{2}x + \frac{1}{4}(x + 2x) = 17$$
$$3x + \frac{1}{2}x + \frac{1}{4}x + \frac{1}{2}x = 17$$
$$4x + \frac{1}{4}x = 17 \qquad | \cdot 4$$
$$16x + x = 68$$
$$17x = 68$$
$$x = 4$$

Alter der Geschwister
Lena: 4 Jahre
Jens: $2 \cdot 4$ Jahre $= 8$ Jahre
Mike: $\frac{1}{2} \cdot 4$ Jahre $= 2$ Jahre
Judith: $\frac{1}{4}(4 + 2 \cdot 4)$ Jahre $= 3$ Jahre

4 Funktionale Zusammenhänge

270

Zeit (h)	1	2	3	4	5	6	7	8	9	10
Lohn (€)	**4,50**	**9,00**	13,50	**18,00**	**22,50**	**27,00**	**31,50**	**36,00**	**40,50**	**45,00**

271

Stunden (h)	Lohn (€)		Menge (kg)	Preis (€)		Stück	Preis (€)
36	**378,00**		5	**17,00**		5	**3,00**
9	94,50		6	20,40		8	4,80
35	367,50		8	**27,20**		**11**	6,60
15	**157,50**		**11**	37,40		13	**7,80**
24	252,00		13	**44,20**		**22**	13,20
27	283,50		**17**	57,80		25	**15**

272 4 Rollen $\hat{=}$ 176 €
1 Rolle $\hat{=}$ 44 €
15 Rollen $\hat{=}$ 660 €

273 a) 3 m $\hat{=}$ 240 g
1 m $\hat{=}$ 240 g : 3
50 m $\hat{=}$ 240 g : 3 · 50 = 4 000 g = 4 kg

b) 0, 24 kg $\hat{=}$ 3 m
1 kg $\hat{=}$ 3 m : 0, 24
38 kg $\hat{=}$ 3 m : 0, 24 · 38 = 475 m

274 a) 61, 88 € $\hat{=}$ 7 h
1 € $\hat{=}$ 7 h : 61, 88
79, 56 € $\hat{=}$ 7 h : 61, 88 · 79, 56 = 9 h arbeitete Sonja

b) 7 h $\hat{=}$ 61, 88 €
1 h $\hat{=}$ 61, 88 € : 7
5 h $\hat{=}$ 61, 88 € : 7 · 5 = 44, 20 € Verdienst

c) 57, 46 € $\hat{=}$ 7 h : 61, 88 · 57, 46 = 6, 5 h Arbeitsstunden

275 36 cm $\hat{=}$ 90 min
170 cm $\hat{=}$ 425 min = 7 h 5 min

276 a) 4 h $\hat{=}$ 120 cm
9 h $\hat{=}$ 270 cm = 2, 7 m

b) 120 cm $\hat{=}$ 4 h
180 m = 18 000 cm $\hat{=}$ 600 h = 25 Tage

277 a) 5 t = 5 000 kg
400 kg $\hat{=}$ 336 kg
1 kg $\hat{=}$ 0,84 kg
5 000 kg $\hat{=}$ 4 200 kg
Es können 4 200 kg Pommes frites hergestellt werden.

b) 400 g = 0, 4 kg
4 200 kg : 0, 4 kg = 10 500
Man kann daraus 10 500 Pakete Pommes frites abpacken.

   c) Menge der Pommes frites
$$750 \text{ g} = 0,75 \text{ kg}$$
$$4\,000 \cdot 0,75 \text{ kg} = 3\,000 \text{ kg}$$

Menge der dafür benötigten Kartoffeln
$$3\,000 \text{ kg} : 0,84 = 3\,571,4\ldots \text{ kg} \approx 3,57 \text{ t}$$
Es werden ca. 3,57 t Kartoffeln verarbeitet.

---

278 a) Preis für ein Frühstücksbrötchen
$$72,00 \text{ €} : 160 = 0,45 \text{ €}$$

Anzahl der gelieferten Brötchen an das Hotel Seeblick
$$139,50 \text{ €} : 0,45 \text{ €} = 310 \text{ Stück}$$

Preis für die an das Hotel Edelweiß gelieferten Brötchen
$$520 \cdot 0,45 \text{ €} = 234,00 \text{ €}$$

  b) $374,85 \text{ €} : 0,45 \text{ €} = 833$
Der Bäcker hat 833 Brötchen ausgeliefert.

---

279 $0,7 \, \ell \,\hat{=}\, 2,45 \text{ €}$
$\quad\;\; 1 \, \ell \,\hat{=}\, 2,45 \text{ €} : 0,7 = 3,50 \text{ €}$
$0,5 \, \ell \,\hat{=}\, 3,50 \text{ €} \cdot 0,5 = 1,75 \text{ €}$
$0,3 \, \ell \,\hat{=}\, 3,50 \text{ €} \cdot 0,3 = 1,05 \text{ €}$

Eine Flasche Fruchtsaftgetränk kostet 1,05 €.

---

280 a) $18 \text{ Rollen} \,\hat{=}\, 265,50 \text{ €}$
$\qquad\; 1 \text{ Rolle} \,\hat{=}\, 265,50 \text{ €} : 18 = 14,75 \text{ €}$
$\quad 12 \text{ Rollen} \,\hat{=}\, 14,75 \text{ €} \cdot 12 = 177 \text{ €}$

Die Tapeten für das Schlafzimmer kosten 177 €.

  b) Preis für 1 Rolle:
$$14,75 \text{ €} + 1,45 \text{ €} = 16,20 \text{ €}$$
Anzahl der Tapetenrollen:
$$243 \text{ €} : 16,20 \text{ €} = 15 \text{ Rollen}$$
Er benötigt für das Kinderzimmer 15 Rollen.

---

281 $32 \text{ m}^2 \,\hat{=}\, 604,80 \text{ €}$
$\quad\; 1 \text{ m}^2 \,\hat{=}\, 604,80 \text{ €} : 32 = 18,90 \text{ €}$
$\;\, 28 \text{ m}^2 \,\hat{=}\, 18,90 \text{ €} \cdot 28 = 529,20 \text{ €}$
$\;\, 24 \text{ m}^2 \,\hat{=}\, 18,90 \text{ €} \cdot 24 = 453,60 \text{ €}$

Preis für alle Holzdecken
$$604,80 \text{ €} + 529,20 \text{ €} + 453,60 \text{ €} = 1\,587,60 \text{ €}$$

oder
Deckenbretterbedarf
$$32 \text{ m}^2 + 28 \text{ m}^2 + 24 \text{ m}^2 = 84 \text{ m}^2$$
$\quad 1 \text{ m}^2 \text{ kostet } 18,90 \text{ €}$
$84 \text{ m}^2 \text{ kostet } 18,90 \text{ €} \cdot 84 = 1\,587,60 \text{ €}$

---

282 a) In 1,5 h werden 12 m^3 Wasser versprüht.
      In 45 min werden 6 m^3 Wasser versprüht.
      In 2 h werden 16 m^3 Wasser versprüht.
      In 3 h 30 min werden 28 m^3 Wasser versprüht.
      In 4 h 15 min werden 34 m^3 Wasser versprüht.

  b) 2 m^3 Wasser werden in 15 min gefördert.
      10 m^3 Wasser werden in 1 h 15 min gefördert.
      22 m^3 Wasser werden in 2 h 45 min gefördert.
      30 m^3 Wasser werden in 3 h 45 min gefördert.
      38 m^3 Wasser werden in 4 h 45 min gefördert.

283 a) Grafische Darstellung

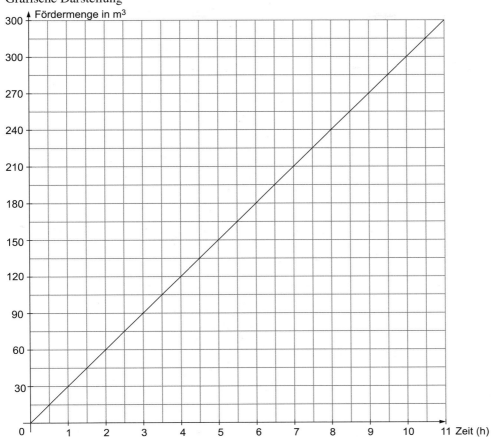

b) In 30 min werden 15 m³ Wasser gefördert.
In 1,5 h werden 45 m³ Wasser gefördert.
In 3 h werden 90 m³ Wasser gefördert.
In 4 h werden 120 m³ Wasser gefördert.
In 5,5 h werden 165 m³ Wasser gefördert.
In 10 h werden 300 m³ Wasser gefördert.

c) 45 m³ Wasser werden in 1 h 30 min versprüht.
105 m³ Wasser werden in 3 h 30 min versprüht.
120 m³ Wasser werden in 4 h versprüht.
225 m³ Wasser werden in 7 h 30 min versprüht.
240 m³ Wasser werden in 8 h versprüht.
285 m³ Wasser werden in 9 h 30 min versprüht.

284 a)

Zeit (s)	1	2,5	3	3,5	4,5	5	5,5	6	7	7,5	8	8,5	9	10
Weg (m)	20	50	60	70	90	100	110	120	140	150	160	170	180	200

b)

Zeit (s)	11	7,5	15	17,5	25	26	40	32,5	45	35,5	51	41,5	60	50
Weg (m)	220	150	300	350	500	520	800	650	900	710	1 020	830	1 200	1 000

285 a)

Weg (km)	5	10	15	20	25	30	40	55	60
Zeit	15 min	30 min	45 min	60 min	1 h 15 min	1 h 30 min	2 h	2 h 45 min	3 h

b)

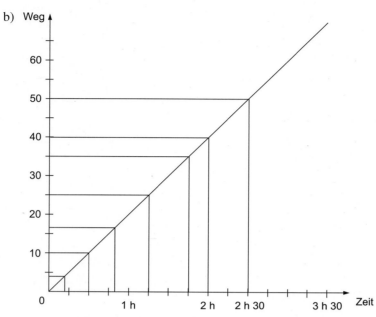

c)   10 min $\hat{=}$ 3,3 km   d)   10 km $\hat{=}$ 30 min   25 km $\hat{=}$ 1 h 15 min
      50 min $\hat{=}$ 16,7 km   40 km $\hat{=}$ 2 h   50 km $\hat{=}$ 2 h 30 min
      1 h 45 min $\hat{=}$ 35 km

---

286 a)

kg	10	20	30	40	50	60	70	80	90	100	110	120
€	1,50	3	4,50	6	7,50	9	10,50	12	13,50	15	16,50	18

b)

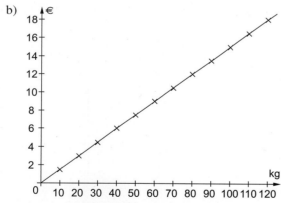

c)   75 kg $\hat{=}$ 11,25 €;   95 kg $\hat{=}$ 14,25 €;   115 kg $\hat{=}$ 17,25 €

d)   1,50 € $\hat{=}$ 10 kg   e)   1 t = 1 000 kg
       1 € $\hat{=}$ 10 kg : 1,50   10 kg $\hat{=}$ 1,50 €
       5 € $\hat{=}$ 10 kg : 1,50 · 5 ≈ 33,3 kg   1 000 kg $\hat{=}$ 150 €
      12 € $\hat{=}$ 10 kg : 1,50 · 12 = 80 kg
      20 € $\hat{=}$ 10 kg : 1,50 · 20 ≈ 133,3 kg

287
a) Fahrzeuge A und B
b) 30 min
c) Fahrzeug A: $60\,\dfrac{\text{km}}{\text{h}}$ Fahrzeug B: $80\,\dfrac{\text{km}}{\text{h}}$ Fahrzeug C: $40\,\dfrac{\text{km}}{\text{h}}$
d) A: 75 km   B: 80 km   C: 20 km
e) 37,5 min
f) 30 km

288
a) 8:15 Uhr; 8:30 Uhr; 15 min   vor der Pause: $40\,\dfrac{\text{km}}{\text{h}}$;   nach der Pause: $40\,\dfrac{\text{km}}{\text{h}}$
b) 45 min
c) A: $v = 60\,\dfrac{\text{km}}{\text{h}}$;   C: $v = 100\,\dfrac{\text{km}}{\text{h}}$
d) A: 1 h; 60 km;   B: 1 h 30 min; 50 km;   C: 30 min; 50 km
e) A: 30 km;   B: 20 km

289
a)

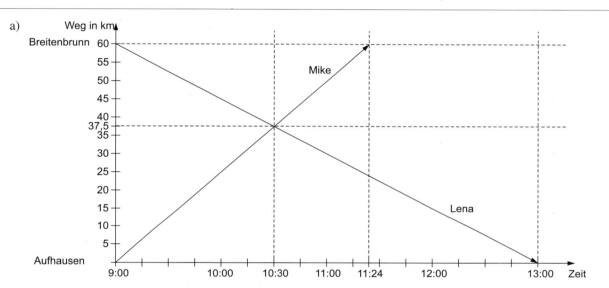

b) Sie treffen sich um 10:30 Uhr, 37,5 km von Aufhausen entfernt.

c) Mike erreicht sein Ziel um 11:24 Uhr. Lena kommt um 13:00 Uhr in Aufhausen an.

290

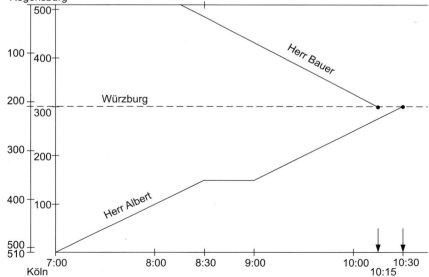

Herr Albert erreicht Würzburg 15 min später als Herr Bauer.

291 a) $17,5\,\dfrac{km}{h}$ b) $15\,\dfrac{km}{h}$ c) 30 min   d) 9:20 Uhr

e) $75\,\dfrac{km}{h}$ f) 9:50 Uhr   g) 2 h 20 min   h) 30 min

i) 7,5 km   k) 10:20 Uhr   l) 9:56 Uhr

292 a)

Verbrauch (m³)	0	10	20	30	40	50	60	70	80	90
Gesamtkosten (€)	50	75	100	125	150	175	200	225	250	275

b)

c) $35\,m^3 \triangleq 137,50\,€$
$55\,m^3 \triangleq 187,50\,€$
$75\,m^3 \triangleq 237,50\,€$
$85\,m^3 \triangleq 262,50\,€$

d) $50 + 184 \cdot 2,50\,€ = 50 + 460\,€ = 510\,€$

293 a) $19,80\,€ - 3,30\,€ = 16,50\,€$
$16,50\,€ : 1,50\,\dfrac{€}{km} = 11\,km$

b) $28\,km \cdot 1,90\,\dfrac{€}{km} + 3,60\,€ = 56,80\,€$

c) $59,50\,€ - 3,50\,€ = 56\,€$
$56\,€ : 1,60\,\dfrac{€}{km} = 35\,km$

d) $18\,km \cdot 1,80\,\dfrac{€}{km} + 3,90\,€ = 36,30\,€$

e) $20,30\,€ - 3,20\,€ = 17,10\,€$
$17,10\,€ : 1,90\,\dfrac{€}{km} = 9\,km$

f) $31\,km \cdot 1,60\,\dfrac{€}{km} + 3,70\,€ = 53,30\,€$
31 km kosten 53,30 €. 50 € reichen nicht.

294 a) Alpha-Super-Prepaid, SMS

x (Anzahl)	10	18	27	40	51	68	77	83	93	98
y (€)	0,70	1,26	1,89	2,80	3,57	4,76	5,39	5,81	6,51	6,86

b) Alpha-Super-Prepaid, Telefonie

x (min)	10	13	31	43	49	57	74	84	89	99
y (€)	0,50	0,65	1,55	2,15	2,45	2,85	3,70	4,20	4,45	4,95

c) Beta-Better-Prepaid, SMS

x (Anzahl)	9	23	35	43	49	54	68	73	87	96
y (€)	0,27	0,69	1,05	1,29	1,47	1,62	2,04	2,19	2,61	2,88

d) Beta-Better-Prepaid, Telefonie

x (min)	12	19	22	29	33	51	54	75	87	98
y (€)	0,48	0,76	0,88	1,16	1,32	2,04	2,16	3,00	3,48	3,92

295 a) $0,05 \, \frac{€}{\text{min}} \cdot 41 \, \text{min} = 2,05 \, €$

b) $0,07 \, \frac{€}{\text{SMS}} \cdot 87 \, \text{SMS} = 6,09 \, €$

c) $3,15 \, € : 0,05 \, \frac{€}{\text{min}} = 63 \, \text{min}$

d) $3,78 \, € : 0,07 \, \frac{€}{\text{SMS}} = 54 \, \text{SMS}$

296 a) $500 \, \text{MB} : 20 \, \frac{\text{MB}}{\text{Tag}} = 25 \, \text{Tage}$

500 MB reichen Tina nicht.

b) Tägliche Kosten (SMS und Telefonie):
$4 \cdot 0,07 \, € + 7 \cdot 0,05 \, € = 0,28 \, € + 0,35 \, € = 0,63 \, €$

Internet: Bei 30 Tagen pro Monat muss Tina für 5 Tage jeweils 20 zusätzliche MB kaufen.
$5 \cdot 20 \, \text{MB} = 100 \, \text{MB}$

$100 \, \text{MB} \cdot 0,05 \, \frac{€}{\text{MB}} = 5 \, €$

Monatliche Kosten:
$0,63 \, € \cdot 30 + 9,95 \, € + 5 \, € = 33,85 \, €$

Tina zahlt pro Monat (30 Tage) 33,85 €.

c) Tägliche Kosten (SMS und Telefonie):
$4 \cdot 0,03 \, € + 7 \cdot 0,04 \, € = 0,12 \, € + 0,28 \, € = 0,40 \, €$

Monatliche Kosten:
$0,40 \, € \cdot 30 + 14,95 \, € = 26,95 \, €$

Ein Wechsel würde sich lohnen.

297 a) Preis für 3 500 kWh: $3\,500 \cdot 0,25 \, € = 875 \, €$
jährliche Gesamtkosten: $875 \, € + 120 \, € = 995 \, €$

b) Preis für 3 500 kWh: $3\,500 \cdot 0,20 \, € = 700 \, €$
jährliche Gesamtkosten: $700 \, € + 150 \, € = 850 \, €$
Der Energieversorger „Sun-Power" ist günstiger.

c) Die Grundgebühr des Anbieters „Mix-Eltron" beträgt 50 €.

d) Bei einem jährlichen Verbrauch von 2 000 kWh sind die Energiekosten gleich, bis zu einem Verbrauch von 1 999 kWh ist „Mix-Eltron" günstiger.

e) Preis für 2 000 kWh mit Grundgebühr: 550 €
Preis für 2 000 kWh ohne Grundgebühr: $550 \, € - 50 \, € = 500 \, €$
Preis für 1 kWh: $500 \, € : 2\,000 = 0,25 \, €$

298 a)

h	1	2	3	4	5	6
kg	135	110	85	60	35	10

b)

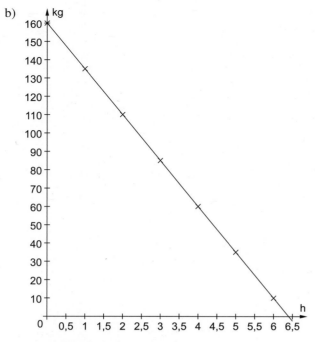

c) Grafische Lösung: abgelesen ≈ 6 h 25 min

Rechnerische Lösung:

Nach 6 h sind noch 10 kg Futter übrig.

1 h = 60 min

25 kg $\hat{=}$ 60 min

1 kg $\hat{=}$ 60 min : 25

10 kg $\hat{=}$ 60 min : 25 · 10 = 24 min

6 h + 24 min = 6 h 24 min

Der Futterautomat ist nach 6 h 24 min leer.

d) 1 d = 24 h

24 · 25 kg = 600 kg

Ein solcher Futterautomat hat ein Fassungsvermögen von 600 kg.

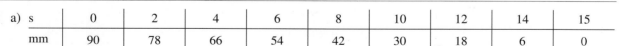

299 a) Diagramm VI   b) Diagramm IV   c) Diagramm III

d) Diagramm V   e) Diagramm II   f) Diagramm I

300 a)

s	0	2	4	6	8	10	12	14	15
mm	90	78	66	54	42	30	18	6	0

b)

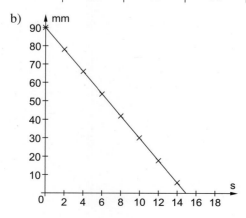

c) Nein. Nach 15 s wäre das Streichholz komplett abgebrannt. Man benötigt ca. 2 cm um das brennende Streichholz zu halten. Frau Utz muss das Streichholz nach ca. 12 s auspusten, da sie sich sonst die Finger verbrennt.

301 a)

Bagger	4	10	12	24	6	40	10	20	24	30
Tage	60	24	20	10	40	6	24	12	10	8

„Gesamtgröße" $8 \cdot 30 = 240$

b)

Raupen	5	24	20	36	30	20	9	30	8	10
Tage	72	15	18	10	12	18	40	12	45	36

„Gesamtgröße" $12 \cdot 30 = 360$

302

Anzahl der Lkw	Fahrten je Lkw	Holzpellet pro Tag (kg)	Anzahl der Tage	Anzahl der Raten	Höhe je Rate (€)
6	24	60	80	72	120
3	**48**	**120**	40	**36**	240
12	12	30	**160**	48	**180**
24	**6**	**80**	60	**24**	360
4	36	40	**120**	12	**720**
8	**18**	**20**	240	**18**	480

303 a) 3 Gärtner $\hat{=}$ 8 Tage
1 Gärtner $\hat{=}$ 8 Tage $\cdot$ 3 = 24 Tage
2 Gärtner $\hat{=}$ 24 Tage : 2 = 12 Tage

b) 8 Tage $\hat{=}$ 3 Gärtner
1 Tag $\hat{=}$ 3 Gärtner $\cdot$ 8 = 24 Gärtner
6 Tage $\hat{=}$ 24 Gärtner : 6 = 4 Gärtner

304 a) 60 Lkw $\hat{=}$ 36 Tage
1 Lkw $\hat{=}$ 60 $\cdot$ 36 Tage = 2 160 Tage
20 Lkw $\hat{=}$ 2 160 Tage : 20 = 108 Tage
Verzögerung
108 Tage − 36 Tage = 72 Tage

b) 2 160 Tage $\hat{=}$ 1 Lkw
2 160 Tage : 24 Tage $\hat{=}$ 90 Lkw
zusätzliche Lkw
90 Lkw − 60 Lkw = 30 Lkw

305 7,50 € $\cdot$ 14 = 105 €   Taschengeld
105 € : 10 = 10,50 €   durchschnittlich pro Tag

306 a) **Angebot A**
Fläche einer Platte
25 cm $\cdot$ 25 cm = 625 cm^2 = 6,25 dm^2

Anzahl der Platten
20 m^2 = 2 000 dm^2
2 000 dm^2 : 6,25 dm^2 = 320 Platten

Angebot B
Fläche einer Platte
20 cm $\cdot$ 25 cm = 500 cm^2 = 5 dm^2

Anzahl der Platten
20 m^2 = 2 000 dm^2
2 000 dm^2 : 5 dm^2 = 400 Platten

Von den 10er-Packs müsste Leopold 32 Packs kaufen, von den 20er-Packs müsste er 20 Packs kaufen.

b) Kosten für die 10er-Packs
11,65 € $\cdot$ 32 = 372,80 €

Kosten für die 20er-Packs
16,95 € $\cdot$ 20 = 339,00 €

Ersparnis beim günstigeren Angebot
372,80 € − 339,00 € = 33,80 €

307   a)   54 Mädchen $\triangleq$ 30 €
           1 Mädchen $\triangleq$ 1 620 €
           50 Mädchen $\triangleq$ 32,40 €
           Der Fahrpreis beträgt 32,40 €.

     b)   Buskosten abzüglich des Zuschusses durch den Sportverein
           1 620 € − 300 € = 1 320 €

           Fahrpreis für ein angemeldetes Mädchen
           1 320 € : 50 = 26,40 €
           Jedes Mädchen bezahlt nun 26,40 €.

308   a)   2,4 h = 2 h 24 min

     b)   je größer die Geschwindigkeit, umso kürzer die Reisezeit
           je kleiner die Geschwindigkeit, umso länger die Reisezeit

     c)

Reisedauer (h)	1	1,5	2	2,5	3	3,5	4	4,5	5	5,5	6
Geschwindigkeit (km/h)	300	200	150	120	100	85,7	75	66,7	60	54,5	50
zurückgelegte Strecke (km)	300	300	300	300	300	300	300	300	300	300	300

     d)   Unrealistisch sind durchschnittliche Geschwindigkeiten über $150\frac{\text{km}}{\text{h}}$ und unter $75\frac{\text{km}}{\text{h}}$. Das entspricht einer Reisedauer von weniger als 2 Stunden bzw. mehr als 4 Stunden.

309   a)

Reisedauer (h)	1	1,5	2	2,5	3	3,5	4	4,5	5	5,5	6
Geschwindigkeit (km/h)	240	160	120	96	80	68,6	60	53,3	48	43,6	40
zurückgelegte Strecke (km)	240	240	240	240	240	240	240	240	240	240	240

     b)   Geschwindigkeit

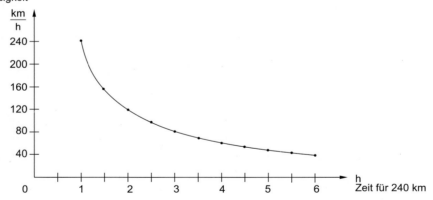

310   Bei den Aufgaben b) und c) sind keine Gesetzmäßigkeiten erkennbar.

311   a)

Stück	5	10	20	30	50
Preis	35 €	70 €	140 €	210 €	350 €

     b)

Lkw	3	6	12	24	48
Tage	64	32	16	8	4

312

Liter	0,5	1	1,5	2	2,5	3	3,5	4
€	7	14	21	28	35	42	49	56

Einheiten, z. B. x-Achse: 0,5 $\ell \triangleq$ 1cm   y-Achse: 7 € $\triangleq$ 1cm

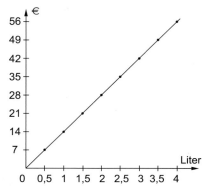

313

Zutaten	4 Personen		1 Person		3 Personen
Kohlrabi	600 g	:4 =	150 g	·3 =	450 g
Möhren	400 g	:4 =	100 g	·3 =	300 g
Blumenkohl	200 g	:4 =	50 g	·3 =	150 g
Rosenkohlröschen	12 St.	:4 =	3 St.	·3 =	9 St.
Zwiebeln	100 g	:4 =	25 g	·3 =	75 g
Bouillon	1 ℓ	:4 =	0,25 ℓ	·3 =	0,75 ℓ
Butter	120 g	:4 =	30 g	·3 =	90 g
Salz, Pfeffer	2 EL	:4 =	$\frac{1}{2}$ EL	·3 =	$1\frac{1}{2}$ EL
Knoblauch	1 Zehe	:4 =	$\frac{1}{4}$ Zehe	·3 =	$\frac{3}{4}$ Zehe

314 a) **Vergleich der Grundstückspreise**
(Preis pro m^2)

Grundstück A

152 250 € : 870 m^2 = 175 $\frac{€}{m^2}$

Grundstück B

100 % $\triangleq$ 155 480 €   ohne Maklergebühren

102 % $\triangleq$ 158 589,60 €   mit 2 % Maklergebühren

158 589,60 € : 920 m^2 = 172,38 $\frac{€}{m^2}$

Grundstück C

100 % $\triangleq$ 176 $\frac{€}{m^2}$

101,5 % $\triangleq$ 178,64 $\frac{€}{m^2}$

Grundstück B hat den günstigsten Preis pro m^2.

b) **Kaufpreis für das Grundstück C**

Fläche des Grundstücks: $A = a \cdot b$

$A = 35$ m $\cdot 25$ m

$A = 875$ m^2

875 m^2 · 178,64 $\frac{€}{m^2}$ = 156 310 €

Das Grundstück kommt auf 156 310 €.

315 **Angebot A:**

Einrüsten:	265 m^2 · 6,25 $\frac{€}{m^2}$ =	1 656,25 €
Außenputz:	265 m^2 · 31,50 $\frac{€}{m^2}$ =	8 347,50 €
Sockelsteine:	122 m · 8,50 $\frac{€}{m}$ =	1 037,00 €
Gesamtkosten:		11 040,75 €

Angebot B:

Einrüsten:		1 500,00 €
Außenputz:	265 m^2 · 34,20 $\frac{€}{m^2}$ =	9 063,00 €
Sockelsteine:	122 m · 7,90 $\frac{€}{m}$ =	963,80 €
Gesamtkosten:		11 526,80 €

Familie Ferchow wird sich für die Firma mit Angebot A entscheiden.

316 a) Arbeitslohn für den Meister pro Stunde
$323,75 \, € : 5 = 64,75 \, €$

Arbeitslohn für den Gesellen pro Stunde
$483,45 \, € : 11 = 43,95 \, €$

Arbeitslohn für den Azubi pro Stunde
$247,05 : 9 = 27,45 \, €$

b) Arbeitslohn für den Meister
$64,75 \, € \cdot 3 = 194,25 \, €$

Arbeitslohn für den Gesellen
$43,95 \, € \cdot 13 = 571,35 \, €$

Arbeitslohn für den Azubi
$27,45 \cdot 7 = 192,15 \, €$

gesamter Arbeitslohn
$194,25 \, € + 571,35 \, € + 192,15 \, € = 957,75 \, €$

---

317 a) Einzelpreis für eine Glühlampe   5facher Preis für eine Glühlampe
$11,85 \, € : 15 = 0,79 \, €$ $0,79 \, € \cdot 5 = \mathbf{3,95 \, €}$

       Einzelpreis für eine Energiesparlampe   10facher Preis für eine Glühlampe
$10,95 \, € : 3 = 3,65 \, €$ $0,79 \, € \cdot 10 = \mathbf{7,90 \, €}$

       Einzelpreis für eine LED Lampe
$15,68 \, € : 4 = \mathbf{3,92 \, €}$
Sven hat nicht recht.

b) Stunden in einem Jahr
$24 \cdot 365 = 8\,760$ Stunden
$35\,000 : 8\,760 = 3,995 \ldots \approx 4$

Eine LED Lampe könnte 4 Jahre lang ununterbrochen in Betrieb sein.

c) Glühlampe: $1\,000$ Wh $: 40$ W $= 25$ h
Energiesparlampe: $1\,000$ Wh $: 7,5$ W $= 133,3 \ldots$ h ≈ 133 h
LED Lampe: $1\,000$ Wh $: 4$ W $= 250$ h

d) jährliche Einschaltdauer
3 h $\cdot 365 = 1\,095$ h

jährliche Energiekosten für eine 40 Watt-Glühlampe
40 W $\cdot 1\,095$ h $= 43\,800$ Wh $= 43,8$ kWh
$0,34 \, € \cdot 43,8 = 14,892 \, € \approx 14,89 \, €$

jährliche Energiekosten für eine 7,5 Watt-Energiesparlampe
$7,5$ W $\cdot 1\,095$ h $= 8\,212,5$ Wh $\approx 8,2$ kWh
$0,34 \, € \cdot 8,2 = 2,788 \, € \approx 2,79 \, €$

Einsparung nach einem Jahr ohne die Anschaffungskosten für eine Energiesparlampe
$14,89 \, € - 2,79 \, € = 12,10 \, €$

Einsparung nach einem Jahr mit den Anschaffungskosten für eine Energiesparlampe
$12,10 \, € - 3,65 \, € = 8,45 \, €$

e)

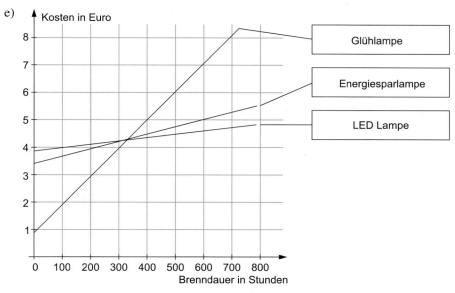

f) Nach rund 320 Stunden Brenndauer sind die Kosten für eine LED Lampe günstiger als die Kosten für eine Glühlampe.

5 Prozent- und Zinsrechnen

318

	a)	b)	c)	d)	e)	f)	g)	h)
Grundwert	32 €	78 €	120 €	240 €	490 €	725 €	1 050 €	1 255 €
Prozentsatz	15 %	64 %	37 %	86 %	107 %	11 %	41 %	72 %
Prozentwert	4,8 €	49,92 €	44,40 €	206,40 €	524,30 €	79,75 €	430,50 €	903,60 €

319 a) $100\ \% \mathrel{\hat=} 360°$
$\quad 1\ \% \mathrel{\hat=} 360° : 100 = 3{,}6°$
$\quad 5\ \% \mathrel{\hat=} 3{,}6° \cdot 5 = 18°$
$\quad 15\ \% \mathrel{\hat=} 3{,}6° \cdot 15 = 54°$
$\quad 25\ \% \mathrel{\hat=} 3{,}6° \cdot 25 = 90°$
$\quad 55\ \% \mathrel{\hat=} 3{,}6° \cdot 55 = 198°$

b) $100\ \% \mathrel{\hat=} 360°$
$\quad 1\ \% \mathrel{\hat=} 360° : 100 = 3{,}6°$
$\quad 22\ \% \mathrel{\hat=} 3{,}6° \cdot 22 \approx 79°$
$\quad 36{,}5\ \% \mathrel{\hat=} 3{,}6° \cdot 36{,}5 \approx 131°$
$\quad 54\ \% \mathrel{\hat=} 3{,}6° \cdot 54 \approx 194°$
$\quad 91{,}25\ \% \mathrel{\hat=} 3{,}6° \cdot 91{,}25 \approx 329°$

320 a) $\dfrac{1}{4} = 0{,}25 = 25\ \%$ b) $\dfrac{1}{8} = 0{,}125 = 12{,}5\ \%$ c) $\dfrac{1}{3} \approx 0{,}33 = 33\ \%$ d) $\dfrac{1}{5} = 0{,}2 = 20\ \%$

321 a) **Anzahl der Schülerinnen und Schüler**
$106 + 72 + 55 + 12 + 5 = 250$

b) **Anteile in Prozent**
$\quad 250$ Schüler $\mathrel{\hat=} 100\ \%$
$\quad\quad 1$ Schüler $\mathrel{\hat=} 100\ \% : 250 = 0{,}4\ \%$
$\quad 106$ Schüler $\mathrel{\hat=} 0{,}4\ \% \cdot 106 \approx 42\ \%$ Lerchenau
$\quad 72$ Schüler $\mathrel{\hat=} 0{,}4\ \% \cdot 72 \approx 29\ \%$ Farnheim
$\quad 55$ Schüler $\mathrel{\hat=} 0{,}4\ \% \cdot 55 = 22\ \%$ Dengenbach
$\quad 12$ Schüler $\mathrel{\hat=} 0{,}4\ \% \cdot 12 \approx 5\ \%$ Neuhaus
$\quad\ 5$ Schüler $\mathrel{\hat=} 0{,}4\ \% \cdot 5 = 2\ \%$ Kiefernhofen

c) **Kreisdiagramm**
$\quad 100\ \% \mathrel{\hat=} 360°$
$\quad\quad 1\ \% \mathrel{\hat=} 360° : 100 = 3{,}6°$
$\quad 42\ \% \mathrel{\hat=} 3{,}6° \cdot 42 \approx 151°$ Lerchenau
$\quad 29\ \% \mathrel{\hat=} 3{,}6° \cdot 29 \approx 104°$ Farnheim
$\quad 22\ \% \mathrel{\hat=} 3{,}6° \cdot 22 \approx 79°$ Dengenbach
$\quad\ 5\ \% \mathrel{\hat=} 3{,}6° \cdot 5 = 18°$ Neuhaus
$\quad\ 2\ \% \mathrel{\hat=} 3{,}6° \cdot 2 \approx 7°$ Kiefernhofen

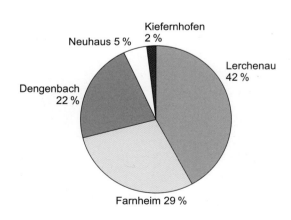

322 a) **Anzahl aller verkauften Pkw**
$\quad 16$ Kleinwagen
$\quad 26$ Mittelklassewagen
$\quad\ \ 8$ gehobene Mittelklasse
$\quad \overline{}$
$\quad 50$ Pkw insgesamt

Anteile der verkauften Pkw in Prozent

$50\,\text{Pkw} \,\hat{=}\, 100\,\%$

$1\,\text{Pkw} \,\hat{=}\, 2\,\%$

$16\,\text{Pkw} \,\hat{=}\, 2\,\% \cdot 16 \;= 32\,\%\quad \text{Kleinwagen}$

$26\,\text{Pkw} \,\hat{=}\, 2\,\% \cdot 26 \;= 52\,\%\quad \text{Mittelklassewagen}$

$8\,\text{Pkw} \,\hat{=}\, 2\,\% \cdot 8 \;\;\;= 16\,\%\quad \text{gehobene Mittelklasse}$

b) **Streifendiagramm**

Berechnen der Streifenlänge

$100\,\% \,\hat{=}\, 10\,\text{cm}$

$1\,\% \,\hat{=}\, 0,1\,\text{cm} \;\;\;= 1\,\text{mm}$

$32\,\% \,\hat{=}\, 1\,\text{mm} \cdot 32 \;= 32\,\text{mm}\quad \text{Kleinwagen}$

$52\,\% \,\hat{=}\, 1\,\text{mm} \cdot 52 \;= 52\,\text{mm}\quad \text{Mittelklassewagen}$

$16\,\% \,\hat{=}\, 1\,\text{mm} \cdot 16 \;= 16\,\text{mm}\quad \text{gehobene Mittelklasse}$

16	26	8
Kleinwagen	Mittelklassewagen	gehobene Mittelklasse

---

323 a) **Neuwert des Fernsehgeräts**

$1\,299\,€ + 324{,}75\,€ = 1\,623{,}75\,€$

b) **Ersparnis in Prozent**

$324{,}75\,€ : 1\,623{,}75\,€ \cdot 100\,\% = 20\,\%$

---

324 a) Armin bezahlt $100\,\% - 23\,\% = 77\,\%$.

$23\,\% \,\hat{=}\, 133{,}77\,€$

$1\,\% \,\hat{=}\, 5{,}816...\,€ \approx 5{,}82\,€$

$77\,\% \,\hat{=}\, 5{,}82\,€ \cdot 77 = 448{,}14\,€$

Armin bezahlt $448{,}14\,€$.

b) $448{,}14\,€ + 133{,}77\,€ = 581{,}91\,€$

oder

$1\,\% \,\hat{=}\, 5{,}82\,€$

$100\,\% \,\hat{=}\, 582\,€$

Vor dem Ausverkauf kostete das Smartphone $581{,}91\,€$ ($582\,€$). Rundungsbedingt ergibt sich eine Differenz von 9 Cent.

---

325 a) **Länge der gesamten Neubaustrecke**

Länge des ersten Bauabschnitts in Prozent

$100\,\% - (32\,\% + 28\,\% + 15\,\%) = 25\,\%$

$25\,\% \,\hat{=}\, 112{,}5\,\text{km}$

$100\,\% \,\hat{=}\, 112{,}5\,\text{km} \cdot 4 = 450\,\text{km}$

Die gesamte Neubaustrecke ist 450 km lang.

b) **Länge der einzelnen Bauabschnitte**

$100\,\% \,\hat{=}\, 450\,\text{km}$

$1\,\% \,\hat{=}\, 4{,}5\,\text{km}$

$32\,\% \,\hat{=}\, 4{,}5\,\text{km} \cdot 32 = 144\,\text{km}\quad \text{zweiter Abschnitt}$

$28\,\% \,\hat{=}\, 4{,}5\,\text{km} \cdot 28 = 126\,\text{km}\quad \text{dritter Abschnitt}$

$15\,\% \,\hat{=}\, 4{,}5\,\text{km} \cdot 15 = 67{,}5\,\text{km}\quad \text{vierter Abschnitt}$

---

326 a) Autohaus A: $144 + 292 + 264 = 700$

Autohaus B: $182 + 310 + 294 = 786$

Autohaus C: $208 + 330 + 306 = 844$

Autohaus D: $224 + 340 + 328 = 892$

b) **Säulendiagramme**

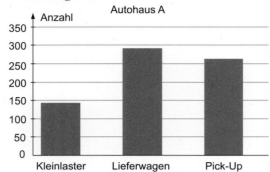

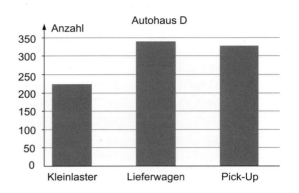

c) **Anteile in Prozent:**

844 Fahrzeuge $\triangleq 100\ \%$

1 Fahrzeug $\triangleq 100\ \% : 844$

208 Fahrzeuge $\triangleq 100\ \% : 844 \cdot 208 \approx 25\ \%$ Kleinlaster

330 Fahrzeuge $\triangleq 100\ \% : 844 \cdot 330 \approx 39\ \%$ Lieferwagen

306 Fahrzeuge $\triangleq 100\ \% : 844 \cdot 306 \approx 36\ \%$ Pick-Up

Kreisdiagramm

$100\ \% \triangleq 360°$

$1\ \% \triangleq 3,6°$

$25\ \% \triangleq 3,6° \cdot 25 = 90°$ Kleinlaster

$39\ \% \triangleq 3,6° \cdot 39 \approx 140°$ Lieferwagen

$36\ \% \triangleq 3,6° \cdot 36 \approx 130°$ Pick-Up

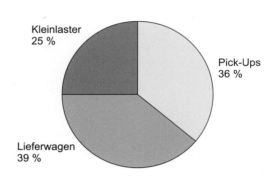

327 a) **Anteil der Hubraumklassen in Prozent**

$100\ \% \triangleq 12\ 000$ Motorräder

$1\ \% \triangleq 12\ 000$ Motorräder $: 100 = 120$ Motorräder

$20\ \% \triangleq 120$ Motorräder $\cdot 20 = 2\ 400$ Motorräder bis $250\ \text{cm}^3$

$45\ \% \triangleq 120$ Motorräder $\cdot 45 = 5\ 400$ Motorräder bis $500\ \text{cm}^3$

$15\ \% \triangleq 120$ Motorräder $\cdot 15 = 1\ 800$ Motorräder bis $750\ \text{cm}^3$

Rest: $100\ \% - (20\ \% + 45\ \% + 15\ \%) = 20\ \%$

$20\ \% \triangleq 120$ Motorräder $\cdot 20 = 2\ 400$ Motorräder über $750\ \text{cm}^3$

b) **Streifendiagramm**

Berechnen der Streifenlängen

$100\ \% \triangleq 10\ \text{cm}$

$1\ \% \triangleq 0,1\ \text{cm} = 1\ \text{mm}$

$20\ \% \triangleq 1\ \text{mm} \cdot 20 = 20\ \text{mm}$ Motorräder bis $250\ \text{cm}^3$ und über $750\ \text{cm}^3$

$45\ \% \triangleq 1\ \text{mm} \cdot 45 = 45\ \text{mm}$ Motorräder bis $500\ \text{cm}^3$

$15\ \% \triangleq 1\ \text{mm} \cdot 15 = 15\ \text{mm}$ Motorräder bis $750\ \text{cm}^3$

$20\ \% \triangleq 1\ \text{mm} \cdot 20 = 20\ \text{mm}$ Motorräder über $750\ \text{cm}^3$

| bis 250 cm³ | bis 500 cm³ | bis 750 cm³ | über 750 cm³ |

c) **Berechnen der jeweiligen Anzahl der Motorräder nach Herstellern**

100 % $\hat{=}$ 12 000 Motorräder

1 % $\hat{=}$ 12 000 Motorräder : 100 = 120 Motorräder

35 % $\hat{=}$ 120 Motorräder · 35 = 4 200 Motorräder von Hindu

17 % $\hat{=}$ 120 Motorräder · 17 = 2 040 Motorräder von Kawanaki

22 % $\hat{=}$ 120 Motorräder · 22 = 2 640 Motorräder von Sosika

Rest: 100 % − (35 % + 17 % + 22 %) = 26 %

26 % $\hat{=}$ 120 Motorräder · 26 = 3 120 Motorräder von Jamimoto

Anteile der Lieferanten im Kreisdiagramm

Berechnen der Winkel

100 % $\hat{=}$ 360°

1 % $\hat{=}$ 3,6°

35 % $\hat{=}$ 3,6° · 35 = 126° Hindu

17 % $\hat{=}$ 3,6° · 17 ≈ 61° Kawanaki

22 % $\hat{=}$ 3,6° · 22 ≈ 79° Sosika

26 % $\hat{=}$ 3,6° · 26 ≈ 94° Jamimoto

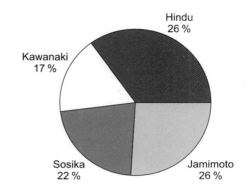

328

	a)	b)	c)	d)	e)	f)	g)	h)
Einkaufspreis	2 500 €	3 685 €	1 200 €	2 400 €	631,69 €	957,73 €	2 258,95 €	632,39 €
Verlust	7 %	6,45 %	37 %	18,4 %	17 %	45 %	36,7 %	13,25 %
Verkaufspreis	2 325 €	3 447,32 €	756 €	1 958 €	524,30 €	526,75 €	1 430,50 €	548,60 €

329 a) **Anzahl der erkrankten Angestellten**

12 % erkrankte Angestellte

100 % − 12 % = 88 % arbeitsfähige Angestellte

88 % $\hat{=}$ 264 Personen

1 % $\hat{=}$ 264 Personen : 88 = 3 Personen

12 % $\hat{=}$ 3 Personen · 12 = 36 Personen

Es sind 36 Personen erkrankt.

b) **Länger als 2 Wochen erkrankte Angestellte**

Der neue Grundwert beträgt 36 Personen.

36 Personen − (9 Personen + 12 Personen) = 15 Personen

15 Personen sind länger als zwei Wochen krank.

Berechnen des Prozentsatzes

15 Personen : 36 Personen · 100 % = 41,66… % ≈ 41,7 %

Von den erkrankten Angestellten sind 41,7 % länger als zwei Wochen krank.

330 a) $\dfrac{1}{2} = 50\,\%$ b) $\dfrac{3}{4} = 75\,\%$

c) $\dfrac{4}{5} = 80\,\%$ d) $\dfrac{9}{20} = \dfrac{45}{100} = 45\,\%$

e) $\dfrac{3}{25} = \dfrac{12}{100} = 12\,\%$ f) $\dfrac{7}{50} = \dfrac{14}{100} = 14\,\%$

g) $\dfrac{2}{100} = 2\,\%$ h) $\dfrac{91}{100} = 91\,\%$

331 a) A: $6 \text{ von } 20 = \dfrac{6}{20} = \dfrac{3}{10} = 30\,\%$ B: $12 \text{ von } 16 = \dfrac{12}{16} = \dfrac{3}{4} = 75\,\%$

C: $6 \text{ von } 16 = \dfrac{6}{16} = \dfrac{3}{8} = 37,5\,\%$ D: $16 \text{ von } 32 = \dfrac{16}{32} = \dfrac{1}{2} = 50\,\%$

b) 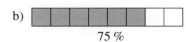   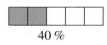   

     75 %   40 %   55 %

---

332 a) 30 % von 200 kg = **60** kg   b) 14 % von 500 ℓ = **70** ℓ

     c) 45 cm von 180 cm = **25** %   d) 12 m³ von 60 m³ = **20** %

     e)   25 % $\hat{=}$ 70 dm   f)   75 % $\hat{=}$ 1 200 m³
        100 % $\hat{=}$ **280** dm   100 % $\hat{=}$ **1 600** m³

---

333 Die Kästen a (neuer Preis müsste 274 € sein) und c (bezahlt werden nur 990 €) enthalten falsche Angaben.

334

20 %	100 %	50 %	25 %	175 %	100 %	**500 %**	**250 %**	**125 %**	**225 %**
800 km	**4 000** km	**2 000** km	**1 000** km	**7 000** km	300 kg	1 500 kg	750 kg	375 kg	675 kg

---

335 100 % $\hat{=}$ 200 €
      1 % $\hat{=}$ 2 €

Buskosten   15 % $\hat{=}$ **30** €   Verpflegung   55 % $\hat{=}$ **110** €
Unterkunft   **20** % $\hat{=}$ 40 €   Rest: Taschengeld   **10** % $\hat{=}$ 20 €

---

336 Albert denkt falsch, Chos Gedankengang ist Unsinn. Nur Bernhard denkt richtig.
Begründung: Da die Mehrwertsteuer in Höhe von 19 % immer auf den Preis ohne Mehrwertsteuer dazugerechnet wird, entspricht der Preis ohne Mehrwertsteuer 100 % und der Preis mit Mehrwertsteuer 119 %.

---

337 a) **Höhe des Bargelds**
      5 880 € · 0,15 = 882 €   Bargeld

     b) **Kaufpreis Händler**
      5 880 € · 0,15 =   882 €   Anzahlung
      18 · 320 € =   5 760 €   Raten
      5 760 € + 882 € = 6 642 €   Händlerfinanzierung

     c) **Kreditsumme bei Bankfinanzierung**
      Barzahlung $\Rightarrow$ 2 % Skonto
      5 880 € · 0,98 = 5 762,40 €   Barzahlungspreis
      5 762,40 € – 882 € = 4880,40 €   Kredit, den er aufnehmen muss

     d) **Bankfinanzierung**
      5 762,40 € + 313,50 € = 6 075,90 €   Preis bei Bankfinanzierung

     e) **Unterschied**
      Bankfinanzierung: 6 075,90 €
      Händlerfinanzierung: 6 642,00 €
      6 642,00 € – 6 075,90 € = 566,10 €   Unterschied in Euro
      566,10 : 6 075,90 · 100 % ≈ 9,32 %   Unterschied in Prozent

338 Kosten für Robin

Kosten der Konsole vor dem Weihnachtsgeschäft

$100\,\% \triangleq 399$ € zahlt Robin

Kosten für Peter

Kosten der Konsole nach der Preiserhöhung

$100\,\% + 12,5\,\% = 112,5\,\%$

$\quad 100\,\% \triangleq 399$ €

$\qquad 1\,\% \triangleq 3,99$ €

$112,5\,\% \triangleq 3,99$ € $\cdot 112,5 = 448,875$ € $\approx 448,88$ €

Zum Weihnachtsgeschäft kostet die Konsole 448,88 € (neuer Grundwert).

Kosten der Konsole nach der Preissenkung

$100\,\% - 12,5\,\% = 87,5\,\%$

$\quad 100\,\% \triangleq 448,88$ €

$\qquad 1\,\% \triangleq 4,4888$ €

$87,5\,\% \triangleq 4,4888$ € $\cdot 87,5 = 392,77$ €

Nach dem Weihnachtsgeschäft kostet die Konsole 392,77 €. Peter zahlt weniger als Robin.

339 a) **Durchschnittlicher Monatsverdienst**

$(1\,997$ € $+ 1\,801$ € $+ 2\,198$ € $+ 2\,314$ € $+ 2\,269$ € $+ 1\,709$ €$) : 6 = 12\,288$ € $: 6 = 2\,048$ €

b) Durchschnittlicher Verdienst = Grundwert (G) : 2 048 €

Berlin: $\qquad\qquad 2\,048$ € $\triangleq 100\,\%$

$\qquad\qquad\qquad\quad 1$ € $\triangleq 100\,\% : 2\,048$

$\qquad\qquad\qquad 1\,997$ € $\triangleq 100\,\% : 2\,048 \cdot 1\,997 \approx 97,5\,\%$

$\qquad\qquad$ Abweichung: $100\,\% - 97,5\,\% = 2,5\,\%$ unter dem Durchschnitt

Dresden: $\qquad\quad 1\,801$ € $\triangleq 100\,\% : 2\,048 \cdot 1\,801 \approx 87,9\,\%$

$\qquad\qquad$ Abweichung: $100\,\% - 87,9\,\% = 12,1\,\%$ unter dem Durchschnitt

Frankfurt/M.: $\quad 2\,198$ € $\triangleq 100\,\% : 2\,048 \cdot 2\,198 \approx 107,3\,\%$

$\qquad\qquad$ Abweichung: $107,3\,\% - 100\,\% = 7,3\,\%$ über dem Durchschnitt

Hamburg: $\qquad 2\,314$ € $\triangleq 100\,\% : 2\,048 \cdot 2\,314 \approx 113,0\,\%$

$\qquad\qquad$ Abweichung: $113\,\% - 100\,\% = 13\,\%$ über dem Durchschnitt

München: $\qquad 2\,269$ € $\triangleq 100\,\% : 2\,048 \cdot 2\,269 \approx 110,8\,\%$

$\qquad\qquad$ Abweichung: $110,8\,\% - 100\,\% = 10,8\,\%$ über dem Durchschnitt

Magdeburg: $\quad\; 1\,709$ € $\triangleq 100\,\% : 2\,048 \cdot 1\,709 \approx 83,4\,\%$

$\qquad\qquad$ Abweichung: $100\,\% - 83,4\,\% = 16,6\,\%$ unter dem Durchschnitt

c) **Plus-Minus-Diagramm**

Säulenhöhe für das Diagramm berechnen

$\qquad 1\,\% \triangleq 2$ mm

$\quad 2,5\,\% \triangleq 5$ mm $\qquad\qquad$ Berlin (nach unten)

$12,1\,\% \triangleq 24,2$ mm $\approx 2,4$ cm $\quad$ Dresden (nach unten)

$\;\; 7,3\,\% \triangleq 14,6$ mm $\approx 1,5$ cm $\quad$ Frankfurt (nach oben)

$\quad 13\,\% \triangleq 26$ mm $= 2,6$ cm $\qquad$ Hamburg (nach oben)

$10,8\,\% \triangleq 21,6$ mm $\approx 2,2$ cm $\quad$ München (nach oben)

$16,6\,\% \triangleq 33,2$ mm $\approx 3,3$ cm $\quad$ Magdeburg (nach unten)

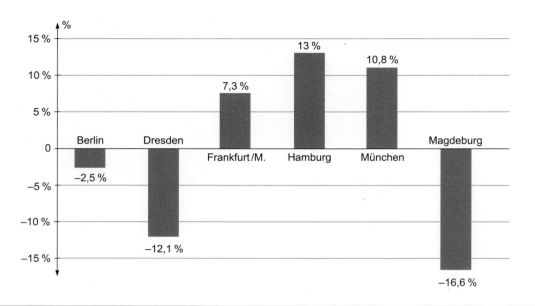

340

a) Prozentualer Anteil der technischen Hilfeleistungen

Anzahl aller Einsätze:

$45 + 50 + 68 + 62 + 24 + 8 = 257$ Einsätze

Anzahl der technischen Hilfeleistungen

$68 + 62 = 130$ Einsätze

prozentualer Anteil:

$130 : 257 \cdot 100\,\% = 50{,}58\ldots\,\% \approx 50{,}6\,\%$

b) Prozentuale Abnahme der blinden Alarmierungen

$24 - 8 = 16$ Alarmierungen weniger

$16 : 24 \cdot 100\,\% = 66{,}66\ldots\,\% \approx 66{,}7\,\%$

Die blinden Alarmierungen nahmen um 66,7 % ab.

c) Kreisdiagramm

Anzahl der Einsätze im zweiten Halbjahr

$50 + 62 + 8 = 120$ Einsätze

120 Einsätze $\,\hat{=}\, 360°$

$\quad\quad 1$ Einsatz $\,\hat{=}\, 360° : 120 = 3°$

$3° \cdot 50 = 150°\quad$ Brandbekämpfung

$3° \cdot 62 = 186°\quad$ technische Hilfeleistung

$\,\,3° \cdot 8 = \,\,\,24°\quad$ blinde Alarmierung

Einsätze im zweiten Halbjahr

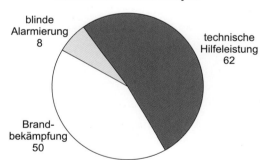

blinde
Alarmierung
8

technische
Hilfeleistung
62

Brand-
bekämpfung
50

341

a) Für 50 Schülerinnen und Schüler gibt es 4 Freikarten.

Ermäßigung für einen Teilnehmer durch die 4 Freikarten in €

$380\,€ \cdot 4 : 50 = 30{,}40\,€$

$380{,}00\,€ - 30{,}40\,€ = 349{,}60\,€$

Jeder Schüler muss 349,60 € bezahlen.

Ermäßigung für die Teilnehmer durch die 4 Freikarten in Prozent

$p\,\% = 30{,}40 : 380 \cdot 100\,\%$

$p\,\% = 8\,\%$

Durch die Freikarten ermäßigt sich der Preis pro Schüler/-in um 8 %.

b) Gesamtpreis des Busunternehmers ohne Rabatt

$6\,300\,€ + 210\,€ \cdot 50 = 16\,800\,€$

Gesamtpreis des Busunternehmers mit 5 % Rabatt

Der Gesamtpreis beträgt $100\,\% - 5\,\% = 95\,\%$.

$$100\,\% \mathrel{\hat{=}} 16\,800\,€$$
$$1\,\% \mathrel{\hat{=}} 168\,€$$
$$95\,\% \mathrel{\hat{=}} 168\,€ \cdot 95 = 15\,960\,€$$

oder

$$95\,\% = 0,95$$
$$16\,800\,€ \cdot 0,95 = 15\,960\,€$$

Preis pro Teilnehmer mit 5 % Rabatt

$15\,960\,€ : 50 = 319,20\,€$

Jeder Teilnehmer muss $319,20\,€$ für die Fahrt aufbringen.

c) Angebot der Bahn AG: $349,60\,€$ je Teilnehmer

Angebot des Busunternehmers: $319,20\,€$ je Teilnehmer

Unterschied der Angebote in €

$349,60\,€ - 319,20\,€ = 30,40\,€$

Das Angebot des Busunternehmers ist der Grundwert, der Preisunterschied der Prozentsatz.

$$p\,\% = 30,40 : 319,20 \cdot 100\,\%$$
$$p\,\% = 9,523\ldots\,\% \approx 9,52\,\%$$

---

342 a) durchschnittlicher Haushaltskundenpreis Strom 2019 in ct/kWh

$6,70\,\text{ct/kWh} + 6,79\,\text{ct/kWh} + 7,19\,\text{ct/kWh} + 9,20\,\text{ct/kWh} = 29,88\,\text{ct/kWh}$

durchschnittlicher Haushaltskundenpreis Strom 2020 in ct/kWh

$7,61\,\text{ct/kWh} + 6,43\,\text{ct/kWh} + 7,22\,\text{ct/kWh} + 9,61\,\text{ct/kWh} = 30,87\,\text{ct/kWh}$

Preiserhöhung in ct/kWh

$30,87\,\text{ct/kWh} - 29,88\,\text{ct/kWh} = 0,99\,\text{ct/kWh}$

Preiserhöhung in Prozent

$$p\,\% = 0,99 : 29,88 \cdot 100\,\%$$
$$p\,\% = 3,313\ldots\,\% \approx 3,3\,\%$$

Der durchschnittliche Haushaltskundenpreis stieg um 3,3 %.

b) $p\,\% = 9,61 : 30,87 \cdot 100\,\%$

$p\,\% = 31,130\ldots\,\% \approx 31,1\,\%$

31,1 % der Stromrechnung entfielen 2020 auf den Bereich Steuern/Abgaben.

c) Preis für 1 kWh des örtlichen Energieanbieters

$1\,268,63\,€ : 4\,250\,\text{kWh} = 0,29850\ldots\,€/\text{kWh} \approx 29,85\,\text{ct/kWh}$

Unterschied in ct/kWh

$30,87\,\text{ct/kWh} - 29,85\,\text{ct/kWh} = 1,02\,\text{ct/kWh}$

Unterschied in Prozent

$$p\,\% = 1,02 : 30,87 \cdot 100\,\%$$
$$p\,\% = 3,304\ldots\,\% \approx 3,3\,\%$$

d) Berechnen der Streifenlängen

$$30,87\,\text{ct} \mathrel{\hat{=}} 15\,\text{cm}$$
$$1\,\text{ct} \mathrel{\hat{=}} 0,486\,\text{cm}$$
$$7,61\,\text{ct} \mathrel{\hat{=}} 3,7\,\text{cm} = 37\,\text{mm} \quad \text{Beschaffung/Vertrieb}$$
$$6,43\,\text{ct} \mathrel{\hat{=}} 3,12\,\text{cm} \approx 31\,\text{mm} \quad \text{EEG-Umlage}$$
$$7,22\,\text{ct} \mathrel{\hat{=}} 3,5\,\text{cm} = 35\,\text{mm} \quad \text{Netzentgeld}$$
$$9,61\,\text{ct} \mathrel{\hat{=}} 4,67\,\text{cm} \approx 47\,\text{mm} \quad \text{Steuern/Abgaben}$$

Streifendiagramm

Zusammensetzung des durchschnittlichen Haushaltskundenpreis Strom 2020 in ct/kWh

Beschaffung Vertrieb 7,61 ct/kWh	EEG-Umlage 6,43 ct/kWh	Netzentgeld 7,22 ct/kWh	Steuern/Abgaben 9,61 ct/kWh

343 a)

	wahr	falsch
China produzierte 2019 die doppelte Menge an Kunststoffen als Europa.	☐	☒
Russlands Kunststoffproduktion betrug etwa ein Sechstel der Kunststoffproduktion Europas.	☒	☐
Nordamerika und Südamerika produzierten zusammen mehr Kunststoffe als Asien und Japan.	☒	☐
China, Asien und der Mittlere Osten/Afrika stellten genau so viel Kunststoffe her wie die restlichen Regionen zusammen.	☐	☒

b) Weltweite Kunststoffproduktion 2019 in Millionen Tonnen

$68,2 + 14,4 + 64,6 + 25,1 + 10,8 + 57,4 + 100,5 + 18,0 = 359$ Millionen Tonnen

c) prozentuale Anteile der Regionen und Länder an der weltweiten Kunststoffproduktion

$p\% = 68,2 : 359 \cdot 100\%$
$p\% = 18,99\dots\% \approx 19\%$ Nordamerika

$p\% = 14,4 : 359 \cdot 100\%$
$p\% = 4,01\dots\% \approx 4\%$ Südamerika

$p\% = 64,6 : 359 \cdot 100\%$
$p\% = 17,99\dots\% \approx 18\%$ Europa

$p\% = 25,1 : 359 \cdot 100\%$
$p\% = 6,99\dots\% \approx 7\%$ Mittlerer Osten/Afrika

$p\% = 10,8 : 359 \cdot 100\%$
$p\% = 3,00\dots\% \approx 3\%$ Russland

$p\% = 57,4 : 359 \cdot 100\%$
$p\% = 15,98\dots\% \approx 16\%$ Asien

$p\% = 100,5 : 359 \cdot 100\%$
$p\% = 27,99\dots\% \approx 28\%$ China

$p\% = 18,0 : 359 \cdot 100\%$
$p\% = 5,01\dots\% \approx 5\%$ Japan

d) Menge der in China, Asien, Nordamerika und Europa 2019 produzierten Kunststoffe in Millionen Tonnen

$100,5 + 57,4 + 68,2 + 64,6 = 290,7$ Millionen Tonnen Kunststoffe

Berechnen der Winkel für das Kreisdiagramm

$290,7$ Mio. t $\stackrel{\wedge}{=} 360°$
    1 Mio. t $\stackrel{\wedge}{=} 1,238\dots°$
$100,5$ Mio. t $\stackrel{\wedge}{=} 124,42\dots° \approx 124°$ China
 $57,4$ Mio. t $\stackrel{\wedge}{=} 71,06\dots° \approx 71°$ Asien
 $68,2$ Mio. t $\stackrel{\wedge}{=} 84,43\dots° \approx 84°$ Nordamerika
 $64,6$ Mio. t $\stackrel{\wedge}{=} 79,97\dots° \approx 80°$ Europa

Rundungsbedingt beträgt die Winkelsumme der einzelnen Kreissegmente nur 359°.

2019 produzierte Kunststoffe in Millionen Tonnen

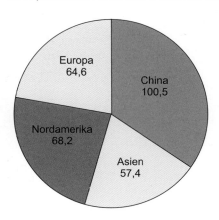

---

344 a) $100\,\% - 10,4\,\% - 19,7\,\% - 41,3\,\% = 28,6\,\%$

2019 entfielen 28,6 % der in Deutschland produzierten Kunststoffe auf den Bereich „Andere Branchen".

b) Verbrauch an Kunststoffen im Jahr 2019 für jede Branche

$100\,\% \mathrel{\hat{=}} 21,8$ Mio. t

$\quad 1\,\% \mathrel{\hat{=}} 0,218$ Mio. t

$41,3\,\% \mathrel{\hat{=}} 9,0034$ Mio. t $\approx 9,00$ Mio. t $\quad$ Verpackungsindustrie

$19,7\,\% \mathrel{\hat{=}} 4,2946$ Mio. t $\approx 4,29$ Mio. t $\quad$ Baugewerbe

$10,4\,\% \mathrel{\hat{=}} 2,2672$ Mio. t $\approx 2,27$ Mio. t $\quad$ Automobilsektor

$28,6\,\% \mathrel{\hat{=}} 6,2348$ Mio. t $\approx 6,23$ Mio. t $\quad$ Andere Bereiche

c) Berechnen der Säulenhöhen

Verpackungsindustrie $\quad 9,00$ Mio. t $\mathrel{\hat{=}} 9,00 \cdot 0,5$ cm $= 4,5$ cm

Baugewerbe $\quad 4,29$ Mio. t $\mathrel{\hat{=}} 4,29 \cdot 0,5$ cm $= 2,145$ cm $\approx 2,1$ cm

Automobilsektor $\quad 2,27$ Mio. t $\mathrel{\hat{=}} 2,27 \cdot 0,5$ cm $= 1,135$ cm $\approx 1,1$ cm

Andere Branchen $\quad 6,23$ Mio. t $\mathrel{\hat{=}} 6,23 \cdot 0,5$ cm $= 3,115$ cm $\approx 3,1$ cm

Säulendiagramm

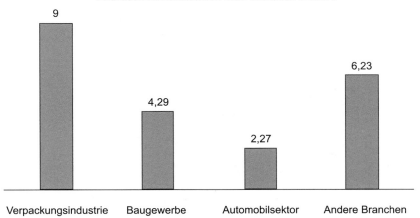

Verbrauch an Kunststoffen nach Branchen in Mio. t

---

345 a) Italien: 204 Plastiktüten

Irland: 18 Plastiktüten

$204 : 18 = 11,33\ldots$

Der Plastiktütenverbrauch Italiens liegt um mehr als das 11-fache über dem Plastiktütenverbrauch Irlands.

b) Deutschland: 71 Plastiktüten
EU-Vorgabe: 40 Plastiktüten

Unterschied in Anzahlen
71 Plastiktüten − 40 Plastiktüten = 31 Plastiktüten

Unterschied in Prozent
$p\% = 31 : 71 \cdot 100\%$
$p\% = 43,66... \% \approx 43,7\%$
Der Plastiktütenverbrauch in Deutschland muss um 43,7 % fallen, damit die EU-Vorgabe erreicht wird.

c) Gesamter Plastiktütenverbrauch pro Person in den acht ausgewählten EU-Staaten
$204 + 133 + 111 + 98 + 79 + 77 + 71 + 18 = 791$
durchschnittlicher Plastiktütenverbrauch pro Person in den acht ausgewählten EU-Staaten
$791 : 8 = 98,875 \approx 99$
Der durchschnittliche Plastiktütenverbrauch pro Person in den acht ausgewählten EU-Staaten liegt bei 99 Plastiktüten.

d) $198 \cdot 450$ Millionen $= 89\,100$ Millionen $= 89,1$ Milliarden
Jährlich verbrauchen die EU-Bürger 89,1 Milliarden Plastiktüten.

346

	a)	b)	c)	d)	e)	f)
Kapital	45 785 €	37 855 €	46 580 €	25 897 €	450 000 €	115 300 €
Zinssatz	0,4 %	0,8 %	1,25 %	1,5 %	1,72 %	1,95 %
Jahreszinsen	183,14 €	302,84 €	582,25 €	388,46 €	7 740 €	2 248,35 €

347 $12\,000\,€ \cdot \dfrac{2,1}{100} = 12\,000\,€ \cdot 0,021 = 252\,€$ Zinsen

$12\,000\,€ + 252\,€ = 12\,252\,€$ gesamte Rückzahlung

348 a) $25\,000\,€ \cdot \dfrac{2,15}{100} = 25\,000\,€ \cdot 0,0215 = 537,50\,€$ Zinsen

b) $512,50\,€ : 25\,000\,€ \cdot 100\% = 2,05\%$ Zinssatz

349 $85,50\,€ : \dfrac{0,05}{100} = 85,50\,€ : 0,005 = 17\,100\,€$ Sparguthaben

350 **Angebot 1**
$51\,500\,€ − 50\,000\,€ = 1\,500\,€$ Zinsen
$1\,500\,€ : 50\,000\,€ \cdot 100\% = 3\%$ Zinssatz

Angebot 2
$50\,000\,€ \cdot 0,0315 = 1\,575\,€$ Zinsen
$3,15\%$ Zinssatz

Das erste Angebot ist günstiger, es müssen 75 € weniger Zinsen bezahlt werden.

351

	a)	b)	c)	d)	e)	f)
Kapital	2 000 €	40 800 €	73 000 €	49 740 €	2 400 €	10 250 €
Zinssatz	2,5 %	2 %	3 %	1,5 %	2,5 %	0,8 %
Zeit	6 Monate	5 Monate	4 Monate	2 Monate	7 Monate	3 Monate
Zinsen	25 €	340 €	730 €	124,35 €	35 €	20,50 €

352 **Berechnen der Zinsen**

$K = 5\,780\ €;\ p\,\% = 0,5\,\%;\ t = 112\ d$

$$Z = \frac{5\,780\ € \cdot 0,5 \cdot 112}{100 \cdot 360}$$

$Z = 8,991\ldots\ € \approx 8,99\ €$ Zinsen für 112 Tage

$K = 5\,780;\ p\,\% = 0,25\,\%;\ t = 145\ d$

$$Z = \frac{5\,780\ € \cdot 0,25 \cdot 145}{100 \cdot 360}$$

$Z = 5,820\ldots\ € \approx 5,82\ €$ Zinsen für 145 Tage

Berechnen der gesamten Auszahlung

	5 780,00 €	Kapital
+	8,99 €	Zinsen für 112 Tage bei 0,5 %
+	5,82 €	Zinsen für 145 Tage bei 0,25 %
	5 794,81 €	gesamteAuszahlung

353 a) **Berechnen der Zinsen**

$K = 1\,500\ €;\ p\,\% = 14,75\,\%;\ t = 1\ m$

$$Z = \frac{1\,500\ € \cdot 14,75 \cdot 1}{100 \cdot 12}$$

$Z = 18,437\ldots\ € \approx 18,44\ €$

$K = 750\ €;\ p\,\% = 14,75\,\%;\ t = 1\ m$

$$Z = \frac{750\ € \cdot 14,75 \cdot 1}{100 \cdot 12}$$

$Z = 9,218\ldots\ € \approx 9,22\ €$

gesamte Zinsen für 2 Monate

$18,44\ € + 9,22\ € = 27,66\ €$

Gunnar muss 27,66 € Zinsen bezahlen.

b) **Ersparnis**

	3 550 €	normaler Preis
−	3 300 €	Aktionspreis
	250 €	Ersparnis durch Angebot
−	27,66 €	Überziehungzinsen für 2 Monate
	222,34 €	eingespart

Gunnar spart 222,34 €.

354 a) $K = 5\ €;\ t = 1\ d;\ Z = (5,20\ € - 5,00\ €) = 0,20\ €$

$$p\,\% = \frac{0,20\ € \cdot 100 \cdot 360}{5\ € \cdot 1}\,\% = 1\,440\,\%$$

Tina verlangt einen Zinssatz von 1 440 %.

b) Katrin ist sauer, weil ein Zinssatz von 1 440 % mehr als Wucherei ist!

355 a) $100\,\% \,\hat{=}\, 11\,000\ €$

$1\,\% \,\hat{=}\, 110\ €$

$0,2\,\% \,\hat{=}\, 22\ €$

Markus bekommt nach einem Jahr 22 € an Zinsen gutgeschrieben.

b) neues Kapital für 2019

$11\,000\ € + 22\ € = 11\,022\ €$

Das Kapital wächst bis Ende 2019 bei einem Zinssatz von 0,1 % auf 100 % + 0,1 % = 100,1 % an.

$100\,\% \,\hat{=}\, 11\,022\ €$

$1\,\% \,\hat{=}\, 110,22\ €$

$100,1\,\% \,\hat{=}\, 11\,033,022\ € \approx 11\,033,02\ €$

Das neue Kapital für 2020 beträgt 11 033,02 €.

Das Kapital wächst bis Ende 2020 bei einem Zinssatz von 0,02 % auf 100 % + 0,02 % = 100,02 % an.

$100\,\% \,\hat{=}\, 11\,033,02\ €$

$1\,\% \,\hat{=}\, 110,3302\ €$

$100,02\,\% \,\hat{=}\, 11\,035,2266\ € \approx 11\,035,23\ €$

oder

Verkette die Zinsfaktoren:
2018: $100\,\% + 0,2\,\% = 100,2\,\% = 1,002$
2019: $100\,\% + 0,1\,\% = 100,1\,\% = 1,001$
2020: $100\,\% + 0,02\,\% = 100,02\,\% = 1,0002$
$11\,000\,€ \cdot 1,002 \cdot 1,001 \cdot 1,0002 = 11\,035,2286\,€ \approx 11\,035,23\,€$
Ende 2020 beträgt die Höhe des Guthabens beträgt Ende 11 035,23 €.

c) Zinsen für drei Jahre
$11\,035,23\,€ - 11\,000\,€ = 35,23\,€$
$p\,\% = 35,23 : 11\,000 : 3 \cdot 100\,\%$
$p\,\% = 0,1067... \% \approx 0,11\,\%$

oder

$(0,2\,\% + 0,1\,\% + 0,02\,\%) : 3 = 0,1066\,...\,\% \approx 0,11\,\%$
Die durchschnittlichen Zinssätze für 2018 bis 2020 liegen bei 0,11 %.

d) $1\,096,67\,€ \cdot 10 = 10\,966,70\,€$
2018 bezahlt Julia für die 10 Goldmünzen 10 966,70 €.

e) Wertsteigerung einer Goldmünze nach einem Jahr in Euro
$1\,418,00\,€ - 1\,096,67\,€ = 321,33\,€$

Wertsteigerung einer Goldmünze nach einem Jahr in Prozent
$p\,\% = 321,33 : 1\,096,67 \cdot 100\,\%$
$p\,\% = 29,300... \% \approx 29,3\,\%$

Die Wertsteigerung entspricht einem Zinssatz von 29,3 %.

f) Wert der Goldmünzen in Jahr 2020
$1\,789,87\,€ \cdot 10 = 17\,898,70\,€$

Gewinn in Euro
$17\,898,70\,€ - 10\,966,70\,€ = 6\,932\,€$

Gewinn in Prozent
$p\,\% = 6\,932 : 10\,966,70 \cdot 100\,\%$
$p\,\% = 63,209... \% \approx 63,21\,\%$
Der Gewinn für Julia beträgt 6 932 € oder 63,21 %.

356

	a)	b)	c)	d)	e)	f)
Zinsen	175 €	140 €	567 €	283,50 €	1 064 €	577,50 €
Zeit	6 Monate	7 Monate	3 Monate	40 Tage	76 Tage	84 Tage
Jahreszinsen	350 €	240 €	2 268 €	2 551,50 €	5 040 €	2 475 €
Zinssatz	2,5 %	1,2 %	1,5 %	1,25 %	2 %	0,9 %
Kapital	14 000 €	20 000 €	151 200 €	204 120 €	252 000 €	275 000 €

357 $p\,\% = 13,75\,\%$; $Z = 12,85\,€$; $t = 22\,d$
$$K = \frac{12,85\,€ \cdot 100 \cdot 360}{13,75 \cdot 22}$$
$K = 1\,529,256... \,€ \approx 1\,529,26\,€$
Sie hat ihr Konto um 1 529,26 € überzogen.

358 a) 3 Monate $\cdot 4 = 12$ Monate $= 1$ Jahr
$20\,€ \cdot 4 = 80\,€$

b) $45\,€ : 9 = 5\,€$ monatliche Zinsen
$5\,€ \cdot 12 = 60\,€$ jährliche Zinsen

c) 60 Tage · 6 = 360 Tage = 1 Jahr
   5 € · 6 = 30 € jährliche Zinsen

d) 120 Tage · 3 = 1 Jahr
   15 € · 3 = 45 € jährliche Zinsen

e) 280 € · 4 = 1 120 € jährliche Zinsen

f) 810 € · 2 = 1 620 € jährliche Zinsen

---

359 0,7 % von 6 000 € = 42 € jährliche Zinsen
42 € : 2 = 21 € Zinsen in 6 Monaten

0,2 % von 750 € = 1,50 € jährliche Zinsen
1,50 € : 3 = 0,50 € Zinsen in 4 Monaten

1,2 % von 800 € = 9,60 € jährliche Zinsen
9,60 € : 12 · 5 = 4 € Zinsen in 5 Monaten

0,4 % von 9 500 € = 38 € jährliche Zinsen
38 € : 4 = 9,50 € Zinsen in 3 Monaten

0,5 % von 12 000 € = 60 € jährliche Zinsen
60 € : 12 = 5 € Zinsen in 1 Monat

---

360 a) 0,8 % von 500 € = 4 €
   0,4 % von 500 € = 2 €
   zusammen: 4 € + 2 € = 6 €

0,7 % von 1 000 € = 7 € (besser)

b) 0,3 % von 200 € = 0,60 €
   0,5 % von 1 800 € = 9 €
   zusammen: 0,60 € + 9 € = 9,60 € (besser)

0,4 % von 2 000 € = 8 €

c) 0,35 % von 1 000 € = 3,50 €
   0,6 % von 800 € = 4,80 €
   zusammen: 3,50 € + 4,80 € = 8,30 € (besser)

0,4 % von 900 € = 3,60 €
0,5 % von 900 € = 4,50 €
zusammen: 3,60 € + 4,50 € = 8,10 €

---

361 **Berechnen der PC-Kosten für das Angebot des Mediacenters**

        35,00 €   Bearbeitungsgebühr
+   350,00 €   Anzahlung
+   284,00 €   erste Rate
+ 1 160,00 €   8 Raten zu 145 € (8 · 145 € = 1 160 €)
   1 829,00 €   gesamt

Berechnen der PC-Kosten für das Angebot des Jupitermarkts

      500,00 €   Anzahlung
+   299,00 €   erste Rate
+   900,00 €   5 Raten zu 180 € (5 · 180 € = 900 €)
   1 699,00 €   gesamt

Das Angebot des Jupitermarkts ist günstiger.

---

362 a) **Berechnen der Kosten für die neuen Fahrschulfahrzeuge**

Modell Eco-Star

      42 200 €   Grundpreis
+   3 800 €   Umrüstung
      46 000 €   Gesamtpreis

Model HybridPLUS

      58 500 €   Grundpreis
+   3 500 €   Umbau
      62 000 €   Gesamtpreis

Berechnen der gesamten Kosten für vier neue Fahrschulautos:
3 · 46 000 € + 62 000 € = 200 000 € gesamte Kosten

b) **Höhe des Kredits**

      200 000 €   gesamte Kosten für vier neue Fahrschulautos
−   120 000 €   Eigenkapital
        80 000 €   Kreditsumme

c) **jährlich fällige Zinsen**
550 € · 4 = 2 200 €

d) **Berechnen des Zinssatzes für den Kredit**

$Z = 2\,200\,€;\ K = 80\,000\,€$

$$p\,\% = \frac{2\,200\,€ \cdot 100}{80\,000\,€}\,\%$$

$p\,\% = 2,75\,\%$

---

363 a) **Berechnen der gesamten Kosten für die Sanierung**

Wärmedämmung des Daches:	9 500 €
Erneuerung der Heizungsanlage:	+ 18 200 €
Erneuerung der Heizkörper:	+ 5 200 €
Erneuerung der Fenster:	+ 10 900 €
Erneuerung der Außentüren:	+ 6 200 €
gesamte Kosten für die Sanierung:	50 000 €

b) **Berechnen der monatlichen Zinsen**

$K = 50\,000\,€;\ p\,\% = 1,25\,\%;\ t = 1$

$$Z = \frac{50\,000\,€ \cdot 1,25 \cdot 1}{100 \cdot 12}$$

$Z = 52,083\ldots\,€ \approx 52,08\,€$ monatlich anfallende Zinsen

c) **Berechnen der Einsparung in Prozent**

$p\,\% = 600\,€ : 50\,000\,€ \cdot 100\,\%$

$p\,\% = 1,2\,\%$

Die jährliche Einsparung beträgt 1,2 % der Darlehenssumme.

---

364 a) **Fehlender Betrag zum Mofakauf**

$K = 850\,€;\ p\,\% = 0,8\,\%;\ t = 145\,d$

$$Z = \frac{850\,€ \cdot 0,8 \cdot 145}{100 \cdot 360}$$

$Z = 2,738\ldots\,€ \approx 2,74\,€$

2 959,00 €		Preis für den Mofaroller
− 850,00 €		Sparguthaben
− 2,74 €		Zinsen für 145 Tage
− 500,00 €		Geschenk der Großeltern
1 606,26 €		fehlender Betrag

b) **Berechnen des Zinssatzes**

$K = 2\,000\,€;\ Z = 65\,€;\ t = 6\,m$

$$p\,\% = \frac{65\,€ \cdot 100 \cdot 12}{2\,000 \cdot 6}\,\%$$

$p\,\% = 6,5\,\%$

Jens bekommt den Kleinkredit zu 6,5 %.

c) **Berechnen der Höhe einer Monatsrate**

$2\,000\,€ + 65\,€ = 2\,065\,€$

$2\,065\,€ : 6 = 3,44\,166\ldots\,€ \approx 344,17\,€$ Höhe einer Monatsrate

---

365

	a)	b)	c)	d)	e)	f)
Grundwert G	20 000 €	36 000 €	**50 000 €**	2 ℓ	35 ℓ	**45 000 mℓ**
Promillewert P	80 €	**54 €**	37,50 €	7 mℓ	**0,245 ℓ**	112,5 mℓ
Promillesatz p‰	**4 ‰**	1,5 ‰	0,75 ‰	**3,5 ‰**	7 ‰	2,5 ‰

---

366 a) $175\,mℓ \cdot 40 = 7\,000\,mℓ$

$1\,000\,‰ \mathrel{\widehat{=}} 7\,000\,mℓ$

$1\,‰ \mathrel{\widehat{=}} 7\,mℓ$

$2,5\,‰ \mathrel{\widehat{=}} 17,5\,mℓ$

Der Apotheker Marius braucht 17,5 mℓ Alkohol.

b) $30\ m\ell \cdot 30 = 900\ m\ell$

$p\,‰ = 8,1 : 900 \cdot 1\,000\,‰$

$p\,‰ = 9\,‰$

Der Alkoholgehalt der Nasensalbe beträgt 9 ‰.

c) Alkoholgehalt in $m\ell$ in einem Fläschchen Ohrentropfen

$1\,000\,‰ \mathrel{\hat=} 50\ m\ell$

$1\,‰ \mathrel{\hat=} 0,05\ m\ell$

$3,5\,‰ \mathrel{\hat=} 0,175\ m\ell$

Anzahl der Fläschchen

$14\ m\ell : 0,175\ m\ell = 80$

Der Apotheker Marius kann 80 Fläschchen abfüllen.

---

367 a) $1\,000\,‰ \mathrel{\hat=} 8\,000\,000\ €$

$1\,‰ \mathrel{\hat=} 8\,000\ €$

$1,75\,‰ \mathrel{\hat=} 14\,000\ €$

$14\,000\ € \cdot 12 = 168\,000\ €$

Der Juwelier bezahlt in einem Zeitraum von 12 Jahren 168 000 € als Prämie an die Versicherung.

b) $p\,‰ = 372 : 120\,000 \cdot 1\,000\,‰$

$p\,‰ = 3,1\,‰$

Die Versicherungsgesellschaft legt den Promillesatz auf 3,1 ‰ fest.

c) $2,95\,‰ \mathrel{\hat=} 1\,770\ €$

$1\,‰ \mathrel{\hat=} 600\ €$

$1\,000\,‰ \mathrel{\hat=} 600\,000\ €$

Die Versicherungssumme beträgt 600 000 €.

---

368 a) Salzgehalt in einem Liter Ostseewasser

$1\,000\,‰ \mathrel{\hat=} 1\,000\ g$

$15\,‰ \mathrel{\hat=} 15\ g$

Salzmenge in Gramm in 5 Liter Ostseewasser

$15\ g \cdot 5 = 75\ g$

b) In 0,5 ℓ Wasser sind 19 g Salz enthalten.

In 1 ℓ Wasser sind $19\ g \cdot 2 = 38\ g$ Salz enthalten.

$1\ \ell = 1\,000\ g \mathrel{\hat=} 1\,000\,‰$

$38\ g \mathrel{\hat=} 38\,‰$

Der Salzgehalt im Mittelmeer beträgt 38 ‰.

c) 1 Liter Nordatlantikwasser enthält 36 g Salz.

$126\ g : 36\ g = 3,5$

Die Wasserprobe umfasst 3,5 ℓ Wasser.

---

369 a) reiner Alkohol in 2 Gläsern Sekt in Gramm

$125\ m\ell \cdot 2 = 250\ m\ell = 250\ g$

$100\,\% \mathrel{\hat=} 250\ g$

$10,8\,\% \mathrel{\hat=} 27\ g$

reiner Alkohol in 2 Gläsern Bier in Gramm

$500\ m\ell \cdot 2 = 1\,000\ m\ell = 1\,000\ g$

$100\,\% \mathrel{\hat=} 1\,000\ g$

$5,1\,\% \mathrel{\hat=} 51\ g$

reiner Alkohol in 1 Glas Schnaps

$25\ m\ell = 25$ g

$100\ \% \,\hat{=}\, 25$ g

$42\ \% \,\hat{=}\, 10{,}5$ g

Alkoholmenge in Gramm um 18:17 Uhr

27 g $+ 51$ g $+ 10{,}5$ g $= 88{,}5$ g $= 0{,}0885$ kg

Körperflüssigkeit des Herrn Blaukorns mit 85 kg Körpergewicht

85 kg $\cdot\, 0{,}68 = 57{,}8$ kg

Blutalkoholkonzentration von Herrn Blaukorn um 18:17 Uhr

$p\ \text{‰} = 0{,}0885 : 57{,}8 \cdot 1\,000\ \text{‰}$

$p\ \text{‰} = 1{,}531\ldots\ \text{‰} \approx 1{,}53\ \text{‰}$

Um 18:17 beträgt Herrn Blaukorns Blutalkoholkonzentration 1,53 ‰.

b) Mit einer Blutalkoholkonzentration von 1,53 ‰ war Herr Blaukorn absolut fahruntüchtig. Das Fahrrad wäre gerade noch eine Option gewesen.

c) Beginn der Feier: 15:00
   Ende der Feier: 18:17
   Zeit für den Alkoholabbau: 3 Stunden 17 Minuten
   In dieser Zeit werden rund 0,3 ‰ Alkohol abgebaut. Am Ende der Feier lag Herrn Blaukorns Blutalkohol-konzentration noch über 1 ‰. Am Ergebnis ändert sich auch mit Berücksichtigung des Alkoholabbaus nichts Wesentliches.

---

370 reiner Alkohol in 3 Glas Sekt in Gramm

$125\ m\ell \cdot 3 = 375\ m\ell = 375$ g

$100\ \% \,\hat{=}\, 375$ g

$10{,}8\ \% \,\hat{=}\, 40{,}5$ g

reiner Alkohol in einem Glas Bier in Gramm

$500\ m\ell = 500$ g

$100\ \% \,\hat{=}\, 500$ g

$5{,}1\ \% \,\hat{=}\, 25{,}5$ g

reiner Alkohol in 2 Glas Schnaps

$25\ m\ell \cdot 2 = 50\ m\ell = 50$ g

$100\ \% \,\hat{=}\, 50$ g

$42\ \% \,\hat{=}\, 21$ g

gesamte Alkoholmenge nach der Feier in Gramm

$40{,}5$ g $+ 25{,}5$ g $+ 21$ g $= 87$ g $= 0{,}087$ kg

Körperflüssigkeit der Frau Schmalz mit einem Körpergewicht von 64 kg

64 kg $\cdot\, 0{,}55 = 35{,}2$ kg

Blutalkoholkonzentration nach der Feier

$p\ \text{‰} = 0{,}087 : 35{,}2 \cdot 1\,000\ \text{‰}$

$p\ \text{‰} = 2{,}471\ldots\ \text{‰} \approx 2{,}47\ \text{‰}$

Zeit, bis die Blutalkoholkonzentration auf 0,00 ‰ gefallen ist

$2{,}47\ \text{‰} : 0{,}1\ \text{‰} = 24{,}7$ h ≈ 25 h

Frau Schmalz sollte mindestens 24 Stunden, besser 25 Stunden warten.

---

371 a) $15\ m\ell = 15$ cm^3

$5\ \ell = 5$ dm$^3 = 5\,000$ cm^3

$p\ \text{‰} = 15 : 5\,000 \cdot 1\,000\ \text{‰}$

$p\ \text{‰} = 3\ \text{‰}$

Die Lösung hat eine Konzentration von 3 ‰.

b) $8\ \ell = 8000$ cm$^3 = 8\,000\ m\ell$

$1\,000\,\%\!o \triangleq 8\,000\ m\ell$

$1\,\%\!o \triangleq 8\ m\ell$

$1,5\,\%\!o \triangleq 12\ m\ell$

Herr Günzelsen muss 12 $m\ell$ Pflanzenschutzmittel zumischen.

372 a) jährliche Prämie bei Versicherung A

$525\ € \cdot 12 = 6\,300\ €$

$2,1\,\%\!o \triangleq 6\,300\ €$

$1\,\%\!o \triangleq 3\,000\ €$

$1\,000\,\%\!o \triangleq 3\,000\,000\ €$

Die Versicherungssumme bei Versicherung A beträgt 3 000 000 €.

b) jährliche Prämie bei Versicherung B

$807,50\ € \cdot 4 = 3\,230\ €$

$p\,\%\!o = 3\,230 : 1\,700\,000 \cdot 1\,000\,\%\!o$

$p\,\%\!o = 1,9\,\%\!o$

Der jährliche Promillesatz bei Versicherung B liegt bei 1,9 ‰.

c) jährliche Prämie für die Brandversicherung

$1\,000\,\%\!o \triangleq 2\,200\,000\ €$

$1\,\%\!o \triangleq 2\,200\ €$

$1,2\,\%\!o \triangleq 2\,640\ €$

jährliche Prämie für Wasserschäden

$4\,620\ € - 2\,640\ € = 1\,980\ €$

Promillesatz für die Versicherung gegen Wasserschäden

$p\,\%\!o = 1\,980 : 2\,200\,000 \cdot 1\,000\,\%\!o$

$p\,\%\!o = 0,9\,\%\!o$

Der jährliche Promillesatz bei Versicherung C gegen Wasserschaden liegt bei 0,9 ‰.

373 a) $12\ km = 12\,000\ m$

$p\,\%\!o = 751 : 12\,000 \cdot 1\,000\,\%\!o$

$p\,\%\!o = 62,58\ldots\,\%\!o \approx 62,6\,\%\!o$

Die durchschnittliche Steigung beträgt 62,6 ‰.

b) $6,8\ km = 6\,800\ m$

$1\,000\,\%\!o \triangleq 6\,800\ m$

$1\,\%\!o \triangleq 6,8\ m$

$23,19\,\%\!o \triangleq 157,692\ m \approx 157,7\ m$

Es wird ein Höhenunterschied von 157,7 m überwunden.

c) $7\,\%\!o \triangleq 42\ m$

$1\,\%\!o \triangleq 6\ m$

$1\,000\,\%\!o \triangleq 6\,000\ m = 6\ km$

Die Auffahrtsrampen haben eine Länge von 6 km.

374 a) gesamte Anteile

$5 + 7 + 13 = 25$

$25\ \text{Anteile} \triangleq 120\,000\ €$

$1\ \text{Anteil} \triangleq 4\,800\ €$

$5\ \text{Anteile} \triangleq 24\,000\ €$

$7\ \text{Anteile} \triangleq 33\,600\ €$

$13\ \text{Anteile} \triangleq 62\,400\ €$

b) gesamte Anteile

$6 + 7 + 9 = 22$

22 Anteile $\hat{=}$ 55 000 €
1 Anteil $\hat{=}$ 2 500 €
6 Anteile $\hat{=}$ 15 000 €
7 Anteile $\hat{=}$ 17 500 €
9 Anteile $\hat{=}$ 22 500 €

---

375   a)   78 Teile $\hat{=}$ 780 kg Kupfer
1 Teil $\hat{=}$ 10 kg
22 Teile $\hat{=}$ 220 kg Zinn

Es müssen 220 kg Zinn zugemischt werden.

     b)   22 Teile $\hat{=}$ 880 g Zinn
1 Teil $\hat{=}$ 40 g
78 Teile $\hat{=}$ 3 120 g Kupfer

Es sind 3 120 g Kupfer erforderlich.

     c)   100 Teile $\hat{=}$ 4,8 kg Bronze
1 Teil $\hat{=}$ 0,048 kg
78 Teile $\hat{=}$ 3,744 kg Kupfer
22 Teile $\hat{=}$ 1,056 kg Zinn

Die Bronzeskulptur enthält 3,744 kg Kupfer und 1,056 kg Zinn.

---

376   a)   Gewichtsanteile der anderen Metalle an der „Bavaria"
92 % $\hat{=}$ 80,37 t Kupfer
1 % $\hat{=}$ 0,87358... t $\approx$ 0,874 t Blei
5 % $\hat{=}$ 4,3679... t $\approx$ 4,368 t Zink
2 % $\hat{=}$ 1,7471... t $\approx$ 1,747 t Zinn

     b)   100 % $\hat{=}$ 87,358… t $\approx$ 87,36 t Bronze
oder
80,37 t + 0,874 t + 4,368 t + 1,747 t = 87,359 t
Die fertige Statue hat ein Gewicht von 87,359 t.

---

377   a)   gesamte Anteile
3 Teile Rosinen + 4 Teile Haselnüsse + 2 Teile Mandelsplitter = 9 Teile Knabbermischung
9 Teile $\hat{=}$ 180 g Knabbermischung
3 Teile $\hat{=}$ 180 g : 3 = 60 g Rosinen

In der Tüte sind 60 g Rosinen enthalten.

     b)   benötigte Zutaten für 8,1 kg Knabbermischung
9 Teile $\hat{=}$ 8,1 kg Knabbermischung
1 Teil $\hat{=}$ 0,9 kg
3 Teile $\hat{=}$ 2,7 kg Rosinen
4 Teile $\hat{=}$ 3,6 kg Haselnüssen
2 Teile $\hat{=}$ 1,8 kg Mandelsplitter

---

378   ÖL-Benzin-Gemisch im Verhältnis 1 : 50 bedeutet:
Zu 50 Liter Benzin muss 1 Liter Öl zugemischt werden.
Zu 10 Liter Benzin muss 0,2 Liter Öl zugemischt werden.

---

379   a)   gesamte Anteile der Gewürzmischung
5 Teile Cayennepfeffer + 4 Teile Paprika + 1 Teil Knoblauchpulver = 10 Teile Gewürzmischung

10 Teile $\hat{=}$ 45 kg Gewürzmischung
  1 Teil $\hat{=}$ 4,5 kg
  5 Teile $\hat{=}$ 22,5 kg Cayennepfeffer
  4 Teile $\hat{=}$ 18 kg roter Bio Paprika
    1 Teil $\hat{=}$ 4,5 kg Knoblauchpulver

b) 45 kg = 45 000 g
    45 000 g : 50 g = 900 Gläser
    Es werden 900 Gläser abgefüllt.

c) Einnahmen nach dem Verkauf von 900 Gläsern Gewürzmischung
    2,99 € · 900 = 2 691,00 €
    entstandene Kosten für den Einkauf der Gewürze
    Cayennepfeffer: 45,20 € · 22,5 = 1 017,00 €
    roter Bio Paprika: 24,90 € · 18 = 448,20 €
    Knoblauchpulver: 12,90 € · 4,5 = 58,05 €

    gesamte Einkaufskosten
    1 017,00 € + 448,20 € + 58,05 € = 1 523,25 €

    Gewinn der Gewürzhandlung in €
    2 691,00 € – 1 523,25 € = 1 167,75 €

    Gewinn der Gewürzhandlung in Prozent
    p % = 1 167,75 : 2 691,00 · 100 %
    p % = 43,39… % ≈ 43,4 %
    Die Gewürzhandlung macht einen Gewinn von 1 167,75 € bzw. 43,4 %.

380 a) Mischungsverhältnis in kleinen ganzen Zahlen
    200 : 160 : 120 : 100 : 20 = | Dividiere die Zahlen durch 20
    10 : 8 : 6 : 5 : 1

b) gesamte Anteile
    10 Teile Nudeln + 8 Teile Schinken + 6 Teile Käse + 5 Teile Mayonnaise + 1 Teil Gewürze
    = 30 Teile Nudelsalat

    benötigte Zutaten
     8 Teile $\hat{=}$ 3,2 kg Schinken
       1 Teil $\hat{=}$ 0,4 kg Gewürze
    10 Teile $\hat{=}$ 4 kg Nudeln
     6 Teile $\hat{=}$ 2,4 kg Käse
     5 Teile $\hat{=}$ 2 kg Mayonnaise

c) Gesamtgewicht des fertigen Nudelsalats
       1 Teil $\hat{=}$ 0,4 kg
    30 Teile $\hat{=}$ 12 kg
    oder
       1 Teil $\hat{=}$ 0,4 kg
    30 Teile $\hat{=}$ 12 kg

    3,2 kg + 0,4 kg + 4 kg + 2,4 kg + 2 kg = 12 kg
    Anzahl der Portionen
    12 kg = 12 000 g
    12 000 g : 150 g = 80 Portionen
    Der fertige Nudelsalat kann in 80 Portionen aufgeteilt werden.

6 Daten und Zufall

381 a) **Anzahl der befragten Schülerinnen und Schüler**
32 Schüler wurden befragt.

b) **Strichliste**

1 km	2 km	3 km	4 km	5 km	6 km
⊮	⊮ IIII	⊮ I	⊮	IIII	III

c) **Häufigkeitstabelle**

Länge des Schulweges:	1 km	2 km	3 km	4 km	5 km	6 km
Anzahl:	5	9	6	5	4	3

382 a) **Anzahl der befragten Schülerinnen und Schüler**
42 Schüler wurden befragt.

b) **geordnete Urliste**
30, 30, 30, 30, 31, 31, 31, 31, 32, 32, 32, 32, 32, 32, 33, 33, 33, 33, 34, 34, 34, 35, 35, 35, 35, 36, 36, 36,
37, 37, 37, 37, 38, 38, 38, 39, 39, 39, 40, 40, 40, 40

c) **Strichliste**

30 €	31 €	32 €	33 €	34 €	35 €	36 €	37 €	38 €	39 €	40 €
IIII	IIII	⊮ I	IIII	III	IIII	III	IIII	III	III	IIII

d) **Häufigkeitstabelle**

30 €	31 €	32 €	33 €	34 €	35 €	36 €	37 €	38 €	39 €	40 €
4	4	6	4	3	4	3	4	3	3	4

383 a) **9a**

Noten:	1	2	3	4	5	6
absolute Häufigkeit:	3	4	7	3	2	1
relative Häufigkeit:	$\frac{3}{20}=15\,\%$	$\frac{4}{20}=20\,\%$	$\frac{7}{20}=35\,\%$	$\frac{3}{20}=15\,\%$	$\frac{2}{20}=10\,\%$	$\frac{1}{20}=5\,\%$

9b

Noten:	1	2	3	4	5	6
absolute Häufigkeit:	5	2	8	7	1	2
relative Häufigkeit:	$\frac{5}{25}=20\,\%$	$\frac{2}{25}=8\,\%$	$\frac{8}{25}=32\,\%$	$\frac{7}{25}=28\,\%$	$\frac{1}{25}=4\,\%$	$\frac{2}{25}=8\,\%$

b) **9a und 9b**

Noten:	1	2	3	4	5	6
absolute Häufigkeit:	8	6	15	10	3	3
relative Häufigkeit:	$\frac{8}{45}\approx18\,\%$	$\frac{6}{45}\approx13\,\%$	$\frac{15}{45}\approx33\,\%$	$\frac{10}{45}\approx22\,\%$	$\frac{3}{45}\approx7\,\%$	$\frac{3}{45}\approx7\,\%$

384 **Häufigkeitstabelle**

Werktage:	0	1	2	3	4	5
absolut:	12	14	9	7	5	3
relativ:	$\frac{12}{50}=24\,\%$	$\frac{14}{50}=28\,\%$	$\frac{9}{50}=18\,\%$	$\frac{7}{50}=14\,\%$	$\frac{5}{50}=10\,\%$	$\frac{3}{50}=6\,\%$

385 a) **Strichliste**

Stunden:	1	2	3	4	5
Anzahl:	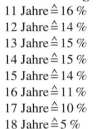				

b) **Häufigkeitstabelle**

Stunden:	1	2	3	4	5
absolute Häufigkeit:	12	19	13	11	9
relative Häufigkeit:	$\frac{12}{64} \approx 19\,\%$	$\frac{19}{64} \approx 30\,\%$	$\frac{13}{64} \approx 20\,\%$	$\frac{11}{64} \approx 17\,\%$	$\frac{9}{64} \approx 14\,\%$

386 a) **Anzahl der Schülerinnen und Schüler**

463 Schülerinnen und Schüler

b) **Durchschnittsalter**

$(72 \cdot 11 + 63 \cdot 12 + 68 \cdot 13 + 71 \cdot 14 + 66 \cdot 15 + 52 \cdot 16 + 48 \cdot 17 + 23 \cdot 18) : 463 = 6\,478 : 463 = 13,99\ldots \approx 14$ Jahre

c) **relative Häufigkeiten**

11 Jahre ≙ 16 %
12 Jahre ≙ 14 %
13 Jahre ≙ 15 %
14 Jahre ≙ 15 %
15 Jahre ≙ 14 %
16 Jahre ≙ 11 %
17 Jahre ≙ 10 %
18 Jahre ≙ 5 %

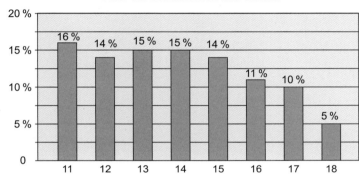

Alter der Schülerinnen und Schüler

387 a) **Anzahl der Schülerinnen und Schüler**

530 Schülerinnen und Schüler besuchen die Grundschule.

b) **Durchschnittsalter**

$(82 \cdot 6 + 104 \cdot 7 + 93 \cdot 8 + 118 \cdot 9 + 88 \cdot 10 + 45 \cdot 11) : 530 = 4\,401 : 530 = 8,3$ Jahre

c) **relative Häufigkeiten**

6 Jahre ≙ 15 %
7 Jahre ≙ 20 %
8 Jahre ≙ 18 %
9 Jahre ≙ 22 %
10 Jahre ≙ 17 %
11 Jahre ≙ 8 %

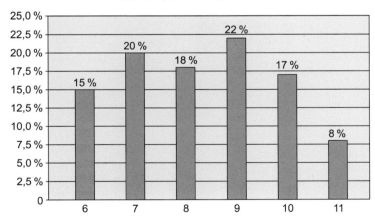

Alter der Schülerinnen und Schüler

388 a) **Häufigkeitstabelle**

Verkehrsmittel:	zu Fuß	Fahrrad	Bus/Bahn	Mofa/Roller	Pkw	zusammen
absolute Häufigkeit:	105	78	112	75	20	390
relative Häufigkeit:	≈ 27 %	20 %	≈ 29 %	≈ 19 %	≈ 5 %	

b) **Säulendiagramm**
Einheit: 1 cm ≙ 5 %

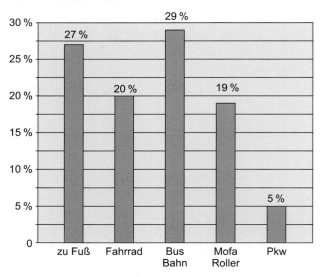

So kommen die Schülerinnen und Schüler in die Schule

389 a) **Häufigkeitstabelle**

Ergebnis	absolute Häufigkeit	relative Häufigkeit als Bruch	relative Häufigkeit in Prozent
Fahrräder/Mofas	48	$\frac{48}{200} = \frac{24}{100} = 0,24$	24 %
Motorräder	22	$\frac{22}{200} = \frac{11}{100} = 0,11$	11 %
Pkw	94	$\frac{94}{200} = \frac{47}{100} = 0,47$	47 %
Lkw	36	$\frac{36}{200} = \frac{18}{100} = 0,18$	18 %
Summe	200	1	100 %

b) **Berechnen der Säulenhöhen für das Säulendiagramm**

$$10 \text{ Fahrzeugen} \; \stackrel{\triangle}{=} \; 0,5 \text{ cm}$$
$$48 \text{ Fahrräder} \; \stackrel{\triangle}{=} \; 2,4 \text{ cm}$$
$$22 \text{ Motorräder} \; \stackrel{\triangle}{=} \; 1,1 \text{ cm}$$
$$94 \text{ Pkw} \; \stackrel{\triangle}{=} \; 4,7 \text{ cm}$$
$$36 \text{ Lkw} \; \stackrel{\triangle}{=} \; 1,8 \text{ cm}$$

Säulendiagramm

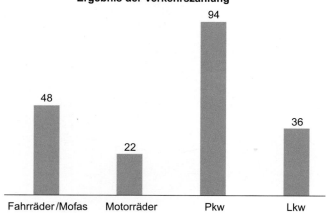

Ergebnis der Verkehrszählung

c) **Winkel für das Kreisdiagramm berechnen**

$100\ \% \mathrel{\hat{=}} 360°$
$1\ \% \mathrel{\hat{=}} 3,6°$
$24\ \% \mathrel{\hat{=}} 86,4° \approx 86°$
$11\ \% \mathrel{\hat{=}} 39,6° \approx 40°$
$47\ \% \mathrel{\hat{=}} 169,2° \approx 169°$
$18\ \% \mathrel{\hat{=}} 64,8° \approx 65°$

Kreisdiagramm

Ergebnis der Verkehrszählung

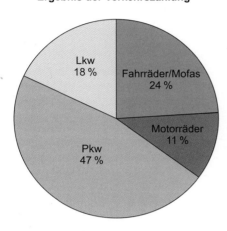

390 a) $100\ \% \mathrel{\hat{=}} 200$ Schülerinnen und Schüler
$1\ \% \mathrel{\hat{=}} 2$ Schülerinnen und Schüler
$9\ \% \mathrel{\hat{=}} 18$ Schülerinnen und Schüler
$26\ \% \mathrel{\hat{=}} 52$ Schülerinnen und Schüler
$37,5\ \% \mathrel{\hat{=}} 75$ Schülerinnen und Schüler
$19\ \% \mathrel{\hat{=}} 38$ Schülerinnen und Schüler
$8,5\ \% \mathrel{\hat{=}} 17$ Schülerinnen und Schüler

b) **durchschnittliches monatliches Taschengeld der Schülerinnen und Schüler**
$(20\ € \cdot 18 + 25\ € \cdot 52 + 30\ € \cdot 75 + 35\ € \cdot 38 + 40\ € \cdot 17) : 200 = 5\,920\ € : 200 = 29,60\ €$
Die befragten Schülerinnen und Schüler verfügen monatlich durchschnittlich über 29,60 € Taschengeld.

391 a)

Nutzung	E-Mail	E-Banking	Online-Shop	Nachrichten	soziale Netzwerke
absolute Häufigkeit	60	**38**	**247**	25	130
relative Häufigkeit	**12 %**	7,6 %	**49,4 %**	**5 %**	**26 %**

E-Mail: 60 von 500 Personen sind 12 %
E-Banking: 7,6 % von 500 Personen sind 38 Personen
Nachrichten: 25 von 500 Personen sind 5 %
soziale Netzwerke: 130 von 500 Personen sind 26 %
Online-Shop: absolute Häufigkeit: $500 - 60 - 38 - 25 - 130 = 247$
                      relative Häufigkeit: $100\ \% - 12\ \% - 7,6\ \% - 5\ \% - 26\ \% = 49,4\ \%$

b) **Berechnen der Streifenlängen**

$$100\ \% \stackrel{\wedge}{=} 15\ \text{cm}$$
$$1\ \% \stackrel{\wedge}{=} 0{,}15\ \text{cm}$$
$$12\ \% \stackrel{\wedge}{=} 1{,}8\ \text{cm} = 18\ \text{mm} \quad \rightarrow \text{E-Mail}$$
$$7{,}6\ \% \stackrel{\wedge}{=} 1{,}14\ \text{cm} \approx 11\ \text{mm} \quad \rightarrow \text{E-Banking}$$
$$49{,}4\ \% \stackrel{\wedge}{=} 7{,}41\ \text{cm} \approx 74\ \text{mm} \quad \rightarrow \text{Online-Shop}$$
$$5\ \% \stackrel{\wedge}{=} 0{,}75\ \text{cm} \approx 8\ \text{mm} \quad \rightarrow \text{Nachrichten}$$
$$26\ \% \stackrel{\wedge}{=} 3{,}9\ \text{cm} = 39\ \text{mm} \quad \rightarrow \text{soziale Netzwerke}$$

Streifendiagramm

E-Mail 12 %	E-Ban-king 7,6 %	Online-Shop 49,4 %	Nachrichten 5 %	soziale Netzwerke 26 %

392 a) **Häufigkeitstabelle**

Sportart	absolute Häufigkeit	relative Häufigkeit
Fußball	112	32 %
Tennis	63	18 %
Handball	42	12 %
andere Sportarten	70	20 %
keinen Sport	63	18 %
Summe	350	100 %

b) **Berechnen der Balkenlängen (hier: 5 % $\stackrel{\wedge}{=}$ 1 cm)**

$$1\ \% \stackrel{\wedge}{=} 0{,}2\ \text{cm}$$
$$32\ \% \stackrel{\wedge}{=} 6{,}4\ \text{cm} = 64\ \text{mm} \quad \rightarrow \text{Fußball}$$
$$18\ \% \stackrel{\wedge}{=} 3{,}6\ \text{cm} = 36\ \text{mm} \quad \rightarrow \text{Tennis}$$
$$12\ \% \stackrel{\wedge}{=} 2{,}4\ \text{cm} = 24\ \text{mm} \quad \rightarrow \text{Handball}$$
$$20\ \% \stackrel{\wedge}{=} 4\ \text{cm} = 40\ \text{mm} \quad \rightarrow \text{andere Sportarten}$$
$$18\ \% \stackrel{\wedge}{=} 3{,}6\ \text{cm} = 36\ \text{mm} \quad \rightarrow \text{keinen Sport}$$

Balkendiagramm

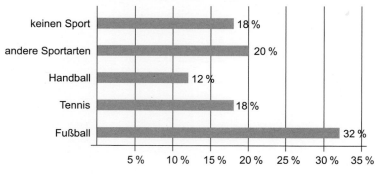

Sportarten der befragten Jugendlichen

393 $(2+3+3+2+4+2+3+3):8 = 22:8 = 2{,}75$
Notendurchschnitt für Tina: 2,75

394 $(8{,}2+10{,}7+12{,}4+14{,}1+11{,}9+12{,}7+9{,}8):7=79{,}8:7=11{,}4\,°C$

Durchschnittliche Temperatur: $11{,}4\,°C$

395 $(-49-45-30-13+2+12+15+11+2-14-37-46):12=-192:12=-16\,°C$

Durchschnittliche Jahrestemperatur: $-16\,°C$

396   a) $\overline{x}=\dfrac{164+157+193+348+425+413+298}{7}=\dfrac{1\,998}{7}$

$\overline{x}=285{,}42\ldots\approx285$

Im Durchschnitt kamen rund 285 Besucher täglich ins Kino.

b) Die Besucherzahl am Sonntag wird mit x bezeichnet.

$\overline{x}=300$

$\overline{x}=\dfrac{164+157+193+348+425+413+x}{7}$

$300=\dfrac{1\,700+x}{7}\qquad\qquad |\cdot7$

$2\,100=1\,700+x\qquad\qquad |-1\,700$

$400=x$

Um eine durchschnittliche Besucherzahl von 300 zu erreichen, hätten am Sonntag 400 Besucher ins Kino kommen müssen.

397   a) **geordnete Rangliste**

7. Jahrgangsstufe:

| 41 | 42 | 48 | 49 | 52 | 54 | 54 | 56 | 61 | 72 |

9. Jahrgangsstufe:

| 39 | 41 | 45 | 53 | 55 | 60 | 65 | 74 | 82 |

b) **Mittelwert**

7. Jahrgangsstufe:

$(41+42+48+49+52+54+54+56+61+72):10=529:10=52{,}9\ \text{min}$

9. Jahrgangsstufe:

$(39+41+45+53+55+60+65+74+82):9=514:9\approx57{,}1\ \text{min}$

Zentralwert

7. Jahrgangsstufe:

gerade Anzahl von Daten: $(52+54):2=53$

$\tilde{x}=53\ \text{min}$

9. Jahrgangsstufe:

ungerade Anzahl von Daten:

$\tilde{x}=55\ \text{min}$

398   a) **Anzahl der Fahrzeuge**

16 Fahrzeuge

b) **geordnete Rangliste**

| 77 | 78 | 78 | 79 | 80 | 80 | 85 | 87 | 88 | 92 | 93 | 99 | 102 | 103 | 105 | 112 |

c) **Fahrzeuge mit erlaubter Geschwindigkeit**

6 Fahrzeuge

d) **Mittelwert**

$(77+78+78+79+80+80+85+87+88+92+93+99+102+103+105+112):16=1\,438:16=89{,}875\ \dfrac{km}{h}$

Zentralwert

gerade Anzahl von Daten: $\tilde{x}=(87+88):2=87{,}5\ \dfrac{km}{h}$

399 a) **Berechnen der durchschnittlichen Jahrestemperatur**

$(-10,9+(-11,3)+(-9,9)+(-7,4)+(-2,8)+0,1+2,4+2,4+0,4+(-2,3)+(-6,9)+(-9,4)):12$
$=-55,6:12=-4,63...\approx-4,6\,°C$

b) **geordnete Rangliste für die Niederschlagsmengen**

Februar:	$-11,3\,°C$
Januar:	$-10,9\,°C$
März:	$-9,9\,°C$
Dezember:	$-9,4\,°C$
April:	$-7,4\,°C$
November:	$-6,9\,°C$
Mai:	$-2,8\,°C$
Oktober:	$-2,3\,°C$
Juni:	$0,1\,°C$
September:	$0,4\,°C$
Juli:	$2,4\,°C$
August:	$2,4\,°C$

Zentralwert: $(-6,9\,°C+(-2,8\,°C)):2=-9,7\,°C:2=-4,85\,°C$

Abweichung des Zentralwerts vom Mittelwert

in °C: $-4,6\,°C-(-4,85\,°C)=0,25\,°C$

in Prozent: $0,25\,°C:4,6\,°C\cdot100\,\%=5,43...\,\%\approx5,4\,\%$

400 a) **Durchschnittliche Jahrestemperatur**

$(7,2+8,2+10,6+13,7+17,6+21,7+24,5+24,3+21,2+16,6+11,9+8,6):12=$
$186,1:12=15,50...\approx15,5\,°C$

Das Jahresmittel beträgt 15,5 °C.

Die Monate Mai, Juni, Juli, August, September und Oktober liegen über dem Jahresmittel.

b) **Zentralwert**

geordnete Rangliste

Januar:	$7,2\,°C$	
Februar:	$8,2\,°C$	
Dezember:	$8,6\,°C$	
März:	$10,6\,°C$	
November:	$11,9\,°C$	
April:	$13,7\,°C$	$\tilde{x}=(13,7\,°C+16,6\,°C):2$
Oktober:	$16,6\,°C$	$\tilde{x}=15,15\,°C\approx15,2\,°C$
Mai:	$17,6\,°C$	
September:	$21,2\,°C$	
Juni:	$21,7\,°C$	
August:	$24,3\,°C$	
Juli:	$24,5\,°C$	

Abweichung des Jahresmittels vom Zentralwert

$15,5\,°C-15,2\,°C=0,3\,°C$

$0,3\,°C:15,2\,°C\cdot100\,\%=1,97...\,\%\approx2\,\%$

c) **Durchschnittliche Niederschlagsmenge im Monat**

$(79,3+70,4+68,1+66,3+50,0+35,0+16,1+24,3+69,3+114,2+110,5+95,7):12=$
$799,2:12=66,6\,mm$

d) **Niederschlagsmengen in den Jahreszeiten**

Winter	Frühjahr	Sommer	Herbst
95,7 mm	68,1 mm	35,0 mm	69,3 mm
79,3 mm	66,3 mm	16,1 mm	114,2 mm
70,4 mm	50,0 mm	24,3 mm	110,5 mm
245,4 mm	184,4 mm	75,4 mm	294,0 mm

e) **Prozentuale Anteile an der gesamten Niederschlagsmenge**
   Winter: $\quad$ 245,4 mm : 799,2 mm $\cdot$ 100 % = 30,70... % $\approx$ 30,7 %
   Frühjahr: 184,4 mm : 799,2 mm $\cdot$ 100 % = 23,07... % $\approx$ 23,1 %
   Sommer: $\quad$ 75,4 mm : 799,2 mm $\cdot$ 100 % = $\;$ 9,43... % $\approx\;$ 9,4 %
   Herbst: $\quad$ 294,0 mm : 799,2 mm $\cdot$ 100 % = 36,78... % $\approx$ 36,8 %

Winkel für das Kreisdiagramm

$\quad$ 100 % $\triangleq\;$ 360°
$\qquad$ 1 % $\triangleq\;$ 3,6°
30,7 % $\triangleq$ 3,6° $\cdot$ 30,7 = 110,5...° $\approx$ 111°
23,1 % $\triangleq$ 3,6° $\cdot$ 23,1 = $\;\,$ 83,1...° $\approx\;\,$ 83°
$\;\,$ 9,4 % $\triangleq$ 3,6° $\cdot$ 9,4 $\;$ = $\;\,$ 33,8...° $\approx\;\,$ 34°
36,8 % $\triangleq$ 3,6° $\cdot$ 36,8 = 132,4...° $\approx$ 132°

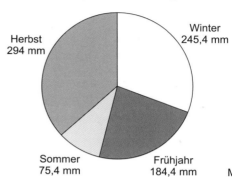

Verteilung der Niederschläge in mm

Herbst 294 mm

Winter 245,4 mm

Sommer 75,4 mm

Frühjahr 184,4 mm

Maßstab 1 : 2

401 a) A: $\quad$ 55 000 Einwohner
$\qquad$ B: $\quad$ 35 000 Einwohner
$\qquad$ C: $\quad$ 50 000 Einwohner
$\qquad$ D: $\quad$ 40 000 Einwohner
$\qquad\qquad$ 180 000 Einwohner zusammen

b) **Durchschnitt der Einwohnerzahlen**
$\quad$ 180 000 Einwohner : 4 = 45 000 Einwohner
$\quad$ Stadt E hat 45 000 Einwohner.

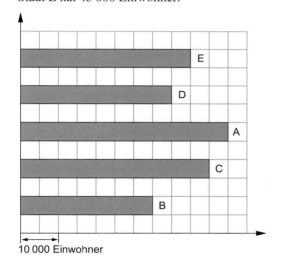

10 000 Einwohner

402 **Durchschnittliche Tagesstrecke**
(191 km + 229 km + 167 km + 183 km + 235 km) : 5 =
1 005 km : 5 = 201 km

403 **Ausgaben für Kino**
300 € – (60 € + 50 € + 45 € + 50 € + 20 € + 30 €) =
300 € – 255 € = 45 €

Durchschnittliche monatliche Ausgabe
300 € : 12 = 25 €

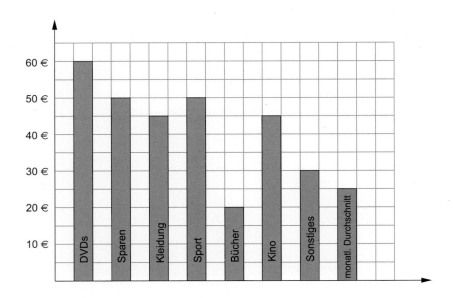

404 a) **Notendurchschnitt der Klasse 9a** (25 Schüler/-innen)

$(2 \cdot 1 + 4 \cdot 2 + 7 \cdot 3 + 6 \cdot 4 + 5 \cdot 5 + 1 \cdot 6) : 25 = (2 + 8 + 21 + 24 + 25 + 6) : 25 = 86 : 25 = 3,44$

b) **Anteile der Noten in Prozent**

$\qquad$ 25 Schüler/-innen $\triangleq$ 100 %

Note 6: $\quad$ 1 Schüler/-innen $\triangleq$ 4 %

Note 1: $\quad$ 2 Schüler/-innen $\triangleq$ $2 \cdot 4\% = 8\%$

Note 2: $\quad$ 4 Schüler/-innen $\triangleq$ $4 \cdot 4\% = 16\%$

Note 3: $\quad$ 7 Schüler/-innen $\triangleq$ $7 \cdot 4\% = 28\%$

Note 4: $\quad$ 6 Schüler/-innen $\triangleq$ $6 \cdot 4\% = 24\%$

Note 5: $\quad$ 5 Schüler/-innen $\triangleq$ $5 \cdot 4\% = 20\%$

c) **Winkel für das Kreisdiagramm**

$1\% \triangleq 3,6°$

$4\% \triangleq 3,6° \cdot 4 \ = \ 14,4° \ \approx \ 14°$

$8\% \triangleq 3,6° \cdot 8 \ = \ 28,8° \ \approx \ 29°$

$16\% \triangleq 3,6° \cdot 16 = 57,6° \ \approx \ 58°$

$28\% \triangleq 3,6° \cdot 28 = 100,8° \approx 101°$

$24\% \triangleq 3,6° \cdot 24 = 86,4° \ \approx \ 86°$

$20\% \triangleq 3,6° \cdot 20 = \quad\ 72°$

Ergebnis der letzten Klassenarbeit

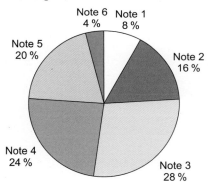

Maßstab 1:2

405

	a)	b)	c)	d)	e)	f)
Minimum	35 €	45 m	**23 g**	258 mm	100 ℓ	**– 111 $**
Maximum	92 €	**53 m**	68 g	285 mm	**1 559 ℓ**	81 $
Spannweite	**57 €**	8 m	45 g	**27 mm**	1 459 ℓ	192 $

406 a) **1. Fahrstrecke**

Maximum:	59 min
Minimum:	35 min
Spannweite:	24 min

2. Fahrstrecke

Maximum:	63 min
Minimum:	44 min
Spannweite:	19 min

b) **arithmetisches Mittel (durchschnittliche Fahrzeit) für die 1. Fahrstrecke**

$35 \text{ min} + 40 \text{ min} + 38 \text{ min} + 50 \text{ min} + 56 \text{ min} + 59 \text{ min} + 39 \text{ min} + 35 \text{ min} + 49 \text{ min} + 39 \text{ min} = 440 \text{ min}$

$440 \text{ min} : 10 = 44 \text{ min}$

arithmetisches Mittel (durchschnittliche Fahrzeit) für die 2. Fahrstrecke

$44 \text{ min} + 50 \text{ min} + 54 \text{ min} + 46 \text{ min} + 48 \text{ min} + 49 \text{ min} + 52 \text{ min} + 63 \text{ min} + 46 \text{ min} + 48 \text{ min} = 500 \text{ min}$

$500 \text{ min} : 10 = 50 \text{ min}$

c) **geordnete Rangliste für die 1. Fahrstrecke**

35 min; 35 min; 38 min; 39 min; 39 min; 40 min; 49 min; 50 min; 56 min; 59 min

Zentralwert für die 1. Fahrstrecke

$\tilde{x} = (39 \text{ min} + 40 \text{ min}) : 2$

$\tilde{x} = 39,5 \text{ min}$

geordnete Rangliste für die 2. Fahrstrecke

44 min; 46 min; 46 min; 48 min; 48 min; 49 min; 50 min; 52 min; 54 min; 63 min

Zentralwert für die 2. Fahrstrecke

$\tilde{x} = (48 \text{ min} + 49 \text{ min}) : 2$

$\tilde{x} = 48,5 \text{ min}$

d) Das arithmetische Mittel und der Zentralwert sprechen für die 1. Fahrstrecke. Ella sollte die 1. Fahrstrecke nehmen.

407 a) **Spannweite der Preise für die Smartphones**

$s = 699 \text{ €} - 259 \text{ €}$

$s = 440 \text{ €}$

b) **geordnete Rangliste**

259 €; 278 €; 289 €; 325 €; 379 €; 445 €; 519 €; 539 €; 699 €

Zentralwert

$\tilde{x} = 379 \text{ €}$

c) **arithmetisches Mittel (durchschnittlicher Preis) für ein Smartphone**

$259 \text{ €} + 699 \text{ €} + 325 \text{ €} + 445 \text{ €} + 289 \text{ €} + 519 \text{ €} + 539 \text{ €} + 278 \text{ €} + 379 \text{ €} = 3\,732 \text{ €}$

$3\,732 \text{ €} : 9 = 414,666\ldots \text{ €} \approx 414,67 \text{ €}$

408 a) **Spannweite für die monatlichen Durchschnittstemperaturen**

höchste Temperatur:	25,5 °C
niedrigste Temperatur:	4,2 °C
Spannweite:	21,3 °C

b) **geordnete Rangliste der monatlichen Durchschnittstemperaturen**

4,2 °C; 4,9 °C; 5,9 °C; 8,4 °C; 10,7 °C; 14,6 °C; 15,4 °C; 20,0 °C; 20,3 °C; 23,1 °C; 25,1 °C; 25,5 °C

Zentralwert

$\tilde{x} = (14,6 \text{ °C} + 15,4 \text{ °C}) : 2$

$\tilde{x} = 15 \text{ °C}$

c) **Monatsdurchschnitt (arithmetisches Mittel) der Temperaturen**

$4,2 \text{ °C} + 5,9 \text{ °C} + 10,7 \text{ °C} + 15,4 \text{ °C} + 20,0 \text{ °C} + 23,1 \text{ °C} + 25,5 \text{ °C} + 25,1 \text{ °C} + 20,3 \text{ °C} + 14,6 \text{ °C} + 8,4 \text{ °C} + 4,9 \text{ °C}$

$= 178,1 \text{ °C}$

$178,1 \text{ °C} : 12 = 14,84\ldots \text{ °C} \approx 14,8 \text{ °C}$

d) **heißester Monat: 25,5 °C**

$p \% = (25,5 - 14,8) : 14,8 \cdot 100 \%$

$p \% = 72,29\ldots \% \approx 72,3 \%$

e) **kältester Monat: 4,2 °C**
$p \% = (14,8 - 4,2) : 14,8 \cdot 100 \%$
$p \% = 71,62\ldots\% \approx 71,6 \%$

---

409 a) **geordnete Urliste für die Sprungweiten von Anouk**
487 cm; 491 cm; 492 cm; 493 cm; 495 cm; 497 cm; 498 cm; 515 cm

geordnete Urliste für die Sprungweiten von Birthe
467 cm; 471 cm; 473 cm; 493 cm; 501 cm; 515 cm; 519 cm; 521 cm

b) **arithmetisches Mittel für die Sprungweiten von Anouk**
(492 cm + 487 cm + 491 cm + 515 cm + 498 cm + 493 cm + 497 cm + 495 cm) : 8 = 3 968 cm : 8 = 496 cm

Zentralwert $\tilde{x}$ für die Sprungweiten von Anouk
$\tilde{x} = (493 \text{ cm} + 495 \text{ cm}) : 2$
$\tilde{x} = 494 \text{ cm}$

arithmetisches Mittel für die Sprungweiten von Birthe
(501 cm + 471 cm + 515 cm + 519 cm + 473 cm + 521 cm + 467 cm + 493 cm) : 8 = 3 960 cm : 8 = 495 cm

Zentralwert $\tilde{x}$ für die Sprungweiten von Birthe
$\tilde{x} = (493 + 501 \text{ cm}) : 2$
$\tilde{x} = 497 \text{ cm}$

Beim arithmetischen Mittel liegt Anouk um 1 cm vor Birthe, beim Zentralwert liegt Birthe um 3 cm vor Anouk. Die Betreuerin entscheidet sich für Birthe.

c) **Spannweite für die Sprungweiten von Anouk**
515 cm − 487 cm = 28 cm
Spannweite für die Sprungweiten von Birthe
521 cm − 467 cm = 54 cm

Anouks Leistungen sind konstanter.

---

410 $\Omega = \{1; 2; 3; 4; 5; 6\}$
$E_1 = \{1; 2; 3; 4; 5\}$
$E_2 = \{3; 4; 5; 6\}$
$E_3 = \{\ \}$ unmögliches Ereignis
$E_4 = \{2; 4; 6\}$
$E_5 = \{1; 2; 3; 4; 5; 6\}$ sicheres Ereignis
$E_6 = \{6\}$
$E_7 = \{1; 2; 6\}$

---

411 $\Omega = \{1; 2; 3; 4; 5; 6; 7; 8; 9; 10; 11; 12\}$
$E_1 = \{1; 2; 3; 4\}$
$E_2 = \{4; 8; 12\}$
$E_3 = \{2; 3; 4; 6; 8; 9; 10; 12\}$
$E_4 = \{\ \}$ unmögliches Ereignis
$E_5 = \{1; 2; 3; 4; 5; 6; 7; 8; 9; 10; 11; 12\}$ sicheres Ereignis
$E_6 = \{6; 12\}$
$E_7 = \{\ \}$ unmögliches Ereignis
$E_8 = \{5; 10\}$

---

412 A_2 $E_1 = \{4; 8; 12; 16; 20\}$
A_6 $E_2 = \{2; 4; 6; 8; 10; 12; 14; 16; 18; 20\}$
A_4 $E_3 = \{1; 2; 3; 4; 5; 6; 7; 8\}$
A_8 $E_4 = \{1; 2; 3; 4; 5; 17; 18; 19; 20\}$
A_3 $E_5 = \{\ \}$

A_1 $E_6 = \{5; 10; 15; 20\}$
A_5 $E_7 = \{20\}$
A_7 $E_8 = \{1; 2; 3; 4; 5; 6; 7; 8; 9; 10; 11; 12; 13; 14; 15; 16; 17; 18; 19; 20\}$

413 a) **Ergebnismenge**

$\Omega = \{1; 2; 3; 4; 5; 6\}$
Anzahl aller Ergebnisse: 6

E(ungerade Zahl) $= \{1; 3; 5\}$
Anzahl der günstigen Ergebnisse: 3

$P(\text{ungerade}) = \dfrac{3}{6} = 0,5 = 50\ \%$

b) E(kleiner als 3) $= \{1; 2\}$
Anzahl der günstigen Ergebnisse: 2

$P(\text{kleiner als 3}) = \dfrac{2}{6} = \dfrac{1}{3} = 0,333\ldots \approx 33,3\ \%$

c) E(eine 5) $= \{5\}$
Anzahl der günstigen Ergebnisse: 1

$P(\text{eine 5}) = \dfrac{1}{6} = 0,1666\ldots \approx 16,7\ \%$

d) E(keine 6) $= \{1; 2; 3; 4; 5\}$
Anzahl der günstigen Ergebnisse: 5

$P(\text{keine 6}) = \dfrac{5}{6} = 0,833\ldots \approx 83,3\ \%$

oder Gegenwahrscheinlichkeit für: Jasmin würfelt eine 6.
Anzahl der ungünstigen Ergebnisse: 1

$P(\text{eine 6}) = \dfrac{1}{6} = 0,1666\ldots \approx 16,7\ \%$

$P(\text{keine 6}) = 1 - \dfrac{1}{6} = \dfrac{5}{6} = 0,833\ldots \approx 83,3\ \%$

414 **Ergebnismenge**

$\Omega = \{1\ g;\ 1\ s;\ 2\ g;\ 3\ g;\ 3\ g;\ 4\ g;\ 4\ s;\ 5\ s;\ 5\ s;\ 5\ s\}$
Anzahl aller möglichen Ergebnisse: 10

a) E(3) $= \{3g; 3g\}$
Anzahl der günstigen Ergebnisse: 2

$P(3) = \dfrac{2}{10} = 0,2 = 20\ \%$

b) Gegenwahrscheinlichkeit für: Das Glücksrad bleibt bei 4 stehen.
Anzahl der ungünstigen Ergebnisse: 2

$P(\text{Zahl 4}) = \dfrac{2}{10} = 0,2 = 20\ \%$

$P(\text{nicht 4}) = 1 - \dfrac{2}{10} = \dfrac{8}{10} = 0,8 = 80\ \%$

c) E(1 weißes Feld) $= \{1\ w\}$
Anzahl der günstigen Ergebnisse: 1

$P(\text{1 weißes Feld}) = \dfrac{1}{10} = 0,1 = 10\ \%$

d) Gegenwahrscheinlichkeit für: Das Glücksrad bleibt bei der Zahl 5 stehen.
E(Zahl 5) $= \{5s\ ;\ 5\ s;\ 5\ s\}$

Anzahl der ungünstigen Ergebnisse: 3

$$P(\text{Zahl } 5) = \frac{3}{10} = 0,3 = 30\,\%$$

$$P(\text{nicht } 5) = 1 - \frac{3}{10} = \frac{7}{10} = 0,7 = 70\,\%$$

e) $E(\text{Zahl } 3 \text{ oder Zahl } 5) = \{3\text{ w}; 3\text{ w}; 5\text{ s}; 5\text{ s}; 5\text{ s}\}$
Anzahl der günstigen Ergebnisse: 5

$$P(\text{Zahl } 3 \text{ oder Zahl } 5) = \frac{5}{10} = 0,5 = 50\,\%$$

415   Aygüls Glücksrad
Ergebnismenge
$\Omega = \{\text{alle Zahlen von 1 bis } 50\}$
Anzahl aller möglichen Ergebnisse: 50
$E(\text{Vielfache von } 7) = \{7; 14; 21; 28; 35; 42; 49\}$
Anzahl der günstigen Ergebnisse: 7

$$P(\text{Gewinn}) = \frac{7}{50} = \frac{14}{100} = 0,14 = 14\,\%$$

Kevins Glücksrad
Ergebnismenge
$\Omega = \{\text{alle Zahlen von 1 bis } 100\}$
Anzahl aller möglichen Ergebnisse: 100
$E(\text{Zahlen mit zwei gleichen Ziffern}) = \{11; 22; 33; 44; 55; 66; 77; 88; 99\}$
Anzahl der günstigen Ergebnisse: 9

$$P(\text{Gewinn}) = \frac{9}{100} = 0,09 = 9\,\%$$

Bei Aygüls Glücksrad sind die Gewinnchancen größer.

416   Im Behälter liegen 20 Kugeln.
3 graue Kugeln mit den Ziffern 1, 2, 3
8 weiße Kugeln mit den Ziffern 1, 2, 3, 4, 5, 6, 7, 8
5 rote Kugeln mit den Ziffern 1, 2, 3, 4, 5
4 schwarze Kugeln mit den Ziffern 1, 2, 3, 4
Anzahl aller möglichen Ergebnisse: 20

a) Ereignis: eine weiße oder eine rote Kugel
Anzahl der günstigen Ergebnisse: 13

$$P(\text{w oder r}) = \frac{13}{20} = \frac{65}{100} = 0,65 = 65\,\%$$

b) Ereignis: eine Kugel mit einer ungeraden Zahl
Anzahl der günstigen Ergebnisse: 11

$$P(\text{ungerade Zahl}) = \frac{11}{20} = \frac{55}{100} = 0,55 = 55\,\%$$

c) Ereignis: eine rote Kugel mit einer geraden Zahl
Anzahl der günstigen Ergebnisse: 2

$$P(\text{r mit gerader Zahl}) = \frac{2}{20} = \frac{10}{100} = 0,1 = 10\,\%$$

d) Ereignis: eine Kugel mit einer Zahl kleiner als 10
Anzahl der günstigen Ergebnisse: 20

$$P(\text{Zahl kleiner als } 10) = \frac{20}{20} = 1 \;\Rightarrow\; \text{sicheres Ereignis}$$

e) Ereignis: eine schwarze oder eine weiße Kugel
   Anzahl der günstigen Ergebnisse: 12

   $$P(\text{s oder w}) = \frac{12}{20} = \frac{60}{100} = 0,6 = 60\,\%$$

f) Ereignis: keine weiße Kugel
   Gegenereignis: eine weiße Kugel
   Anzahl der ungünstigen Ergebnisse: 8

   $$P(\text{w}) = \frac{8}{20} = \frac{40}{100} = 0,4 = 40\,\%$$

   $$P(\text{nicht w}) = 1 - \frac{8}{20} = \frac{12}{20} = \frac{60}{100} = 0,6 = 60\,\%$$

g) Ereignis: eine graue Kugel mit der Zahl 6
   Anzahl der günstigen Ergebnisse: 0

   $$P(\text{g mit 6}) = \frac{0}{20} = 0 \ \Rightarrow \ \text{unmögliches Ereignis}$$

---

417 **360 Nieten, 156 Trostpreise, 78 Gewinne, 6 Hauptgewinne**
Anzahl aller möglichen Ergebnisse: 600

a) Ereignis: keine Niete
   Gegenereignis: eine Niete
   Anzahl der ungünstigen Ergebnisse: 360

   $$P(\text{Niete}) = \frac{360}{600} = \frac{60}{100} = 0,6 = 60\,\%$$

   $$P(\text{keine Niete}) = 1 - \frac{60}{100} = \frac{40}{100} = 0,4 = 40\,\%$$

b) Ereignis: Hauptgewinn
   Anzahl der günstigen Ergebnisse: 6

   $$P(\text{Hauptgewinn}) = \frac{6}{600} = \frac{1}{100} = 0,01 = 1\,\%$$

c) Anzahl aller möglichen Ergebnisse nach dem Verkauf von 240 Losen
   $600 - 240 = 360$
   Ereignis: Hauptgewinn
   Anzahl der günstigen Ergebnisse: 4

   $$P(\text{Hauptgewinn}) = \frac{4}{360} = \frac{1}{90} = 0,0111\ldots \approx 1,1\,\%$$

---

418 **5 Karpfen, 6 Forellen, 2 Hechte, 4 Enten, 2 Schuhe, 1 Regenschirm**
Anzahl aller möglichen Ergebnisse: 20
E_1: Es wird ein Hecht geangelt.
Anzahl der günstigen Ergebnisse: 2

$$P(E_1) = \frac{2}{20} = \frac{1}{10} = 0,1 = 10\,\%$$

E_2: Es wird ein Karpfen oder eine Ente geangelt.
Anzahl der günstigen Ergebnisse: 9

$$P(E_2) = \frac{9}{20} = \frac{45}{100} = 0,45 = 45\,\%$$

E_3: Es wir kein Fisch geangelt.
Gegenereignis zu E_3: Es wird ein Fisch geangelt.
Anzahl der ungünstigen Ergebnisse: 13

$$P(\overline{E_3}) = \frac{13}{20} = \frac{65}{100} = 0,65 = 65\,\%$$

$$P(E_3) = 1 - \frac{13}{20} = \frac{7}{20} = \frac{35}{100} = 0,35 = 35\,\%$$

E_4: Es wird ein Schuh oder ein Regenschirm geangelt.
Anzahl der günstigen Ergebnisse: 3

$$P(E_4) = \frac{3}{20} = \frac{15}{100} = 0,15 = 15\,\%$$

E_5: Es wird keine Forelle gefangen.
Gegenereignis zu E_5: Es wird eine Forelle geangelt.
Anzahl der ungünstigen Ergebnisse: 6

$$P(\overline{E_5}) = \frac{6}{20} = \frac{30}{100} = 0,3 = 30\,\%$$

$$P(E_5) = 1 - \frac{6}{20} = \frac{14}{20} = \frac{70}{100} = 0,7 = 70\,\%$$

419 Baumdiagramm für das Ziehen eines Loses ergänzen

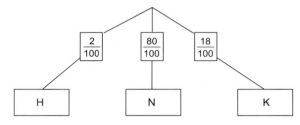

420 9a: 5 Jugendliche   9b: 13 Jugendliche   9c: 12 Jugendliche
Anzahl aller möglichen Ergebnisse: 30

a) Baumdiagramm für die Verteilung der Gewinnchancen auf die einzelnen Klassen

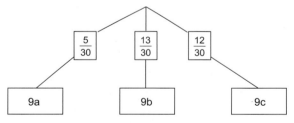

b) Ereignis: kein Preis für die Schülerinnen und Schüler der Klasse 9c
Gegenereignis: ein Preis für die Schülerinnen und Schüler der 9c
Anzahl der ungünstigen Ergebnisse: 12

$$P(\text{ein Preis}) = \frac{12}{30} = \frac{2}{5} = 0,4 = 40\,\%$$

$$P(\text{kein Preis}) = 1 - \frac{2}{5} = \frac{3}{5} = 0,6 = 60\,\%$$

421 Das Baumdiagramm stellt die Anzahl der verschieden farbigen Kugeln dar.
1 graue Kugel, 2 rote Kugeln, 10 weiße Kugeln (Nenner: 13)

Im Behälter 1 befinden sich 2 graue Kugeln.
Im Behälter 2 befindet ich nur eine rote Kugel.
Im Behälter 3 befinden sich die richtige Anzahl der farbigen Kugeln.
Der Behälter **3** passt zum dargestellten Baumdiagramm.

422 a) $24 - 4 - 5 - 8 = 7$

Es starten 7 Skirennläufer für die Schweiz.

b) 4 **D**eutsche, 5 **I**taliener, 8 **Ö**sterreicher, 7 **S**chweizer

Baumdiagramm

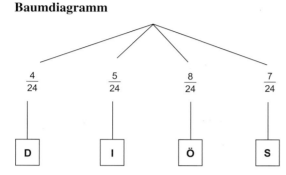

c) Ereignis: Startnummer 1 an einen deutschen Skirennläufer

Anzahl der günstigen Ergebnisse: 4

$P(\text{Startnummer 1 für } \mathbf{D}) = \dfrac{4}{24} = 0,1666\ldots \approx 0,167 = 16,7\,\%$

d) Ereignis: Startnummer 1 geht nicht an einen Österreicher

Gegenereignis: Startnummer 1 geht an einen Österreicher

Anzahl der ungünstigen Ergebnisse: 8

$P(\text{Ö Startnummer 1}) = \dfrac{8}{24} = 0,33333\ldots \approx 0,333 = 33,3\,\%$

$P(\text{Ö nicht Startnummer 1}) = 1 - \dfrac{8}{24} = \dfrac{16}{24} = 0,66666\ldots \approx 0,667 = 66,7\,\%$

---

423 a)

Gesamtzahl der Versuche	absolute Häufigkeit für Kopf	relative Häufigkeit für Kopf	absolute Häufigkeit für Seite	relative Häufigkeit für Seite
200	96	**48 %**	**104**	52 %
400	**166**	**41,5 %**	234	**58,5 %**
600	263	**≈ 43,8 %**	337	**≈ 56,2 %**
800	**348**	43,5 %	452	56,5 %
1 000	435	**43,5 %**	**565**	**56,5 %**

b) Nach 600 Würfen ändert sich die relative Häufigkeit für „Kopf" kaum noch.

c) Die Wahrscheinlichkeit für „Seite" liegt bei diesen Reißnägeln bei 56,5 %.

---

424 a) $149 + 231 + 120 = 500$

b) **Wahrscheinlichkeit für leichte Mängel an einem zufällig ausgewählten Fahrrad**

$\dfrac{231}{500} = 0,462 = 46,2\,\%$

425 a)

Das gezogene Stäbchen hat	sicher	möglich	unmöglich
… mindestens einen schwarzen Streifen	☒	☐	☐
… zwei graue Streifen	☐	☒	☐
… mindestens einen grauen Streifen	☐	☒	☐
… zwei schwarze und einen grauen Streifen	☐	☒	☐
… einen schwarzen und keinen weißen Streifen	☐	☐	☒
… zwei weiße und mindestens einen schwarzen Streifen	☐	☒	☐

b) Ereignis: Das Stäbchen hat zwei weiße Streifen.

4 von 5 Stäbchen haben zwei weiße Streifen. $P(E) = \dfrac{4}{5} = 0,8 = 80\%$

Ereignis: Das Stäbchen hat keinen grauen Streifen.

2 von 5 Stäbchen haben keinen grauen Streifen. $P(E) = \dfrac{2}{5} = 0,4 = 40\%$

Ereignis: Das Stäbchen hat zwei schwarze und keinen grauen Streifen.

1 von 5 Stäbchen hat zwei schwarze und keinen grauen Streifen. $P(E) = \dfrac{1}{5} = 0,2 = 20\%$

Ereignis: Das Stäbchen hat mehr als drei graue Streifen.

0 Stäbchen haben mehr als drei graue Streifen. $\Rightarrow$ unmögliches Ereignis, $P(E) = 0\%$

Ereignis: Das Stäbchen hat mindestens eine weißen Streifen.

Alle Stäbchen haben mindestens einen weißen Streifen. $\Rightarrow$ sicheres, $P(E) = 100\%$

Ereignis: Das Stäbchen hat zwei schwarze Streifen.

3 von 5 Stäbchen haben zwei schwarze Streifen. $P(E) = \dfrac{3}{5} = 0,6 = 60\%$

Ereignis	Wahrscheinlichkeit
Das Stäbchen hat zwei weiße Streifen.	80 %
Das Stäbchen hat keinen grauen Streifen.	40 %
Das Stäbchen hat zwei schwarze und keinen grauen Streifen.	20 %
Das Stäbchen hat mehr als drei graue Streifen.	0 %
Das Stäbchen hat mindestens eine weißen Streifen.	100 %
Das Stäbchen hat zwei schwarze Streifen.	60 %

426 a) fehlende Werte in der Tabelle

Augenzahl	1	2	3	4	5	6
absolute Häufigkeit	152	153	149	150	151	245
relative Häufigkeit	15,2 %	15,3 %	14,9 %	15,0 %	15,1 %	24,5 %

b) Tina und Nora haben recht. Die Wahrscheinlichkeit „für eine 6" ist bei Timms Würfel um mehr als 9 % höher als für die anderen Augenzahlen.

Bei einem echten Spielewürfel liegt die Wahrscheinlichkeit bei jedem Wurf für jede Augenzahl bei 16,7 %.

427 Setze die in der letzten Probe erzielte Note mit x fest.

Gleichung für den Notendurchschnitt:

$$3 + 4 + 3 + 1 + 2 + x = 2,5 \cdot 6$$
$$13 + x = 15$$
$$x = 2$$

Tabea hat in der letzten Probe die Note 2 erzielt.

428 a) Häufigkeitstabelle

Personen	absolute Häufigkeit	relative Häufigkeit
1	110	55 %
2	45	22,5 %
3	22	11 %
4	15	7,5 %
5	8	4 %
Summen	200	100 %

b) Berechnen der Streifenlängen

$$200 \text{ Personen} \triangleq 15 \text{ cm}$$
$$1 \text{ Person} \triangleq 0,075 \text{ cm}$$
$$110 \text{ Personen} \triangleq 8,25 \text{ cm} \approx 83 \text{ mm}$$
$$45 \text{ Personen} \triangleq 3,375 \text{ cm} \approx 34 \text{ mm}$$
$$22 \text{ Personen} \triangleq 1,65 \text{ cm} \approx 17 \text{ mm}$$
$$15 \text{ Personen} \triangleq 1,125 \text{ cm} \approx 11 \text{ mm}$$
$$8 \text{ Personen} \triangleq 0,6 \text{ cm} = 6 \text{ mm}$$

Personen pro Auto

429 a) $P(\text{grün}) = 0,3 = 30\,\%$
$P(\text{blau}) = 0,3 = 30\,\%$
$P(\text{rot}) = 1 - 0,3 - 0,3 = 0,4 = 40\,\%$

Mit einer Wahrscheinlichkeit von 40 % wird eine rote Kugel gezogen.

b) Anzahl der jeweiligen farbigen Kugeln in der Urne
$$100\,\% \triangleq 50 \text{ Kugeln}$$
$$1\,\% \triangleq 0,5 \text{ Kugeln}$$
$$30\,\% \triangleq 15 \text{ grüne Kugeln}$$
$$30\,\% \triangleq 15 \text{ blaue Kugeln}$$
$$40\,\% \triangleq 20 \text{ rote Kugeln}$$

oder

Anzahl der grünen Kugeln: $50 \cdot 0,3 = 15$ grüne Kugeln
Anzahl der blauen Kugeln: $50 \cdot 0,3 = 15$ blaue Kugeln
Anzahl der roten Kugeln: $50 \cdot 0,4 = 20$ rote Kugeln

430 100 **F**reilose, 50 **T**rostpreise, 20 **K**leingewinne, 1 **H**auptgewinn, 829 **N**ieten
Anzahl aller möglichen Ergebnisse: 1 000

E_1: Es wird ein Gewinnlos gezogen.
Anzahl aller günstigen Ergebnisse: $20\,K + 1\,H = 21$ Gewinnlose

$$P(E_1) = \frac{21}{1\,000} = 0,021 = 2,1\,\%$$

E_2: Es wird eine Niete gezogen.
Anzahl aller günstigen Ergebnisse: 829

$$P(E_2) = \frac{829}{1\,000} = 0,829 = 82,9\,\%$$

E_3: Es wird kein Trostpreis gezogen.

$\overline{E_3}$: Gegenereignis: Es wird ein Trostpreis gezogen.

Anzahl aller ungünstigen Ergebnisse: 50

$$P(\overline{E_3}) = \frac{50}{1\,000} = 0,05 = 5\,\%$$

$$P(E_3) = 1 - \frac{50}{1\,000} = \frac{950}{1\,000} = 0,95 = 95\,\%$$

E_4: Es wird ein Kleingewinn oder ein Freilos gezogen.

Anzahl der günstigen Ergebnisse: 20 K + 100 F = 120 Lose

$$P(E_4) = \frac{120}{1\,000} = 0,12 = 12\,\%$$

7 Berechnungen an geometrischen Flächen

431 a) $A = \dfrac{12\,\text{cm} \cdot 9,8\,\text{cm}}{2}$

$A = 58,8\,\text{cm}^2$

$u = (14 + 10 + 12)\,\text{cm}$

$u = 36\,\text{cm}$

b) $A = \dfrac{35\,\text{cm} \cdot 10,8\,\text{cm}}{2}$

$A = 189\,\text{cm}^2$

$u = (35 + 16,8 + 24,6)\,\text{cm}$

$u = 76,4\,\text{cm}$

c) $A = \dfrac{20,2\,\text{cm} \cdot 8,8\,\text{cm}}{2}$

$A = 88,88\,\text{cm}^2$

$u = (10,2 + 17,4 + 20,2)\,\text{cm}$

$u = 47,8\,\text{cm}$

432 a) $A = \dfrac{4,5\,\text{cm} \cdot 2,8\,\text{cm}}{2}$

$A = 6,3\,\text{cm}^2$

b) $A = \dfrac{8,6\,\text{m} \cdot 22\,\text{m}}{2}$

$A = 94,6\,\text{m}^2$

c) $A = \dfrac{85\,\text{dm} \cdot 52\,\text{dm}}{2}$

$A = 2\,210\,\text{dm}^2$

433

a)

Grundseite g	2,6 m
Höhe h	1,25 m
Flächeninhalt A	1,625 m²

ausführliche Lösung:

$A = \dfrac{2,6\,\text{m} \cdot 1,25\,\text{m}}{2}$

$A = 1,625\,\text{m}^2$

b)

Grundseite g	2,5 dm
Höhe h	2,6 dm
Flächeninhalt A	3,25 dm²

ausführliche Lösung:

$3,25\,\text{dm}^2 = \dfrac{2,5\,\text{dm} \cdot h}{2}$

$h = 2,6\,\text{dm}$

c)

Grundseite g	5,2 cm
Höhe h	5,2 cm
Flächeninhalt A	13,52 cm²

ausführliche Lösung:

$13,52\,\text{cm}^2 = \dfrac{g \cdot 5,2\,\text{cm}}{2}$

$g = 5,2\,\text{cm}$

d)

Grundseite g	1,56 m
Höhe h	0,85 m
Flächeninhalt A	0,663 m²

ausführliche Lösung:

$A = \dfrac{1,56\,\text{m} \cdot 0,85\,\text{m}}{2}$

$A = 0,663\,\text{m}^2$

e)

Grundseite g	19,8 dm
Höhe h	14,5 dm
Flächeninhalt A	143,55 dm²

ausführliche Lösung:

$143,55\,\text{dm}^2 = \dfrac{19,8\,\text{dm} \cdot h}{2}$

$h = 14,5\,\text{dm}$

f)

Grundseite g	21,5 cm
Höhe h	43 cm
Flächeninhalt A	462,25 cm²

ausführliche Lösung:

$462,25\,\text{cm}^2 = \dfrac{g \cdot 43\,\text{cm}}{2}$

$g = 21,5\,\text{cm}$

434 fehlende Werte in der Tabelle

	a)	b)	c)	d)	e)
Kathete a	8 cm	**20 m**	15 dm	210 mm	**3,4 m**
Kathete b	12 cm	10 m	**12 dm**	96 mm	6,8 m
Flächeninhalt A	**48 cm²**	100 m²	90 dm²	**10 080 mm²**	11,56 m²

435 a) $A = \dfrac{1}{2} \cdot 4\,\text{cm} \cdot 4\,\text{cm}$

$A = 8\,\text{cm}^2$

b) $A = \dfrac{1}{2} \cdot 6\,\text{cm} \cdot 4\,\text{cm}$

$A = 12\,\text{cm}^2$

c) $A = \dfrac{1}{2} \cdot 4\,\text{cm} \cdot 4\,\text{cm}$

$A = 8\,\text{cm}^2$

436

a)

Kathete a	33 cm
Kathete b	56 cm
Hypotenuse c	65 cm

b)

Kathete a	63 dm
Kathete b	16 dm
Hypotenuse c	65 dm

c)

Kathete a	6,5 cm
Kathete b	7,2 cm
Hypotenuse c	9,7 cm

d)

Kathete a	39 dm
Kathete b	80 dm
Hypotenuse c	89 dm

e)

Kathete a	1,5 m
Kathete b	11,2 m
Hypotenuse c	11,3 m

f)

Kathete a	55 cm
Kathete b	48 cm
Hypotenuse c	73 cm

437 a) 4 cm b) 12 dm c) 8 cm d) 10 dm

438 a) längste Seite: $c = 15$ cm
$(9 \text{ cm})^2 + (12 \text{ cm})^2 = 225 \text{ cm}^2$
$\sqrt{225 \text{ cm}^2} = 15$ cm
Das Dreieck ist rechtwinklig.

b) längste Seite: $b = 30$ dm
$(18 \text{ dm})^2 + (24 \text{ dm})^2 = 900 \text{ dm}^2$
$\sqrt{900 \text{ dm}^2} = 30$ dm
Das Dreieck ist rechtwinklig.

c) längste Seite: $b = 17$ m
$(15 \text{ m})^2 + (16 \text{ m})^2 = 481 \text{ m}^2$
$\sqrt{481 \text{ m}^2} = 21,93\ldots \text{ m} \approx 21,9$ m
$21,9 \text{ m} \neq 17 \text{ m}$
Das Dreieck ist nicht rechtwinklig.

d) längste Seite: $a = 25$ km
$(20 \text{ km})^2 + (15 \text{ km})^2 = 625 \text{ km}^2$
$\sqrt{625 \text{ km}^2} = 25$ km
Das Dreieck ist rechtwinklig.

e) längste Seite: $a = 170$ mm
$(150 \text{ mm})^2 + (80 \text{ mm})^2 = 28\,900 \text{ mm}^2$
$\sqrt{28\,900 \text{ mm}^2} = 170$ mm
Das Dreieck ist rechtwinklig.

439 a) $h^2 = (27 \text{ cm})^2 - (6 \text{ cm})^2$
$h \approx 26,3$ cm
$A = \dfrac{1}{2} \cdot 12 \text{ cm} \cdot 26,3 \text{ cm}$
$A = 157,8 \text{ cm}^2$
$u = 2 \cdot 27 \text{ cm} + 12 \text{ cm}$
$u = 66$ cm

b) $\left(\dfrac{g}{2}\right)^2 = (8,7 \text{ cm})^2 - (7 \text{ cm})^2$
$\dfrac{g}{2} \approx 5,2 \text{ cm}; \Rightarrow g = 10,4$ cm
$A = \dfrac{1}{2} \cdot 10,4 \text{ cm} \cdot 7 \text{ cm}$
$A = 36,4 \text{ cm}^2$
$u = 2 \cdot 8,7 \text{ cm} + 10,4 \text{ cm}$
$u = 27,8$ cm

c) $h^2 = (22,5 \text{ dm})^2 - (8,7 \text{ dm})^2$
$h \approx 20,7$ dm
$A = \dfrac{1}{2} \cdot 17,4 \text{ dm} \cdot 20,7 \text{ dm}$
$A = 180,09 \text{ dm}^2$
$u = 2 \cdot 22,5 \text{ dm} + 17,4 \text{ dm}$
$u = 62,4$ dm

440 a) $a^2 = (75 \text{ cm})^2 + (29 \text{ cm})^2$
$a^2 = 5\,625 \text{ cm}^2 + 841 \text{ cm}^2$
$a^2 = 6\,466 \text{ cm}^2$ $|\sqrt{\ }$
$a = 80,41\ldots \text{ cm} \approx 80,4$ cm

b) $a^2 = (118 \text{ cm})^2 - (45 \text{ cm})^2$
$a^2 = 13\,924 \text{ cm}^2 - 2\,025 \text{ cm}^2$
$a^2 = 11\,899 \text{ cm}^2$ $|\sqrt{\ }$
$a = 109,08\ldots \text{ cm} \approx 109,1$ cm

$b^2 = (49 \text{ cm})^2 + (109,1 \text{ cm})^2$
$b^2 = 2\,401 \text{ cm}^2 + 11\,902,81 \text{ cm}^2$
$b^2 = 14\,303,81 \text{ cm}^2$ $|\sqrt{\ }$
$b = 119,59\ldots \text{ cm} \approx 119,6$ cm

c) $a^2 = (25 \text{ cm})^2 + (16 \text{ cm})^2$
$a^2 = 625 \text{ cm}^2 + 256 \text{ cm}^2$
$a^2 = 881 \text{ cm}^2$ $|\sqrt{\ }$
$a = 29,68\ldots \text{ cm} \approx 29,7$ cm

$b^2 = (25 \text{ cm})^2 + (25 \text{ cm})^2$
$b^2 = 625 \text{ cm}^2 + 625 \text{ cm}^2$
$b^2 = 1\,250 \text{ cm}^2$ $|\sqrt{\ }$
$b = 35,35\ldots \text{ cm} \approx 35,4$ cm

441 a) $h \approx 5,5$ cm
b) $h \approx 4,8$ cm
c) $a \approx 5,7$ cm
d) $h \approx 3,8$ cm
e) $(3,6 \text{ cm})^2 - (2,2 \text{ cm})^2 = 8,12 \text{ cm}^2$
$\sqrt{8,12 \text{ cm}^2} \approx 2,8$ cm
$a = (2,8 + 4,6 + 2,8)$ cm
$a = 10,2$ cm
f) $(4,5 \text{ cm})^2 - (2,75 \text{ cm})^2 = 12,6875 \text{ cm}^2$
$\sqrt{12,6875 \text{ cm}^2} \approx 3,6$ cm
$x = (3 + 3,6)$ cm
$x = 6,6$ cm

g) Sechseck, sechs gleichseitige Dreiecke
$$a^2 = (6 \text{ cm})^2 + \left(\frac{a}{2}\right)^2$$
$$a^2 = 36 \text{ cm}^2 + \frac{a^2}{4}$$
$$\frac{3}{4}a^2 = 36 \text{ cm}^2 \qquad \Big| \cdot \frac{4}{3}$$
$$a^2 = 48 \text{ cm}^2$$
$$a \approx 6,9 \text{ cm}$$

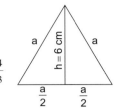

442

a)
a	12 cm
d	16,97 cm
u	48 cm
A	144 cm²

b)
a	11 cm
d	15,56 cm
u	44 cm
A	121 cm²

c)
a	25 dm
d	35,36 dm
u	100 dm
A	625 dm²

d)
a	8 cm
b	11,31 cm
u	32 cm
A	64 cm²

e)
a	7,2 m
d	10,18 m
u	28,8 m
A	51,84 m²

f)
a	19,25 cm
d	27,22 cm
u	77 cm
A	370,56 cm²

g)
a	7,35 dm
d	10,39 dm
u	29,4 dm
A	54 dm²

443 $\sqrt{665 \text{ m}^2} \approx 25,79$ m Grundstücksseite

Umfang des Grundstücks
25,79 m · 4 = 103,16 m

Gartenzaun
103,16 m − (4,5 m + 1,3 m) = 97,36 m Gartenzaun

444 $u = 17$ m; $a = 17$ m : 4 = 4,25 m
Fläche des Zimmers: $(4,25 \text{ m})^2 = 18,0625 \text{ m}^2$
Kosten für Teppichboden: $18,0625 \text{ m}^2 \cdot 15,4 \frac{€}{\text{m}^2} \approx 278,16 €$
Kosten für Randleiste: $(17 \text{ m} - 1,3 \text{ m}) \cdot 8,9 \frac{€}{\text{m}} = 139,73 €$
Gesamtkosten: 278,16 € + 139,73 € = 417,89 €

445

a)
a	4,5 dm
b	3,0 dm
u	15 dm
d	5,41 dm
A	13,5 dm²

b)
a	4 cm
b	16 cm
u	40 cm
d	16,49 cm
A	64 cm²

c)
a	6,69 m
b	5,09 m
u	23,56 m
d	8,41 m
A	34,05 m²

d)
a	3,8 m
b	2,0 m
u	11,6 m
d	4,29 m
A	7,6 m²

e)
a	23 m
b	1,56 m
u	49,12 m
d	23,05 m
A	35,9 m²

f)
a	13 dm
b	7 dm
u	40 dm
d	14,76 dm
A	91 dm²

g)
a	12,31 cm
b	6,5 cm
u	37,62 cm
d	13,92 cm
A	80 cm²

446   Fläche Firmengelände: $60 \text{ m} \cdot 130 \text{ m} = 7\,800 \text{ m}^2$

       Fläche Hauptgebäude: $(160 \text{ m} - 2 \cdot 50 \text{ m}) : 2 = 30 \text{ m}$

                                       $30 \text{ m} \cdot 50 \text{ m} = 1\,500 \text{ m}^2$

       Fläche Nebengebäude: $30 \text{ m} \cdot 30 \text{m} = 900 \text{ m}^2$

       Rasenfläche: $7\,800 \text{ m}^2 - 1\,500 \text{ m}^2 - 900 \text{ m}^2 = 5\,400 \text{ m}^2$

447

a) $a^2 = (100 \text{ m})^2 - (60 \text{ m})^2$
     $a = 80 \text{ m}$
     $u = 2 \cdot a + 2 \cdot b$
     $u = 2 \cdot 80 \text{ m} + 2 \cdot 60 \text{ m}$
     $u = 280 \text{ m}$
     $A = a \cdot b$
     $A = 80 \text{ m} \cdot 60 \text{ m}$
     $A = 4\,800 \text{ m}^2$

b) $a^2 = (130 \text{ mm})^2 - (50 \text{ mm})^2$
     $a = 120 \text{ mm}$
     $u = 2 \cdot a + 2 \cdot b$
     $u = 2 \cdot 120 \text{ mm} + 2 \cdot 50 \text{ mm}$
     $u = 340 \text{ mm}$
     $A = a \cdot b$
     $A = 120 \text{ mm} \cdot 50 \text{ mm}$
     $A = 6\,000 \text{ mm}^2$

c) $a^2 = (20 \text{ dm})^2 - (12 \text{ dm})^2$
     $a = 16 \text{ dm}$
     $u = 2 \cdot a + 2 \cdot b$
     $u = 2 \cdot 16 \text{ dm} + 2 \cdot 12 \text{ dm}$
     $u = 56 \text{ dm}$
     $A = a \cdot b$
     $A = 16 \text{ dm} \cdot 12 \text{ dm}$
     $A = 192 \text{ dm}^2$

d) $a^2 = (25 \text{ cm})^2 - (15 \text{ cm})^2$
     $a = 20 \text{ cm}$
     $u = 2 \cdot a + 2 \cdot b$
     $u = 2 \cdot 20 \text{ cm} + 2 \cdot 15 \text{ cm}$
     $u = 70 \text{ cm}$
     $A = a \cdot b$
     $A = 20 \text{ cm} \cdot 15 \text{ cm}$
     $A = 300 \text{ cm}^2$

448

a) $b = c + c + c$
     Seite b berechnen (Pythagoras)
     $b^2 = (10 \text{ m})^2 - (8 \text{ m})^2$
     $b = 6 \text{ cm}$
     $3c = 6 \text{ m}$
     $c = 2 \text{ m}$

     $A = a \cdot b + 2 \cdot c \cdot c$
     $A = 8 \text{ m} \cdot 6 \text{ m} + 2 \cdot 2 \text{ m} \cdot 2 \text{ m}$
     $A = 48 \text{ m}^2 + 8 \text{ m}^2$
     $A = 56 \text{ m}^2$

     $u = 2 \cdot a + 10 \cdot c$
     $u = 2 \cdot 8 \text{ m} + 10 \cdot 2 \text{ m}$
     $u = 16 \text{ m} + 20 \text{ m}$
     $u = 36 \text{ m}$

b)   Seite b berechnen (Pythagoras)
     $b^2 = (40 \text{ dm})^2 - (32 \text{ dm})^2$
     $b = 24 \text{ dm}$
     Seite d berechnen (Pythagoras)
     $d^2 = (15 \text{ dm})^2 - (9 \text{ dm})^2$
     $d = 12 \text{ dm}$

     $u = 2 \cdot 32 \text{ dm} + 2 \cdot 24 \text{ dm} + 2 \cdot 9 \text{ dm}$
     $u = 64 \text{ dm} + 48 \text{ dm} + 18 \text{ dm}$
     $u = 130 \text{ dm}$

     $A = 32 \text{ dm} \cdot 24 \text{ dm} + 12 \text{ dm} \cdot 9 \text{ dm}$
     $A = 768 \text{ dm}^2 + 108 \text{ dm}^2$
     $A = 876 \text{ dm}^2$

---

449   Berechnen der Teilflächen des Landwirts Blumscheid

B_1: $a = 60 \text{ m}$ $b = 30 \text{ m}$ $B_1 = 60 \text{ m} \cdot 30 \text{ m}$ $B_1 = 1\,800 \text{ m}^2$

B_2: $a = 120 \text{ m}$ $b = 30 \text{ m}$ $B_2 = 120 \text{ m} \cdot 30 \text{ m}$ $B_2 = 3\,600 \text{ m}^2$

B_3: $a = 120 \text{ m}$ $b = 60 \text{ m}$ $B_3 = 120 \text{ m} \cdot 60 \text{ m}$ $B_3 = 7\,200 \text{ m}^2$

Gesamtfläche der drei Weidegrundstücke

$1\,800 \text{ m}^2 + 3\,600 \text{ m}^2 + 7\,200 \text{ m}^2 = 12\,600 \text{ m}^2$

Berechnen der neuen Breite

$12\,600 \text{ m}^2 = 120 \text{ m} \cdot b$ $\vert : 120 \text{ m}$

    $105 \text{ m} = b$

Das neue Weidegrundstück wird 105 m breit.

450

a)
Grundseite g	4,5 cm
Höhe h	54,76 cm
Flächeninhalt A	246,4 cm²

b)
Grundseite g	24 m
Höhe h	29 m
Flächeninhalt A	696 m²

c)
Grundseite g	12,6 cm
Höhe h	50 cm
Flächeninhalt A	630 cm²

d)
Grundseite g	7 m
Höhe h	66 m
Flächeninhalt A	46,2 m²

e)
Grundseite g	45 cm
Höhe h	150 cm
Flächeninhalt A	675 cm²

f)
Grundseite g	3,7 m
Höhe h	0,8 m
Flächeninhalt A	2,96 m²

451

a) $A = 12 \text{ dm} \cdot 13,5 \text{ dm}$
$A = 162 \text{ dm}^2$

b) $A = 45 \text{ cm} \cdot 102 \text{ cm}$
$A = 4\,590 \text{ cm}^2$

c) $A = 7,25 \text{ m} \cdot 22,7 \text{ m}$
$A = 164,575 \text{ m}^2$

d) Berechnen der Höhe h mithilfe des Satzes von Pythagoras
$h^2 = (20 \text{ m})^2 - (12 \text{ m})^2$
$h = 16 \text{ m}$

$a = 39 \text{ m} + 12 \text{ m}$
$a = 51 \text{ m}$

$A = 51 \text{ m} \cdot 16 \text{ m}$
$A = 816 \text{ m}^2$

452

a) $h = 51 \text{ m}^2 : 7,5 \text{ m}$
$h = 6,8 \text{ m}$

b) $a = 55,1 \text{ m}^2 : 5,8 \text{ m}$
$a = 9,5 \text{ m}$

c) $9,8 \text{ m} = 98 \text{ dm}$
$h = 1\,470 \text{ dm}^2 : 98 \text{ dm}$
$h = 15 \text{ dm}$

453

a) $A_{\text{Dreieck}} = \dfrac{3 \text{ cm} \cdot 3 \text{ cm}}{2}$

$A_{\text{Dreieck}} = 4,5 \text{ cm}^2$

$A_{\text{Parallelogramm}} = 9 \text{ cm} \cdot 3 \text{ cm}$
$A_{\text{Parallelogramm}} = 27 \text{ cm}^2$

b) Das Parallelogramm kann in sechs Dreiecke mit der Form und der Größe des gezeichneten Dreiecks zerlegt werden.

454

a) $A_{\text{Parallelogramm}} = 8 \text{ cm} \cdot 3 \text{ cm}$
$A_{\text{Parallelogramm}} = 24 \text{ cm}^2$

b) $A_{\text{Dreieck}} = \dfrac{3 \text{ cm} \cdot 3 \text{ cm}}{2}$

$A_{\text{Dreieck}} = 4,5 \text{ cm}^2$

c) $A_{\text{Rechteck}} = 5 \text{ cm} \cdot 3 \text{ cm}$
$A_{\text{Rechteck}} = 15 \text{ cm}^2$

455

a) Ergänzen des Dreiecks zu einem Parallelogramm

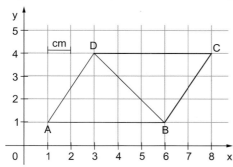

b) Koordinaten von Punkt C
C(8 | 4)

c) $A_{\text{Parallelogramm}} = 5 \text{ cm} \cdot 3 \text{ cm}$
$A_{\text{Parallelogramm}} = 15 \text{ cm}^2$

d) $A_{\text{Dreieck}} = \dfrac{5 \text{ cm} \cdot 3 \text{ cm}}{2}$

$A_{\text{Dreieck}} = 7,5 \text{ cm}^2$

Es stimmt, dass der Flächeninhalt des Dreiecks nur halb so groß ist wie der Flächeninhalt des Parallelogramms.

456 a) Maße des Trapezes

$a = 4\,\text{cm} \cdot 4 = 16\,\text{cm}$, $c = 4\,\text{cm} \cdot 3 = 12\,\text{cm}$, $h = 4\,\text{cm} \cdot 4 = 16\,\text{cm}$

Berechnen des Flächeninhalts des Trapezes mit der Formel

$$A_{\text{Trapez}} = \frac{16\,\text{cm} + 12\,\text{cm}}{2} \cdot 16\,\text{cm}$$

$$A_{\text{Trapez}} = 224\,\text{cm}^2$$

b) Maße des Trapezes

$a = 4\,\text{cm} \cdot 5 = 20\,\text{cm}$, $c = 4\,\text{cm}$, $h = 4\,\text{cm} \cdot 3 = 12\,\text{cm}$

Berechnen des Flächeninhalts des Trapezes mit der Formel

$$A_{\text{Trapez}} = \frac{20\,\text{cm} + 4\,\text{cm}}{2} \cdot 12\,\text{cm}$$

$$A_{\text{Trapez}} = 144\,\text{cm}^2$$

c) Maße des Trapezes

$a = 4\,\text{cm} \cdot 2 = 8\,\text{cm}$, $c = 4\,\text{cm} \cdot 5 = 20\,\text{cm}$, $h = 4\,\text{cm} \cdot 5 = 20\,\text{cm}$

Berechnen des Flächeninhalts des Trapezes mit der Formel

$$A_{\text{Trapez}} = \frac{8\,\text{cm} + 20\,\text{cm}}{2} \cdot 20\,\text{cm}$$

$$A_{\text{Trapez}} = 280\,\text{cm}^2$$

---

457 a) *Flächeninhalt Rechteck*

$A_R = 6\,\text{cm} \cdot 8\,\text{cm}$
$A_R = 48\,\text{cm}^2$

Flächeninhalt Dreieck

$$A_D = \frac{14\,\text{cm} \cdot 8\,\text{cm}}{2}$$
$A_D = 56\,\text{cm}^2$

Flächeninhalt Trapez

$A_T = 48\,\text{cm}^2 + 56\,\text{cm}^2$
$A_T = 104\,\text{cm}^2$

b) *Flächeninhalt Rechteck*

$A_R = 18\,\text{m} \cdot 22\,\text{m}$
$A_R = 396\,\text{m}^2$

Flächeninhalt Dreieck

$$A_D = \frac{14\,\text{m} \cdot 22\,\text{m}}{2}$$
$A_D = 154\,\text{m}^2$

Flächeninhalt Trapez

$A_T = 396\,\text{m}^2 + 154\,\text{m}^2$
$A_T = 550\,\text{m}^2$

c) *Flächeninhalt Rechteck*

$A_R = 5\,\text{m} \cdot 4\,\text{m}$
$A_R = 20\,\text{m}^2$

Flächeninhalt Dreieck

$$A_D = \frac{5\,\text{m} \cdot 7\,\text{m}}{2}$$
$A_D = 17,5\,\text{m}^2$

Flächeninhalt Trapez

$A_T = 20\,\text{m}^2 + 17,5\,\text{m}^2$
$A_T = 37,5\,\text{m}^2$

d) *Berechnen der Seitenlänge c*

$s_1^2 = (10\,\text{cm})^2 - (8\,\text{cm})^2$
$s_2^2 = (9,2\,\text{cm})^2 - (8\,\text{cm})^2$

$s_1 = 6\,\text{cm}$
$s_2 \approx 4,5\,\text{cm}$

$c = 6\,\text{cm} + 5,5\,\text{cm} + 4,5\,\text{cm}$
$c = 16\,\text{cm}$

Flächeninhalt Rechteck

$A_R = 5,5\,\text{cm} \cdot 8\,\text{cm}$
$A_R = 44\,\text{cm}^2$

Flächeninhalt Dreieck

$$A_D = \frac{10,5\,\text{cm} \cdot 8\,\text{cm}}{2}$$
$A_D = 42\,\text{cm}^2$

Flächeninhalt Trapez

$A_T = 44\,\text{cm}^2 + 42\,\text{cm}^2$
$A_T = 86\,\text{cm}^2$

---

458 a) $$A_B = \frac{7\,\text{cm} \cdot 8\,\text{cm}}{2}$$

$A_B = 28\,\text{cm}^2$

b) Bei A fehlt die Höhe, bei C fehlt die Grundseite.

---

459 a) $u = 12\,\text{cm} \;\Rightarrow\; a = 4\,\text{cm}$

$u_{\text{groß}} = 9 \cdot 4\,\text{cm}$

$u_{\text{groß}} = 36\,\text{cm}$

$A_{\text{groß}} = 9 \cdot 6,9\,\text{cm}^2$

$A_{\text{groß}} = 62,1\,\text{cm}^2$

b) $7 + 9 = 16$ kleine Dreiecke

460 a) $A_{grau} = 12 \cdot A_{kleines\ Quadrat}$
$A_{grau} = 12 \cdot 2\ cm \cdot 2\ cm$
$A_{grau} = 48\ cm^2$

b) $A_{grau} = A_{Rechteck} - 8 \cdot A_{weißes\ Dreieck}$
$A_{grau} = 6\ cm \cdot 3\ cm - 8 \cdot \frac{1}{2} \cdot 2\ cm \cdot 1\ cm$
$A_{grau} = 18\ cm^2 - 8\ cm^2$
$A_{grau} = 10\ cm^2$

c) $A_{grau} = \frac{1}{2} \cdot A_{Rechteck} + A_{kleines\ Quadrat}$
$A_{grau} = \frac{1}{2} \cdot 6\ cm \cdot 4\ cm + 1\ cm \cdot 1\ cm$
$A_{grau} = 12\ cm^2 + 1\ cm^2$
$A_{grau} = 13\ cm^2$

d) $A_{grau} = 4 \cdot A_{Dreieck} + A_{kleines\ Rechteck}$
$A_{grau} = 4 \cdot \frac{1}{2} \cdot 6\ cm \cdot 4\ cm + 6\ cm \cdot 2\ cm$
$A_{grau} = 48\ cm^2 + 12\ cm^2$
$A_{grau} = 60\ cm^2$

---

461 a) $A_{gesamt} = 8\ cm \cdot 4\ cm = 32\ cm^2$
$A_A = \frac{1}{2} \cdot 32\ cm^2 = 16\ cm^2$
$A_B = A_C = \frac{1}{4} \cdot 32\ cm^2 = 8\ cm^2$

b) $A_A = \frac{1}{2} \cdot 10\ cm \cdot 4\ cm = 20\ cm^2$
$A_B = 4\ cm \cdot 5\ cm = 20\ cm^2$
$A_C = \frac{1}{2} \cdot 5\ cm \cdot 4\ cm = 10\ cm^2$
$A_D = A_B + A_C = 20\ cm^2 + 10\ cm^2 = 30\ cm^2$

---

462 a) $u = 32\ cm$
$a = (32\ cm - 2 \cdot 7\ cm) : 2$
$a = 9\ cm$
$A = 9\ cm \cdot 7\ cm$
$A = 63\ cm^2$

b) $u = 42\ cm$
$a = (42\ cm - 2 \cdot 6\ cm) : 2$
$a = 15\ cm$
$h = A : a$
$h = 45\ cm^2 : 15\ cm$
$h = 3\ cm$

---

463 a) $\alpha = \gamma = 120°$
$\beta = \delta = 180° - 120° = 60°$

b) $\delta = \gamma = 70°$
$\alpha = \beta = 180° - 70° = 110°$

c) $\gamma = 50°$
$\alpha = \beta = (180° - 50°) : 2 = 65°$

---

464 a) *Flächeninhalt Trapez*
$A_T = \dfrac{16\ cm + 5\ cm}{2} \cdot 20\ cm$
$A_T = 210\ cm^2$

Berechnen der Seite b
$b^2 = (20\ cm)^2 + (5,5\ cm)^2$
$b \approx 20,7\ cm$

Umfang des Trapezes
$u = 16\ cm + 2 \cdot 20,7\ cm + 5\ cm$
$u = 62,4\ cm$

b) *Flächeninhalt Trapez*
$A_T = \dfrac{117\ mm + 85\ mm}{2} \cdot 226\ mm$
$A_T = 22\,826\ mm^2$

Berechnen der Seite b
$b^2 = (226\ mm)^2 + (16\ mm)^2$
$b \approx 226,6\ mm$

Umfang des Trapezes
$u = 117\ mm + 2 \cdot 226,6\ mm + 85\ mm$
$u = 655,2\ mm$

c) *Berechnen der Höhe h*
$g = 35\,m - 18,5\,m$

$g = 16,5\,m, \quad \dfrac{g}{2} = 8,25\,m$

$h^2 = (27,3\,m)^2 - (8,25\,m)^2$

$h \approx 26\,m$

Flächeninhalt Trapez

$A_T = \dfrac{18,5\,m + 35\,m}{2} \cdot 26\,m$

$A_T = 695,5\,m^2$

Umfang des Trapezes
$u = 35\,m + 2 \cdot 27,3\,m + 18,5\,m$
$u = 108,1\,m$

---

465 Das unregelmäßige Fünfeck kann in ein rechtwinkliges Dreieck BCD und ein Trapez ABDE zerlegt werden. Der Flächeninhalt des rechtwinkligen Dreiecks kann mithilfe der beiden gegebenen Katheten $\overline{BC} = 6\,cm$ und $\overline{CD} = 8\,cm$ berechnet werden.

Dreiecksfläche

$A_D = \dfrac{1}{2} \cdot \overline{BC} \cdot \overline{CD}$

$A_D = \dfrac{1}{2} \cdot 6\,cm \cdot 8\,cm$

$A_D = 24\,cm^2$

Zur Berechnung des Flächeninhalts des Trapezes werden die beiden Grundseiten $\overline{BD}$ und $\overline{AE}$ sowie die Höhe des Trapezes benötigt:
$\overline{AE} = 6\,cm$, $h = 12\,cm$

Die Grundseite $\overline{BD}$ kann mithilfe des Satzes von Pythagoras über das rechtwinklige Dreieck berechnet werden.

$\overline{BD}^2 = \overline{BC}^2 + \overline{CD}^2$
$\overline{BD}^2 = (6\,cm)^2 + (8\,cm)^2$
$\overline{BD}^2 = 36\,cm^2 + 64\,cm^2$
$\overline{BD}^2 = 100\,cm^2$
$\overline{BD} = \sqrt{100\,cm^2}$
$\overline{BD} = 10\,cm$

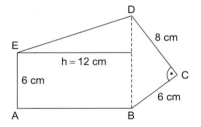

Trapezfläche

Flächeninhalt Trapez

$A_T = \dfrac{10\,cm + 6\,cm}{2} \cdot 12\,cm$

$A_T = 96\,cm^2$

Gesamtfläche

$A = A_D + A_T$
$A = 24\,cm^2 + 96\,cm^2$
$A = 120\,cm^2$

466

a)			b)			c)			d)		
	r	3,9 m		r	2 cm		r	7,88 m		r	0,9 m
	d	7,8 m		d	4 cm		d	15,76 m		d	1,8 m
	u	24,49 m		u	12,56 cm		u	49,49 m		u	5,65 m
	A	47,76 m²		A	12,56 cm²		A	195 m²		A	2,54 m²

e)			f)			g)		
	r	1,21 dm		r	3,24 dm		r	5,2 dm
	d	2,42 dm		d	6,47 dm		d	10,4 dm
	u	7,6 dm		u	20,32 dm		u	32,66 cm
	A	4,6 dm²		A	32,96 dm²		A	84,87 cm²

467 **Stundenzeiger**
$r = 3,5$ m
$u = 2 \cdot 3,5$ m $\cdot 3,14$
$u = 21,98$ m
2 Umdrehungen in 24 h
21,98 m $\cdot$ 2 = 43,96 m in 24 Stunden

Minutenzeiger
$r = 4$ m
$u = 4$ m $\cdot 2 \cdot 3,14$
$u = 25,12$ m
24 Umdrehungen in 24 h
$24 \cdot 25,12$ m = 602,88 m in 24 Stunden

---

468 a) $u = 2 \cdot r \cdot 3,14$
$u = 2 \cdot 32$ cm $\cdot 3,14$
$u = 200,96$ cm
$u \approx 2$ m

b) Berechnen der Umdrehungen
35 000 km = 35 000 000 m
35 000 000 m : 2 m = 17 500 000
Der Reifen macht 17 500 000 Umdrehungen.

---

469 a) Berechnen der Kreisfläche für $r = 6,50$ m
$A = (6,50$ m$)^2 \cdot 3,14$
$A = 132,665$ m^2
Die Ziege kann eine Fläche von
132,655 m^2 abgrasen.

b) Berechnen der Kreisfläche für $r = 13$ m
$A = (13$ m$)^2 \cdot 3,14$
$A = 530,66$ m^2
530,66 m^2 : 132,665 m^2 = 4
Die Ziege kann bei doppeltem Radius die 4-fache Fläche abgrasen.

---

470 a) Die Figur setzt sich aus einem großen Halbkreis ($r_1 = 4$ cm), einem Rechteck ($a = 12$ cm, $b = 2$ cm) und einem kleinen Halbkreis ($r_2 = 2$ cm) zusammen.

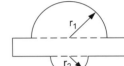

Berechnen des Flächeninhalts

großer Halbkreis A_1
$A_1 = \dfrac{1}{2} \cdot (4$ cm$)^2 \cdot 3,14$
$A_1 = 25,12$ cm^2
Rechteck A_3
$A_3 = 12$ cm $\cdot 2$ cm
$A_3 = 24$ cm^2

kleiner Halbkreis A_2
$A_2 = \dfrac{1}{2} \cdot (2$ cm$)^2 \cdot 3,14$
$A_2 = 6,28$ cm^2
gesamter Flächeninhalt
$A = A_1 + A_2 + A_3$
$A = 25,12$ cm$^2 + 6,28$ cm$^2 + 24$ cm^2
$A = 55,40$ cm^2

Berechnen des Umfangs

Umfang des großen Halbkreises
$u_1 = \dfrac{1}{2} \cdot 2 \cdot 4$ cm $\cdot 3,14$
$u_1 = 12,56$ cm
Umfang des zu berücksichtigenden Rechtecks
$u_3 = 4$ cm $+ 4$ cm $+ 2$ cm $+ 2$ cm $+ 2$ cm $+ 2$ cm
$u_3 = 16$ cm

Umfang des kleinen Halbkreises
$u_2 = \dfrac{1}{2} \cdot 2 \cdot 2$ cm $\cdot 3,14$
$u_2 = 6,28$ cm
gesamter Umfang
$u = u_1 + u_2 + u_3$
$u = 12,56$ cm $+ 6,28$ cm $+ 16$ cm
$u = 34,84$ cm

b) Die Figur setzt sich aus einem Rechteck ($a = 12$ cm, $b = 6$ cm), aus dem ein kleiner Halbkreis ($r_2 = 3$ cm) herausgeschnitten wurde, und einem großen Kreis ($r_1 = 6$ cm) zusammen.

Berechnen des Flächeninhalts

großer Kreis A_1
(Halbkreis oben, 2 Viertelkreise links und rechts)
$A_1 = (6$ cm$)^2 \cdot 3,14$
$A_1 = 113,04$ cm^3
Rechteck A_3
$A_3 = 12$ cm $\cdot 6$ cm
$A_3 = 72$ cm^2

kleiner Halbkreis A_2
$A_2 = \dfrac{1}{2} \cdot (3$ cm$)^2 \cdot 3,14$
$A_2 = 14,13$ cm^2
gesamter Flächeninhalt
$A = A_3 - A_2 + A_1$
$A = 72$ cm$^2 - 14,13$ cm$^2 + 113,04$ cm^2
$A = 170,91$ cm^2

Berechnen des Umfangs
Der Umfang der Figur setzt sich aus Teilumfängen zusammen.

Umfang des großen Kreises
$u_1 = 2 \cdot 6 \, \text{cm} \cdot 3,14$
$u_1 = 37,68 \, \text{cm}$

Umfang des kleinen Halbkreises
$u_2 = \frac{1}{2} \cdot 6 \, \text{cm} \cdot 3,14$
$u_2 = 9,42 \, \text{cm}$

Streckenlänge der unteren geraden Strecke
$u_3 = 18 \, \text{cm}$

gesamter Umfang
$u = u_1 + u_2 + u_3$
$u = 37,68 \, \text{cm} + 9,42 \, \text{cm} + 18 \, \text{cm}$
$u = 65,10 \, \text{cm}$

c) Die Figur setzt sich aus einem kleinen Halbkreis ($r_1 = 3 \, \text{cm}$), einem Trapez ($a = 9 \, \text{cm}$, $c = 6 \, \text{cm}$, $h_T = 3 \, \text{cm}$) und einem großen Halbkreis ($r_2 = 4,5 \, \text{cm}$) zusammen.

Berechnen des Flächeninhalts

kleiner Halbkreis A_1
$A_1 = \frac{1}{2} \cdot (3 \, \text{cm})^2 \cdot 3,14$
$A_1 = 14,13 \, \text{cm}^2$

großer Halbkreis A_2
$A_2 = \frac{1}{2} \cdot (4,5 \, \text{cm})^2 \cdot 3,14$
$A_2 = 31,7925 \, \text{cm}^2$

Trapez A_3
$A_3 = \frac{9 \, \text{cm} \cdot 6 \, \text{cm}}{2} \cdot 3 \, \text{cm}$
$A_3 = 22,5 \, \text{cm}^2$

gesamter Flächeninhalt
$A = A_1 + A_2 + A_3$
$A = 14,13 \, \text{cm}^2 + 31,7925 \, \text{cm}^2 + 22,5 \, \text{cm}^2$
$A \approx 68,42 \, \text{cm}^2$

Berechnen des Umfangs

Umfang des kleinen Halbkreises
$u_1 = \frac{1}{2} \cdot 2 \cdot 3 \, \text{cm} \cdot 3,14$
$u_1 = 9,42 \, \text{cm}$

Umfang des großen Halbkreises
$u_2 = \frac{1}{2} \cdot 2 \cdot 4,5 \, \text{cm} \cdot 3,14$
$u_2 = 14,13 \, \text{cm}$

Trapezseiten
(Satz des Pythagoras)
$b^2 = (3 \, \text{cm})^2 + (1,5 \, \text{cm})^2$
$b \approx 3,35 \, \text{cm}$

$u_3 = 2 \cdot b$
$u_3 = 2 \cdot 3,35 \, \text{cm}$
$u_3 = 6,7 \, \text{cm}$

gesamter Umfang
$u = u_1 + u_2 + u_3$
$u = 9,42 \, \text{cm} + 14,13 \, \text{cm} + 6,7 \, \text{cm}$
$u = 30,25 \, \text{cm}$

d) Die Figur setzt sich aus einem Halbkreis oben ($r_1 = 3 \, \text{cm}$) und einem Rechteck ($a = 6 \, \text{cm}$, $b = 4 \, \text{cm}$) zusammen, aus dem drei kleine Halbkreise ($r_2 = 1 \, \text{cm}$) und zwei größere Viertelkreise ($r_3 = 2 \, \text{cm}$) herausgeschnitten wurden.

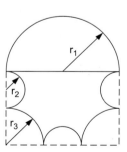

Berechnen des Flächeninhalts

Halbkreis oben A_1
$A_1 = \frac{1}{2} \cdot (3 \, \text{cm})^2 \cdot 3,14$
$A_1 = 14,13 \, \text{cm}^2$

drei kleine Halbkreise A_2
$A_2 = 3 \cdot \frac{1}{2} \cdot (1 \, \text{cm})^2 \cdot 3,14$
$A_2 = 4,71 \, \text{cm}^2$

zwei größere Viertelkreise = ein Halbkreis A_3
$A_3 = \frac{1}{2} \cdot (2 \, \text{cm})^2 \cdot 3,14$
$A_3 = 6,28 \, \text{cm}^2$

Rechteck A_4
$A_4 = 6 \, \text{cm} \cdot 4 \, \text{cm}$
$A_4 = 24 \, \text{cm}^2$

gesamter Flächeninhalt
$A = A_1 + A_4 - A_2 - A_3$
$A = 14,13 \, \text{cm}^2 + 24 \, \text{cm}^2 - 4,71 \, \text{cm}^2 - 6,28 \, \text{cm}^2$
$A = 27,14 \, \text{cm}^2$

Berechnen des Umfangs

Umfang des Halbkreises oben u_1

$u_1 = \dfrac{1}{2} \cdot 2 \cdot 3 \text{ cm} \cdot 3,14$

$u_1 = 9,42 \text{ cm}$

Umfang des Halbkreises u_3

$u_3 = \dfrac{1}{2} \cdot 2 \cdot 2 \text{ cm} \cdot 3,14$

$u_3 = 6,28 \text{ cm}$

Umfang der drei kleinen Halbkreise u_2

$u_2 = 3 \cdot \dfrac{1}{2} \cdot 2 \cdot 1 \text{ cm} \cdot 3,14$

$u_2 = 9,42 \text{ cm}$

gesamter Umfang

$u = u_1 + u_2 + u_3$

$u = 9,42 \text{ cm} + 9,42 \text{ cm} + 6,28 \text{ cm}$

$u = 25,12 \text{ cm}$

e) Die Figur besteht aus einem Rechteck ($a = 63$ cm, $b = 28$ cm), aus dem 10 Halbkreise ($r = 7$ cm) ausgeschnitten wurden.

Berechnen des Flächeninhalts

Rechteck A_1

$A_1 = 63 \text{ cm} \cdot 28 \text{ cm}$

$A_1 = 1\,764 \text{ cm}^2$

10 Halbkreise A_2

$A_2 = 10 \cdot \dfrac{1}{2} \cdot (7 \text{ cm})^2 \cdot 3,14$

$A_2 = 769,3 \text{ cm}^2$

gesamter Flächeninhalt

$A = A_1 - A_2$

$A = 1\,764 \text{ cm}^2 - 769,3 \text{ cm}^2$

$A = 994,7 \text{ cm}^2$

Berechnen des Umfangs

Umfang der 10 Halbkreise u_1

$u_1 = 10 \cdot \dfrac{1}{2} \cdot 2 \cdot 7 \text{ cm} \cdot 3,14$

$u_1 = 219,8 \text{ cm}$

gesamter Umfang

$u = u_1 + u_2$

$u = 219,8 \text{ cm} + 42 \text{ cm}$

$u = 261,8 \text{ cm}$

Länge der geraden Linien u_2

$u_2 = 6 \cdot 7 \text{ cm}$

$u_2 = 42 \text{ cm}$

f) Die Figur wird in ein Quadrat ($a = 24$ cm) und zwei Halbkreise ($r = 12$ cm) zerlegt.

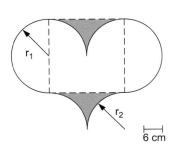

Berechnen des Flächeninhalts

Quadrat A_1　　　*2 Halbkreise = ein Vollkreis A_2*

$A_1 = (24 \text{ cm})^2$　　$A_2 = (12 \text{ cm})^2 \cdot 3,14$

$A_1 = 576 \text{ cm}^2$　　$A_2 = 452,16 \text{ cm}^2$

gesamter Flächeninhalt

$A = A_1 + A_2$

$A = 576 \text{ cm}^2 + 452,16 \text{ cm}^2$

$A = 1\,028,16 \text{ cm}^2$

Berechnen des Umfangs

Aus der Skizze wird ersichtlich, dass sich der Umfang der Figur aus dem Umfang der zwei großen Kreise zusammensetzt.

$u = 2 \cdot 2 \cdot 12 \text{ cm} \cdot 3,14$

$u = 150,72 \text{ cm}$

471 a) **Durchmesser der Tischdecke**
$1,40\,\text{m} + 2 \cdot 0,2\,\text{m} = 1,40\,\text{m} + 0,4\,\text{m} = 1,80\,\text{m}$
Flächeninhalt des quadratischen Stück Stoffs
$a = 1,80\,\text{m}$
$A = 1,80\,\text{m} \cdot 1,80\,\text{m}$
$A = 3,24\,\text{m}^2$
Katrin muss mindestens $3,24\,\text{m}^2$ Stoff kaufen.
Berechnen des Verschnitts
Fläche der Tischdecke
$d = 1,80\,\text{m} \qquad r = 0,9\,\text{m}$
$A = (0,9\,\text{m})^2 \cdot 3,14$
$A = 2,5434\,\text{m}^2 \approx 2,54\,\text{m}^2$

$\quad 3,24\,\text{m}^2 \quad$ quadratisches Stück Stoff
$\underline{-2,54\,\text{m}^2 \quad \text{Flächeninhalt der Tischdecke}}$
$\quad 0,7 \quad \text{m}^2 \quad$ Verschnitt in m^2

Berechnen des Verschnitts in Prozent
$0,7\,\text{m}^2 : 3,24\,\text{m}^2 \cdot 100\,\% = 21,604\ldots\,\% \approx 21,60\,\%$

b) **Umfang der Tischdecke**
$d = 1,80\,\text{m}$
$u = 1,80\,\text{m} \cdot 3,14$
$u = 5,652\,\text{m}$
$u \approx 5,65\,\text{m}$
Kosten für die Borte
1 m kostet 6,25 €
5,65 m kosten $6,25\,€ \cdot 5,65 = 35,3125\,€ \approx 35,31\,€$
Die Borte kommt auf 35,31 €.

472 a) **Durchmesser des Kreises**
$u = d \cdot 3,14$
$31,4\,\text{cm} = d \cdot 3,14$
$10\,\text{cm} = d$

b) **Umfang des Quadrats**
$u = 4 \cdot 10\,\text{cm}$
$u = 40\,\text{cm}$
fehlende Länge
$40\,\text{cm} - 31,4\,\text{cm} = 8,6\,\text{cm}$

473 a) $u = 2 \cdot r \cdot 3,14 \qquad A = r \cdot r \cdot 3,14$
$u = 2 \cdot 2\,\text{cm} \cdot 3,14 \qquad A = 2\,\text{cm} \cdot 2\,\text{cm} \cdot 3,14$
$\Rightarrow$ Nur für einen Kreis mit $r = 2\,\text{cm}$ haben
der Umfang und die Kreisfläche dieselbe
Maßzahl.

b) doppelter Radius $\Rightarrow$ doppelter Umfang
$u = 2 \cdot 12,56\,\text{cm} = 25,12\,\text{cm}$
doppelter Radius $\Rightarrow$ vierfacher Flächeninhalt
$A = 4 \cdot 12,56\,\text{cm}^2$
$A = 50,24\,\text{cm}^2$

474 a) Die 4 Viertelkreise ergeben einen Vollkreis.
Beide Kreise haben den gleichen Radius und
daher den gleichen Flächeninhalt.
$\Rightarrow$ grauer Flächeninhalt = roter Flächeninhalt

b) Die beiden Halbkreise ergeben einen Vollkreis
mit dem Radius r. Der Viertelkreis hat den Radius
2r. Der kleine Vollkreis und der große Viertelkreis haben den gleichen Flächeninhalt.
$\Rightarrow$ grauer Flächeninhalt = roter Flächeninhalt

475 a)

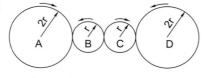

b) Rad B macht 2 Umdrehungen.

476 a)

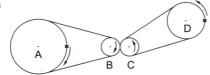

b) Die Räder B und C machen 3 Umdrehungen.

c) Rad A macht 2 Umdrehungen, Rad D macht
3 Umdrehungen.

477 a) Aus einem äußeren Rechteck ($a = 105$ cm, $b = 45$ cm) werden ein Halbkreis und zwei Viertelkreise (zusammen ein Kreis mit $r = 15$ cm) sowie zwei gleiche Dreiecke (zusammen ein kleines Rechteck mit $a = 45$ cm und $b = 22,5$ cm) gestanzt.

Berechnen der einzelnen Flächeninhalte

$A_R = 105 \text{ cm} \cdot 45 \text{ cm}$

$A_R = 4\,725 \text{ cm}^2$

$A_K = (15 \text{ cm})^2 \cdot 3,14$

$A_K = 706,5 \text{ cm}^2$

$A_r = 45 \text{ cm} \cdot 22,5 \text{ cm}$

$A_r = 1\,012,5 \text{ cm}^2$

Flächeninhalt des Stanzteils

$4\,725 \text{ cm}^2 - 706,5 \text{ cm}^2 - 1\,012,5 \text{ cm}^2 = 3\,006 \text{ cm}^2$

b) Aus einem äußeren Rechteck ($a = 700$ mm, $b = 400$ mm) werden drei kleine Halbkreise ($r_1 = 100$ mm) und ein großer Halbkreis ($r_2 = 200$ mm) gestanzt.

Berechnen der einzelnen Flächeninhalte

$A_R = 700 \text{ mm} \cdot 400 \text{ mm}$

$A_R = 280\,000 \text{ mm}^2$

$A_{K_1} = 3 \cdot \dfrac{1}{2} \cdot (100 \text{ mm})^2 \cdot 3,14$

$A_{K_1} = 47\,100 \text{ mm}^2$

$A_{K_2} = \dfrac{1}{2} \cdot (200 \text{ mm})^2 \cdot 3,14$

$A_{K_2} = 62\,800 \text{ mm}^2$

Flächeninhalt des Stanzteils

$280\,000 \text{ mm}^2 - 47\,100 \text{ mm}^2 - 62\,800 \text{ mm}^2$

$= 170\,100 \text{ mm}^2$

---

478 a) **Skizze:**

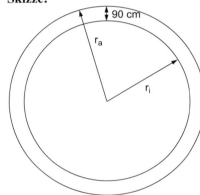

b) **Radius des Beckens r_i**

$u_B = 2 \cdot r_i \cdot \pi$

$37,68 \text{ m} = 2 \cdot r_i \cdot 3,14 \qquad |: 2; \; : 3,14$

$r_i = 6 \text{ m}$

Flächeninhalt A_i

$A_i = r_i^2 \cdot \pi$

$A_i = (6 \text{ m})^2 \cdot 3,14$

$A_i = 36 \text{ m}^2 \cdot 3,14$

$A_i = 113,04 \text{ m}^2$

Die Grundfläche des Beckens ist $113,04 \text{ m}^2$ groß.

c) **Fläche des Weges**

$A_W = A_a - A_i$

$r_a = 6 \text{ m} + 0,9 \text{ m}$

$r_a = 6,9 \text{ m}$

$A_a = (6,9 \text{ m})^2 \cdot 3,14$

$A_a = 149,4954 \text{ m}^2$

$A_W = 149,4954 \text{ m}^2 - 113,04 \text{ m}^2$

$A_W = 36,4554 \text{ m}^2$

Der Weg hat eine Fläche von $36,4554 \text{ m}^2$.

d) **Umfang des äußeren Wegrandes**

$u_a = 2 \cdot r_a \cdot \pi$

$u_a = 2 \cdot 6,9 \text{ m} \cdot 3,14$

$u_a = 43,332 \text{ m}$

Der Umfang des äußeren Wegrandes beträgt $43,332$ m.

e) **Anzahl der Sträucher**

$43,332 \text{ m} : 1,2 \text{ m} = 36,11$

Es können 36 Sträucher gepflanzt werden.

479 a) **Flächeninhalt des grauen Dreiecks**

Der Flächeninhalt des grauen Dreiecks beträgt ein Viertel des Flächeninhalts des Quadrats mit $a = 8$ cm.

$$A_D = \frac{1}{4} \cdot 8 \text{ cm} \cdot 8 \text{ cm}$$

$$A = 16 \text{ cm}^2$$

Flächeninhalt der roten Fläche

Flächeninhalt des großen Kreises berechnen

Der Radius des großen Kreises misst die Hälfte der Diagonale des Quadrats.

$$d^2 = (8 \text{ m})^2 + (8 \text{ m})^2$$

$$d = 11,31\ldots \text{ m} \approx 11,3 \text{ m}$$

$$r = 11,3 \text{ m} : 2$$

$$r = 5,65 \text{ m} \approx 5,7 \text{ m}$$

$$A_k = (5,7 \text{ m})^2 \cdot 3,14$$

$$A_k = 102,01\ldots \text{ m}^2$$

$$A_k \approx 102,0 \text{ m}^2$$

Flächeninhalt des Quadrats berechnen

$$A = 8 \text{ m} \cdot 8 \text{ m}$$

$$A = 64 \text{ m}^2$$

Flächeninhalt der roten Fläche

$$(102 \text{ m}^2 - 64 \text{ m}^2) : 4 = 9,5 \text{ cm}^2$$

b) **graue Fläche**

Berechnen des Flächeninhalts eines Kreises

$$A_k = (5 \text{ dm})^2 \cdot 3,14$$

$$A_k = 78,5 \text{ dm}^2$$

Berechnen der grauen Fläche A_g

$$A_g = 4 \cdot 78,5 \text{ dm}^2$$

$$A_g = 314 \text{ dm}^2$$

rote Fläche

Berechnen des Flächeninhalts des Quadrats

$$a = 20 \text{ dm}$$

$$A_Q = (20 \text{ dm})^2$$

$$A_Q = 400 \text{ dm}^2$$

Berechnen der roten Fläche

$$400 \text{ dm}^2 - 314 \text{ dm}^2 = 86 \text{ dm}^2$$

480 Flächeninhalt von 7 kleinen Kreisen

$$A_{\text{kleine Kreise}} = 7 \cdot (1 \text{ m})^2 \cdot 3,14$$

$$A_{\text{kleine Kreise}} = 21,98 \text{ m}^2$$

Der Verschnitt beim grauen Marmor liegt bei 15 %. Es werden 100 % + 15 % = 115 % grauer Marmor benötigt.

$$100 \% \,\hat{=}\, 21,98 \text{ m}^2$$

$$1 \% \,\hat{=}\, 0,2198 \text{ m}^2$$

$$115 \% \,\hat{=}\, 25,277 \text{ m}^2 \approx 26 \text{ m}^2$$

Kosten für den grauen Marmor

$$26 \cdot 165 \text{ €} = 4\,290,00$$

Flächeninhalt des großen Kreises

$$A_{\text{großer Kreis}} = (3 \text{ m})^2 \cdot 3,14$$

$$A_{\text{großer Kreis}} = 28,26 \text{ m}^2$$

Flächeninhalt des roten Mamors

$$28,26 \text{ m}^2 - 12,98 \text{ m}^2 = 6,28 \text{ m}^2$$

Der Verschnitt beim roten Marmor liegt bei 18 %. Es werden 100 % + 18 % = 118 % roter Marmor benötigt.

$$100 \% \,\hat{=}\, 6,28 \text{ m}^2$$

$$1 \% \,\hat{=}\, 0,0628 \text{ m}^2$$

$$118 \% \,\hat{=}\, 7,4104 \text{ m}^2 \approx 8 \text{ m}^2$$

Kosten für den roten Marmor

$$8 \cdot 185 \text{ €} = 1\,480,00$$

Flächeninhalt des Quadrats

$$A_{\text{Quadrat}} = (8 \text{ m})^2$$

$$A_{\text{Quadrat}} = 64 \text{ m}^2$$

Flächeninhalt des weißen Marmors

$$64 \text{ m}^2 - 28,26 \text{ m}^2 = 35,74 \text{ m}^2$$

Der Verschnitt beim weißen Marmor liegt bei 12 %. Es werden 100 % + 12 % = 112 % weißer Marmor benötigt.

$$100 \% \,\hat{=}\, 35,74 \text{ m}^2$$

$$1 \% \,\hat{=}\, 0,3574 \text{ m}^2$$

$$112 \% \,\hat{=}\, 40,0288 \text{ m}^2 \approx 41 \text{ m}^2$$

Kosten für den weißen Marmor

$$41 \cdot 145 \text{ €} = 5\,945,00$$

gesamte Kosten für den Marmor

$$4\,290,00 \text{ €} + 1\,480,00 \text{ €} + 5\,945,00 \text{ €} = 11\,715,00$$

8 Volumen- und Oberflächenberechnungen

481

	Kante a	Grundfläche A_G	Oberfläche A_O	Volumen V
a)	5 m	**25 m²**	**150 m²**	**125 m³**
b)	**6 dm**	36 dm²	**216 m²**	**216 dm³**
c)	**2 cm**	**4 cm²**	24 cm²	**8 cm³**
d)	6 mm	**36 mm²**	**216 mm²**	216 mm³

482 a) Es sind sechs Schnitte erforderlich.

b) Man erhält 27 kleine Würfel.

c) Acht kleine Würfel haben drei rote Flächen.

d) Sechs kleine Würfel haben nur eine rote Fläche.

e) Volumen des großen Würfels
$V = 15\,cm \cdot 15\,cm \cdot 15\,cm$
$V = 3\,375\,cm^3$

Oberfläche des großen Würfels
$A_O = 6 \cdot 15\,cm \cdot 15\,cm$
$A_O = 1\,350\,cm^2$

f) Volumen eines kleinen Würfels
$a = 15\,cm : 3 = 5\,cm$
$V = 5\,cm \cdot 5\,cm \cdot 5\,cm$
$V = 125\,cm^3$

Oberfläche eines kleinen Würfels
$A_O = 6 \cdot 5\,cm \cdot 5\,cm$
$A_O = 150\,cm^2$

483 a) Länge der Würfelkante
$$a^2 + a^2 = (8,49\,cm)^2$$
$$2a^2 = 72,0801\,cm^2$$
$$a^2 = 36,04005\,cm^2$$
$$a = 6,00\ldots\,cm \approx 6\,cm$$

b) **Volumen des Würfels**
$V = 6\,cm \cdot 6\,cm \cdot 6\,cm$
$V = 216\,cm^3$

Oberfläche des Würfels
$A_O = 6 \cdot 6\,cm \cdot 6\,cm$
$A_O = 216\,cm^2$

484 a) $V = 4\,cm \cdot 8\,cm \cdot 4\,cm$
$V = 128\,cm^3$
$A_O = 2 \cdot 4\,cm \cdot 8\,cm + 2 \cdot 4\,cm \cdot 4\,cm + 2 \cdot 8\,cm \cdot 4\,cm$
$A_O = 160\,cm^2$

b) $V = 8\,cm \cdot 2\,cm \cdot 8\,cm$
$V = 128\,cm^3$
$A_O = 2 \cdot 8\,cm \cdot 2\,cm + 2 \cdot 8\,cm \cdot 8\,cm + 2 \cdot 2\,cm \cdot 8\,cm$
$A_O = 192\,cm^2$

c) $V = 4\,cm \cdot 16\,cm \cdot 2\,cm$
$V = 128\,cm^3$
$A_O = 2 \cdot 4\,cm \cdot 16\,cm + 2 \cdot 4\,cm \cdot 2\,cm + 2 \cdot 16\,cm \cdot 2\,cm$
$A_O = 208\,cm^2$

485

	Kante a	Kante b	Kante c	Volumen V	Oberfläche A_O
a)	20 cm	15 cm	40 cm	**12 000 cm³**	**3 400 cm²**
b)	40 dm	0,5 dm	**15 dm**	300 dm³	**1 255 dm²**
c)	**7,5 mm**	15 mm	15 mm	1 687,5 mm³	**900 mm²**
d)	16 m	**14 m**	3,5 m	784 m³	**658 m²**

486

a) *Quaderseite*
$\sqrt{6,25\ cm^2} = 2,5\ cm$
$a = 2,5\ cm;\ b = 2,5\ cm;\ c = 5\ cm$

Oberfläche des Quaders
$O = 2 \cdot 6,25\ cm^2 + 4 \cdot 2,5\ cm \cdot 5\ cm$
$O = 62,5\ cm^2$

b) *Volumen des Quaders*
$V = 6,25\ cm^2 \cdot 5\ cm$
$V = 31,25\ cm^3$

c) *Kantenlänge des Würfels*
$62,5\ cm^2 : 6 \approx 10,4\ cm^2$ Quadratfläche
$\sqrt{10,4\ cm^2} \approx 3,2\ cm$ Kantenlänge

487

a) $V_1 = 30\ mm \cdot 35\ mm \cdot 50\ mm$
$V_1 = 52\,500\ mm^3$

$V_2 = \frac{1}{2} \cdot 30\ mm \cdot 25\ mm \cdot 50\ mm$
$V_2 = 18\,750\ mm^3$

$V_{gesamt} = V_1 + V_2$
$V_{gesamt} = 71\,250\ mm^3$

b) $V_1 = 20\ mm \cdot 15\ mm \cdot 30\ mm$
$V_1 = 9\,000\ mm^3$

$V_2 = 30\ mm \cdot 15\ mm \cdot 30\ mm$
$V_2 = 13\,500\ mm^3$

$V_3 = 15\ mm \cdot 15\ mm \cdot 15\ mm$
$V_3 = 3\,375\ mm^3$

$V_{gesamt} = V_1 + V_2 + V_3$
$V_{gesamt} = 25\,875\ mm^3$

c) $V_1 = 25\ mm \cdot 20\ mm \cdot 20\ mm$
$V_1 = 10\,000\ mm^3$

$V_2 = 25\ mm \cdot 50\ mm \cdot 50\ mm$
$V_2 = 62\,500\ mm^3$

$V_{gesamt} = V_1 + V_2$
$V_{gesamt} = 72\,500\ mm^3$

d) $V_1 = 40\ mm \cdot 90\ mm \cdot 40\ mm$
$V_1 = 144\,000\ mm^3$

$V_2 = 20\ mm \cdot 50\ mm \cdot 40\ mm$
$V_2 = 40\,000\ mm^3$

$V_{gesamt} = V_1 - V_2$
$V_{gesamt} = 104\,000\ mm^3$

488

a) *Berechnen der Kante c*
$66,69\ m^3 = 6,5\ m \cdot 3,8\ m \cdot c$
$c = 2,7\ m$ wird der Tank hoch

b) *Berechnen der Oberfläche*
$A_O = 2 \cdot 6,5\ m \cdot 3,8\ m + 2 \cdot 3,8\ m \cdot 2,7\ m$
$\quad + 2 \cdot 6,5\ m \cdot 2,7\ m$
$A_O = 49,4\ m^2 + 20,52\ m^2 + 35,1\ m^2$
$A_O = 105,02\ m^2$ Stahlblech werden benötigt

489 $V = 10\ cm \cdot 6\ cm \cdot 8\ cm$ $\quad \overline{AF}^2 = (10\ cm)^2 + (8\ cm)^2$ $\quad \overline{BG}^2 = (6\ cm)^2 + (8\ cm)^2$ $\quad \overline{EG}^2 = (10\ cm)^2 + (6\ cm)^2$
$V = 480\ cm^3$ $\quad \overline{AF} \approx 12,8\ cm$ $\quad \overline{BG} = 10\ cm$ $\quad \overline{EG} \approx 11,7\ cm$

$A_O = 2 \cdot 10\ cm \cdot 6\ cm + 2 \cdot 10\ cm \cdot 8\ cm + 2 \cdot 6\ cm \cdot 8\ cm$
$A_O = 120\ cm^2 + 160\ cm^2 + 96\ cm^2$
$A_O = 376\ cm^2$

490

a) Netz B

b) A

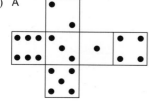

B

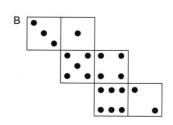

491 a) A: $12 - 5 = 7$ Würfel
   B: 3 Würfel
   C: $45 - 9 = 36$ Würfel

   b) A: $27 - 5 = 22$ Würfel
   B: $64 - 5 = 59$ Würfel
   C: $125 - 9 = 116$ Würfel

492

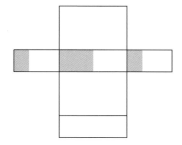

493 a) **Rauminhalte der Verpackungen**

Typ A:
$V = 15{,}5 \text{ cm} \cdot 15{,}5 \text{ cm} \cdot 15{,}5 \text{ cm}$
$V = 3\,723{,}875 \text{ cm}^3$
$V \approx 3\,723{,}9 \text{ cm}^3$

Typ B:
$V = 35 \text{ cm} \cdot 35 \text{ cm} \cdot 35 \text{ cm}$
$V = 42\,875 \text{ cm}^3$

Typ C:
$V = 20 \text{ cm} \cdot 20 \text{ cm} \cdot 35 \text{ cm}$
$V = 14\,000 \text{ cm}^3$

Typ D:
$V = 25 \text{ cm} \cdot 35 \text{ cm} \cdot 12{,}5 \text{ cm}$
$V = 10\,937{,}50 \text{ cm}^3$

b) **Oberflächen der Verpackungen**

Typ A:
$A_O = 6 \cdot (15{,}5 \text{ cm})^2$
$A_O = 1\,441{,}5 \text{ cm}^2$

Typ B:
$A_O = 6 \cdot (35 \text{ cm})^2$
$A_O = 7\,350 \text{ cm}^2$

Typ C:
$A_O = 2 \cdot (20 \text{ cm})^2 + 4 \cdot (20 \text{ cm} \cdot 35 \text{ cm})$
$A_O = 800 \text{ cm}^2 + 2\,800 \text{ cm}^2$
$A_O = 3\,600 \text{ cm}^2$

Typ D:
$A_O = 2 \cdot (25 \text{ cm} \cdot 35 \text{ cm}) + 2 \cdot (25 \text{ cm} \cdot 12{,}5 \text{ cm}) + 2 \cdot (35 \text{ cm} \cdot 12{,}5 \text{ cm})$
$A_O = 1\,750 \text{ cm}^2 + 625 \text{ cm}^2 + 875 \text{ cm}^2$
$A_O = 3\,250 \text{ cm}^2$

c) **Kartonmengen**

Typ A: $7\,400 \cdot 1\,441{,}5 \text{ cm}^2 = 10\,667\,100 \text{ cm}^2 = 1\,066{,}71 \text{ m}^2$
Typ B: $12\,000 \cdot 7\,350 \text{ cm}^2 = 88\,200\,000 \text{ cm}^2 = 8\,820 \text{ m}^2$
Typ C: $6\,400 \cdot 3\,600 \text{ cm}^2 = 23\,040\,000 \text{ cm}^2 = 2\,304 \text{ m}^2$
Typ D: $13\,500 \cdot 3\,250 \text{ cm}^2 = 43\,875\,000 \text{ cm}^2 = 4\,387{,}5 \text{ m}^2$

Kartonmenge für alle Aufträge
$1\,066{,}71 \text{ m}^2 + 8\,820 \text{ m}^2 + 2\,304 \text{ m}^2 + 4\,387{,}5 \text{ m}^2 = 16\,578{,}21 \text{ m}^2$

Berechnen der benötigten Menge bei 18 % Verschnitt
$100\,\% + 18\,\% = 118\,\%$
$100\,\% \mathrel{\hat=} 16\,578{,}21 \text{ m}^2$
$\ \ 1\,\% \mathrel{\hat=} 165{,}7821 \text{ m}^2$
$118\,\% \mathrel{\hat=} 165{,}7821 \text{ m}^2 \cdot 118 = 19\,562{,}2878 \text{ m}^2 \approx 19\,562 \text{ m}^2$

494 a) **Länge des Beckens**
$1\,500 \text{ m}^3 = 15 \text{ m} \cdot b \cdot 4 \text{ m}$
$1\,500 \text{ m}^3 = 60 \text{ m}^2 \cdot b$
$\qquad b = 25 \text{ m}$
Das Becken hat eine Länge von 25 m.

b) $45\,000 \,\ell = 45 \text{ m}^3$
$1\,500 : 45 = 33{,}333\ldots \text{ h} = 33 \text{ h } 20 \text{ min}$
Das Füllen des Beckens dauert 33 h 20 min.

c) 2 Pumpen liefern $20\,000\,\ell \cdot 2 = 40\,000\,\ell = 40\,m^3$ pro Stunde.

$1\,500 : 40 = 37,5\,h = 37\,h\ 30\,min$

Das Füllen des Beckens würde 37 h 30 min dauern.

---

495 a) $V = \dfrac{1}{2} \cdot 8\,m \cdot 15\,m \cdot 12\,m$

$V = 720\,m^3$

$A_O = \dfrac{1}{2} \cdot 2 \cdot 8\,m \cdot 15\,m + 8\,m \cdot 12\,m + 12\,m \cdot 17\,m + 15\,m \cdot 12\,m$

$A_O = 120\,m^2 + 96\,m^2 + 204\,m^2 + 180\,m^2$

$A_O = 600\,m^2$

b) $V = \dfrac{1}{2} \cdot 15,6\,dm \cdot 10,4\,dm \cdot 6,8\,dm$

$V = 551,616\,dm^3$

$A_O = 2 \cdot \dfrac{1}{2} \cdot 15,6\,dm \cdot 10,4\,dm + 2 \cdot 13,0\,dm \cdot 6,8\,dm + 15,6\,dm \cdot 6,8\,dm$

$A_O = 162,24\,dm^2 + 176,8\,dm^2 + 106,08\,dm^2$

$A_O = 445,12\,dm^2$

c) $V = \dfrac{270\,cm + 60\,cm}{2} \cdot 120\,cm \cdot 304\,cm$

$V = 6\,019\,200\,cm^3 = 6\,019,2\,dm^3$

$A_O = \dfrac{270\,cm + 60\,cm}{2} \cdot 120\,cm \cdot 2 + 304\,cm \cdot 200\,cm + 304\,cm \cdot 60\,cm + 304\,cm \cdot 130\,cm + 304\,cm \cdot 270\,cm$

$A_O = 39\,600\,cm^2 + 60\,800\ cm^2 + 18\,240\ cm^2 + 39\,520\ cm^2 + 82\,080\ cm^2$

$A_O = 240\,240\,cm^2 = 2\,402,4\,dm^2$

---

496 a) *Grundfläche berechnen*

$A = \dfrac{9\,cm + 4\,cm}{2} \cdot 7\,cm$

$A = 45,5\,cm^2$

Höhe berechnen

$568,75\,cm^3 : 45,5\,cm^2 = 12,5\,cm$

b) *Grundfläche berechnen*

$A = \dfrac{3 \cdot 4}{2}\,cm^2$

$A = 6\,cm^2$

Höhe berechnen

$568,75\,cm^3 : 6\,cm^2 = 94,79\,cm \approx 94,8\,cm$

---

497 Die Aussagen b), c) und f) sind falsch!

498

$A_1 = 450\,cm^3 : 15\,cm$ $h_2 = 450\,cm^3 : 50\,cm^2$ $h_3 = 450\,cm^3 : 90\,cm^2$ $A_4 = 450\,cm^3 : 10\,cm$

$A_1 = 30\,cm^2$ $h_2 = 9\,cm$ $h_3 = 5\,cm$ $A_4 = 45\,cm^2$

---

499 a) Der Körper besteht aus einem Prisma mit trapezförmiger Grundfläche, aus dem ein Quader herausgeschnitten wurde.

Volumen des Prismas

Berechnen der trapezförmigen Grundfläche (Zerlegung)

$A_R = 70\,mm \cdot 75\,mm$

$A_R = 5\,250\,mm^2$

$A_D = \dfrac{80\,mm \cdot 75\,mm}{2}$

$A_D = 3\,000\,mm^2$

$A_T = 5\,250\,mm^2 + 3\,000\,mm^2$

$A_T = 8\,250\,mm^2$

$h_k = 180\,mm^2$

$V = 8\,250\,mm^2 \cdot 180\,mm$

$V = 1\,485\,000\,mm^3$

$V = 1\,485\,cm^3$

Volumen des Quaders

$a = 45$ mm, $b = 45$ mm, $c = 180$ mm

$V = 45$ mm $\cdot 45$ mm $\cdot 180$ mm

$V = 364\,500$ mm^3

$V = 364,5$ cm^3

Volumen des fertigen Werkstücks

$1\,485$ cm$^3 - 364,5$ cm$^3 = 1\,120,5$ cm^3

b) Der Körper setzt sich aus zwei Prismen mit trapezförmiger Grundfläche und einem Quader zusammen.

Volumen des Prismas

Berechnen der trapezförmigen Grundfläche

$A_T = \dfrac{40 \text{ mm} + 60 \text{ mm}}{2} \cdot 30$ mm

$A_T = 1\,500$ mm^2

$h_k = 95$ mm^2

$V = 1\,500$ mm$^2 \cdot 95$ mm

$V = 142\,500$ mm^3

$V = 142,5$ cm^3

Volumen des Quaders

$a = 40$ mm, $b = 10$ mm, $c = 95$ mm

$V = 40$ mm $\cdot 10$ mm $\cdot 95$ mm

$V = 38\,000$ mm^3

$V = 38$ cm^3

Volumen des fertigen Werkstücks

$2 \cdot 142,5$ cm$^3 + 38$ cm$^3 = 323$ cm^3

c) Der Körper setzt sich aus einem Quader und einem Dreiecksprisma zusammen.

Volumen des Quaders

$a = 100$ mm, $b = 40$ mm, $c = 400$ mm

$V = 100$ mm $\cdot 40$ mm $\cdot 400$ mm

$V = 1\,600\,000$ mm$^3 = 1\,600$ cm^3

Volumen des Dreiecksprismas

$g = 100$ mm, $h_D = 90$ mm, $h_k = 200$ mm

$V = \dfrac{100 \text{ mm} \cdot 90 \text{ mm}}{2} \cdot 200$ mm

$V = 900\,000$ mm$^3 = 900$ cm^3

Volumen des fertigen Werkstücks

$1\,600$ cm$^3 + 900$ cm$^3 = 2\,500$ cm^3

d) Der Körper besteht aus einem Prisma mit trapezförmiger Grundfläche, aus dem ein Quader herausgeschnitten wurde.

Volumen des Prismas

Berechnen der trapezförmigen Grundfläche

$A_T = \dfrac{36 \text{ mm} + 65 \text{ mm}}{2} \cdot 22$ mm

$A_T = 1\,111$ mm^2

$h_k = 16$ mm

$V = 1\,111$ mm$^2 \cdot 16$ mm

$V = 17\,776$ mm^3

Berechnen des Volumens des Quaders

$a = 20$ mm, $b = 6$ mm, $c = 22$ mm

$V = 20$ mm $\cdot 6$ mm $\cdot 22$ mm $= 2\,640$ mm^3

Volumen des fertigen Werkstücks

$17\,776$ mm$^3 - 2\,640$ mm$^3 = 15\,136$ mm^3

$= 15,136$ cm^3

500

a)

r	4,7 cm
A_G	69,36 cm^2
h_k	12,3 cm
V	853,16 cm^3
A_M	363,05 cm^2
A_O	501,77 cm^2

b)

r	7,60 m
A_G	181,37 m^2
h_k	7,60 m
V	1\,379,10 m^3
A_M	362,73 m^2
A_O	725,47 m^2

c)

r	2,8 cm
A_G	24,6 cm^2
h_k	42,8 cm
V	1\,052,88 cm^3
A_M	752,6 cm^2
A_O	801,80 cm^2

d)

r	2,29 m
A_G	16,47 m^2
h_k	102,5 m
V	1\,689,41 m^3
A_M	1\,474,07 m^2
A_O	1\,507,01 m^2

e) r	8,5 dm
A_G	226,87 dm^2
h_k	16,77 dm
V	3 804,53 dm^3
A_M	895,41 dm^2
A_O	1 349,15 dm^2

f) r	7,08 cm
A_G	157,4 cm^2
h_k	15,3 cm
V	2 408,17 cm^3
A_M	680,54 cm^2
A_O	995,33 cm^2

Hinweis: Wenn mit gerundeten Werten weitergerechnet wird, dann kann es zu Abweichungen bei den Nachkommastellen kommen.

501 *Radius berechnen*
$$16\,964,6\ cm^3 = r^2 \cdot 3,14 \cdot 24\ cm$$
$$r \approx 15\ cm$$

502 *Radius berechnen*
$$r^2 \cdot 3,14 = 616\ m^2$$
$$r \approx 14\ m$$

Höhe berechnen
$$h_k = 17\,241\ m^3 : 616\ m^2$$
$$h_k = 27,9886 \approx 28\ m$$

Mantel berechnen
$$M = 2 \cdot 14\ m \cdot 3,14 \cdot 28\ m$$
$$M = 2\,461,76\ m^2$$

503 $d = 25,75\ mm$
$r = 12,875\ mm$

$$V = (12,875\ mm)^2 \cdot 3,14 \cdot 2,20\ mm$$
$$V = 1\,145,10\ldots\ mm^3$$
$$V \approx 1\,145\ mm^3$$

504 $A_G = 803,84\ m^2$
$$r = \sqrt{803,84\ m^2 : 3,14}$$
$$r = 16\ m$$
$$d = 32\ m$$

$V = 13\,665\ m^3$
$$h_k = 13\,665\ m^3 : 803,84\ m^2$$
$$h_k = 16,999\ldots\ m$$
$$h_k \approx 17\ m$$

Der Durchmesser beträgt 32 m, die Höhe des Behälters beträgt 17 m.

505 *Volumen des Holzwürfels*
$$V = 15\ cm \cdot 15\ cm \cdot 15\ cm$$
$$V = 3\,375\ cm^3$$

Volumen des Zylinders
$d = 9\ cm,\ r = 4,5\ cm,\ h_Z = 15\ cm$
$$V = (4,5\ cm)^2 \cdot 3,14 \cdot 15\ cm$$
$$V = 953,775\ cm^3$$

Volumenverlust in Prozent
$$953,775\ cm^3 : 3\,375\ cm^3 \cdot 100\ \% = 28,26\ \% \approx 28,3\ \%$$

506 a) $V = (5,4\ cm)^2 \cdot 3,14 \cdot 6,6\ cm$
  $V = 604,31184\ cm^3$

b) $V = (6\ cm)^2 \cdot 3,14 \cdot 4\ cm$
  $V = 452,16\ cm^3$

c) $V = (7,5\ cm)^2 \cdot 3,14 \cdot 2,5\ cm + (3,75\ cm)^2 \cdot 3,14 \cdot 7,5\ cm$
  $V = 441,5625\ cm^3 + 331,171875\ cm^3$
  $V \approx 772,73\ cm^3$

d) $V = 2 \cdot (6\ cm)^2 \cdot 3,14 \cdot 1,5\ cm + 4\ cm^2 \cdot 3,14 \cdot 9\ cm$
  $V = 339,12\ cm^3 + 113,04\ cm^3$
  $V = 452,16\ cm^3$

507 a) $V = 4\,000\ cm^3$
b) $V = 250\ cm^3$
c) $V = 500\ cm^3$
d) $V = 4\,000\ cm^3$

508 a) $V_B = \frac{1}{4} \cdot V_A$

$V_C = \frac{1}{2} \cdot V_A$

$2 \cdot V_B + V_C = V_A \Rightarrow$ ja

b) $V_B = \frac{1}{2} \cdot V_A$

$V_C = \frac{1}{8} \cdot V_A$

$V_B + 2 \cdot V_C = \frac{3}{4} \cdot V_A \Rightarrow$ nein

---

509 a) **Höhe der zylinderförmigen Regentonne**

$V = 423 \, \ell = 423 \, dm^3$

$d = 70 \, cm, \; r = 35 \, cm = 3,5 \, dm$

$423 \, dm^3 = (3,5 \, dm)^2 \cdot 3,14 \cdot h$

$423 \, dm^3 = 12,25 \, dm^2 \cdot 3,14 \cdot h$

$10,99... \, dm = h$

$h \approx 11 \, dm$

b) **Wassermenge**

$r = 3,5 \, dm, \; h = 40 \, cm = 4 \, dm$

$V = (3,5 \, dm)^2 \cdot 3,14 \cdot 4 \, dm$

$V = 153,86 \, dm^3 \approx 154 \, dm^3$

Herr Lachmayr muss 154 Liter Wasser abschöpfen.

c) **Berechnen der zu streichenden Fläche**

Boden der Regentonne

$A_G = (3,5 \, dm)^2 \cdot 3,14$

$A_G = 38,465 \, dm^2$

Mantel der Regentonne

$A_M = d \cdot 3,14 \cdot h$

$A_M = 7 \, dm \cdot 3,14 \cdot 11 \, dm$

$A_M = 241,78 \, dm^2$

gesamte Fläche

$38,465 \, dm^2 + 241,78 \, dm^2 = 280,245 \, dm^2$

$280,245 \, dm^2 = 2,80245 \, m^2$

Berechnen des Farbbedarfs

$2,80245 \, m^2 \cdot 250 \, \frac{m\ell}{m^2} = 700,6125 \, m\ell$

Herr Lachmayr muss eine Farbdose zu 12,75 € kaufen.

---

510 a) *Höhe der Dose*

$850 \, cm^3 = (5 \, cm)^2 \cdot 3,14 \cdot h_k$

$h_k = 10,828... \, cm \approx 10,8 \, cm$

Die Dose ist 10,8 cm hoch.

c) *Grundfläche*

$A_G = (5 \, cm)^2 \cdot 3,14$

$A_G = 78,5 \, cm^2$

Grund- und Deckfläche

$78,5 \, cm^2 \cdot 2 = 157 \, cm^2$

Abfall in cm^2

$200 \, cm^2 - 157 \, cm^2 = 43 \, cm^2$ Abfall

Abfall in Prozent

$43 : 200 \cdot 100 \, \% = 21,5 \, \%$ Abfall

b) *Fläche der quadratischen Blechteile*

$10 \, cm \cdot 10 \, cm = 100 \, cm^2$

Blech für Boden und Deckel

$100 \, cm^2 \cdot 2 = 200 \, cm^2$

511

a)

a	7,2 dm
A_D	36,72 dm²
h_k	9,5 dm
h_s	10,2 dm
k_s	10,8 dm
V	164,2 dm³

b)

a	6,5 cm
A_D	27,6 cm²
h_k	7,9 cm
h_s	8,5 cm
k_s	9,1 cm
V	111,3 cm³

c)

a	7 cm
A_D	98,7 cm²
h_k	28 cm
h_s	28,2 cm
k_s	28,4 cm
V	461,58 cm³

d)
a	54,8 dm
A_D	1 096 dm^2
h_k	29,1 dm
h_s	40 dm
k_s	48,5 dm
V	29 129,5 dm^3

e)
a	5 m
A_D	17,5 m^2
h_k	6,5 m
h_s	7 m
k_s	7,4 m
V	54,2 m^3

512 a) $V = \dfrac{1}{3} \cdot 6\,\text{cm} \cdot 6\,\text{cm} \cdot 4\,\text{cm}$

$V = 48\,\text{cm}^3$

b) $h_s^2 = (3\,\text{cm})^2 + (4\,\text{cm})^2$

$h_s^2 = 25\,\text{cm}^2$

$h_s = 5\,\text{cm}$

c) $A = \dfrac{1}{2} \cdot 6\,\text{cm} \cdot 5\,\text{cm}$

$A = 15\,\text{cm}$

513 a) **Höhe der Grundfläche der Pyramide**

$h^2 = (6\,\text{cm})^2 - (3\,\text{cm})^2$

$h^2 = 36\,\text{cm}^2 - 9\,\text{cm}^2$

$h^2 = 27\,\text{cm}^2 \qquad |\sqrt{}$

$h = 5,196\ldots\,\text{cm} \approx 5,20\,\text{cm}$

Flächeninhalt der Grundfläche

$A_G = \dfrac{6\,\text{cm} \cdot 5,2\,\text{cm}}{2}$

$A_G = 15,6\,\text{cm}^2$

Volumen der Pyramide

$V = \dfrac{1}{3} \cdot 15,6\,\text{cm}^2 \cdot 12,5\,\text{cm}$

$V = 65\,\text{cm}^3$

Der Briefbeschwerer wiegt 681,85 g.

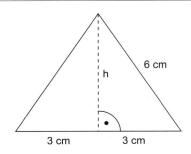

Gewicht des Briefbeschwerers

$M = 65 \cdot 10,49\,\text{g}$

$M = 681,85\,\text{g}$

b) **Höhe eines Seitendreiecks**

$h^2 = (13\,\text{cm})^2 - (3\,\text{cm})^2$

$h^2 = 169\,\text{cm}^2 - 9\,\text{cm}^2$

$h^2 = 160\,\text{cm}^2 \qquad |\sqrt{}$

$h = 12,649\ldots\,\text{cm} \approx 12,65\,\text{cm}$

Flächeninhalt eines Seitendreiecks

$A = \dfrac{6\,\text{cm} \cdot 12,65\,\text{cm}}{2}$

$A = 37,95\,\text{cm}^2$

Oberfläche des Briefbeschwerers

$A_O = 15,6\,\text{cm}^2 + 3 \cdot 37,95\,\text{cm}^2$

$A_O = 129,45\,\text{cm}^2$

Der Briefbeschwerer hat eine Oberfläche von 129,45 cm^2.

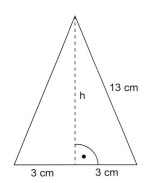

514 a) **Skizze:** Längsschnitt der Doppelpyramide

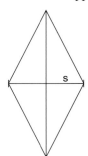

s = 9 mm

b) Volumen Doppelpyramide = Volumen Goldbarren
Volumen des Goldbarrens
$V = 15 \text{ mm} \cdot 7,5 \text{ mm} \cdot 5 \text{ mm}$
$V = 562,5 \text{ mm}^3$
Volumen einer Pyramide
$562,5 \text{ mm}^3 : 2 = 281,25 \text{ mm}^3$
Höhe einer Pyramide
$V = 281,25 \text{ mm}^3$
$s = 9 \text{ mm}$
$281,25 \text{ mm}^3 = \frac{1}{3} \cdot 9 \text{ mm} \cdot 9 \text{ mm} \cdot h$
$281,25 \text{ mm}^3 = 27 \text{ mm}^2 \cdot h$
$h = 10,41\ldots \text{ mm} \approx 10,4 \text{ mm}$
Höhe des Schmuckstücks
$2 \cdot 10,4 \text{ mm} = 20,8 \text{ mm}$

c) **Masse des Schmuckstücks**
$562,5 \text{ mm}^3 = 0,5625 \text{ cm}^3$
$0,5625 \text{ cm}^3 \cdot 19,3 \frac{g}{cm^3} = 10,85\ldots \text{ g} \approx 10,9 \text{ g}$

---

515 a) **Ursprüngliches Volumen**
$V = \frac{1}{3} \cdot (233 \text{ m})^2 \cdot 147 \text{ m}$
$V = 2\,660\,161 \text{ m}^3$

b) **Volumenverlust**
heutige Maße der Pyramide
$h = 137 \text{ m}, a = 233 \text{ m} - 6 \text{ m} = 227 \text{ m}$
$V = \frac{1}{3} \cdot (227 \text{ m})^2 \cdot 137 \text{ m}$
$V = 2\,353\,157,667 \text{ m}^3$
Volumenverlust in m³
$2\,660\,161 \text{ m}^3 - 2\,353\,157,667 \text{ m}^3$
$= 307\,003,333 \text{ m}^3$
Volumenverlust in Prozent
$307\,003,333 \text{ m}^3 : 2\,660\,161 \text{ m}^3 \cdot 100 \%$
$= 11,54\ldots \% \approx 11,5 \%$

c) **Flächeninhalt der Seitendreiecke**
Höhe eines Seitendreiecks (Pythagoras)
$h^2 = (147 \text{ m})^2 + (116,5 \text{ m})^2$
$h = 187,566\ldots \text{ m} \approx 187,6 \text{ m}$
Flächeninhalt 4 Seitendreiecke

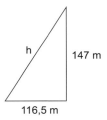

$4 \cdot \frac{1}{2} \cdot 233 \text{ m} \cdot 187,6 \text{ m}$
$= 87\,421,6 \text{ m}^2$

8 % Bruch und Verschnitt
$100 \% \triangleq 87\,421,6 \text{ m}^2$
$1 \% \triangleq 874,216 \text{ m}^2$
$108 \% \triangleq 874,216 \text{ m}^2 \cdot 108 = 94\,415,328 \text{ m}^2$
$\approx 94\,415 \text{ m}^2$

Damals mussten 94 415 m² Platten transportiert werden.

516

a)

r	6,4 cm
s	14,31 cm
h_k	12,8 cm
A_G	128,61 cm²
V	548,74 cm³

b)

r	6,7 dm
s	8,9 dm
h_k	5,86 dm
A_G	140,95 dm²
V	275,32 dm³

c)

r	3,29 m
s	3,9 m
h_k	2,1 m
A_G	33,99 m²
V	23,79 m³

d)

r	2,17 dm
s	2,85 dm
h_k	1,85 dm
A_G	14,79 dm²
V	9,12 dm³

e)

r	0,66 m
s	33,05 m
h_k	33,04 m
A_G	1,35 m²
V	14,87 m³

517 *Radius berechnen*
$54,6 \text{ m} = 2 \cdot r \cdot 3,14$
$r \approx 8,69 \text{ m}$

Höhe berechnen
$148,75 \text{ m}^3 = \dfrac{1}{3} \cdot (8,69 \text{ m})^2 \cdot 3,14 \cdot h$
$h \approx 1,88 \text{ m}$ Höhe des Sandhaufens

518 *Volumen Würfel*
$V = 8 \text{ cm} \cdot 8 \text{ cm} \cdot 8 \text{ cm}$
$V = 512 \text{ cm}^3$

Volumen Würfel = Volumen Kegel
$512 \text{ cm}^3 = \dfrac{1}{3} \cdot (4 \text{ cm})^2 \cdot 3,14 \cdot h_k$
$h_k \approx 30,57 \text{ cm}$ Kegelhöhe

Seitenlinie berechnen
$s^2 = (30,57 \text{ cm})^2 + (4 \text{ cm})^2$
$s \approx 30,83 \text{ cm}$

519 $A_G = 1\,017,36 \text{ cm}^2 = 10,1736 \text{ dm}^2$
$36,8 \text{ dm}^3 = \dfrac{1}{3} \cdot 10,1736 \text{ dm}^2 \cdot h_k$
$h_k = 10,851615 \text{ dm}$
$h_k \approx 10,85 \text{ dm}$

520 a) **Länge der Mantellinie s**
$s^2 = (24 \text{ cm})^2 + (9 \text{ cm})^2$
$s^2 = 576 \text{ cm}^2 + 81 \text{ cm}^2$
$s^2 = 657 \text{ cm}^2 \qquad |\sqrt{\ }$
$s = 25,632\ldots \text{ cm} \approx 25,63 \text{ cm}$

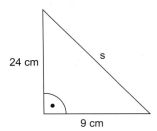

Flächeninhalt des Kegelmantels
$A_M = 9 \text{ cm} \cdot 3,14 \cdot 25,63 \text{ cm}$
$A_M = 724,3038 \text{ cm}^2 \approx 724,30 \text{ cm}^2$

Flächeninhalt von 28 Spitzhüten
$724,30 \text{ cm}^2 \cdot 28 = 20\,280,4 \text{ cm}^2 \approx 2,03 \text{ m}^2$
Es wird mit 25 % Verschnitt gerechnet. Es werden 100 % + 25 % = 125 % Folie benötigt.
$100 \% \triangleq 2,03 \text{ m}^2$
$125 \% \triangleq 2,5375 \text{ m}^2 \approx 2,54 \text{ m}^2$
Es werden 2,54 m² Folie benötigt.

b) **Flächeninhalt eines Bogens**
$A = 80 \text{ cm} \cdot 40 \text{ cm}$
$A = 3\,200 \text{ cm}^2 = 0,32 \text{ m}^2$

Anzahl der benötigten Bögen
$2,54 \text{ m}^2 : 0,32 \text{ m}^2 = 7,9375$
Es müssen acht Bögen gekauft werden.

Preis für 8 Bögen
$6,95 \text{ €} \cdot 8 = 55,60 \text{ €}$
Ince und Emre müssen 55,60 € bezahlen.

521 a) **Volumen des Kegels**
$V_{Kegel} = \dfrac{1}{3} \cdot (5 \text{ cm})^2 \cdot 3,14 \cdot 18 \text{ cm}$
$V_{Kegel} = 471 \text{ cm}^3$

Gewicht des Kegels

$M = 471 \cdot 7,7$ g

$M = 3\,626,7$ g $\approx 3\,627$ g

b) **Volumen des Zylinders**

$V_{\text{Zylinder}} = (5\text{ cm})^2 \cdot 3,14 \cdot 18\text{ cm}$

$V_{\text{Zylinder}} = 1\,413\text{ cm}^3$

Volumen des Abfalls

$1\,413\text{ cm}^3 - 471\text{ cm}^3 = 942\text{ cm}^3$

Höhe des Quaders

$942\text{ cm}^3 = 10\text{ cm} \cdot 5\text{ cm} \cdot c$

$942\text{ cm}^3 = 50\text{ cm}^2 \cdot c$

$c = 18,84\text{ cm} \approx 18,8\text{ cm}$

---

522 a) **Radius des kreisrunden Pavillons**

$37,68\text{ m} = 2 \cdot r \cdot 3,14$

$\qquad r = 6\text{ m}$

Mantellinie s des kegelförmigen Daches

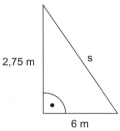

$s^2 = (2,75\text{ m})^2 + (6\text{ m})^2$

$s^2 = 7,5625\text{ m}^2 + 36\text{ m}^2$

$s^2 = 43,5625\text{ m}^2 \qquad |\sqrt{}$

$\ s = 6,600\ldots\text{ m} \approx 6,60\text{ m}$

Mantelfläche des Daches

$A_M = 6\text{ m} \cdot 3,14 \cdot 6,60\text{ m}$

$A_M = 124,344\text{ m}^2 \approx 124,34\text{ m}^2$

Bei der Montage fallen 15 % Verschnitt an. Es werden 100 % + 15 % = 115 % Kupferblech benötigt.

$100\ \% \mathrel{\widehat{=}} 124,34\text{ m}^2$

$115\ \% \mathrel{\widehat{=}} 142,991\text{ m}^2 \approx 143\text{ m}^2$

Es werden 143 m^2 Kupferblech benötigt.

b) **Kosten für das Kupferblech**

$143 \cdot 118\ € = 16\,874\ €$

gesamte Kosten

$5\,900\ € + 16\,874\ € = 22\,774$

Das Dach kostet insgesamt 22 774 €.

---

523 a) **Höhe des Kegels**

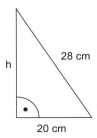

$h^2 = (28\text{ cm})^2 - (20\text{ cm})^2$

$h^2 = 784\text{ cm}^2 - 400\text{ cm}^2$

$h^2 = 384\text{ cm}^2 \qquad |\sqrt{}$

$h = 19,595\ldots\text{ cm} \approx 19,60\text{ cm}$

b) **Volumen des Quaders**

$V_{\text{Quader}} = 40\text{ cm} \cdot 40\text{ cm} \cdot 19,60\text{ cm}$

$V_{\text{Quader}} = 31\,360\text{ cm}^3$

Volumen des Kegels

$V_{\text{Kegel}} = \frac{1}{3} \cdot (20\text{ cm})^2 \cdot 3,14 \cdot 19,6\text{ cm}$

$V_{\text{Kegel}} = 8\,205,866\text{ cm}^3 \approx 8\,205,87\text{ cm}^3$

Volumen des Abfalls in cm³

$31\,360 \text{ cm}^3 - 8\,205,87 \text{ cm}^3 = 23\,154,13 \text{ cm}^3$

Volumen des Abfalls in Prozent

$p\,\% = 23\,154,13 : 31\,360 \cdot 100\,\%$

$p\,\% = 73,833\ldots\% \approx 73,83\,\%$

Der entstehende Abfall beträgt $23\,154,13 \text{ cm}^3$ bzw. $73,83\,\%$.

---

524 a) **Höhe h_k des Kegels**

$h_k^2 = (11,67 \text{ cm})^2 - (6 \text{ cm})^2$

$h_k^2 = 136,1889 \text{ cm}^2 - 36 \text{ cm}^2$

$h_k^2 = 100,1889 \text{ cm}^2 \qquad |\sqrt{}$

$h_k = 10,00\ldots \text{ cm} \approx 10 \text{ cm}$

b) **Volumen eines Kegels**

$V_{Kegel} = \dfrac{1}{3} \cdot (6 \text{ cm})^2 \cdot 3,14 \cdot 10 \text{ cm}$

$V_{Kegel} = 376,8 \text{ cm}^3$

c) **Volumen des Zylinders**

$911 \text{ cm}^3 - 2 \cdot 376,8 \text{ cm}^3 = 157,4 \text{ cm}^3$

d) **Höhe h_Z des Zylinders**

$157,4 \text{ cm}^3 = (6 \text{ cm})^2 \cdot 3,14 \cdot h_Z$

$157,4 \text{ cm}^3 = 113,04 \text{ cm}^2 \cdot h_Z$

$h_Z = 1,39\ldots \text{ cm} \approx 1,4 \text{ cm}$

e) **Mantelflächeninhalt eines Kegels**

$A_{MK} = 6 \text{ cm} \cdot 3,14 \cdot 11,67 \text{ cm}$

$A_{MK} = 219,86\ldots \text{ cm}^2 \approx 219,9 \text{ cm}^2$

Mantelflächeninhalt des Zylinders

$A_{MZ} = 2 \cdot 6 \text{ cm} \cdot 3,14 \cdot 1,4 \text{ cm}$

$A_{MZ} = 52,752 \text{ cm}^2 \approx 52,8 \text{ cm}^2$

Oberflächeninhalt des Werkstücks

$2 \cdot 219,9 \text{ cm}^2 + 52,8 \text{ cm}^2 = 492,6 \text{ cm}^2$

---

525 a) **Grundfläche des Sandbergs**

Berechnung des Radius

$d = u : \pi$

$d = 50,24 \text{ m} : 3,14$

$d = 16 \text{ m} \Rightarrow r = 8 \text{ m}$

Berechnung der Fläche

$A = r^2 \cdot \pi$

$A = (8 \text{ m})^2 \cdot 3,14$

$A = 200,96 \text{ m}^2$

Die Grundfläche ist $200,96 \text{ m}^2$ groß.

b) **Höhe des Sandbergs**

$V = \dfrac{1}{3} \cdot A \cdot h_k$

$334,93 \text{ m}^3 = \dfrac{1}{3} \cdot 200,96 \text{ m}^2 \cdot h_k$

$h_k = 4,9999\ldots \text{ m}$

Der Sandhaufen ist 5 m hoch.

c) **Anzahl der Fahrten**

Ladegewicht des Lkw 18 t

1 m^3 Sand wiegt 1,6 t.

Gewicht des Sandhaufens

$\text{Masse} = 334,93 \text{ m}^3 \cdot 1,6 \dfrac{t}{m^3}$

$\text{Masse} = 535,888 \text{ t}$

Der Sand hat ein Gewicht von 535,888 t.

Anzahl der Fahrten

Anzahl = Gesamtgewicht : Ladegewicht

Anzahl = 535,888 t : 18 t

Anzahl = 29,771555

Der Lastwagen muss 30-mal fahren.

526 **A:** $r = 2\,\text{cm}$ $h_K = 9\,\text{cm}$

$V = \dfrac{1}{3} \cdot (2\,\text{cm})^2 \cdot 3{,}14 \cdot 9\,\text{cm}$

$V = 37{,}68\,\text{cm}^3$

Preis je cm^3

$1{,}95\,€ : 37{,}68\,\text{cm}^3 = 0{,}0517\ldots \dfrac{€}{\text{cm}^3} \approx 5{,}2 \dfrac{\text{ct}}{\text{cm}^3}$

B: $d = 6\,\text{cm}$ $r = 3\,\text{cm}$ $h_K = 12\,\text{cm}$

$V = \dfrac{1}{3} \cdot (3\,\text{cm})^2 \cdot 3{,}14 \cdot 12\,\text{cm}$

$V = 113{,}04\,\text{cm}^3$

Preis je cm^3

$5{,}95\,€ : 113{,}04\,\text{cm}^3 = 0{,}0526\ldots \dfrac{€}{\text{cm}^3} \approx 5{,}3 \dfrac{\text{ct}}{\text{cm}^3}$

C: $u = 25\,\text{cm}$ $d = 25\,\text{cm} : 3{,}14 \approx 7{,}96$ $r = 3{,}98\,\text{cm}$

$h_K = 15\,\text{cm}$

$V = \dfrac{1}{3} \cdot (3{,}98\,\text{cm})^2 \cdot 3{,}14 \cdot 15\,\text{cm}$

$V = 248{,}694\ldots\,\text{cm}^3 \approx 248{,}69\,\text{cm}^3$

Preis je cm^3

$9{,}95\,€ : 248{,}69\,\text{cm}^3 = 0{,}0400\ldots \dfrac{€}{\text{cm}^3} \approx 4{,}0 \dfrac{\text{ct}}{\text{cm}^3}$

Der Kerzentyp C hat das beste Preis/Leistungsverhältnis.

---

527 a) Aus dem Quader wurde ein kleiner Quader herausgeschnitten, der oben wieder aufgesetzt wurde.

$V = 60\,\text{cm} \cdot 60\,\text{cm} \cdot 20\,\text{cm}$

$V = 72\,000\,\text{cm}^3$

b) Aus dem großen Quader wurde ein kleiner Quader herausgeschnitten.

$V_{\text{außen}} = 40\,\text{cm} \cdot 30\,\text{cm} \cdot 50\,\text{cm} = 60\,000\,\text{cm}^3$

$V_{\text{innen}} = 20\,\text{cm} \cdot 30\,\text{cm} \cdot 40\,\text{cm} = 24\,000\,\text{cm}^3$

$V = 60\,000\,\text{cm}^3 - 24\,000\,\text{cm}^3 = 36\,000\,\text{cm}^3$

---

528 a) 3 Farben   b) 3 Farben   c) 2 Farben   d) 3 Farben

---

529 a) Netz C   b) Netz A

---

530 a) **Skizze**

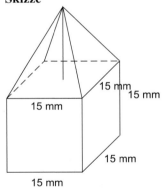

c) **Masse des Schmuckstücks**

$\text{Masse} = 3{,}825\,\text{cm}^3 \cdot 8{,}9 \dfrac{\text{g}}{\text{cm}^3}$

$\text{Masse} = 34{,}0425\,\text{g}$

$\text{Masse} \approx 34\,\text{g}$

Das Schmuckstück hat eine Masse von 34 g.

b) **Höhe des Anhängers**

Volumen des Würfels

$V_W = 15\,\text{mm} \cdot 15\,\text{mm} \cdot 15\,\text{mm}$

$V_W = 3\,375\,\text{mm}^3$

Volumen der Pyramide

$V_{\text{gesamt}} - V_{\text{Würfel}} = V_{\text{Pyramide}}$

$3{,}825\,\text{cm}^3 = 3\,825\,\text{mm}^3$

$3\,825\,\text{mm}^3 - 3\,375\,\text{mm}^3 = 450\,\text{mm}^3$

Höhe der Pyramide

$A_G = 15\,\text{mm} \cdot 15\,\text{mm}$

$A_G = 225\,\text{mm}^2$

$V = \dfrac{1}{3} \cdot A_G \cdot h_k$

$450\,\text{mm}^3 = \dfrac{1}{3} \cdot 225\,\text{mm}^2 \cdot h_k$

$h_K = 6\,\text{mm}$

Höhe des Anhängers

$15\,\text{mm} + 6\,\text{mm} = 21\,\text{mm}$

531 a) Das Kunstwerk setzt sich aus einem Quader V_1, einem Prisma mit trapezförmiger Grundfläche V_2 und einer Pyramide zusammen.

Berechnen der einzelnen Rauminhalte

Quader
$a = 20$ cm
$b = 20$ cm
$c = 10$ cm
$V_1 = 20$ cm $\cdot$ 20 cm $\cdot$ 10 cm
$V_1 = 4\,000$ cm^3

Pyramide
$a = 15$ cm
$b = 20$ cm
$h_k = 16$ cm
$V_3 = \dfrac{1}{3} \cdot 15$ cm $\cdot$ 20 cm $\cdot$ 16 cm
$V_3 = 1\,600$ cm^3

Trapezprisma
Berechnen der trapezförmigen Grundfläche
(Zerlegung)
$A_R = 15$ cm $\cdot$ 8 cm
$A_R = 120$ cm^2

$A_D = \dfrac{5 \text{ cm} \cdot 8 \text{ cm}}{2}$

$A_D = 20$ cm^2

$A_T = 120$ cm$^2 + 20$ cm^2
$A_T = 140$ cm^2

Volumen
$h_k = 20$ cm
$V_2 = A_T \cdot h_k$
$V_2 = 140$ cm$^2 \cdot 20$ cm
$V_2 = 2\,800$ cm^3

Volumen des Kunstwerks
$V = V_1 + V_2 + V_3$
$V = 4\,000$ cm$^3 + 2\,800$ cm$^3 + 1\,600$ cm^3
$V = 8\,400$ cm^3

b) **Masse des Kunstwerks**

Masse $= 8\,400$ cm$^3 \cdot 2,8\,\dfrac{\text{g}}{\text{cm}^3}$

Masse $= 23\,520$ g $= 23,52$ kg

c) **Abfall**

Volumen des Marmorblocks
$V = 20$ cm $\cdot$ 20 cm $\cdot$ 35 cm
$V = 14\,000$ cm^3

Volumen des Abfalls in cm^3
$14\,000$ cm$^3 - 8\,400$ cm$^3 = 5\,600$ cm^3

Volumen des Abfalls in Prozent
$5\,600$ cm$^3 : 14\,000$ cm$^3 \cdot 100\,\% = 40\,\%$

---

532 a) Der Lagerblock ist ein Prisma mit einer zusammengesetzten Grundfläche.

Zerlegen der Grundfläche in berechenbare Teilflächen

A_1: Rechteck unten
$a = 160$ cm $b = 50$ cm
$A_1 = 160$ cm $\cdot$ 50 cm
$A_1 = 8\,000$ cm^2

A_2: aufgesetztes Rechteck
$a = 34$ cm $+ 23$ cm $+ 23$ cm $= 80$ cm $b = 25$ cm
$A_2 = 80$ cm $\cdot$ 25 cm
$A_2 = 2\,000$ cm^2

A_3: aufgesetzter Halbkreis
$r = 17$ cm $+ 23$ cm $= 40$ cm

$A_3 = \dfrac{1}{2} \cdot (40 \text{ cm})^2 \cdot 3,14$

$A_3 = 2\,512$ cm^2

A_4: Kreis (Aussparung) oben
$d = 34$ cm $r = 17$ cm
$A_4 = (17 \text{ cm})^2 \cdot 3,14$
$A_4 = 907,46$ cm^2

Grundfläche des Prismas

$A_G = A_1 + A_2 + A_3 - A_4$

$A_G = 8\,000 \text{ cm}^2 + 2\,000 \text{ cm}^2 + 2\,512 \text{ cm}^2 - 907,46 \text{ cm}^2$

$A_G = 11\,604,54 \text{ cm}^2$

Volumen für 6 Lagerblöcke

$V = 6 \cdot A_G \cdot h_K \qquad\qquad h_K = 80 \text{ cm}$

$V = 6 \cdot 11\,604,54 \text{ cm}^2 \cdot 80 \text{ cm}$

$V = 6 \cdot 928\,363,2 \text{ cm}^3$

$V = 5\,570\,179,2 \text{ cm}^3$

$V \approx 5,57 \text{ m}^3$

b) **Masse der 6 Lagerblöcke**

$\text{Masse} = 5,57 \text{ m}^3 \cdot 7,3 \dfrac{\text{t}}{\text{m}^3}$

$\text{Masse} = 40,661 \text{ t}$

---

533 a) **Durchmesser des Zylinders**

$V = 3\,846,5 \text{ cm}^3 \quad h_Z = 25 \text{ cm}$

$3\,846,5 \text{ cm}^3 = r^2 \cdot 3,14 \cdot 25$

$\qquad\quad r = 7 \text{ cm} \;\Rightarrow\; d = 14 \text{ cm}$

b) **Grundkante der Pyramide**

$d^2 = a^2 + a^2$

$d^2 = 2a^2$

$(14 \text{ cm})^2 = 2a^2$

$196 \text{ cm}^2 = 2a^2$

$98 \text{ cm}^2 = a^2 \quad |\sqrt{}$

$a = 9,899\ldots \text{ cm}$

$a \approx 9,9 \text{ cm}$

c) **Rauminhalt des Werkstücks**

Volumen der Pyramide

$V = \dfrac{1}{3} \cdot (9,9 \text{ cm})^2 \cdot 25 \text{ cm}$

$V = 816,75 \text{ cm}^3$

Volumen des Werkstücks

$3\,846,5 \text{ cm}^3 - 816,75 \text{ cm}^3 = 3\,029,75 \text{ cm}^3$

---

534 a) **Volumen des ganzen Baumstamms**

$V = (60 \text{ cm})^2 \cdot 3,14 \cdot 650 \text{ cm}$

$V = 7\,347\,600 \text{ cm}^3$

b) **Volumen des inneren Halbkreiszylinders**

$V = \dfrac{1}{2} \cdot (40 \text{ cm})^2 \cdot 3,14 \cdot 580 \text{ cm}$

$V = 1\,456\,960 \text{ cm}^3$

$V = 1\,456,96 \text{ dm}^3$

$V \approx 1\,457 \text{ }\ell$

c) **Masse des fertigen Trogs**

Volumen des äußeren Halbkreiszylinders

$V = \dfrac{1}{2} \cdot 7\,347\,600 \text{ cm}^3$

$V = 3\,673\,800 \text{ cm}^3$

Volumen des Trogs

$3\,673\,800 \text{ cm}^3 - 1\,456\,960 \text{ cm}^3 = 2\,216\,840 \text{ cm}^3$

Masse des Trogs

$\text{Masse} = 2\,216\,840 \text{ cm}^3 \cdot 0,8 \dfrac{\text{g}}{\text{cm}^3}$

$\text{Masse} = 1\,773\,472 \text{ g}$

$\text{Masse} \approx 1\,773 \text{ kg}$

---

535 a) Das Denkmal setzt sich aus 4 Teilkörpern zusammen.
Berechnen der einzelnen Rauminhalte

V_1: *unterer Quader*	V_2: *aufgesetzter Quader*	V_3: *Zylinder*	V_4: *aufgesetzter Kegel*
$V_1 = 5 \text{ m} \cdot 5 \text{ m} \cdot 0,75 \text{ m}$	$V_2 = 4 \text{ m} \cdot 4 \text{ m} \cdot 0,5 \text{ m}$	$r = 2,5 \text{ m} : 2 = 1,25 \text{ m}$	$r = 1,25 \text{ m} \quad h_k = 1,5 \text{ m}$
$V_1 = 18,75 \text{ m}^3$	$V_2 = 8 \text{ m}^3$	$V_3 = (1,25 \text{ m})^2 \cdot 3,14 \cdot 4 \text{ m}$	$V_4 = \dfrac{1}{3} \cdot r^2 \cdot 3,14 \cdot h_k$
		$V_3 = 19,625 \text{ m}^3$	$V_4 = 2,453125 \text{ m}^3$

Volumen des gesamten Denkmals

$V = V_1 + V_2 + V_3 + V_4$

$V = 18,75 \text{ m}^3 + 8 \text{ m}^3 + 19,625 \text{ m}^3 + 2,453125 \text{ m}^3$

$V = 48,828125 \text{ m}^3$

b) **Masse des Denkmals**

$\text{Masse} = 48,828125 \text{ m}^3 \cdot 2,8 \dfrac{\text{t}}{\text{m}^3}$

$\text{Masse} = 136,71875 \text{ t}$

Traglast: $2 \cdot 75 \text{ t} = 150 \text{ t}$

Zwei Autokräne können das Denkmal anheben.

---

536 a) **Volumen großer Zylinder**

$d = 3,2 \text{ dm} \quad r = 1,6 \text{ dm}$

$V_1 = (1,6 \text{ dm})^2 \cdot 3,14 \cdot 6,4 \text{ dm}$

$V_1 = 51,44576 \text{ dm}^3$

$V_1 \approx 51,4 \text{ dm}^3$

Volumen kleine Zylinder

$d = 0,8 \text{ dm} \quad r = 0,4 \text{ dm}$

$V_2 = (0,4 \text{ dm})^2 \cdot 3,14 \cdot 6,4 \text{ dm}$

$V_2 = 3,21536 \text{ dm}^3$

$V_2 \approx 3,2 \text{ dm}^3$

Volumen Werkstück:

$V = V_1 - V_2$

$V = 51,4 \text{ dm}^3 - 4 \cdot 3,2 \text{ dm}^3$

$V = 38,6 \text{ dm}^3$

b) **8 herausgefräste Grundflächen:**

$A = 8 \cdot (0,4 \text{ dm})^2 \cdot 3,14$

$A = 4,0192 \text{ dm}^2$

$A \approx 4,0 \text{ dm}^2$

Oberfläche großer Zylinder

$A_{OZ} = 2 \cdot A_{GZ} + A_{MZ}$

$A_{OZ} = 2 \cdot (1,6 \text{ dm})^2 \cdot 3,14 + 2 \cdot 1,6 \text{ dm} \cdot 3,14 \cdot 6,4 \text{ dm}$

$A_{OZ} = 16,0768 \text{ dm}^2 + 64,3072 \text{ dm}^2$

$A_{OZ} = 80,384 \text{ dm}^2$

$A_{OZ} \approx 80,4 \text{ dm}^2$

Mantelfläche der 4 herausgefrästen Zylinder

$A_{MZ} = 4 \cdot 2 \cdot 0,4 \text{ dm} \cdot 3,14 \cdot 6,4 \text{ dm}$

$A_{MZ} = 64,3072 \text{ dm}^2$

$A_{MZ} \approx 64,3 \text{ dm}^2$

Oberfläche Werkstück

$A_{OW} = A_{OZ} - A + A_{MZ}$

$A_{OW} = 80,4 \text{ dm}^2 - 4 \text{ dm}^2 + 64,3 \text{ dm}^2$

$A_{OW} = 140,7 \text{ dm}^2$

9   Geometrisches Zeichnen

537 a) Der Punkt A liegt auf der Geraden g.
Zeichne durch den Punkt A mithilfe des Geodreiecks
eine Senkrechte zur Geraden g.
Die Senkrechte zur Geraden g durch den Punkt A ist
das Lot auf die Gerade g durch den Punkt A.

b) Der Punkt B liegt nicht auf der Geraden h.
Zeichne durch den Punkt B mithilfe des Geodreiecks
eine Senkrechte zur Geraden h.
Die Senkrechte zur Geraden h durch den Punkt B ist
das Lot auf die Gerade h durch den Punkt B.

c) Der Punkt C liegt nicht auf der Geraden i.
Zeichne durch den Punkt C mithilfe des Geodreiecks
eine Senkrechte zur Geraden i.
Die Senkrechte zur Geraden i durch den Punkt C ist das
Lot auf die Gerade i durch den Punkt C.

d) Der Punkt D liegt auf der Geraden k.
Zeichne durch den Punkt D mithilfe des Geodreiecks
eine Senkrechte zur Geraden k.
Die Senkrechte zur Geraden k durch den Punkt D ist
das Lot auf die Gerade k durch den Punkt D.

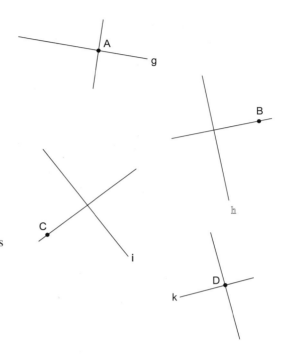

538 a) **Zeichenschritte**
– Zeichne mit dem Geodreieck die Strecke $\overline{AB}$.
– Markiere den Mittelpunkt M der Strecke $\overline{AB}$.
  $|\overline{AB}| = 7\,\text{cm}, |\overline{AM}| = 3,5\,\text{cm}$
– Zeichne mit dem Geodreieck die Mittelsenkrechte
  durch den Punkt M.

b) **Zeichenschritte**
– Zeichne mit dem Geodreieck die Strecke $\overline{CD}$.
– Markiere den Mittelpunkt M der Strecke $\overline{CD}$.
  $|\overline{CD}| = 9\,\text{cm}, |\overline{CM}| = 4,5\,\text{cm}$
– Zeichne mit dem Geodreieck die Mittelsenkrechte
  durch den Punkt M.

c) **Zeichenschritte**
– Zeichne mit dem Geodreieck die Strecke $\overline{EF}$.
– Markiere den Mittelpunkt M der Strecke $\overline{EF}$.
  $|\overline{EF}| = 6,8\,\text{cm}, |\overline{EM}| = 3,4\,\text{cm}$
– Zeichne mit dem Geodreieck die Mittelsenkrechte
  durch den Punkt M.

d) **Zeichenschritte**
– Zeichne mit dem Geodreieck die Strecke $\overline{GH}$.
– Markiere den Mittelpunkt M der Strecke $\overline{GH}$.
  $|\overline{GH}| = 8,8\,\text{cm}, |\overline{GM}| = 4,4\,\text{cm}$
– Zeichne mit dem Geodreieck die Mittelsenkrechte
  durch den Punkt M.

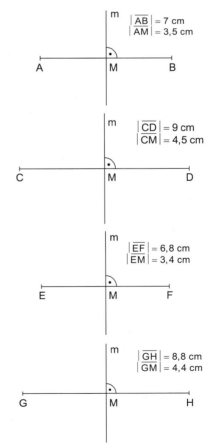

Maßstab 1 : 2

539 Anlage des Koordinatensystems: x-Achse 12 cm, y-Achse 7 cm
Die Punkte A(1|1), B(10|2), C(7|6), D(4|4,5) in das Koordinatensystem eintragen und zum Viereck ABCD verbinden.

Lot von C auf die Strecke $\overline{AB}$ fällen:
– Zeichne durch den Punkt C mithilfe des Geodreiecks eine Senkrechte zur Strecke $\overline{AB}$.

Lot von D auf die Strecke $\overline{AB}$ fällen:
– Zeichne durch den Punkt D mithilfe des Geodreiecks eine Senkrechte zur Strecke $\overline{AB}$.

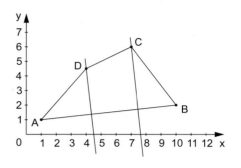

540 a) Anlage des Koordinatensystems:
x-Achse 12 cm, y-Achse 10 cm
Die Punkte A(1|1), B(10|1), C(7|9) in das Koordinatensystem eintragen und zum Dreieck ABC verbinden.

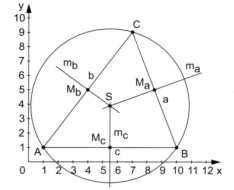

Mittelsenkrechte m_c:
– Markiere mithilfe des Geodreiecks den Mittelpunkt M_c der Strecke $\overline{AB}$. $|\overline{AM_c}| = 4,5$ cm
– Zeichne durch den Punkt M_c mithilfe des Geodreiecks eine Senkrechte zur Strecke $\overline{AB}$.

Mittelsenkrechte m_b:
– Markiere mithilfe des Geodreiecks den Mittelpunkt M_b der Strecke $\overline{AC}$. $|\overline{AM_b}| = 5$ cm
– Zeichne durch den Punkt M_b mithilfe des Geodreiecks eine Senkrechte zur Strecke $\overline{AC}$.

Mittelsenkrechte m_a:
– Markiere mithilfe des Geodreiecks den Mittelpunkt M_a der Strecke $\overline{BC}$. $|\overline{AM_a}| = 4,3$ cm
– Zeichne durch den Punkt M_a mithilfe des Geodreiecks eine Senkrechte zur Strecke $\overline{BC}$.

Kreis um S mit Radius $r = |\overline{SA}|$ zeichnen. Auf dem Kreis liegen die Punkte A, B, C. Der Kreis um S mit dem Radius $r = |\overline{SA}|$ ist der Umkreis des Dreiecks ABC.

b) Anlage des Koordinatensystems:
x-Achse 9 cm, y-Achse 9 cm
Die Punkte A(1|0,5), B(8|3), C(2|8) in das Koordinatensystem eintragen und zum Dreieck ABC verbinden.

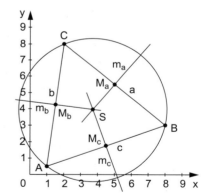

Mittelsenkrechte m_c:
– Markiere mithilfe des Geodreiecks den Mittelpunkt M_c der Strecke $\overline{AB}$. $|\overline{AM_c}| = 3,7$ cm
– Zeichne durch den Punkt M_c mithilfe des Geodreiecks eine Senkrechte zur Strecke $\overline{AB}$.

Mittelsenkrechten m_b:
– Markiere mithilfe des Geodreiecks den Mittelpunkt M_b der Strecke $\overline{AC}$. $|\overline{AM_b}| = 3,8$ cm
– Zeichne durch den Punkt M_b mithilfe des Geodreiecks eine Senkrechte zur Strecke $\overline{AC}$.

Mittelsenkrechte m_a:
– Markiere mithilfe des Geodreiecks den Mittelpunkt M_a der Strecke $\overline{BC}$. $|\overline{AM_a}| = 3,9$ cm
– Zeichne durch den Punkt M_a mithilfe des Geodreiecks eine Senkrechte zur Strecke $\overline{BC}$.

Kreis um S mit Radius $r = |\overline{SA}|$ zeichnen. Auf dem Kreis liegen die Punkte A, B, C. Der Kreis um S mit dem Radius $r = |\overline{SA}|$ ist der Umkreis des Dreiecks ABC.

541 a) Anlage des Koordinatensystems:
x-Achse 12 cm, y-Achse 9 cm
Die Punkte A(2|2), B(11|1), C(6|8) in das Koordinatensystem
eintragen und zum Dreieck ABC verbinden.
 – Zeichne durch den Punkt A mithilfe des Geodreiecks eine
Senkrechte zur Seite a.
 – Zeichne durch den Punkt B mithilfe des Geodreiecks eine
Senkrechte zur Seite b.
 – Zeichne durch den Punkt C mithilfe des Geodreiecks eine
Senkrechte zur Seite c.

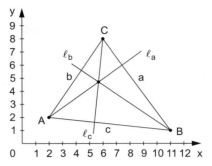

b) Anlage des Koordinatensystems:
x-Achse 12 cm, y-Achse 10 cm
Die Punkte A(1|0), B(11|2), C(4,5|10) in das Koordinaten-
system eintragen und zum Dreieck ABC verbinden.
 – Zeichne durch den Punkt A mithilfe des Geodreiecks eine
Senkrechte zur Seite a.
 – Zeichne durch den Punkt B mithilfe des Geodreiecks eine
Senkrechte zur Seite b.
 – Zeichne durch den Punkt C mithilfe des Geodreiecks eine
Senkrechte zur Seite c.

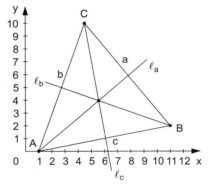

542 **Zeichenschritte**
 – Anlegen des Koordinatensystem mit der Einheit 1 cm.
 – x-Achse: 0 bis 10 cm
 – y-Achse: 0 bis 9 cm
 – Die Punkte A und B in das Koordinatensystem eintragen und zur Strecke $\overline{AB}$ verbinden.

a) Die Strecke $\overline{AB}$ mit dem Geodreieck halbieren, den Mittelpunkt der Strecke $\overline{AB}$ mit F bezeichnen, mit dem
Geodreieck die Mittelsenkrechte durch den Punkt F zeichnen.

oder

Mit dem Zirkel die Mittelsenkrechte zur Strecke $\overline{AB}$ konstruieren.

b) Kreis um F mit dem Radius $r = |\overline{FA}|$ zeichnen.

c) Die Punkte A, B, C und D zu einem Quadrat verbinden.
C(7|1); D(4|8)

d) Die Winkelhalbierende und die Mittelsenkrechte sind identisch.

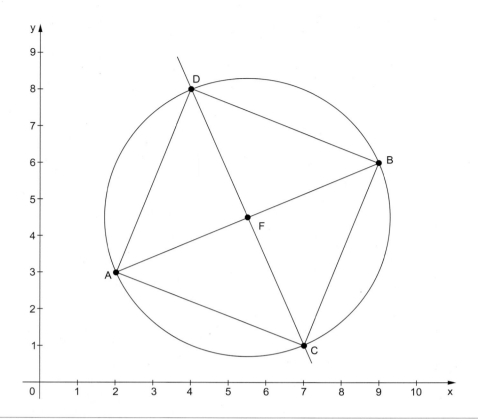

543 **Zeichenschritte**

a) Anlegen des Koordinatensystem mit der Einheit 1 cm und die Punkte A, B und C in das Koordinatensystem eintragen.
x-Achse: 0 bis 12 cm
y-Achse: 0 bis 13 cm

b) Die Punkte A, B und C zum Dreieck ABC verbinden.

c) Parallele zur Strecke $\overline{BC}$ durch den Punkt A zeichnen.
Parallele zur Strecke $\overline{AB}$ durch den Punkt C zeichnen.
Der Schnittpunkt der Parallelen ergibt den Eckpunkt D.
Koordinaten von Punkt D: D(4 | 11)
Punkt D mit den Punkten A und C verbinden.

d) Den Punkt B mit dem Geodreieck an der Strecke $\overline{AC}$ spiegeln.

e) Mit dem Geodreieck von Punkt D aus das Lot auf die Strecke $\overline{AC}$ zeichnen.

f) Punkt B mit Punkt D verbinden.
Der Schnittpunkt mit der Strecke $\overline{AC}$ ist der Mittelpunkt M für den Kreis durch die Punkte A, B und C; Kreis um M mit dem Radius $\overline{MA}$ zeichnen.

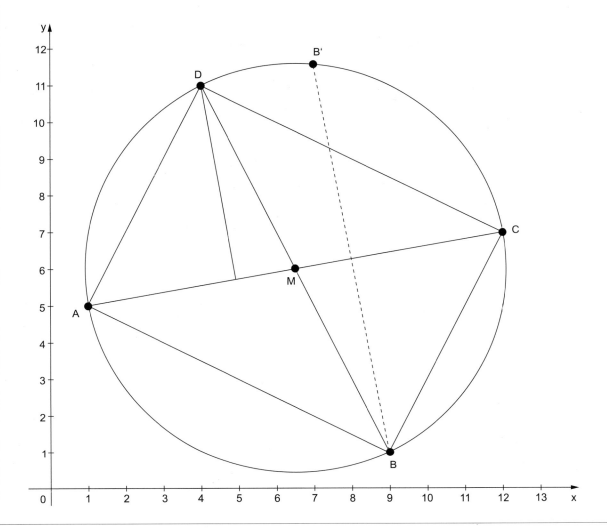

544 Zeichenschritte

– Anlegen des Koordinatensystems mit der Einheit 1 cm
– x-Achse: 0 bis 12 cm
– y-Achse: 0 bis 9 cm
– Punkte A und B in das Koordinatensystem eintragen

a) Verbinde die Punkte A und B zur Strecke $\overline{AB}$.
   Kreisbogen um A mit Radius r = 7 cm zeichnen.
   Kreisbogen um B mit Radius r = 7 cm zeichnen.
   Der Schnittpunkt der beiden Kreisbögen ergibt den Punkt C.
   Die Punkte A und B jeweils mit dem Punkt C zum gleichschenkligen Dreieck verbinden.
   C(6|8)

b) Mit dem Geodreieck die Mittelsenkrechte zur Strecke $\overline{AB}$ zeichnen.

c) Mit dem Geodreieck durch den Punkt C die Parallele zur Strecke $\overline{AB}$ zeichnen.

d) Mit dem Geodreieck durch den Punkt A die Parallele zur Strecke $\overline{BC}$ zeichnen.
   Den Schnittpunkt der Parallelen mit D bezeichnen.
   Den Punkt D jeweils mit dem Punkt A und C zum Parallelogramm verbinden.
   D(11|6)

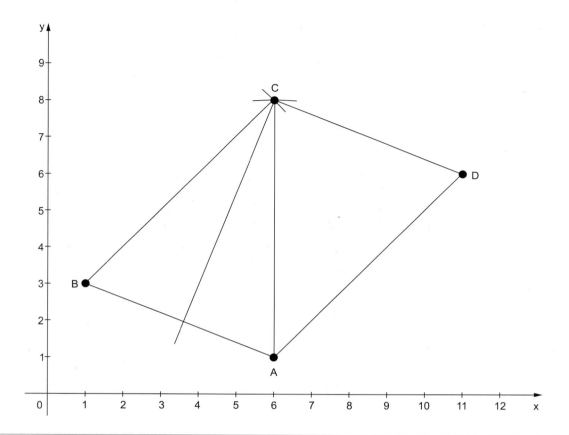

545 a) **Zeichenschritte**

– Strecke $|\overline{AB}| = c = 6,5\,cm$ zeichnen.
Damit sind die Ecken A und B festgelegt.
– Kreisbogen um A mit dem Radius
$r = b = 6,1\,cm$ zeichnen.
– Kreisbogen um B mit dem Radius $r = a = 7\,cm$
zeichnen.
– Der Schnittpunkt der beiden Kreisbögen ergibt
die Ecke C.
– A mit C und B mit C verbinden.

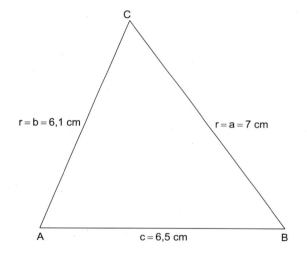

b) **Zeichenschritte**

– Strecke $|\overline{AB}| = c = 3\,cm$ zeichnen.
Damit sind die Ecken A und B festgelegt.
– Kreisbogen um A mit dem Radius $r = b = 4\,cm$
zeichnen.
– Kreisbogen um B mit dem Radius $r = a = 5\,cm$
zeichnen.
– Der Schnittpunkt der beiden Kreisbögen ergibt
die Ecke C.
– A mit C und B mit C verbinden.

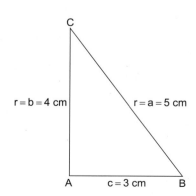

c) **Zeichenschritte**
  – Strecke $|\overline{AB}| = c = 5,5$ cm zeichnen.
    Damit sind die Ecken A und B festgelegt.
  – Kreisbogen um A mit dem Radius $r = b = 7$ cm
    zeichnen.
  – Kreisbogen um B mit dem Radius
    $r = a = 6,5$ cm zeichnen.
  – Der Schnittpunkt der beiden Kreisbögen ergibt
    die Ecke C.
  – A mit C und B mit C verbinden.

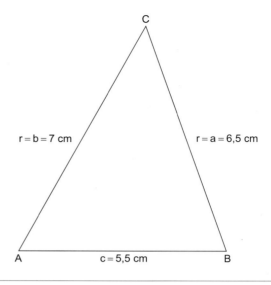

546 a) **Zeichenschritte**
  – Strecke $|\overline{AB}| = c = 6$ cm zeichnen.
    Damit sind die Ecken A und B festgelegt.
  – Kreisbogen um A mit dem Radius $r = b = 5$ cm
    zeichnen.
  – Kreisbogen um B mit dem Radius $r = a = 4$ cm
    zeichnen.
  – Der Schnittpunkt der beiden Kreisbögen ergibt
    die Ecke C.
  – A mit C und B mit C verbinden.

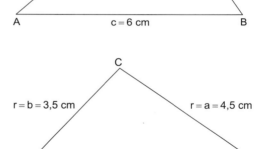

b) **Zeichenschritte**
  – Strecke $|\overline{AB}| = c = 6$ cm zeichnen.
    Damit sind die Ecken A und B festgelegt.
  – Kreisbogen um A mit dem Radius
    $r = b = 3,5$ cm zeichnen.
  – Kreisbogen um B mit dem Radius
    $r = a = 4,5$ cm zeichnen.
  – Der Schnittpunkt der beiden Kreisbögen ergibt
    die Ecke C.
  – A mit C und B mit C verbinden.

c) **Zeichenschritte**
  – Strecke $|\overline{AB}| = c = 10,2$ cm
    zeichnen.
    Damit sind die Ecken A und B
    festgelegt.
  – Kreisbogen um A mit dem
    Radius $r = b = 4,5$ cm zeichnen.
  – Kreisbogen um B mit dem
    Radius $r = a = 8$ cm zeichnen.
  – Der Schnittpunkt der beiden
    Kreisbögen ergibt die Ecke C.
  – A mit C und B mit C
    verbinden.

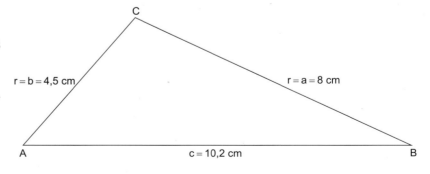

d) **Zeichenschritte**
   – Strecke $|\overline{AB}| = c = 10{,}5$ cm
     zeichnen.
     Damit sind die Ecken A und B
     festgelegt.
   – Kreisbogen um A mit dem
     Radius $r = b = 5{,}8$ cm zeichnen.
   – Kreisbogen um B mit dem
     Radius $r = a = 8{,}4$ cm zeichnen.
   – Der Schnittpunkt der beiden
     Kreisbögen ergibt die Ecke C.
   – A mit C und B mit C
     verbinden.

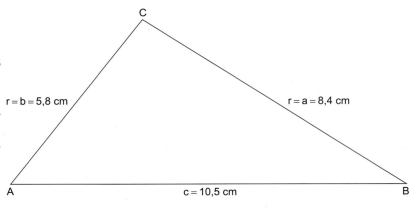

547 a) **Zeichenschritte**
   – Strecke $|\overline{AB}| = c = 6$ cm zeichnen.
     Damit sind die Ecken A und B festgelegt.
   – Den Winkel $\beta = 45°$ mit dem Geodreieck an
     Punkt B antragen.
   – Kreisbogen um B mit dem Radius
     $r = a = 4{,}5$ cm zeichnen.
   – Der Schnittpunkt des Kreisbogens mit der
     Seite a ergibt die Ecke C.
   – A mit C verbinden.

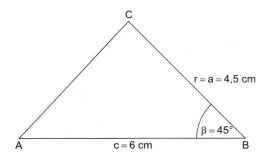

b) **Zeichenschritte**
   – Strecke $|\overline{AB}| = c = 4$ cm zeichnen.
     Damit sind die Ecken A und B festgelegt.
   – Den Winkel $\alpha = 67°$ mit dem Geodreieck an
     Punkt A antragen.
   – Kreisbogen um A mit dem Radius $r = b = 6$ cm
     zeichnen.
   – Der Schnittpunkt des Kreisbogens mit der
     Seite b ergibt die Ecke C.
   – B mit C verbinden.

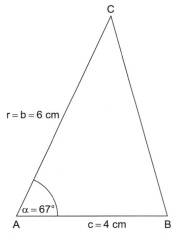

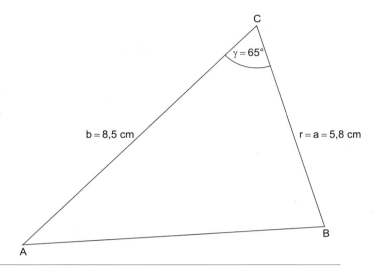

c) **Zeichenschritte**
- Strecke $|\overline{AC}| = b = 8{,}5$ cm zeichnen.
  Damit sind die Ecken A und C festgelegt.
- Den Winkel $\gamma = 65°$ mit dem Geodreieck an
  Punkt C antragen.
- Kreisbogen um C mit dem Radius
  $r = a = 5{,}8$ cm zeichnen.
- Der Schnittpunkt des Kreisbogens mit der
  Seite a ergibt die Ecke B.
- A mit B verbinden.

548 a) **Zeichenschritte**
- Strecke $|\overline{AB}| = c = 6$ cm zeichnen.
  Damit sind die Ecken A und B festgelegt.
- Den Winkel $\alpha = 60°$ mit dem Geodreieck an
  Punkt A antragen.
- Kreisbogen um A mit dem Radius $r = b = 5$ cm
  zeichnen.
- Der Schnittpunkt des Kreisbogens mit der
  Seite b ergibt die Ecke C.
- B mit C verbinden.

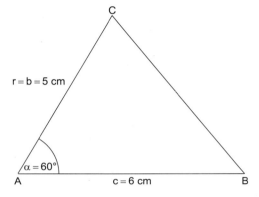

b) **Zeichenschritte**
- Strecke $|\overline{BC}| = a = 5{,}5$ cm zeichnen.
  Damit sind die Ecken B und C festgelegt.
- Den Winkel $\gamma = 65°$ mit dem Geodreieck an
  Punkt C antragen.
- Kreisbogen um C mit dem Radius
  $r = b = 4{,}5$ cm zeichnen.
- Der Schnittpunkt des Kreisbogens mit der
  Seite b ergibt die Ecke A.
- A mit B verbinden.

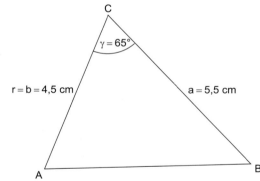

c) **Zeichenschritte**
- Strecke $|\overline{AB}| = c = 8$ cm zeichnen.
  Damit sind die Ecken A und B festgelegt.
- Den Winkel $\beta = 40°$ mit dem Geodreieck an
  Punkt B antragen.
- Kreisbogen um B mit dem Radius
  $r = a = 4{,}5$ cm zeichnen.
- Der Schnittpunkt des Kreisbogens mit der
  Seite a ergibt die Ecke C.
- A mit C verbinden.

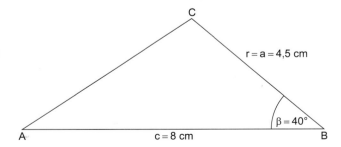

d) **Zeichenschritte**
 – Strecke $|\overline{BC}| = a = 7,2$ cm zeichnen.
   Damit sind die Ecken B und C festgelegt.
 – Den Winkel $\gamma = 35°$ mit dem Geodreieck an
   Punkt C antragen.
 – Kreisbogen um C mit dem Radius
   $r = b = 6,8$ cm zeichnen.
 – Der Schnittpunkt des Kreisbogens mit der
   Seite b ergibt die Ecke A.
 – A und B verbinden.

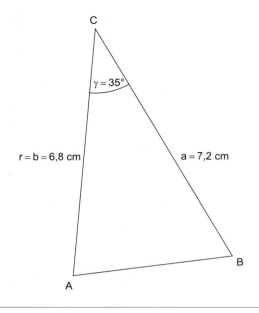

549 a) **Zeichenschritte**
 – Strecke $|\overline{AB}| = c = 8$ cm zeichnen.
   Damit sind die Ecken A und B festgelegt.
 – Den Winkel $\alpha = 40°$ mit dem Geodreieck an
   Punkt A antragen.
 – Den Winkel $\beta = 80°$ mit dem Geodreieck an
   Punkt B antragen.
 – Der Schnittpunkt der beiden freien Schenkel
   ergibt die Ecke C.

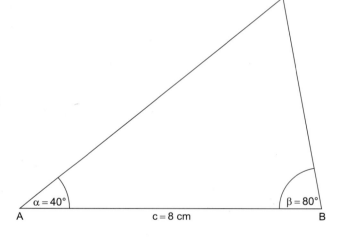

b) **Zeichenschritte**
 – Strecke $|\overline{AC}| = b = 9,5$ cm zeichnen.
   Damit sind die Ecken A und C festgelegt.
 – Den Winkel $\gamma = 70°$ mit dem Geodreieck
   an Punkt C antragen.
 – Den Winkel $\alpha = 60°$ mit dem Geodreieck
   an Punkt A antragen.
 – Der Schnittpunkt der beiden freien
   Schenkel ergibt die Ecke B.

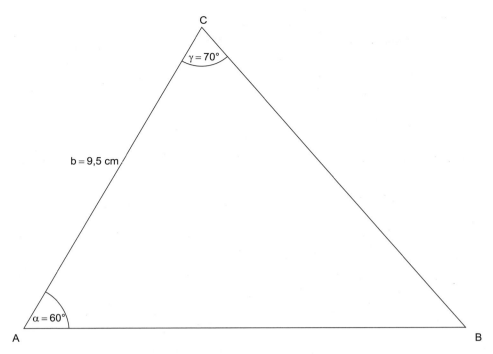

c) **Zeichenschritte**

– Strecke $\overline{|BC|} = a = 10,3$ cm zeichnen.
  Damit sind die Ecken B und C festgelegt.
– Den Winkel $\beta = 37°$ mit dem Geodreieck an Punkt B antragen.
– Den Winkel $\gamma = 85°$ mit dem Geodreieck an Punkt C antragen.
– Der Schnittpunkt der beiden freien Schenkel ergibt die Ecke A.

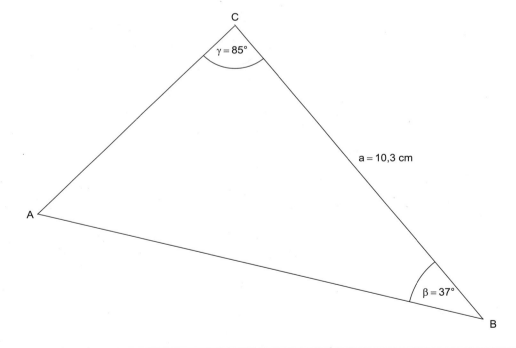

550 a) **Zeichenschritte**
  – Strecke $|\overline{AB}| = c = 6\,cm$ zeichnen.
    Damit sind die Ecken A und B festgelegt.
  – Den Winkel $\alpha = 60°$ mit dem Geodreieck an
    Punkt A antragen.
  – Den Winkel $\beta = 40°$ mit dem Geodreieck an
    Punkt B antragen.
  – Der Schnittpunkt der beiden freien Schenkel
    ergibt die Ecke C.

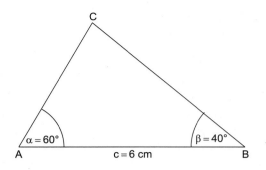

b) **Zeichenschritte**
  – Strecke $|\overline{BC}| = a = 5,5\,cm$ zeichnen.
    Damit sind die Ecken B und C festgelegt.
  – Den Winkel $\gamma = 65°$ mit dem Geodreieck an
    Punkt C antragen.
  – Den Winkel $\beta = 35°$ mit dem Geodreieck an
    Punkt B antragen.
  – Der Schnittpunkt der beiden freien Schenkel
    ergibt die Ecke A.

c) **Zeichenschritte**
  – Strecke $|\overline{AC}| = b = 8\,cm$ zeichnen.
    Damit sind die Ecken A und C festgelegt.
  – Den Winkel $\alpha = 80°$ mit dem Geodreieck an
    Punkt A antragen.
  – Den Winkel $\gamma = 41°$ mit dem Geodreieck an
    Punkt C antragen.
  – Der Schnittpunkt der beiden freien Schenkel
    ergibt die Ecke B.

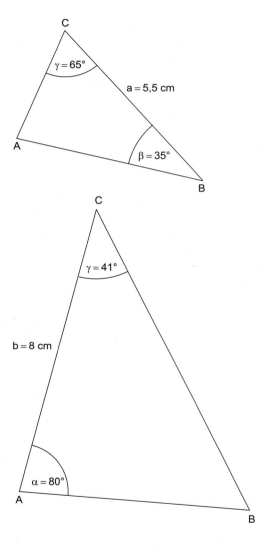

d) **Zeichenschritte**
   – Strecke $|\overline{AB}| = c = 10$ cm
     zeichnen.
     Damit sind die Ecken A und B
     festgelegt.
   – Den Winkel $\alpha = 71°$ mit dem
     Geodreieck an Punkt A
     antragen.
   – Den Winkel $\beta = 67°$ mit dem
     Geodreieck an Punkt B
     antragen.
   – Der Schnittpunkt der beiden
     freien Schenkel ergibt die
     Ecke C.

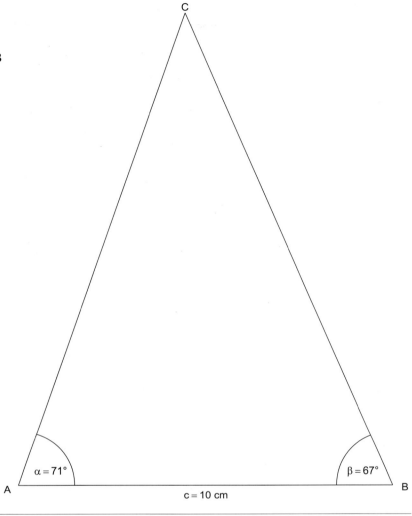

551 Der Quotient aus 360° und dem Mittelpunktswinkel β muss eine ganze Zahl (Anzahl der Ecken) sein.

a) $360° : 30° = 12$ Eck   ja   b) $360° : 50° = 7,2$ nein
c) $360° : 60° = 6$ Eck   ja   d) $360° : 75° = 4,8$ nein
e) $360° : 72° = 5$ Eck   ja   f) $360° : 90° = 4$ Eck   ja

552 a) $\beta = 72°$ $\alpha = 54°$ b) Neuneck $\alpha = 70°$
c) Zehneck $\beta = 36°$ d) $\beta = 30°$ $\alpha = 75°$
e) Achteck $\alpha = 67,5°$ f) Sechseck $\beta = 60°$

553 a) **Berechnen der Winkel**
Mittelpunktswinkel:
n = 5
$$\beta = \frac{360°}{5}$$
$$\beta = 72°$$

Basiswinkel:
$$2\alpha + \beta = 180°$$
$$2\alpha + 72° = 180° \qquad |-72°$$
$$2\alpha = 108° \qquad |:2$$
$$\alpha = 54°$$

Zeichenschritte
– Zeichne das Bestimmungsdreieck nach WSW.
– Zeichne den Umkreis um M mit dem Radius r (r = Länge des Schenkels im Bestimmungsdreieck).
– Trage mit dem Zirkel die Seitenlänge s = 5 cm auf dem Umkreis ab.
– Verbinde die Schnittpunkte mit dem Umkreis zu einem regelmäßigen Fünfeck.

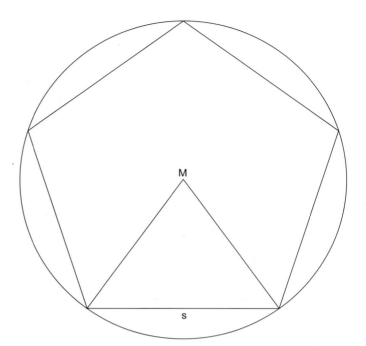

b) **Berechnen der Winkel**
Mittelpunktswinkel:
n = 6
$$\beta = \frac{360°}{6}$$
$$\beta = 60°$$

Basiswinkel:
$$2\alpha + \beta = 180°$$
$$2\alpha + 60° = 180° \qquad |-60°$$
$$2\alpha = 120° \qquad |:2$$
$$\alpha = 60°$$

Zeichenschritte
– Zeichne das Bestimmungsdreieck nach WSW.
– Zeichne den Umkreis um M mit dem Radius r (r = Länge des Schenkels im Bestimmungsdreieck).
– Trage mit dem Zirkel die Seitenlänge s = 4 cm auf dem Umkreis ab.
– Verbinde die Schnittpunkte mit dem Umkreis zu einem regelmäßigen Sechseck.

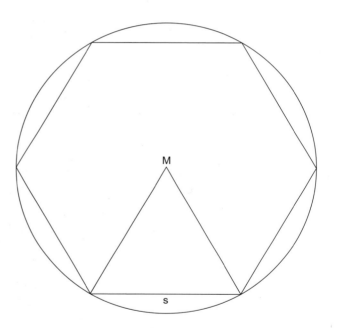

c) **Berechnen der Winkel**

Mittelpunktswinkel:

$n = 8$

$\beta = \dfrac{360°}{8}$

$\beta = 45°$

Basiswinkel:

$2\alpha + \beta = 180°$

$2\alpha + 45° = 180° \qquad |-45°$

$\qquad 2\alpha = 135° \qquad |:2$

$\qquad\quad \alpha = 67,5°$

Zeichenschritte

– Zeichne das Bestimmungsdreieck nach WSW.
– Zeichne den Umkreis um M mit dem Radius r (r = Länge des Schenkels im Bestimmungsdreieck).
– Trage mit dem Zirkel die Seitenlänge s = 3,5 cm auf dem Umkreis ab.
– Verbinde die Schnittpunkte mit dem Umkreis zu einem regelmäßigen Achteck.

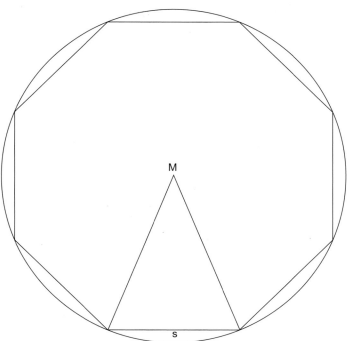

d) **Berechnen der Winkel**

Mittelpunktswinkel:

$n = 12$

$\beta = \dfrac{360°}{12}$

$\beta = 30°$

Basiswinkel:

$2\alpha + \beta = 180°$

$2\alpha + 30° = 180° \qquad |-30°$

$\qquad 2\alpha = 150° \qquad |:2$

$\qquad\quad \alpha = 75°$

Zeichenschritte

– Zeichne das Bestimmungsdreieck nach WSW.
– Zeichne den Umkreis um M mit dem Radius r (r = Länge des Schenkels im Bestimmungsdreieck).
– Trage mit dem Zirkel die Seitenlänge s = 4,5 cm auf dem Umkreis ab.
– Verbinde die Schnittpunkte mit dem Umkreis zu einem regelmäßigen Zwölfeck.

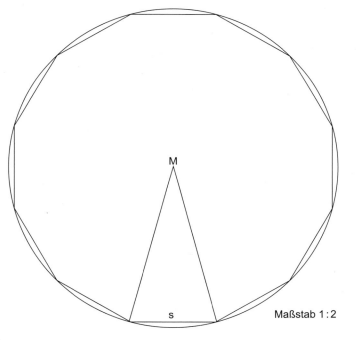

Maßstab 1 : 2

554

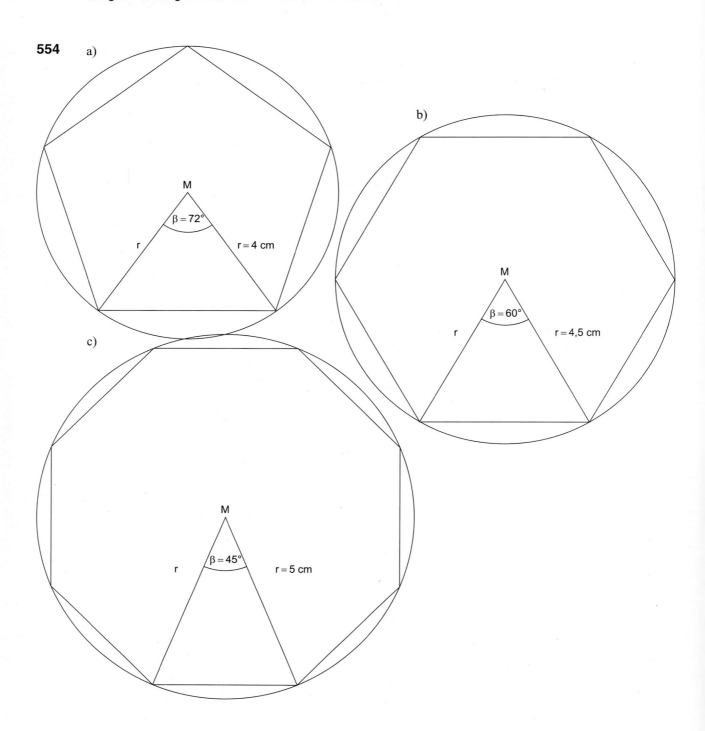

555 a) $u = 18\,\text{dm} \cdot 5$
$u = 90\,\text{dm}$

$A = \dfrac{18\,\text{dm} \cdot 12,4\,\text{dm}}{2} \cdot 5$

$A = 558\,\text{dm}^2$

b) $u = 12\,\text{cm} \cdot 6$
$u = 72\,\text{cm}$

$A = \dfrac{12\,\text{cm} \cdot 10,4\,\text{cm}}{2} \cdot 6$

$A = 374,4\,\text{cm}^2$

c) $u = 70\,\text{cm} \cdot 12$
$u = 840\,\text{cm}$

$A = \dfrac{70\,\text{cm} \cdot 131\,\text{cm}}{2} \cdot 12$

$A = 55\,020\,\text{cm}^2$

d) $u = 8,5\,\text{m} \cdot 12$
$u = 102\,\text{m}$

$A = \dfrac{8,5\,\text{m} \cdot 15,9\,\text{m}}{2} \cdot 12$

$A = 810,9\,\text{m}^2$

556 a) $u = 4,8\,\text{cm} \cdot 5$
$u = 24\,\text{cm}$

$h^2 = (4,1\,\text{cm})^2 - (2,4\,\text{cm})^2$
$h = 3,324\ldots\,\text{cm} \approx 3,32\,\text{cm}$

$A = \dfrac{4,8\,\text{cm} \cdot 3,32\,\text{cm}}{2} \cdot 5$

$A = 39,84\,\text{cm}^2$

b) $u = 7,5\,\text{cm} \cdot 6$
$u = 45\,\text{cm}$

$h^2 = (7,5\,\text{cm})^2 - (3,75\,\text{cm})^2$
$h = 6,495\ldots\,\text{cm} \approx 6,5\,\text{cm}$

$A = \dfrac{7,5\,\text{cm} \cdot 6,5\,\text{cm}}{2} \cdot 6$

$A = 146,25\,\text{cm}^2$

c) $u = 3,7\,\text{cm} \cdot 8$
$u = 29,6\,\text{cm}$

$h^2 = (4,8\,\text{cm})^2 - (1,85\,\text{cm})^2$
$h = 4,429\ldots\,\text{cm} \approx 4,43\,\text{cm}$

$A = \dfrac{3,7\,\text{cm} \cdot 4,43\,\text{cm}}{2} \cdot 8$

$A = 65,564\,\text{cm}^2 \approx 65,56\,\text{cm}^2$

557 A: Neuneck $(360° : 40° = 9)$
B: Sechseck (gleichseitiges Dreieck $\Rightarrow$ Mittelpunktswinkel $60° \Rightarrow 360° : 60° = 6$)
C: kein regelmäßiges Vieleck (Mittelpunktswinkel $180° - 2 \cdot 50° = 80° \Rightarrow 360° : 80° = 4,5$)

558 Nein, es entsteht ein quadratischer Zwischenraum.

559 a) Fünfeck

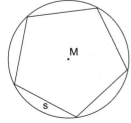

b) nicht möglich

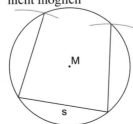

c) Sechseck

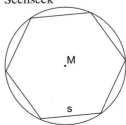

560 *Seite s des Sechsecks*
u = 30 cm
s = 30 cm : 6 = 5 cm

Das Bestimmungsdreiecks eines regelmäßigen Sechseck ist ein gleichseitiges Dreieck.
r = s = 5 cm

Höhe des Bestimmungsdreiecks (Pythagoras)
$h^2 = (5\,\text{cm})^2 - (2,5\,\text{cm})^2$
$h = 4,33\ldots\,\text{cm} \approx 4,3\,\text{cm}$

Flächeninhalt des Sechsecks
$$A = \frac{5\,\text{cm} \cdot 4,3\,\text{cm}}{2} \cdot 6$$
$A = 64,5\,\text{cm}^2$

Der Untersetzer hat eine Fläche von 64,5 cm².

---

561 a) **Skizze**

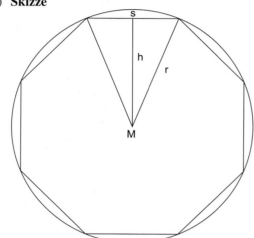

b) **Seitenlänge s**
u = 12 m
s = 12 m : 8
s = 1,5 m

Schenkellänge r
Flächeninhalt eines Bestimmungsdreiecks
$10,8\,\text{m}^2 : 8 = 1,35\,\text{m}^2$

Höhe des Bestimmungsdreiecks
$$1,35\,\text{m}^2 = \frac{1,5\,\text{m} \cdot h}{2}$$
$h = 1,8\,\text{m}$

Schenkellänge r (Pythagoras)
$$r^2 = h^2 + \left(\frac{s}{2}\right)^2$$
$r^2 = (1,8\,\text{m})^2 + (0,75\,\text{m})^2$
$r = 1,95\,\text{m}$

---

562 a) **Seite s**
u = 5 · s
20 m = 5 · s |: 5
s = 4 m

Höhe des Bestimmungsdreiecks
$A_{\text{Fünfeck}} = 5 \cdot A_{\text{BD}}$
$28\,\text{m}^2 = 5 \cdot A_{\text{BD}}$ |: 5
$A_{\text{BD}} = 5,6\,\text{m}^2$

$$A_{\text{BD}} = \frac{s \cdot h}{2}$$
$$5,6\,\text{m}^2 = \frac{4\,\text{m} \cdot h}{2}$$ |· 2; : 4 m
$h = 2,8\,\text{m}$

Radius r
$$r^2 = h^2 + \left(\frac{s}{2}\right)^2$$
$r^2 = (2,8\,\text{m})^2 + (2\,\text{m})^2$
$r = 3,440\ldots\,\text{m} \approx 3,44\,\text{m}$

b) **Volumen des Beckens in m³**
$A_G = 28\,\text{m}^2 \quad h_k = 60\,\text{cm} = 0,6\,\text{m}$
$V = A_G \cdot h_k$
$V = 28\,\text{m}^2 \cdot 0,6\,\text{m}$
$V = 16,8\,\text{m}^3$

Musterprüfung der Mittelschule

Teil A – Arbeitsblatt

1 a) $3,1 \cdot 17,95 = 17,95 \cdot 3,1$

$$
\begin{array}{r}
1\,7,9\,5 \cdot 3,1 \\
\hline
5\,3\,8\,5\,0 \\
+\quad 1\,7\,9\,5 \\
\hline
5\,5,6\,4\,5
\end{array}
$$

Wende das Kommutativgesetz (Vertauschungsgesetz) an.
Multipliziere die beiden Faktoren wie natürliche Zahlen.
Fehlende Stellen ergänzt du mit 0.
Das Ergebnis hat so viele Stellen wie die beiden Faktoren zusammen.
Setze im Ergebnis das Komma an der richtigen Stelle.

b) $2\,0\,4,3 - 7,8\,5$

$$
\begin{array}{r}
2\,0\,4,3\,0 \\
-\quad 7,8\,5 \\
\hline
1\,9\,6,4\,5
\end{array}
$$

Schreibe die Zahlen stellengerecht untereinander.
Beachte: Komma steht unter Komma.
Subtrahiere die Zahlen. Fehlende Stellen ergänzt du mit 0.
Setze im Ergebnis das Komma an der richtigen Stelle.

2

Zylinder von Alex
$d = 12$ cm
$r = 6$ cm
$A_G = 6$ cm $\cdot$ 6 cm $\cdot$ 3
$A_G = 108$ cm^2

Zylinder von Ilona
$d = 8$ cm
$r = 4$ cm
$A_G = 4$ cm $\cdot$ 4 cm $\cdot$ 3
$A_G = 48$ cm^2
48 cm$^2 \cdot 2 = 96$ cm^2

Der Flächeninhalt der Grundfläche des Zylinders von Alex ist größer als der Flächeninhalt der Grundfläche der beiden Zylinder von Ilona.

$\Rightarrow$ Der Einkauf von Alex wiegt mehr.

Masse = Dichte $\cdot$ Volumen
Die Zylinder bestehen aus dem gleichen Material.
Das Gewicht der Zylinder hängt von ihrem Volumen ab.
$V_{Zylinder} = A_G \cdot h_Z$
Die Höhen der drei Zylinder sind gleich, d. h., das Volumen und damit das Gewicht der Zylinder hängen vom Flächeninhalt ihrer Grundflächen ab.
Die Durchmesser der Zylinder sind gegeben.
Berechne jeweils den Radius.
Berechne die Flächeninhalte der Grundflächen der Zylinder.
$A_{G_{Zylinder}} = r \cdot r \cdot \pi$
Rechne mit $\pi = 3$.
Begründe, welcher Einkauf mehr wiegt.

3

$$
\begin{array}{ll}
-2 \cdot (x - 3) = 16 & \mid \text{Klammern auflösen} \\
-2x + 6 = 16 & \mid -6 \\
-2x = 10 & \mid : (-2) \\
x = \underline{5} &
\end{array}
$$

Jens muss beide Seiten durch (-2) dividieren.
Auf der rechten Seite der Gleichung hat er die Vorzeichenregel nicht beachtet.

Überprüfe jeden Rechenschritt.

$(+) : (-) = (-)$

4   **Zuordnung der Grafiken**

Aussage	Grafik
Umut unternimmt eine Fahrradtour. Nach zwei Stunden macht er eine Pause und fährt danach weiter.	C
In einem Schwimmbecken befinden sich 20 000 Liter Wasser. Um das Schwimmbecken vollständig zu füllen, werden stündlich weitere 1 200 Liter eingefüllt.	B
Die Temperatur am Morgen beträgt 14 °C, am Mittag 22 °C und am Abend 18 °C.	
In einem Schwimmbecken befinden sich 30 000 Liter Wasser. Jede Minute fließen 30 Liter ab.	A

Hinweise und Tipps

Eine Fahrradtour beginnt bei der Strecke 0 Kilometer und bei der Zeit 0 Minuten. Bei einer Pause läuft die Zeit weiter, es wird dabei aber keine Strecke zurückgelegt.
→ Der Graph C stellt die Fahrradtour dar.

In beiden Schwimmbecken befindet sich Wasser. Die Hochachse zeigt den Füllstand der beiden Becken an.
→ In Schaubild A fällt der Wasserstand, es fließt Wasser ab.
→ In Schaubild B steigt der Wasserstand, es wird Wasser eingefüllt.

---

5 $\clubsuit + \clubsuit = 16$

$\clubsuit + \clubsuit - \heartsuit = 12$

$\heartsuit \cdot \clubsuit + \spadesuit = 60$

$\spadesuit - \heartsuit = 24$

Du kannst die Zahl für $\clubsuit$ berechnen:
$2\clubsuit = 16 \quad |{:}2$
$\clubsuit = 8$

Setze für $\clubsuit = 8$ ein und berechne $\heartsuit$:
$8 + 8 - \heartsuit = 12$
$16 - \heartsuit = 12 \quad |{-}16$
$-\heartsuit = -4 \quad |{:}(-1)$
$\heartsuit = 4$

Setze für $\heartsuit = 4$ und für $\clubsuit = 8$ ein und berechne $\spadesuit$:
$4 \cdot 8 + \spadesuit = 60$
$32 + \spadesuit = 60 \quad |{-}32$
$\spadesuit = 28$

Setze für $\spadesuit = 28$ und für $\heartsuit = 4$ ein und berechne das Ergebnis:
$28 - 4 = 24$

---

6   a) **Wahrscheinlichkeit für das Erreichen eines schraffierten Feldes mit der dunklen Figur**
Anzahl aller möglichen Ergebnisse: 6
Anzahl aller günstigen Ergebnisse: 4
$$P(\text{schraff. Feld}) = \frac{4}{6} = \frac{2}{3} = 0,666... \approx 0,67 = 67\,\%$$

b) **Wahrscheinlichkeit dafür, dass eine der beiden hellen Spielfiguren das Feld der dunklen Spielfigur erreicht**
Anzahl aller möglichen Ergebnisse: 6
Anzahl aller günstigen Ergebnisse: 2
$$P(\text{Feld dunkle Figur}) = \frac{2}{6} = \frac{1}{3} = 0,333...$$
$$\approx 0,33 = 33\,\%$$

Beim Würfeln mit einem Spielwürfel gibt es 6 mögliche Ergebnisse.
Nur bei der Augenzahl 1 oder 2 oder 3 oder 4 erreicht die dunkle Spielfigur ein schraffiertes Feld. Berechne die Wahrscheinlichkeit.

Bei der Augenzahl 1 oder der Augenzahl 3 erreicht eine der weißen Spielfiguren das Feld mit der dunklen Spielfigur.

Hinweise und Tipps

7 a) $\frac{1}{2} \cdot \boxed{} + 5 = -17$

Setze für den Platzhalter x und löse die Gleichungen.

$\frac{1}{2} \cdot x + 5 = -17 \qquad |-5$

$\frac{1}{2} \cdot x = -22 \qquad |\cdot 2$

$x = -44$

$\Rightarrow \quad \frac{1}{2} \cdot \boxed{(-44)} + 5 = -17$

b) $\boxed{} \cdot 1{,}7 + 5 = 1{,}6$

Setze für den Platzhalter x und löse die Gleichungen.

$x \cdot 1{,}7 + 5 = 1{,}6 \qquad |-5$

$x \cdot 1{,}7 = -3{,}4 \qquad |:1{,}7$

$x = -2$

$\Rightarrow \quad \boxed{(-2)} \cdot 1{,}7 + 5 = 1{,}6$

8 a) Die Seiten $\boxed{\blacktriangle}$ und $\boxed{\heartsuit}$ liegen sich gegenüber.

Falte die Netze im Kopf.

b) Die Seiten $\boxed{+}$ und $\boxed{\downarrow}$ liegen sich gegenüber.

9 a) **Ergänzen der Werte in der letzten Tabellenzeile**

Notenschlüssel						
Punkte	48,0–41,0	40,5–33,0	32,5–25,0	24,5–16,0	15,5–8,0	7,5–0
Note	1	2	3	4	5	6
Strichliste	⦀	⤬⦀⦀	⤬⦀⦀ ⤬⦀⦀	⤬⦀⦀ ⦀	⦀	
Häufigkeit Anzahl	3	5	10	7	2	0

Zähle die Striche in der Strichliste und trage die Summen in die Tabellenzeile „Häufigkeit Anzahl" ein.

b) **Summe der Notenpunkte der Mathematikarbeit**

$1 \cdot 3 + 2 \cdot 5 + 3 \cdot 10 + 4 \cdot 7 + 5 \cdot 2 =$
$3 + 10 + 30 + 28 + 10 = 81$

Schülerinnen und Schüler in der Klasse 9 b
$3 + 5 + 10 + 7 + 2 = 27$

Notendurchschnitt
$81 : 27 = 3{,}00$

Du erhältst den Notendurchschnitt, indem du die Summe der Notenpunkte durch die Anzahl der Schülerinnen und Schüler der Klasse 9 b dividierst. Berechne die Notenpunkte.

Addiere die Anzahlen in der vierten Tabellenzeile und du erhältst die Anzahl der Schülerinnen und Schülern in der Klasse 9 b.

Berechne den Notendurchschnitt.

10 a) **Einfügen einer Pyramide in den Würfel**

mögliche Zeichnungen:

Wähle eine Seitenfläche des Würfels aus, auf der die Spitze der Pyramide liegt.

Zeichne in die gewählte Seitenfläche die beiden Flächendiagonalen ein.

Der Schnittpunkt der Flächendiagonalen ist die Spitze der Pyramide.

Verbinde die Spitze der Pyramide mit den Ecken der ausgewählten Grundfläche.

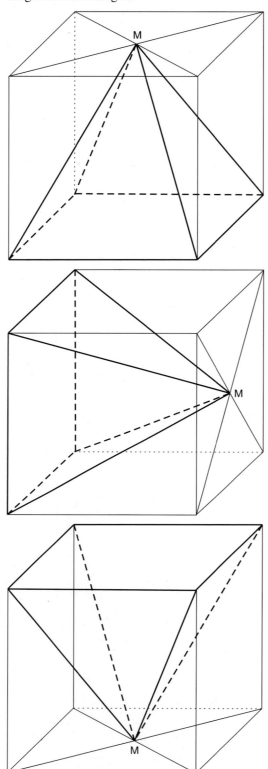

b) $a = 3\,\text{cm},\ h = 3\,\text{cm}$

$$V_{\text{Pyramide}} = \frac{1}{3} \cdot 3\,\text{cm} \cdot 3\,\text{cm} \cdot 3\,\text{cm}$$

$$V_{\text{Pyramide}} = 9\,\text{cm}^3$$

Hinweise und Tipps

Die Grundfläche ist ein Quadrat mit der Seitenlänge $a = 3\,\text{cm}$.
Die Höhe hat eine Länge von 3 cm.
Setze die gegebenen Werte in die Formel zur Berechnung des Volumens einer Pyramide ein und berechne das Volumen.

$$V_{\text{Pyramide}} = \frac{1}{3} \cdot A_G \cdot h$$

11

$$35° + 35° + \alpha = 180°$$
$$70° + \alpha = 180° \qquad |-70°$$
$$\alpha = 110°$$

In jedem Dreieck beträgt die Summe der Innenwinkel 180°.
Bei dem abgebildeten Dreieck haben die Seiten a und b die gleiche Länge. Das Dreieck ist gleichschenklig.
Der Winkel, der dem Winkel von 35° gegenüberliegt, hat daher ebenfalls eine Größe von 35°.
Berechne die Größe des Winkels α.

---

12 **Höhe einer Treppenstufe**

mindestens: $12\,\text{cm} + 6\,\text{cm} = 18\,\text{cm}$
höchstens: $12\,\text{cm} + 8\,\text{cm} = 20\,\text{cm}$

Wähle als Bezugsgröße die Höhe der Schneedecke auf den Stufen.
Bis zur Unterkante der Schneedecke auf der nächsten Treppenstufe fehlen 6 cm bis 8 cm. Das ist die Hälfte oder etwas mehr als die Hälfte der Schneedecke.

Die Treppe besteht aus 15 Treppenstufen.

Zähle die Anzahl der Treppenstufen.

Höhe der Treppe mindestens
$18\,\text{cm} \cdot 15 = 270\,\text{cm} = 2{,}70\,\text{m}$

Höhe der Treppe höchstens
$20\,\text{cm} \cdot 15 = 300\,\text{cm} = 3\,\text{m}$

oder:
Höhe der Tür: 2,50 m
Abstand von der Oberkante der Tür bis zur Unterkante der Treppe: 50 cm

Wähle als Bezugsgröße die verdeckte Tür links unten im Bild.
Türen sind in der Regel 2,50 m hoch.
Bis zur Oberkante der Treppe fehlen rund 50 cm.

Höhe der Treppe
$2{,}50\,\text{m} + 0{,}5\,\text{m} = 3\,\text{m}$

Teil B – Aufgabengruppe I

Hinweise und Tipps

⟋ Multipliziere/dividiere auf der rechten Seite.

⟋ Klammern auflösen. (Vorzeichenregel!)

⟋ Fasse zusammen.

1   a) $18x - 32,5 - (12x - 87,5) = 9 \cdot (8x - 6) + (6x + 7) : 0,25$

$18x - 32,5 - (12x - 87,5) = (72x - 54) + (24x + 28)$

$18x - 32,5 - 12x + 87,5 = 72x - 54 + 24x + 28$

$6x + 55 = 96x - 26$ $\quad | -96x$

$-90x + 55 = -26$ $\quad | -55$

$-90x = -81$ $\quad | : (-90)$

$x = 0,9$

b) Anzahl der Trikots: x
Anzahl der Schals: $3x$ ⎫
Anzahl der Fahnen: $3x - 100$ ⎬ 600 neue Artikel

⟋ Überlege, wie sich die Fanartikel auf die Trikots, die Schals und die Fahnen aufteilen.
⟋ Lege die Anzahl der Trikots mit x fest.
⟋ Drücke die Anzahl der Schals und Fahnen mit x aus.
⟋ Dreimal so viele Schals wie Trikots: 3x
⟋ 100 Fahnen weniger als Schals: 3x – 100

$x + 3x + 3x - 100 = 600$

⟋ Stelle die Gleichung auf.
⟋ Die Gleichung muss nicht gelöst werden.

---

2   **Flächeninhalt des Halbkreises**

$r = 6\ \text{cm} : 2$

$r = 3\ \text{cm}$

$A_{\text{Kreis}} = 3\ \text{cm} \cdot 3\ \text{cm} \cdot 3,14$

$A_{\text{Kreis}} = 28,26\ \text{cm}^2$

$A_{\text{Halbkreis}} = 28,26\ \text{cm}^2 : 2$

$A_{\text{Halbkreis}} = 14,13\ \text{cm}^2$

⟋ Der Durchmesser des Halbkreises ist gegeben.
⟋ Berechne den Radius.
⟋ Setze den Radius in die Formel zur Berechnung des Flächeninhalts eines Kreises ein und berechne den Flächeninhalt.
⟋ $A_{\text{Kreis}} = r \cdot r \cdot \pi$
⟋ Rechne hier mit $\pi = 3,14$.
⟋ Du benötigst den Flächeninhalt des Halbkreises.

Länge der zweiten Kathete

$a^2 = (10\ \text{cm})^2 - (6\ \text{cm})^2$

$a^2 = 100\ \text{cm} - 36\ \text{cm}$

$a^2 = 64\ \text{cm}^2$ $\quad | \sqrt{\ }$

$a = 8\ \text{cm}$

⟋ Der Flächeninhalt des Parallelogramms setzt sich aus zwei deckungsgleichen rechtwinkligen Dreiecken zusammen.
⟋ Die Länge der einen Kathete ist bekannt.
⟋ Bezeichne in deiner Rechnung die zweite Kathete mit a.
⟋ Berechne die Länge der zweiten Kathete mithilfe des Satzes von Pythagoras.

Flächeninhalt des rechtwinkligen Dreiecks

$a = 8\ \text{cm}$

$b = 6\ \text{cm}$

$A_{\text{rechtwinkliges Dreieck}} = \dfrac{6\ \text{cm} \cdot 8\ \text{cm}}{2}$

$A_{\text{rechtwinkliges Dreieck}} = 24\ \text{cm}^2$

⟋ $A_{\text{rechtwinkliges Dreieck}} = \dfrac{a \cdot b}{2}$

Flächeninhalt der grauen Figur

$14,13\ \text{cm}^2 + 2 \cdot 24\ \text{cm}^2 = 62,13\ \text{cm}^2$

⟋ Addiere die Flächeninhalte der Teilflächen und du erhältst den Flächeninhalt der grauen Figur.

3

a) E(ungerade Zahl) = { 1; 3; 5 }

b) **Gesamtzahl der Würfe**
$4 + 7 + 7 + 7 + 10 + 5 = 40$

absolute Häufigkeit der Würfe mit dem Ergebnis „gerade Zahl"
$7 + 7 + 5 = 19$

relative Häufigkeit für das Ergebnis „gerade Zahl"
$\frac{19}{40} = 0,475 = 47,5\,\%$

c) Beim Würfeln mit einem Spielwürfel sind alle Ergebnisse gleich wahrscheinlich.
$P(E) = \frac{1}{6}$
Mit zunehmender Anzahl der Würfel nähert sich die relative Häufigkeit dem Wert $\frac{1}{6}$ an. Es gilt das Gesetz der großen Zahlen.

d) **Wahrscheinlichkeit für eine Eins mit dem Würfel**

$P(\text{Zahl 1 mit dem Würfel}) = \frac{1}{6} = 0,1666\ldots$
$\approx 0,167 = 16,7\,\%$

Wahrscheinlichkeit für eine Eins mit dem Glücksrad

$P(\text{Zahl 1 mit dem Glücksrad}) = \frac{1}{4} = 0,25 = 25\,\%$

$25\,\% > 16,7\,\%$
Beim Glücksrad sind die Gewinnchancen größer.

Hinweise und Tipps

Von den sechs Flächen eines Spielwürfels haben drei Flächen eine ungerade Augenzahl.

Wie viele Würfe wurden insgesamt gemacht?

Wie häufig wurde eine gerade Zahl gewürfelt?

Berechne die relative Häufigkeit für das Ergebnis „gerade Zahl":

$\text{relative Häufigkeit} = \dfrac{\text{absolute Häufigkeit}}{\text{Gesamtzahl der Versuche}}$

Das Würfeln mit einem Spielwürfel ist ein Laplace-Experiment.
Die Anzahl aller möglichen Ergebnisse ist 6.
Die Wahrscheinlichkeit für ein günstiges Ergebnis ist für jede Augenzahl gleich groß.

Gewinnchance beim Würfel
Anzahl aller möglichen Ergebnisse: 6
Anzahl der günstigen Ergebnisse: 1
Berechne die Wahrscheinlichkeit für eine 1 mit dem Würfel.

Gewinnchance beim Glücksrad
Anzahl aller möglichen Ergebnisse: 4
Anzahl der günstigen Ergebnisse: 1
Berechne die Wahrscheinlichkeit für die Zahl 1 mit dem Glücksrad.

Vergleiche die Gewinnchancen.

4

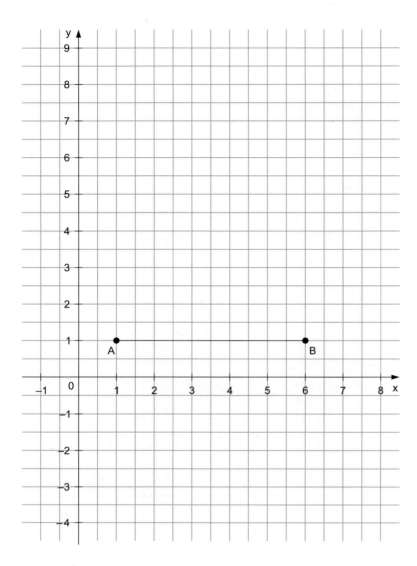

Hinweise und Tipps

Zeichne ein Koordinatensystem mit der Einheit 1 cm.

x-Achse: −1 bis +8

y-Achse: −4 bis +9

Beschrifte das Koordinatensystem vollständig.

Trage den Punkt A(1|1) in das Koordinatensystem ein. Gehe dazu vom Koordinatenursprung aus 1 cm nach rechts und 1 cm nach oben.

Trage den Punkt B(6|1) in das Koordinatensystem ein. Gehe dazu vom Koordinatenursprung aus 6 cm nach rechts und 1 cm nach oben.

Verbinde die Punkte A und B zur Strecke $\overline{AB}$.

a) **Mittelpunktswinkel γ**

$\gamma = 360° : 5$

$\gamma = 72°$

Basiswinkel α

$2\alpha + 72° = 180° \qquad |-72°$

$2\alpha = 108° \qquad |:2$

$\alpha = 54°$

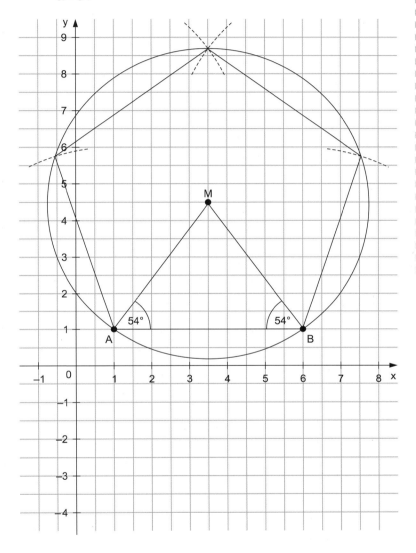

Hinweise und Tipps

Berechne die Größe des Mittelpunktswinkels für ein Bestimmungsdreieck in einem regelmäßigen Fünfeck.

Berechne damit die Größe der Basiswinkel im Bestimmungsdreieck.

Trage die Basiswinkel mit dem Geodreieck an den Enden der Strecke $\overline{AB}$ an und zeichne so das Bestimmungsdreieck (wsw). Der Schnittpunkt der Schenkel ergibt den Mittelpunkt M des Umkreises.

Zeichne um M einen Kreis mit dem Radius $r = \left|\overline{MA}\right|$.

Trage die Länge der Strecke $\overline{AB}$ mit dem Zirkel auf der Kreislinie ab. Arbeite sehr genau. Verbinde die Schnittpunkte mit der Kreislinie der Reihe nach.

Dann erhältst du das regelmäßige Fünfeck.

b)

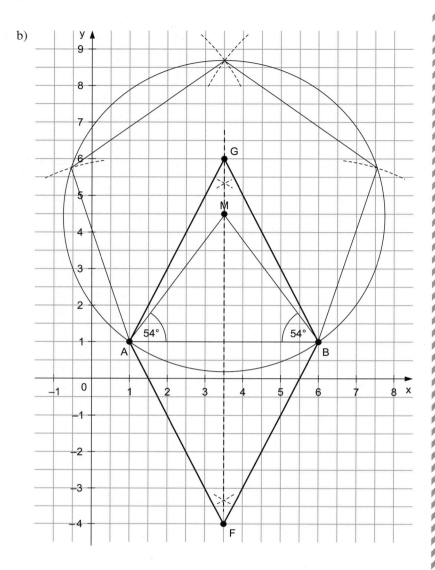

Hinweise und Tipps

In einem gleichschenkligen Dreieck halbiert die Mittelsenkrechte die Basis und verläuft durch die Spitze des gleichschenkligen Dreiecks.
Zeichne mit dem Geodreieck die Mittelsenkrechte zur Strecke $\overline{AB}$ durch den Punkt M.

oder:
Zeichne um die Punkte A und B jeweils einen Kreisbogen mit einem beliebigen Radius (hier: 5 cm).
Verbinde die Schnittpunkte der Kreisbögen miteinander. Dann erhältst du die Mittelsenkrechte zur Strecke $\overline{AB}$.

oder:
Halbiere mit dem Geodreieck die Strecke $\overline{AB}$.
Markiere den Mittelpunkt der Strecke $\overline{AB}$.
Zeichne mit dem Geodreieck die Senkrechte zur Strecke $\overline{AB}$ durch den markierten Punkt.

Die Strecke $\overline{AB}$ ist eine Diagonale der Raute, die Mittelsenkrechte die zweite Diagonale. Die Eckpunkte F und G liegen auf der Mittelsenkrechten und haben von der Strecke $\overline{AB}$ den gleichen Abstand.

Trage vom Mittelpunkt der Strecke $\overline{AB}$ auf der Mittelsenkrechten nach oben und nach unten die gleiche Länge ab (hier: 5 cm). Du kannst auch eine andere Länge wählen.
Bezeichne die Abschnitte auf der Mittelsenkrechten mit F und G.
Verbinde die Punkte F und G jeweils mit den Punkten A und B. Dann erhältst du die Raute (AFBG).

Hinweise und Tipps

5 a) **Guthaben bei der Comfortbank nach dem ersten Jahr**

$100\,\% \,\hat{=}\, 700\,€$

$1\,\% \,\hat{=}\, 7\,€$

$101\,\% \,\hat{=}\, 707\,€$

oder:

$700\,€ \cdot 1{,}01 = 707\,€$

Guthaben bei der Comfortbank nach dem zweiten Jahr

$100\,\% \,\hat{=}\, 707\,€$

$1\,\% \,\hat{=}\, 7{,}07\,€$

$101\,\% \,\hat{=}\, 714{,}07\,€$

oder:

$707\,€ \cdot 1{,}01 = 714{,}07\,€$

oder:

$700\,€ \cdot 1{,}01 \cdot 1{,}01 = 714{,}07\,€$

Herrn Hubers Tochter hat nach zwei Jahren 714,07 € auf ihrem Konto.

Das Guthaben steigt um 1 % von 100 % auf 101 % an. Berechne das Guthaben nach dem ersten Jahr mit dem Dreisatz.

Rechne mit dem Faktor:
$101\,\% = 1{,}01$

Das Kapital für das zweite Jahr beträgt 707 €. Das Guthaben steigt um 1 % von 100 % auf 101 % an. Berechne das Guthaben nach dem zweiten Jahr mit dem Dreisatz.

Rechne mit dem Faktor:
$101\,\% = 1{,}01$

Verknüpfe die Faktoren.

b) **Zinsen für 6 Monate bei der Starbank**

$301{,}20\,€ - 300{,}00\,€ = 1{,}20\,€$

Zinsen für 1 Jahr

$1{,}20\,€ \cdot 2 = 2{,}40\,€$

Zinssatz der Starbank

$p\% = 2{,}40\,€ : 300\,€ \cdot 100\,\%$

$p\% = 0{,}8\,\%$

Vergleich der Zinssätze

$1\,\% > 0{,}8\,\%$

Die Comfortbank bietet den höheren Zinssatz an.

Berechne die Jahreszinsen bei der Starbank. Das Kapital (K) und die Jahreszinsen (Z) sind bekannt.

Berechne den Zinssatz.
$p\% = Z : K \cdot 100\,\%$

Vergleiche die Zinssätze.

6 a) **Anzahl der Wassertropfen**

$210\,\ell : (5 \cdot 10^{-5}\,\ell) = 4\,200\,000$

$5 \cdot 10^{-5}\,\ell = 0{,}00005\,\ell$

$210\,\ell : 0{,}00005\,\ell = 4\,200\,000$

In eine Regentonne mit 210 Liter Fassungsvermögen passen 4 200 000 Wassertropfen.

Wenn dein Taschenrechner Tasten für das Rechnen mit 10er-Potenzen hat, kannst du die Division durchführen. Achte dabei auf die korrekte Tastenfolge.

Wenn dein Taschenrechner keine Tasten für das Rechnen mit 10er-Potenzen hat, dann schreibe die Zehnerpotenz als Dezimalbruch.

An der fünften Stelle nach dem Komma steht die 5. Führe die Division durch.

b) **Anzahl der Tropfen pro Minute**

$60 : 4 = 15$ Tropfen

Anzahl der Tropfen pro Jahr

$15 \cdot 60 \cdot 24 \cdot 365 = 7\,884\,000$ Tropfen

Volumen der Wassertropfen in Litern

$7\,884\,000 \cdot 5 \cdot 10^{-5}\,\ell = 394{,}2\,\ell$

Berechne zunächst die Anzahl der Tropfen pro Minute. 1 Stunde hat 60 Minuten, 1 Tag hat 24 Stunden, 1 Jahr hat 365 Tage. Berechne die Anzahl der Tropfen pro Jahr. Das Volumen eines Wassertropfens findest du in der ersten Zeile der Aufgabenstellung. Nutze bei deinem Taschenrechner die Tasten für das Rechnen mit 10er-Potenzen.

oder:

$7\,884\,000 \cdot 0{,}00005\ \ell = 394{,}2\ \ell$

$394{,}2\ \ell > 10\ \ell$

Der Platzwart hat nicht recht.

⁄ Wandle die 10er-Potenz in einen Dezimalbruch um.
⁄ (Teilaufgabe a)
⁄ Überprüfe die Behauptung des Platzwarts.

---

7 a) **Anteil des CO_2-Ausstoßes durch Flugreisen in Prozent**

CO_2-Ausstoß in kg durch Flugreisen: 580 kg
gesamter CO_2-Ausstoß: 11 600 kg

$p\% = 580\ \text{kg} : 11\,600\ \text{kg} \cdot 100\,\%$
$p\% = 5\,\%$

⁄ Den CO_2-Ausstoß durch Flugreisen in kg (P) findest du in der ersten Tabellenzeile. Den gesamten CO_2-Ausstoß in kg (G) findest du in der letzten Tabellenzeile.
⁄ Berechne den Prozentsatz.
⁄ $p\% = P : G \cdot 100\,\%$

b) **CO_2-Ausstoß in kg durch den Bereich Ernährung**

$100\,\% \mathrel{\widehat{=}} 11\,600\ \text{kg}$
$1\,\% \mathrel{\widehat{=}} 116\ \text{kg}$
$16\,\% \mathrel{\widehat{=}} 1\,856\ \text{kg}$

oder:

$11\,600\ \text{kg} \cdot 0{,}16 = 1\,856\ \text{kg}$

Auf den Bereich Ernährung entfallen 1 856 kg.

⁄ In der Tabellenzeile Ernährung findest du den Prozentsatz (p%), in der Tabellenzeile Gesamt findest du den gesamten CO_2-Ausstoß in kg (G).
⁄ Berechne den Prozentwert mit dem Dreisatz.

⁄ Rechne mit dem Faktor:
⁄ $16\,\% = 0{,}16$

c) **mögliche Einsparung im Bereich Strom und Heizung**

$\dfrac{1}{4}$ von $22\,\% = 5{,}5\,\%$

$5{,}5\,\%$ sind mehr als $5\,\%$.

Linus hat recht.

⁄ Berechne ein Viertel vom Anteil des CO_2-Ausstoßes im Bereich Strom und Heizung.
⁄ Vergleiche mit der Behauptung von Linus.

⁄ Diese Lösung wird entsprechend dem Erwartungshorizont gefordert. Allerdings ist die Frage unpräzise gestellt, da nicht klar ist, auf welche Größe sich die 5 % beziehen (Gesamtergebnis oder Teilbereich). Auch würde man bei dieser Art der Fragestellung eher ein Viertel der Menge berechnen (ähnlich Teilaufgabe d).

d) **halbe Menge des CO_2-Ausstoßes im Bereich sonstiger Konsum**

$4\,292\ \text{kg} : 2 = 2\,146\ \text{kg}$

⁄ Berechne die Hälfte der Menge des CO_2-Ausstoßes im Bereich sonstiger Konsum in kg.
⁄ Wenn sich der CO_2-Ausstoß im Bereich sonstiger Konsum verringert, verringert sich auch der gesamte CO_2-Ausstoß.

verringerter gesamter CO_2-Ausstoß in kg

$11\,600\ \text{kg} - 2\,146\ \text{kg} = 9\,454\ \text{kg}$

⁄ Berechne den verringerten gesamten CO_2-Ausstoß.
⁄ Die Hälfte des CO_2-Ausstoßes im Bereich sonstiger Konsum ist der Prozentwert, der verringerte gesamte CO_2-Ausstoß der Grundwert.

$p\% = 2\,146\ \text{kg} : 9\,454\ \text{kg} \cdot 100\,\%$
$p\% = 22{,}699\ldots\,\% \approx 22{,}7\,\%$

$22{,}7\,\% > 18{,}5\,\%$

Die Aussage der Zeitung ist falsch.

⁄ Berechne den Prozentsatz.
⁄ $p\% = P : G \cdot 100\,\%$
⁄ Bewerte den Zeitungsbericht.

8 a) **fehlende Werte in der Tabelle**

4 Pferde ≙ 30 Tage

1 Pferd ≙ 30 Tage · 4 = 120 Tage

5 Pferde ≙ 120 Tage : 5 = **24 Tage**

120 Tage ≙ 1 Pferd

40 Tage ≙ 120 : 40 = **3 Pferde**

Anzahl Pferde	**3**	4	5	8
Anzahl Tage	40	30	**24**	15

b) **Kosten für das Angebot 1**

10 Stunden – 4 Stunden = 6 Stunden

8 € · 6 = 48 €

48 € + 36 € = 84 €

Kosten für das Angebot 2

8,50 € · 10 = 85 €

84 € < 85 €

Das Angebot 1 ist günstiger.

c) **Berechnen der Höhe der Säulen für das Säulendiagramm**

0,5 t = 500 kg

50 kg ≙ 1 cm

Montag

500 kg : 50 kg ≙ **10 cm**

Dienstag

500 kg – 50 kg = 450 kg

450 kg : 50 kg ≙ **9 cm**

Mittwoch

450 kg – 50 kg = 400 kg

400 kg : 50 kg ≙ **8 cm**

Donnerstag

400 kg – 50 kg = 350 kg

350 kg : 50 kg ≙ **7 cm**

Freitag

350 kg – 50 kg = 300 kg

300 kg : 50 kg ≙ **6 cm**

gefressener Futtervorrat am Freitag:
50 kg

Futtervorrat am Freitagabend:
300 kg – 50 kg = 250 kg

Lieferung von 200 kg Kraftfutter am Freitagabend, neuer Futtervorrat am Freitagabend:
250 kg + 200 kg = 450 kg

✦ Hinweise und Tipps

Bei der Aufgabe handelt es sich um eine umgekehrt proportionale Zuordnung.

Je mehr Pferde, desto kürzer die Anzahl der Tage, für die der Futtervorrat reicht.

Berechne zuerst die Gesamtgröße.

Berechne mit der Gesamtgröße die fehlenden Werte in der Tabelle.

Berechne die Anzahl der Reitstunden, für die Jana nach den 4 Freistunden bezahlen muss.

Berechne die Kosten für die weiteren Reitstunden.

Addiere zu den Kosten für die weiteren Reitstunden die Kosten für den Grundbetrag und du erhältst die gesamten Kosten für das Angebot 1.

Jana möchte 10 Stunden im Monat reiten.

Berechne die Kosten für die Reitstunden.

Vergleiche die Angebote.

Der Futtervorrat nimmt von Montagmorgen bis Freitagmorgen ab. Erst am Freitagabend wird ein neuer Futtervorrat geliefert.

Berechne von Montagmorgen bis Freitagmorgen jeweils die restliche Futtermenge und die entsprechende Säulenhöhe.

Beachte, dass auch am Freitag 50 kg Kraftfutter gefressen werden.

Addiere zur restlichen Futtermenge vom Freitagabend die Liefermenge des Kraftfutters vom Freitagabend.

Samstag:

450 kg

450 kg : 50 kg ≙ **9 cm**

Sonntag:

450 kg – 50 kg = 400 kg

400 kg : 50 kg ≙ **8 cm**

✐ Hinweise und Tipps

Berechne für Samstag und Sonntag die Futtermenge und die jeweils entsprechende Säulenhöhe.

Säulendiagramm

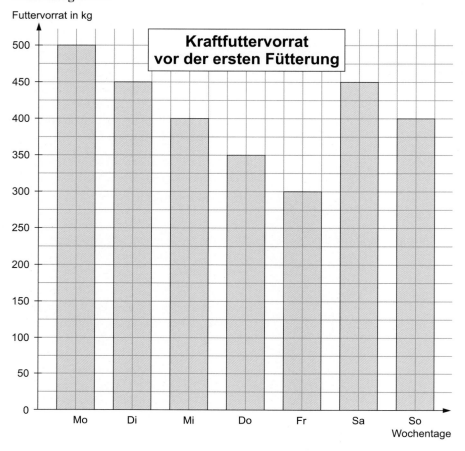

Zeichne das Säulendiagramm mit den berechneten Säulenhöhen.

Beachte die Säulenbreite und den Abstand zwischen den Säulen.

Teil B – Aufgabengruppe II

Hinweise und Tipps

1

$$\frac{7\cdot(2x-1)}{4}-\frac{x+6,5}{5}-\frac{3\cdot(6x-6)}{10}=4 \qquad |\cdot 20$$

Multipliziere mit dem Hauptnenner 20. Auch die Zahl auf der rechten Seite muss mit 20 multipliziert werden.

$$\frac{20\cdot7\cdot(2x-1)}{4}-\frac{20\cdot(x+6,5)}{5}-\frac{20\cdot3\cdot(6x-6)}{10}=20\cdot4$$

$$\frac{\overset{5}{\cancel{20}}\cdot7\cdot(2x-1)}{\cancel{4}}-\frac{\overset{4}{\cancel{20}}\cdot(x+6,5)}{\cancel{5}}-\frac{\overset{2}{\cancel{20}}\cdot3\cdot(6x-6)}{\cancel{10}}=20\cdot4$$

Kürze.

$$5\cdot7\cdot(2x-1)-4\cdot(x+6,5)-2\cdot3\cdot(6x-6)=80$$

Multipliziere.

$$35\cdot(2x-1)-4\cdot(x+6,5)-6\cdot(6x-6)=80$$

Multipliziere in die Klammern.

$$(70x-35)-(4x+26)-(36x-36)=80$$

Klammern auflösen. (Vorzeichenregel!)

$$70x-35-4x-26-36x+36=80$$

Fasse zusammen.

$$30x-25=80 \qquad |+25$$

$$30x=105 \qquad |:30$$

$$x=3,5$$

oder:

$$\frac{7\cdot(2x-1)}{4}-\frac{x+6,5}{5}-\frac{3\cdot(6x-6)}{10}=4$$

Wandle die Brüche in Dezimalbrüche um.

$$0,25\cdot7\cdot(2x-1)-0,2\cdot(x+6,5)-0,1\cdot3\cdot(6x-6)=4$$

Multipliziere.

$$1,75\cdot(2x-1)-0,2\cdot(x+6,5)-0,3\cdot(6x-6)=4$$

Multipliziere in die Klammern.

$$(3,5x-1,75)-(0,2x+1,3)-(1,8x-1,8)=4$$

Löse Klammern auf. (Vorzeichenregel!)

$$3,5x-1,75-0,2x-1,3-1,8x+1,8=4$$

Fasse zusammen.

$$1,5x-1,25=4 \qquad |+1,25$$

$$1,5x=5,25 \qquad |:1,5$$

$$x=3,5$$

2 a) **Temperatur in Miami in °C**

$$T_C=(64°-32°)\cdot\frac{5}{9}$$

$$T_C=32°\cdot\frac{5}{9}$$

$$T_C=17,77\ldots°\approx17,8°$$

Die Temperatur in Miami beträgt 17,8 °C.

Setze die Temperatur für Miami in °F in die Formel ein und berechne T_C.

b) **Temperatur in Nürnberg in °F**

$$20°=(T_F-32°)\cdot\frac{5}{9} \qquad |\cdot9$$

$$180°=(T_F-32°)\cdot5 \qquad |:5$$

$$36°=T_F-32° \qquad |+32$$

$$T_F=68°$$

Die Temperatur in Nürnberg beträgt 68 °F.

Setze die Temperatur für Nürnberg in °C in die Formel ein und berechne T_F.

3 **Volumen des Würfels**

$V_{\text{Würfel}} = 20\text{ cm} \cdot 20\text{ cm} \cdot 20\text{ cm}$

$V_{\text{Würfel}} = 8\,000\text{ cm}^3$

Seitenlänge a des gleichschenklig-rechtwinkligen Dreiecks

$a^2 + a^2 = (10\text{ cm})^2$

$\quad 2a^2 = 100\text{ cm}^2 \qquad |:2$

$\quad\ a^2 = 50\text{ cm}^2 \qquad\ |\sqrt{\ }$

$\quad\quad a = 7{,}071\ldots\text{ cm} \approx 7{,}07\text{ cm}$

Grundfläche des Dreiecksprismas

$A_{\text{Dreieck}} = \dfrac{7{,}07\text{ cm} \cdot 7{,}07\text{ cm}}{2}$

$A_{\text{Dreieck}} = 24{,}992\ldots\text{ cm}^2 \approx 25\text{ cm}^2$

Volumen des Dreiecksprismas

$A_G = 25\text{ cm}^2$

$h_K = 20\text{ cm}$

$V_{\text{Prisma}} = 25\text{ cm}^2 \cdot 20\text{ cm}$

$V_{\text{Prisma}} = 500\text{ cm}^3$

Volumen des Restkörpers

$8\,000\text{ cm}^3 - 500\text{ cm}^3 = 7\,500\text{ cm}^3$

4 **Länge der Kathete s**

$s^2 = (5{,}5\text{ m})^2 - (5\text{ m})^2$

$s^2 = 30{,}25\text{ m}^2 - 25\text{ m}$

$s^2 = 5{,}25\text{ m}^2 \qquad\qquad |\sqrt{\ }$

$\ s = 2{,}291\ldots\text{ m} \approx 2{,}29\text{ m}$

Abstand zwischen dem Laternenboden und der Straße

$6\text{ m} - 2{,}29\text{ m} - 0{,}4\text{ m} = 3{,}31\text{ m}$

Hinweise und Tipps

Berechne das Volumen des Würfels.

$V_{\text{Würfel}} = a \cdot a \cdot a$

Im gleichschenklig-rechtwinkligen Dreieck ist die Länge der Hypotenuse bekannt. Die beiden Katheten haben die gleiche Länge.
Berechne mithilfe des Satzes von Pythagoras die Länge der Katheten.
Runde die Länge der Kathete sinnvoll (hier: zwei Dezimalstellen).

Berechne den Flächeninhalt des rechtwinkligen Dreiecks.

$A_{\text{Dreieck}} = \dfrac{a \cdot a}{2}$

Runde den Flächeninhalt sinnvoll.

Setze die bekannten Werte in die Formel zur Berechnung des Volumens eines Dreiecksprismas und berechne das Volumen.

$V_{\text{Prisma}} = A_G \cdot h_K$

Subtrahiere vom Volumen des Würfels das Volumen des Dreiecksprismas und du erhältst das Volumen des Restkörpers.

Trage in das rechtwinklige Dreieck die bekannten Längen ein.
Bezeichne die zweite Kathete mit s.
Berechne die Länge von s mithilfe des Satzes von Pythagoras.
Runde die Länge sinnvoll (hier: 2 Dezimalstellen).

Das Seil ist an der Hauswand 6 m über der Straße befestigt.
Die Höhe der Laterne ist in cm gegeben. Wandle die Höhe in m um.
Subtrahiere von der Höhe des Befestigungspunkts des Seils die Länge s und die Höhe der Laterne und du erhältst den Abstand zwischen dem Laternenboden und der Straße.

5

a) **Ereignis E(ungerade Zahl) in Mengenschreibweise**

E(ungerade Zahl) = { 1; 3; 5; 7 }

b) **Beispiele für Ereignisse, deren Wahrscheinlichkeit größer als 0,5 = 50 % ist**

E(eine Zahl zwischen 1 und 8) = { 2; 3; 4; 5; 6; 7 }

E(eine Zahl größer als 3) = { 4; 5; 6; 7; 8 }

oder:

E(eine Zahl kleiner als 6) = { 1; 2; 3; 4; 5 }

E(eine Zahl kleiner als 4 oder größer als 5)
= { 1; 2; 3; 6; 7; 8 }

c) **fehlende Beschreibungen für das Ereignis**

Ereignis(„Vielfache von 3") = { 3; 6 }

oder:

Ereignis(„durch 3 teilbar") = { 3; 6 }

Ereignis(„größer als 5") = { 6; 7; 8 }

d) **Wahrscheinlichkeit für das Ereignis „kleiner als 5"**

$P(\text{„kleiner als 5"}) = \dfrac{4}{8} = 0,5 = 50\ \%$

Wahrscheinlichkeit für das Ereignis „größer als 5"

$P(\text{„größer als 5"}) = \dfrac{3}{8} = 0,375 = 37,5\ \%$

50 % > 37,5 %

Es ist wahrscheinlicher, eine Karte mit einem Wert kleiner als 5 zu ziehen als eine Karte mit einem Wert größer als 5.

6

a) **enthaltener Fruchtsaft in $m\ell$ beim Kirschnektar**

100 % ≙ 330 $m\ell$

1 % ≙ 3,3 $m\ell$

30 % ≙ 99 $m\ell$

oder:

330 $m\ell$ · 0,3 = 99 $m\ell$

In einer Flasche Kirschnektar sind 99 $m\ell$ Fruchtsaft enthalten.

b) **Inhalt einer Flasche Bananennektar in $m\ell$**

46 % ≙ 345 $m\ell$

1 % ≙ 7,5 $m\ell$

100 % ≙ 750 $m\ell$

Hinweise und Tipps

Welche Karten mit einer ungeraden Zahl kann Tina aus dem Kartenstapel ziehen?

Der Kartenstapel besteht aus 8 Karten. Wenn die Wahrscheinlichkeit für das Ereignis größer als 0,5 = 50 % sein soll, dann müssen mindestens 5 Karten diese Bedingung erfüllen.
Jede Ereignismenge mit 5 oder mehr Elementen ist richtig.

3 und 6 sind Vielfache von 3.

3 und 6 sind durch 3 teilbar.
6, 7, 8 sind größer als 5.

Anzahl aller möglichen Ergebnisse: 8
Anzahl der günstigen Ergebnisse: 4
Berechne die Wahrscheinlichkeit für das Ereignis „kleiner als 5".

Anzahl aller möglichen Ergebnisse: 8
Anzahl der günstigen Ergebnisse: 3
Berechne die Wahrscheinlichkeit für das Ereignis „größer als 5".

Vergleiche die Wahrscheinlichkeiten.

Die benötigten Daten findest du auf dem Etikett der Kirschnektarflasche.
Der gesamte Inhalt einer Flasche Kirschnektar in $m\ell$ ist der Grundwert G, der Fruchtsaftanteil ist der Prozentsatz p%. Der enthaltene Fruchtsaft in $m\ell$ ist der Prozentwert P.
Berechne den Prozentwert mit dem Dreisatz.

Rechne mit dem Faktor.
30 % = 0,3

Die benötigten Daten findest du auf dem Etikett der Bananennektarflasche.
Der in einer Flasche Bananennektar enthaltene Fruchtsaftanteil ist der Prozentsatz p%, der enthaltene Fruchtsaftanteil in $m\ell$ der Prozentwert P.
Der gesamte Flascheninhalt in $m\ell$ ist der Grundwert G.
Berechne den Grundwert G mit dem Dreisatz.

oder:

$$G = \frac{345\ m\ell \cdot 100\,\%}{46\,\%} = 750\ m\ell$$

In einer Flasche Bananennektar sind 750 $m\ell$ Flüssigkeit enthalten.

⧸ Berechne den Grundwert mit der Formel.

$$G = \frac{P \cdot 100\,\%}{p\,\%}$$

c) **enthaltene Fruchtsäfte in Lenas Mischgetränk in $m\ell$**

125 $m\ell$ + 300 $m\ell$ = 425 $m\ell$

Menge des gesamten Mischgetränks in $m\ell$:

500 $m\ell$ + 750 $m\ell$ = 1 250 $m\ell$

⧸ Berechne die Menge der Fruchtsäfte in der Mischung in $m\ell$.
⧸ Die benötigten Daten findest du auf den Etiketten.
⧸ Berechne die gesamte Menge des Mischgetränks in $m\ell$.
⧸ Die benötigten Daten findest du auf den Etiketten.
⧸ Der Fruchtsaftanteil im Mischgetränk ist der Prozentwert P, die gesamte Menge des Mischgetränks ist der Grundwert G.

Fruchtsaftanteil des Mischgetränks

p% = 425 $m\ell$: 1 250 $m\ell$ · 100 %

p% = 34 %

Der Fruchtsaftanteil des Mischgetränks beträgt 34 %.

⧸ Berechne den Prozentsatz.
⧸ p% = P : G · 100 %

d) **Unterschied zwischen dem alten und dem neuen Flascheninhalt in $m\ell$**

900 $m\ell$ – 750 $m\ell$ = 150 $m\ell$

p% = 150 $m\ell$: 750 $m\ell$ · 100 %

p% = 20 %

Der prozentuale Anstieg beträgt 20 %.

⧸ Der bisherige Inhalt einer Flasche ist der Grundwert G, der Unterschied zwischen dem Inhalt der neuen und der alten Flasche ist der Prozentwert P.
⧸ Berechne den prozentualen Anstieg des Inhalts.
⧸ p% = P : G · 100 %

---

7 a) **Fettanteil in einer 80 g-Tafel Schokolade in Prozent**

46 % + 12 % + 5 % = 63 %

100 % – 63 % = 37 %

⧸ Addiere die Prozentsätze für Kohlenhydrate, Eiweiß und Sonstiges.
⧸ Lies die benötigten Daten aus dem Säulendiagramm ab.
⧸ Die Differenz zu 100 % ist der Prozentsatz für das Fett in der Schokolade.

Fettanteil in einer 80 g-Tafel Schokolade in Gramm

100 % ≙ 80 g

  1 % ≙ 0,8 g

 37 % ≙ 29,6 g

oder:

80 g · 0,37 = 29,6 g

In einer 80 g-Tafel Schokolade sind 29,6 g Fett enthalten.

⧸ Der Grundwert G ist das Gewicht der Tafel Schokolade, der Prozentsatz p% ist nun bekannt.
⧸ Berechne den Prozentwert P mit dem Dreisatz.

⧸ Rechne mit dem Faktor.
⧸ 37 % = 0,37

b) **Berechnen der Winkel für das Kreisdiagramm**

100 % ≙ 360°

 1 % ≙ 3,6°

46 % ≙ 165,6° ≈ 166° Kohlenhydrate

37 % ≙ 133,2° ≈ 133° Fett

12 % ≙ 43,2° ≈ 43° Eiweiß

 5 % ≙ 18° Sonstiges

⧸ Die gesamten Nährstoffe (100 %) entsprechen 360°.
⧸ Runde die berechneten Winkel sinnvoll (hier: ganze Grad).

Kreisdiagramm

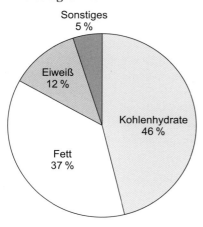

Hinweise und Tipps

Wähle für deinen Kreis einen Radius (hier: 2,5 cm).
In Kreise mit einem Radius zwischen 4 cm und 5 cm kannst du die Winkel mit dem Geodreieck leicht eintragen.
Der Kreismittelpunkt ist der Scheitel der Winkel für die Kreissegmente.
Zeichne mit dem Geodreieck die berechneten Winkel in den Kreis ein.
Färbe die Kreissegmente mit verschiedenen Farben.
Beschrifte die Kreissegmente.

8

a) **Anzahl der Fotos auf einer Festplatte mit 50 Gigabyte**

50 GB = 50 000 MB
50 000 MB : 2,6 MB = 19 230,7…
$\approx$ 19 230 Fotos

oder:
2,6 MB = 0,0026 GB
50 GB : 0,0026 GB = 19 230,7…
$\approx$ 19 230 Fotos

> Rechne die Größe der Festplatte in Megabyte um.
> 1 GB = 1 000 MB
> Berechne die Anzahl der Fotos. Runde sinnvoll.

> Rechne die Größe eines Fotos in GB um.
> 1 MB = 0,001 GB
> Berechne dann die Anzahl der Fotos.

b) **freier Speicherplatz auf der Festplatte**

3 TB = 3 000 GB

3 000 GB – 700 GB = 2 300 GB

oder:
700 GB = 0,7 TB
3 TB – 0,7 TB = 2,3 TB

> Die Speichergrößen müssen zunächst auf eine gleiche Einheit gebracht werden.
> Rechne die Größe der Festplatte in GB um.
> 1 TB = 1 000 GB
> Subtrahiere von der Größe der Festplatte in GB den belegten Speicherplatz und du erhältst den freien Speicherplatz in GB.

> Rechne den belegten Speicherplatz in TB um.
> 1 GB = 0,001 TB
> Subtrahiere von der Größe der Festplatte in TB den belegten Speicherplatz und du erhältst den freien Speicherplatz in TB.

c) **ungefähre Datengröße in Megabyte**

$8,5 \cdot 10^7$ Byte : 10^6 = 85 MB

oder:
10^6 Byte = 1 MB
10^7 Byte = $10 \cdot 1$ MB
$8,5 \cdot 10^7$ Byte = $85 \cdot 1$ MB = 85 MB

> 1 MB = 10^6 Byte
> Dividiere die Größe des gespeicherten Spielstands durch 10^6 und du erhältst die Größe des Spielstands in MB.

> Wenn dein Taschenrechner keine Tasten zur Eingabe von 10er-Potenzen hat, dann gehe schrittweise vor.
> 10^6 Byte = 1 MB

9   a) **Kosten für 8 Trainingseinheiten**
   $3,50 € \cdot 8 = 28,00 €$

Benötigte Daten findest du im Angebot der MUCKIBUDE.
Berechne die Kosten für 8 Trainingseinheiten.

   gesamte Kosten
   $28,00 € + 10 € = 38,00 €$

   Die Kosten für den Schnuppermonat mit 8 Trainingseinheiten betragen 38,00 €.

Addiere die Kosten für die 8 Trainingseinheiten zum Aktionspreis von 10 € und du erhältst die gesamten Kosten für den Schnuppermonat.

   b) **Entwicklung der Monatsbeiträge in Abhängigkeit zur Vertragslaufzeit**
   Je länger die Vertragslaufzeit ist, desto niedriger werden die Monatsbeiträge.

Die Vertragslaufzeit und die Monatsbeiträge findest du im Angebot der MUCKIBUDE.
Prüfe, ob eine proportionale Zuordnung vorliegt.

   c) **Zuordnung der Graphen zu den Angeboten**
   Graph 3 gehört zu Michis Fitbox.
   Graph 2 gehört zur MUCKIBUDE.

Ein Graph beginnt bei 0 €, es gibt keinen festen Monatsbeitrag.
Graph 2 und Graph 3 beginnen bei einem Monatsbeitrag von 25 €.
Lies aus dem Schaubild ab, wie hoch die Kosten für eine Trainingseinheit sind.
Entscheide nun, welcher Graph zur MUCKIBUDE passt.

   d) **Bedeutung des Schnittpunkts von Graph 2 und Graph 3 hinsichtlich der Kosten**
   - Bis zu 4 Trainingseinheiten ist das Angebot von Graph 3 günstiger als das Angebot von Graph 2.
   - Bei 5 Trainingseinheiten, beim Schnittpunkt der beiden Graphen sind die Kosten bei beiden Graphen, gleich hoch.
   - Nach der 5. Trainingseinheit sind die Kosten bei Graph 2 niedriger.

Lies im Diagramm ab und entscheide:
Bis zu wie vielen Trainingseinheiten ist Graph 3 günstiger als Graph 2?
Bei wie vielen Trainingseinheiten sind die Kosten bei beiden Graphen gleich hoch?
Wie entwickeln sich die Kosten nach der 5. Trainingseinheit?
Welcher Graph ist dann hinsichtlich der Kosten günstiger?

Qualifizierender Abschluss der Mittelschule 2017

Teil A – Arbeitsblatt

1 **Anzahl der nicht anwesenden Jugendlichen**

25 % von 24 Jugendlichen

$25\,\% = \dfrac{1}{4}$

$\dfrac{1}{4}$ von 24 Jugendlichen =

24 Jugendliche : 4 = 6 Jugendliche

Anzahl der anwesenden Jugendlichen

$24 - 6 = 18$

Es waren 18 Jugendliche anwesend.

oder:

Anwesende Jugendliche in Prozent

$100\,\% - 25\,\% = 75\,\% = \dfrac{3}{4}$

Anzahl der anwesenden Jugendlichen

$\dfrac{3}{4}$ von 24 Jugendlichen =

24 Jugendliche : 4 · 3 = 18 Jugendliche

Es waren 18 Jugendliche anwesend.

Hinweise und Tipps

Wie viele Jugendliche waren nicht da?

Wandle den Prozentsatz in einen Bruch um.

Berechne die Anzahl der nicht anwesenden Jugendlichen.

Subtrahiere die Anzahl der nicht anwesenden Jugendlichen von der Anzahl der Jugendlichen in der 9 a und du erhältst die Anzahl der anwesenden Jugendlichen.

Wie viel Prozent der Jugendlichen waren anwesend?
Wandle den Prozentsatz in einen Bruch um.

Berechne die Anzahl der anwesenden Jugendlichen.

---

2 **Netze, die zu einem Quader gefaltet werden können**

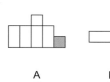 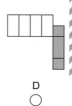

A ○ B ⊗ C ⊗ D ○

Falte die Netze gedanklich zu einem Quader.
Bei Netz A ist das markierte „Seitenteil" an der falschen Stelle gezeichnet.
Bei Netz D liegt das markierte Rechteck mit den beiden Quadraten zu tief.
Kreuze B und C an.

---

3 **Passender Platzhalter**

$35\,\% - 0{,}08 + 0{,}25 + \boxed{} = 100\,\%$

$0{,}35 - 0{,}08 + 0{,}25 + \boxed{} = 1$

$0{,}52 + \boxed{} = 1 \qquad |-0{,}52$

$\boxed{} = 0{,}48$

oder:

$35\,\% - 0{,}08 + 0{,}25 + \boxed{} = 100\,\%$

$35\,\% - 8\,\% + 25\,\% + \boxed{} = 100\,\%$

$52\,\% + \boxed{} = 100\,\% \qquad |-52\,\%$

$\boxed{} = 48\,\%$

Schreibe die Prozentangaben als Dezimalbrüche.

Fasse zusammen.

Löse nach $\boxed{}$ auf.

Schreibe die Dezimalbrüche als Prozentangaben.

Fasse zusammen.

Löse nach $\boxed{}$ auf.

4   **Länge der Basis (Grundseite)**

$8 \text{ cm} \cdot 4 = 32 \text{ cm}$

Länge eines Schenkels

$a^2 = (8 \text{ cm})^2 + (6 \text{ cm})^2$

$a^2 = 64 \text{ cm}^2 + 36 \text{ cm}^2$

$a^2 = 100 \text{ cm}^2 \qquad |\sqrt{}$

$a = 10 \text{ cm}$

$10 \text{ cm} \cdot 2 = 20 \text{ cm}$

Umfang u der grau gefärbten Fläche

$u = 32 \text{ cm} + 2 \cdot 20 \text{ cm}$

$u = 32 \text{ cm} + 40 \text{ cm}$

$u = 72 \text{ cm}$

✦ Hinweise und Tipps

Achtung! Es ist nicht der Flächeninhalt der grauen Fläche, sondern der Umfang gesucht.

Es handelt sich dabei um den Umfang eines gleichschenkligen Dreiecks. Die Basis (Grundseite) des gleichschenkligen Dreiecks besteht aus 4 gleich langen Teilstrecken. Berechne die Länge der Basis.

Die Schenkel des gleichschenkligen Dreiecks bestehen aus je 2 gleich langen Teilstrecken.
Im rechtwinkligen Dreieck sind die Längen der beiden Katheten gegeben.
Berechne die Länge der Hypotenuse a mithilfe des Satzes von Pythagoras.

Addiere die Längen der Dreiecksseiten und du erhältst den Umfang der grau gefärbten Fläche.

---

5   a)   **Zeitraum in Tagen, für den das Futter für 3 Meerschweinchen reicht**

Für 2 Meerschweinchen reicht das Futter 30 Tage.

Für 1 Meerschweinchen reicht das Futter $30 \text{ Tage} \cdot 2 = 60 \text{ Tage}$.

Für 3 Meerschweinchen reicht das Futter $60 \text{ Tage} : 3 = 20 \text{ Tage}$.

b)   **Preis für 6 Packungen Futter**

$4{,}95 \text{ €} \cdot 6 = 29{,}70 \text{ €}$

Martina muss für 6 Packungen 29,70 € bezahlen.

Bei Teilaufgabe a handelt es sich um eine indirekt proportionale Zuordnung.
Je mehr Meerschweinchen an einer Packung Futter knabbern, umso weniger Tage reicht eine Packung. Rechne mit dem Dreisatz.

Der Preis für eine Packung Futter ist bekannt.
Berechne den Preis für 6 Packungen Futter.
Rechne zunächst, ohne auf das Komma zu achten.
Das Ergebnis hat so viele Stellen nach dem Komma wie die beiden Faktoren zusammen.

---

6   **Einzeichnen des Koordinatensystems**

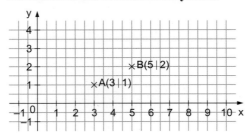

Maßstab 1 : 2

Wie viele Kästchenlängen im Koordinatensystem entsprechen 1 cm?
Der Punkt A(3 | 1) wird in das Koordinatensystem eingezeichnet, wenn man vom Koordinatenursprung 3 cm nach rechts und 1 cm nach oben geht.
Von Punkt A(3 | 1) kommst du also zum Koordinatenursprung zurück, wenn du 3 cm nach links und 1 cm nach unten gehst.
Zeichne den Koordinatenursprung in das Koordinatensystem ein und bezeichne ihn mit 0.
Die x-Achse (waagrechte Achse) und die y-Achse (senkrechte Achse) schneiden sich im Koordinatenursprung und stehen senkrecht zueinander. Zeichne die beiden Achsen ein. Beschrifte das Koordinatensystem vollständig.
Überprüfe, ob du den Koordinatenursprung richtig eingezeichnet hast. Gehe dazu von Punkt B(5 | 2) 5 cm nach links und 2 cm nach unten.

7 **Berichtigen der fehlerhaften Zeile**

$18x - \mathbf{6} = 12$

$5 \cdot (6x - 3) - 3 \cdot (4x + 3) = 12$

$30x - 15 - 12x - 9 = 12$

$18x - \mathbf{24} = 12$

Hinweise und Tipps

Der Fehler wurde in der dritten Zeile gemacht.
Verbessere diese Zeile.
Fasse dazu richtig zusammen: $-15 - 9 = -24$

---

8 **Fehlerhafte Aussage**

☐ 15 % kommen mit dem Rad.

☐ 11 % kommen mit den Eltern.

☒ 25 % kommen mit dem Bus.

☐ 9 % kommen mit dem Moped.

☐ 40 % kommen zu Fuß.

Begründung:
25 % entsprechen einem Viertelkreis.
Der Winkel für einen Viertelkreis beträgt 90°.
Der gezeichnete Anteil für die Buskinder ist aber deutlich größer als 25 % (90°).

Gehe nach dem Ausschlussverfahren vor.
100 % entsprechen einem Vollkreis.
50 % entsprechen einem Halbkreis.
25 % entsprechen einem Viertelkreis.
Das Kreissegment „Bus" ist falsch gezeichnet.

---

9 a) $\sqrt{144} < 5^2$

$\sqrt{144} = 12$
$5^2 = 25$

b) $\dfrac{2}{50} = 0,04$

Wandle den Bruch in einen Dezimalbruch um.
$\dfrac{2}{50} = \dfrac{4}{100} = 0,04$

c) $0,02\,\text{m} = 2\,\text{cm}$

Die Umrechnungszahl für Längen ist 10.
$0,02\,\text{m} = 0,2\,\text{dm} = 2\,\text{cm}$

d) $2,7 \cdot 10^4 > 4\,300$

$10^4 = 10\,000$
$2,7 \cdot 10\,000 = 27\,000$

---

10 **Abschätzen der Größen**
Als Bezugsgröße dient die durchschnittliche Größe eines Erwachsenen: ca. 1,80 m

Länge des Erwachsenen in der Zeichnung: 3 cm

Länge der Werbetafel in der Zeichnung: 9 cm
Höhe der Werbetafel in der Zeichnung: 4,5 cm

Länge der Werbetafel in Wirklichkeit
$3\,\text{cm} \mathrel{\widehat{=}} 1,80\,\text{m}$
$1\,\text{cm} \mathrel{\widehat{=}} 1,80\,\text{m} : 3 = 0,60\,\text{m}$
$9\,\text{cm} \mathrel{\widehat{=}} 0,60\,\text{m} \cdot 9 = 5,40\,\text{m} \approx 5\,\text{m}$

Höhe der Werbetafel in Wirklichkeit
$3\,\text{cm} \mathrel{\widehat{=}} 1,80\,\text{m}$
$1\,\text{cm} \mathrel{\widehat{=}} 1,80\,\text{m} : 3 = 0,60\,\text{m}$
$4,5\,\text{cm} \mathrel{\widehat{=}} 0,60\,\text{m} \cdot 4,5 = 2,70\,\text{m} \approx 3\,\text{m}$

Bei dieser Aufgabe musst du deine Annahmen auch begründen!
Welche durchschnittliche Körpergröße hat ein erwachsener Mann? Wähle einen realistischen Wert, mit dem du gut rechnen kannst.

Miss die Größe des Erwachsenen in der Zeichnung.

Du benötigst den Flächeninhalt der Werbetafel. Miss dazu die Länge und die Höhe der Werbetafel in der Zeichnung.

Rechne die Maße aus der Zeichnung in die Längen in Wirklichkeit um.
Runde das Ergebnis so, dass du gut damit weiterrechnen kannst.

Hinweise und Tipps

Flächeninhalt der Werbetafel

$A = 5 \text{ m} \cdot 3 \text{ m}$

$A = 15 \text{ m}^2$

Die Werbetafel hat einen Flächeninhalt von rund 15 m².

✒ Berechne den Flächeninhalt der rechteckigen Werbetafel.

✒ $A = a \cdot b$

✒ Je nach Grundannahme und Rundung kann dein Ergebnis zwischen 10 m² und 20 m² variieren.

---

11 Richtige Aussagen zur Anzahl der Smartphone-Nutzer und Einwohner 2015

		richtig	falsch
a)	Mehr als 50 % der Deutschen nutzen ein Smartphone.	☒	☐

✒ Lies aus dem Säulendiagramm die Einwohnerzahl für Deutschland ab: 81 Millionen
50 % von 81 Millionen = 40,5 Millionen
44,5 Millionen nutzen ein Smartphone. Das ist mehr als die Hälfte.

		richtig	falsch
b)	In den USA leben mehr Menschen als in Indien.	☐	☒

✒ Die Säulendiagramme für die USA und Indien liegen nebeneinander. Vergleiche die Säulen für die Einwohnerzahlen.
Indien: 1 314 Millionen
USA: 321 Millionen
In Indien leben fast 1 Milliarde Menschen mehr als in den USA.

		richtig	falsch
c)	In China benutzen etwa zehnmal so viele Menschen ein Smartphone wie in Japan.	☒	☐

✒ Vergleiche die Anzahl der Smartphone-Nutzer.
Japan: 57,4 Millionen
China: 574,2 Millionen
574,2 Millionen ist etwa das Zehnfache von 57,4 Millionen.

		richtig	falsch
d)	Mehr als drei Viertel der Menschen in Brasilien nutzen kein Smartphone.	☒	☐

✒ Runde die Zahl der Smartphone-Nutzer in Brasilien.
48,6 Millionen ≈ 50 Millionen
50 Millionen Smartphone-Nutzer sind weniger als ein Viertel von 205 Millionen Einwohnern.
Mehr als drei Viertel der Einwohner nutzen also kein Smartphone.

Teil B – Aufgabengruppe I

Hinweise und Tipps

1

$$\frac{x}{2} - 4 \cdot (7 - x) = \frac{1}{5} \cdot (75 - 3x) + 8$$

$\mid$ Multipliziere mit dem Hauptnenner 10.

$$\frac{10 \cdot x}{2} - 10 \cdot 4 \cdot (7 - x) = \frac{10}{5} \cdot (75 - 3x) + 10 \cdot 8$$

$\mid$ Kürze.

$$5x - 40 \cdot (7 - x) = 2 \cdot (75 - 3x) + 80$$

$\mid$ Multipliziere aus. Achte auf die Vorzeichen.

$$5x - 280 + 40x = 150 - 6x + 80$$

$\mid$ Fasse zusammen.

$$45x - 280 = 230 - 6x$$

$\mid +280; \ +6x$

$$51x = 510$$

$\mid :51$

$$x = 10$$

oder:

$$\frac{x}{2} - 4 \cdot (7 - x) = \frac{1}{5} \cdot (75 - 3x) + 8$$

$\mid$ Wandle die Brüche in Dezimalbrüche um.

$$0,5x - 4 \cdot (7 - x) = 0,2 \cdot (75 - 3x) + 8$$

$\mid$ Multipliziere aus. Achte auf die Vorzeichen.

$$0,5x - 28 + 4x = 15 - 0,6x + 8$$

$\mid$ Fasse zusammen.

$$4,5x - 28 = 23 - 0,6x$$

$\mid +0,6x; \ +28$

$$5,1x = 51$$

$\mid :5,1$

$$x = 10$$

2 a) **Volumen des Kegels**

$r = 10 \text{ cm}; \ h_K = 24 \text{ cm}$

$$V = \frac{1}{3} \cdot 10 \text{ cm} \cdot 10 \text{ cm} \cdot 3,14 \cdot 24 \text{ cm}$$

$$V = 2\,512 \text{ cm}^3$$

Setze die gegebenen Werte in die Formel zur Berechnung des Volumens eines Kegels ein.

$$V = \frac{1}{3} \cdot r \cdot r \cdot \pi \cdot h_K$$

Rechne mit $\pi = 3,14$.

b) **Länge der Mantellinie s**

$$s^2 = h_K^2 + r^2$$

$$s^2 = (24 \text{ cm})^2 + (10 \text{ cm})^2$$

$$s^2 = 576 \text{ cm}^2 + 100 \text{ cm}^2$$

$$s^2 = 676 \text{ cm}^2 \qquad \mid \sqrt{}$$

$$s = 26 \text{ cm}$$

Im rechtwinkligen Dreieck ist die Mantellinie s die Hypotenuse, die Körperhöhe h_K und der Radius sind die Katheten. Berechne die Länge der Mantellinie s mithilfe des Satzes von Pythagoras.

c) **Radius der Grundfläche des zweiten Kegels**

$G = 706,5 \text{ cm}^2$

$$706,5 \text{ cm}^2 = r^2 \cdot 3,14 \quad \mid :3,14$$

$$225 \text{ cm}^2 = r^2 \qquad \mid \sqrt{}$$

$$r = 15 \text{ cm}$$

Die Grundfläche eines Kegels bildet ein Kreis. Setze die gegebenen Werte in die Formel zur Berechnung des Flächeninhalts eines Kreises ein und berechne r.

$A_{Kreis} = r^2 \cdot \pi$

Rechne mit $\pi = 3,14$.

Umfang der Grundfläche des zweiten Kegels

$r = 15 \text{ cm}$

$d = 2 \cdot 15 \text{ cm}$

$d = 30 \text{ cm}$

$u = 30 \text{ cm} \cdot 3,14$

$u = 94,2 \text{ cm}$

Setze den errechneten Wert für r in die Formel zur Berechnung des Umfangs eines Kreises ein.

$u = d \cdot \pi$

Rechne mit $\pi = 3,14$.

3   a)

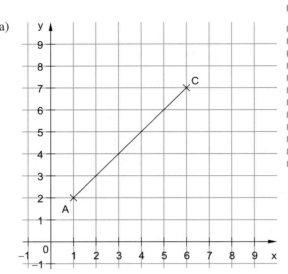

Zeichne ein Koordinatensystem mit der Einheit 1 cm.
x-Achse: –1 cm bis +9 cm
y-Achse: –1 cm bis +9 cm
Beschrifte das Koordinatensystem vollständig.
Trage den Punkt A(1|2) ein. Gehe dazu 1 cm nach rechts und 2 cm nach oben.
Trage den Punkt C(6|7) ein. Gehe dazu 6 cm nach rechts und 7 cm nach oben.
Verbinde die Punkte A und C zur Strecke [AC].

b)

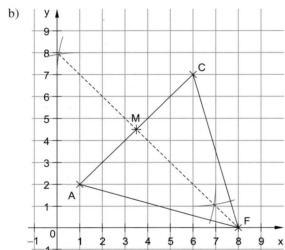

In einem gleichschenkligen Dreieck halbiert die Höhe die Basis.
Halbiere die Basis [AC] mit dem Geodreieck.
Bezeichne den Mittelpunkt mit M.
Zeichne mit dem Geodreieck die Mittelsenkrechte zur Basis durch den Punkt M.
Bezeichne den Schnittpunkt der Mittelsenkrechten mit der x-Achse mit F.
Verbinde den Punkt F jeweils mit den Punkten A und C und du erhältst das gleichschenklige Dreieck AFC.

oder:

Zeichne jeweils einen Kreisbogen um A und C mit beliebigem Radius (hier: 7 cm). Verbinde die Schnittpunkte der Kreisbögen miteinander und du erhältst die Mittelsenkrechte zur Strecke [AC] durch den Punkt M. Verfahre dann wie oben beschrieben.

c)

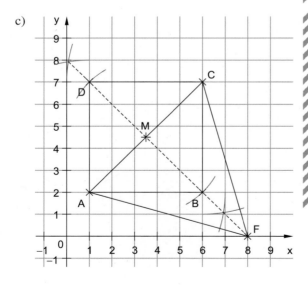

In jedem Quadrat stehen die Diagonalen senkrecht zueinander und halbieren sich.
Miss mit dem Geodreieck die Strecke [AM].
Trage die Länge der Strecke [AM] von M aus auf der Mittelsenkrechten in beide Richtungen ab. Bezeichne die Endpunkte mit B und D.
Verbinde die Punkte von Punkt A aus nacheinander und du erhältst das Quadrat ABCD.

oder:

Zeichne einen Kreisbogen um M mit dem Radius [AM]. Die Schnittpunkte des Kreisbogens mit der Mittelsenkrechten ergeben die Eckpunkte B und D des Quadrats.

Hinweise und Tipps

4

a) **Anzahl der Schülerinnen und Schüler in der Tabelle**

$18 + 4 + 16 + 2 + 6 = 46$

Fehlende Angabe für die Klasse 9a

$51 - 46 = 5$

5 Schülerinnen und Schüler der Klasse 9a wollen einen mittleren Schulabschluss erwerben.

51 Schülerinnen und Schüler wurden befragt. Wie viele Schülerinnen und Schüler listet die Tabelle auf?

Subtrahiere die Anzahl der Schülerinnen und Schüler in der Tabelle von den insgesamt 51 Schülerinnen und Schülern der 9. Klassen und du erhältst die fehlende Angabe in der Klasse 9a.

b) **Unterschied der Jugendlichen mit dem Wunsch nach einer Berufsausbildung in %**

18 Jugendliche − 16 Jugendliche = 2 Jugendliche

$p\% = 2 : 16 \cdot 100\%$

$p\% = 12{,}5\%$

In der 9a wollen 12,5 % mehr Jugendliche eine Berufsausbildung beginnen als in der 9b.

Die Werte für den Wunsch nach einer Berufsausbildung findest du in der Tabellenspalte „Ausbildung".
Den Grundwert G bilden die Jugendlichen der 9b. Der Unterschied zwischen den Jugendlichen der 9a und 9b ist der Prozentwert P.
Berechne den Prozentsatz.

$p\% = P : G \cdot 100\%$

c) **Berechnen der Winkel für das Kreisdiagramm**

$16 + 2 + 6 = 24$ Schülerinnen und Schüler (S)

$24\,\text{S} \triangleq 360°$

$1\,\text{S} \triangleq 360° : 24 = 15°$

$16\,\text{S} \triangleq 15° \cdot 16 = 240°$ Ausbildung

$2\,\text{S} \triangleq 15° \cdot 2 = 30°$ Mittlerer Schulabschluss

$6\,\text{S} \triangleq 15° \cdot 6 = 90°$ Sonstiges

Bereite die Daten für das Kreisdiagramm auf.
Alle Schülerinnen und Schüler der 9b entsprechen 360°.

Pläne nach dem Abschluss

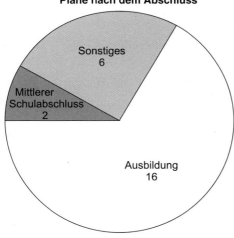

Maßstab 1 : 2

Zeichne einen Kreis mit r = 6 cm.
Trage die Winkel für die Kreissegmente mit dem Geodreieck ein.
Beschrifte das Schaubild vollständig.

Teil B – Aufgabengruppe II

Hinweise und Tipps

1
$$0,8 \cdot (7,5x - 12) - 10x + 51,6 = 6 - 16 \cdot (13x - 40,5)$$
$$(6x - 9,6) - 10x + 51,6 = 6 - (208x - 648)$$
$$6x - 9,6 - 10x + 51,6 = 6 - 208x + 648$$
$$-4x + 42 = -208x + 654$$
$$204x = 612$$
$$x = 3$$

| Multipliziere in die Klammern.
| Löse die Klammern auf. Beachte die Vorzeichenregel.
| Fasse zusammen.
| $+208x;\ -42$
| $:204$

2 a) **Zu zahlender Preis bei Angebot 1**

12 % Rabatt auf 4 275 €

$$100\ \% \triangleq 4\ 275\ €$$
$$1\ \% \triangleq 4\ 275\ € : 100 = 42,75\ €$$
$$12\ \% \triangleq 42,75\ € \cdot 12 = 513\ € \qquad \text{(Rabatt)}$$
$$4\ 275\ € - 513\ € = 3\ 762\ € \qquad \text{(Endpreis)}$$

oder:
$$100\ \% \triangleq 4\ 275\ €$$
$$1\ \% \triangleq 4\ 275\ € : 100 = 42,75\ €$$
$$88\ \% \triangleq 42,75\ € \cdot 88 = 3\ 762\ € \qquad \text{(Endpreis)}$$

oder:
$$100\ \% - 12\ \% = 88\ \% = 0,88$$
$$4\ 275\ € \cdot 0,88 = 3\ 762\ € \qquad \text{(Endpreis)}$$

Bei Angebot 1 sind 3 762 € zu zahlen.

Zu zahlender Preis bei Angebot 2

3 % Rabatt auf 3 995 €

$$100\ \% \triangleq 3\ 995\ €$$
$$1\ \% \triangleq 3\ 995\ € : 100 = 39,95\ €$$
$$3\ \% \triangleq 39,95\ € \cdot 3 = 119,85\ € \qquad \text{(Skonto)}$$
$$3\ 995\ € - 119,85\ € = 3\ 875,15\ € \qquad \text{(Endpreis)}$$

oder:
$$100\ \% \triangleq 3\ 995\ €$$
$$1\ \% \triangleq 3\ 995\ € : 100 = 39,95\ €$$
$$97\ \% \triangleq 39,95\ € \cdot 97 = 3\ 875,15\ € \quad \text{(Endpreis)}$$

oder:
$$100\ \% - 3\ \% = 97\ \% = 0,97$$
$$3\ 995\ € \cdot 0,97 = 3\ 875,15\ € \qquad \text{(Endpreis)}$$

Bei Angebot 2 sind 3 875,15 € zu zahlen.

Angebot 1 ist günstiger als Angebot 2.

b) **Preisnachlass in €**
$$4\ 100\ € - 3\ 567\ € = 533\ €$$

Preisnachlass in %
$$p\ \% = 533\ € : 4\ 100\ € \cdot 100\ \%$$
$$p\ \% = 13\ \%$$

Der Rabatt für den Roller beträgt 13 %.

✔ Auf den ausgezeichneten Preis gibt es 12 % Rabatt.
✔ Berechne den Rabatt und den verbilligten Preis in €.
✔ Rechne mit dem Dreisatz.

✔ Es gibt 12 % Rabatt, d. h., es sind noch zu zahlen:
$100\ \% - 12\ \% = 88\ \%$

✔ Rechne mit dem Faktor.

✔ Auf den ausgezeichneten Preis gibt es bei Barzahlung 3 % Skonto.
✔ Berechne den Skonto und den verbilligten Preis in €.
✔ Rechne mit dem Dreisatz.

✔ Es gibt 3 % Skonto, d. h., es sind noch zu zahlen:
$100\ \% - 3\ \% = 97\ \%$

✔ Rechne mit dem Faktor.

✔ Die Differenz aus dem normalen Preis und dem ermäßigten Preis ist der Prozentwert P.
✔ Der normale Preis für den Roller ist der Grundwert G.
✔ Berechne den Prozentsatz.
✔ $p\ \% = P : G \cdot 100\ \%$

c) **Jahreszinsen**

K = 3 300 €; p % = 4,5 %

$100\ \% \triangleq 3\ 300\ €$

$1\ \% \triangleq 3\ 300\ € : 100 = 33,00\ €$

$4,5\ \% \triangleq 33,00\ € \cdot 4,5 = 148,50\ €$

✦ Berechne zuerst die Jahreszinsen.

Zinsen für 10 Monate

$12\ \text{Monate} \triangleq 148,50\ €$

$1\ \text{Monat} \triangleq 148,50\ € : 12 = 12,375\ €$

$10\ \text{Monate} \triangleq 12,375\ € \cdot 10 = 123,75\ €$

✦ Berechne dann die Zinsen für 10 Monate mit dem Dreisatz.

oder:

K = 3 300 €; p % = 4,5 %; t = 10 Monate

$$Z = \frac{3\ 300\ € \cdot 4,5 \cdot 10}{100 \cdot 12}$$

$Z = 123,75\ €$

✦ Löse mit der Zinsformel.
Setze die gegebenen Werte ein und berechne die Zinsen.
$$Z = \frac{K \cdot p \cdot t}{100 \cdot 12}$$

Tatsächliche Anschaffungskosten für den Roller

$3\ 567\ € + 123,75\ € = 3\ 690,75\ €$

Die tatsächlichen Anschaffungskosten für Katis Roller betragen 3 690,75 €.

✦ Die tatsächlichen Anschaffungskosten für den Roller setzen sich aus den Zinsen und dem reduzierten Kaufpreis für den Roller zusammen.

---

3 a) **Länge der Grundlinie eines Parallelogramms**

g = 140 cm : 7

g = 20 cm

✦ Der Richtungspfeil besteht aus 7 flächeninhaltsgleichen Teilflächen.
Eine Teilfläche setzt sich aus 2 flächeninhaltsgleichen Parallelogrammen zusammen.

Höhe eines Parallelogramms

h = 40 cm : 2

h = 20 cm

Flächeninhalt eines Parallelogramms

$A_{\text{Parallelogramm}} = 20\ \text{cm} \cdot 20\ \text{cm}$

$A_{\text{Parallelogramm}} = 400\ \text{cm}^2$

✦ $A_{\text{Parallelogramm}} = g \cdot h$
Berechne den Flächeninhalt eines Parallelogramms.

Flächeninhalt der gefärbten Flächen in cm²

$400\ \text{cm}^2 \cdot 8 = 3\ 200\ \text{cm}^2$

✦ Die gefärbte Fläche setzt sich aus 8 flächeninhaltsgleichen Parallelogrammen zusammen.
Berechne die gefärbte Fläche.

oder:

Flächeninhalt des Rechtecks

a = 140 cm

b = 40 cm

A = 140 cm · 40 cm

A = 5 600 cm²

✦ Ergänze den Richtungspfeil zu einem flächeninhaltsgleichen Rechteck.

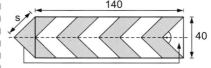

✦ A = a · b
Berechne den Flächeninhalt des Rechtecks.

Flächeninhalt der aufgeklebten Folie in cm²

$5\ 600\ \text{cm}^2 : 7 \cdot 4 = 3\ 200\ \text{cm}^2$

✦ Der Richtungspfeil besteht aus 7 flächeninhaltsgleichen Teilflächen. Auf 4 Teilflächen wird dunkle Folie aufgeklebt. Berechne den Flächeninhalt der aufgeklebten Folie.

Flächeninhalt der gefärbten Fläche in m²

$3\ 200\ \text{cm}^2 = 32\ \text{dm}^2 = 0,32\ \text{m}^2$

Es werden 0,32 m² Folie aufgeklebt.

✦ Die Umrechnungszahl für Flächeninhalte ist 100.

2017-10 / Lösungen – Qualifizierender Abschluss der Mittelschule – Mathematik 2017

b) **Länge der Kathete a**

40 cm : 2 = 20 cm

Länge der Kathete b

140 cm : 7 = 20 cm

Die Höhe teilt ein Parallelogramm in zwei rechtwinklige Dreiecke.
Im rechtwinkligen Dreieck ist s die Hypotenuse. a und b sind die Katheten. Bestimme die Länge der beiden Katheten a und b.

Länge der Strecke s

$s^2 = (20\,\text{cm})^2 + (20\,\text{cm})^2$

$s^2 = 400\,\text{cm}^2 + 400\,\text{cm}^2$

$s^2 = 800\,\text{cm}^2 \qquad |\sqrt{\ }$

$s = 28{,}284\ldots\,\text{cm}$

$s \approx 28{,}3\,\text{cm}$

Die Länge der Strecke s beträgt 28,3 cm.

Berechne die Länge der Strecke s mithilfe des Satzes von Pythagoras.

Runde die Länge der Strecke s sinnvoll (hier: 1 Dezimalstelle).

---

4   a) **Volumen des Würfels**

a = 20 cm

$V_{\text{Würfel}} = 20\,\text{cm} \cdot 20\,\text{cm} \cdot 20\,\text{cm}$

$V_{\text{Würfel}} = 8\,000\,\text{cm}^3$

Du erhältst das Volumen des zu entfernenden Holzes, wenn du vom Volumen des Würfels das Volumen des Zylinders subtrahierst.
$V_{\text{Würfel}} = a \cdot a \cdot a$

Volumen des Zylinders

d = 20 cm

r = 20 cm : 2

r = 10 cm

$h_{\text{Zylinder}} = 20\,\text{cm}$

$V_{\text{Zylinder}} = 10\,\text{cm} \cdot 10\,\text{cm} \cdot 3{,}14 \cdot 20\,\text{cm}$

$V_{\text{Zylinder}} = 6\,280\,\text{cm}^3$

Die Höhe des Zylinders entspricht der Kantenlänge des Würfels.

$V_{\text{Zylinder}} = r \cdot r \cdot \pi \cdot h_{\text{Zylinder}}$
Setze die bekannten Werte in die Formel zur Berechnung des Volumens eines Zylinders ein und berechne das Volumen. Rechne mit $\pi = 3{,}14$.

Volumen des zu entfernenden Holzes

$V_{\text{Holz}} = 8\,000\,\text{cm}^3 - 6\,280\,\text{cm}^3$

$V_{\text{Holz}} = 1\,720\,\text{cm}^3$

Es müssen 1 720 cm³ Holz entfernt werden.

Berechne das Volumen des zu entfernenden Holzes.

b) **Flächeninhalt der Grund- und Deckfläche**

d = 20 cm

r = 20 cm : 2

r = 10 cm

$A_{\text{Kreis}} = 10\,\text{cm} \cdot 10\,\text{cm} \cdot 3{,}14$

$A_{\text{Kreis}} = 314\,\text{cm}^2$

$314\,\text{cm}^2 \cdot 2 = 624\,\text{cm}^2$

Der Oberflächeninhalt eines Zylinders besteht aus der Grundfläche, der Deckfläche und der Mantelfläche.
Berechne den Flächeninhalt der Grund- und Deckfläche.
$A_{\text{Kreis}} = r \cdot r \cdot \pi$
Rechne mit $\pi = 3{,}14$.

Flächeninhalt der Mantelfläche

d = 20 cm

$h_{\text{Zylinder}} = 20\,\text{cm}$

$A_{\text{Mantel}} = 20\,\text{cm} \cdot 3{,}14 \cdot 20\,\text{cm}$

$A_{\text{Mantel}} = 1\,256\,\text{cm}^2$

$A_{\text{Mantel}} = d \cdot \pi \cdot h_{\text{Zylinder}}$
Die Werte für d und h_{Zylinder} sind aus Teilaufgabe a bekannt.
Berechne den Flächeninhalt der Mantelfläche.
Rechne mit $\pi = 3{,}14$.

Oberflächeninhalt des entstehenden Zylinders

$A_O = 624\,\text{cm}^2 + 1\,256\,\text{cm}^2$

$A_O = 1\,880\,\text{cm}^2$

Addiere die Flächeninhalte der Teilflächen und du erhältst den Oberflächeninhalt des Zylinders.

Teil B – Aufgabengruppe III

1 Anzahl der gelieferten Eier von …
Händler A: x
Händler B: x + 4 600
Händler C: 2 · (x + 4 600) } 48 700 Eier
Händler D: 4 100

$x + x + 4\,600 + 2 \cdot (x + 4\,600) + 4\,100 = 48\,700$
$x + x + 4\,600 + 2x + 9\,200 + 4\,100 = 48\,700$
$4x + 17\,900 = 48\,700$
$4x = 30\,800$
$x = 7\,700$

Anzahl der gelieferten Eier von …
Händler A: 7 700
Händler B: $7\,700 + 4\,600 = 12\,300$
Händler C: $2 \cdot 12\,300 = 24\,600$
Händler D: 4 100

Hinweise und Tipps

Lege für die Anzahl einer Lieferung Eier die Variable x fest. Die Anzahl der Eier des Händlers A eignet sich hier besonders gut.
Drücke die Lieferungen der anderen Händler mit x aus.
Händler B: 4 600 Eier mehr als Händler A: +4 600
Händler C: doppelt so viele Eier wie Händler B: 2 ·
Berücksichtige auch die 4 100 Eier von Händler D.
Stelle eine Gleichung auf und löse sie.

Klammer auflösen

Zusammenfassen

| − 17 900

| : 4

Berechne die Anzahl der Eier, die jeder Händler liefert.

---

2 **Grundseite des hellgrauen Dreiecks**
$A_{\text{Dreieck}} = 144 \text{ cm}^2$
$h = 12 \text{ cm}$

$144 \text{ cm}^2 = \dfrac{g \cdot 12 \text{ cm}}{2}$ | · 2; : 12 cm

$g = 24 \text{ cm}$

Länge der Quadratseite a
$a^2 = (40 \text{ cm})^2 - (24 \text{ cm})^2$
$a^2 = 1\,600 \text{ cm}^2 - 576 \text{ cm}^2$
$a^2 = 1\,024 \text{ cm}^2$ $| \sqrt{}$
$a = 32 \text{ cm}$

Flächeninhalt des dunkelgrauen Quadrats
$A_{\text{Quadrat}} = 32 \text{ cm} \cdot 32 \text{ cm}$
$A_{\text{Quadrat}} = 1\,024 \text{ cm}^2$

Umfang des dunkelgrauen Quadrats
$u_{\text{Quadrat}} = 4 \cdot 32 \text{ cm}$
$u_{\text{Quadrat}} = 128 \text{ cm}$

Der Flächeninhalt und die Höhe des hellgrauen Dreiecks sind gegeben.

Setze die bekannten Werte in die Formel zur Berechnung des Flächeninhalts eines Dreiecks ein und löse nach g auf.

$A_{\text{Dreieck}} = \dfrac{g \cdot h}{2}$

Die Quadratseite a ist eine Kathete im rechtwinkligen Dreieck. Die Länge der Hypotenuse und die Länge der Kathete g sind gegeben. Berechne die Länge der Kathete a mithilfe des Satzes von Pythagoras.

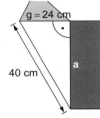

$A_{\text{Quadrat}} = a \cdot a$
Berechne den Flächeninhalt des Quadrats.

$u_{\text{Quadrat}} = 4 \cdot a$
Berechne den Umfang des Quadrats.

3

a) Benötigte Menge Äpfel für 35 ℓ Apfelsaft

$500\ \ell \triangleq 1\,350\ \text{kg}$

$1\ \ell \triangleq 1\,350\ \text{kg} : 500 = 2,7\ \text{kg}$

$35\ \ell \triangleq 2,7\ \text{kg} \cdot 35 = 94,5\ \text{kg}$

Zur Herstellung von 35 ℓ Apfelsaft werden 94,5 kg Äpfel benötigt.

b) Menge Apfelsaft aus 540 kg Äpfeln

$1\,350\ \text{kg} \triangleq 500\ \ell$

$1\ \text{kg} \triangleq 500\ \ell : 1\,350 = 0,3703\dots\ \ell$

$540\ \text{kg} \triangleq 0,3703\dots\ \ell \cdot 540 = 200\ \ell$

Aus 540 kg Äpfeln kann man 200 ℓ Apfelsaft herstellen.

c) Anzahl der abgefüllten 0,7-ℓ-Flaschen

$35 : 0,7 = 50$ Flaschen

Anzahl der vollen Getränkekisten

$50 : 12 = 4,1666\dots \approx 4$ Getränkekisten

35 ℓ Apfelsaft ergeben 4 volle Getränkekisten.

4

a) Durchschnittlicher Monatslohn einer Floristin in den 3 Ausbildungsjahren

$539\ € + 580\ € + 642\ € = 1\,761\ €$

$1\,761\ € : 3 = 587\ €$

Der durchschnittliche Monatslohn einer Floristin während der 3 Ausbildungsjahre beträgt 587 €.

b) Unterschied des Monatslohns eines Bäckers vom 1. zum 2. Ausbildungsjahr in €

$600\ € - 470\ € = 130\ €$

Unterschied des Monatslohns eines Bäckers vom 1. zum 2. Ausbildungsjahr in %

$G = 470\ €;\ P = 130\ €$

$p\ \% = 130\ € : 470\ € \cdot 100\ \%$

$p\ \% = 27,659\dots\ \%$

$p\ \% = 27,7\ \%$

Ein Bäcker verdient im 2. Ausbildungsjahr 27,7 % mehr als im 1. Ausbildungsjahr.

c) Monatslohn eines Friseurs im 2. Ausbildungsjahr

$121\ \% \triangleq 596\ €$

$1\ \% \triangleq 596\ € : 121 = 4,92561\dots\ €$

$100\ \% \triangleq 4,92561\dots\ € \cdot 100 = 492,561\dots\ € \approx 493\ €$

Der Monatslohn eines Friseurs im 2. Ausbildungsjahr beträgt 493 €.

Hinweise und Tipps

Bei dem Sachverhalt „Herstellung von Apfelsaft aus Äpfeln" handelt es sich um eine direkt proportionale Zuordnung. Es gilt:
je mehr Äpfel – umso mehr Apfelsaft
je weniger Äpfel – umso weniger Apfelsaft
Rechne mit dem Dreisatz.

Berechne zunächst die Menge Apfelsaft, die aus 1 kg Äpfeln gewonnen wird.
Runde das Zwischenergebnis nicht!

Wie viele Flaschen zu je 0,7 ℓ kann man mit 35 ℓ Apfelsaft abfüllen?

In eine Getränkekiste passen 12 Flaschen.

Gib die **vollen** Getränkekisten an.

In der Tabellenzeile „Florist/-in" findest du den Monatslohn während der Ausbildung.
Addiere den Monatslohn für die 3 Ausbildungsjahre.
Dividiere die Summe durch die Anzahl der Ausbildungsjahre und du erhältst den durchschnittlichen Monatslohn.

Der Grundwert G ist der Monatslohn im 1. Ausbildungsjahr, der Prozentwert P ist der Unterschied zwischen den Monatslöhnen im 1. und im 2. Ausbildungsjahr.
Berechne den Prozentsatz.
$p\ \% = P : G \cdot 100\ \%$

Runde den Prozentsatz sinnvoll (hier: 1 Dezimalstelle).

Der Monatslohn eines Friseurs im 2. Ausbildungsjahr entspricht 100 %.
Der Monatslohn eines Friseurs steigt im 3. Ausbildungsjahr um 21 % auf 100 % + 21 % = 121 %.
Der Monatslohn von 596 € im 3. Ausbildungsjahr entspricht also 121 %.
Berechne den Lohn für das 2. Ausbildungsjahr.
Runde den Lohn nach der Vorgabe auf ganze €.

Qualifizierender Abschluss der Mittelschule 2018

Teil A – Arbeitsblatt

⚡ **Hinweise und Tipps**

1 **Aufgaben mit dem gleichen Ergebnis**

⚡ Berechne jeweils den Prozentwert.

15 % von 400 €

$100\,\% \triangleq 400\,€$
$1\,\% \triangleq 4\,€$
$15\,\% \triangleq 4\,€ \cdot 15 = 60\,€$

20 % von 400 €

$100\,\% \triangleq 400\,€$
$1\,\% \triangleq 4\,€$
$20\,\% \triangleq 4\,€ \cdot 20 = 80\,€$

30 % von 200 €

$100\,\% \triangleq 200\,€$
$1\,\% \triangleq 2\,€$
$30\,\% \triangleq 2\,€ \cdot 30 = 60\,€$

30 % von 400 €

$100\,\% \triangleq 400\,€$
$1\,\% \triangleq 4\,€$
$30\,\% \triangleq 4\,€ \cdot 30 = 120\,€$

15 % von 400 €	20 % von 400 €	30 % von 200 €	30 % von 400 €
☒	☐	☒	☐

⚡ Kreuze die beiden Möglichkeiten an.

---

2 **Fehlende Angaben der Temperaturänderungen**

$+12\,°C + 18\,°C = +30\,°C$
$-18\,°C - 9\,°C = -27\,°C$

⚡ Rechne rückwärts.

$$\boxed{-27\,°C} \xrightarrow{+9\,°C} -18\,°C \xrightarrow{\boxed{+30\,°C}} 12\,°C$$

⚡ Trage die Temperaturen ein.
⚡ Überprüfe deine Lösung.

---

3 **richtig oder falsch**

a) $1,1 \cdot 1,1 = 1,11$
$1,1 \cdot 1,1 = 1,21$
$1,11 \neq 1,21$
falsch ☒

⚡ Multipliziere die beiden Zahlen.
⚡ Achte auf die richtige Stellenzahl.

b) $\sqrt{71}$ liegt zwischen 8 und 9.
$8^2 = 64 \qquad \sqrt{64} = 8$
$9^2 = 81 \qquad \sqrt{81} = 9$
$\sqrt{64} < \sqrt{71} < \sqrt{81}$
richtig ☒

⚡ Quadriere die Zahlen.
⚡ Schreibe dann als Wurzel.
⚡ Ordne der Größe nach.

✎ **Hinweise und Tipps**

c) $0{,}825 + 0{,}085 = 0{,}91$

richtig $\boxed{X}$

✎ Addiere die beiden Zahlen.

d) $8 \cdot x - 6 = 72 \qquad |+6$

$\quad\;\; 8 \cdot x = 78 \qquad\;\; |:8$

$\qquad\quad x = 9{,}75$

$9{,}75 \neq 12$

falsch $\boxed{X}$

✎ Löse die Gleichung.

---

4   **Größe des Winkels γ**

$\beta + 140° = 180° \qquad |-140°$

$\qquad\;\; \beta = 40°$

Mit $\alpha = \beta$ folgt:

$40° + 40° + \gamma = 180°$

$\qquad 80° + \gamma = 180° \qquad |-80°$

$\qquad\qquad\;\; \gamma = 100°$

✎ Ein gestreckter Winkel hat 180°.
✎ Berechne die Größe des Winkels β.

✎ Die Summe der Innenwinkel im Dreieck beträgt 180°.
✎ $\alpha + \beta + \gamma = 180°$

---

5   **Kilopreis für das günstigste Angebot**

50 g kosten 0,65 €

$50\text{ g} \cdot 20 = 1\,000\text{ g} = 1\text{ kg}$

$0{,}65\text{ €} \cdot 20 = 13{,}00\text{ €}$

200 g kosten 2,30 €

$200\text{ g} \cdot 5 = 1\,000\text{ g} = 1\text{ kg}$

$2{,}30\text{ €} \cdot 5 = 11{,}50\text{ €}$

500 g kosten 6,00 €

$500\text{ g} \cdot 2 = 1\,000\text{ g} = 1\text{ kg}$

$6{,}00\text{ €} \cdot 2 = 12{,}00\text{ €}$

Kreuze die Packungsgröße 200 g an.

✎ Nutze Rechenvorteile.
✎ 20-fache Menge – 20-facher Preis

✎ 5-fache Menge – 5-facher Preis

✎ doppelte Menge – doppelter Preis

✎ Trage die Preise pro kg ein.
✎ Kreuze das günstigste Angebot an.

---

6   **Rechteckseite a**

$A_R = 96\text{ cm}^2;\;\; b = 8\text{ cm}$

$96\text{ cm}^2 = a \cdot 8\text{ cm} \qquad |:8\text{ cm}$

$\qquad\quad a = 12\text{ cm}$

✎ Der Flächeninhalt und eine Rechteckseite sind bekannt.
✎ Berechne die zweite Seite des Rechtecks.
✎ $A_R = a \cdot b$

Länge der rechten Seite der Figur

$c^2 = (6\text{ cm})^2 + (8\text{ cm})^2$

$c^2 = 36\text{ cm}^2 + 64\text{ cm}^2$

$c^2 = 100\text{ cm}^2 \qquad |\sqrt{}$

$\;\; c = 10\text{ cm}$

✎ Bezeichne die unbekannte Seite mit c.
✎ Im rechtwinkligen Dreieck ist die Länge der Katheten a und b bekannt.
✎ Berechne die Länge der Hypotenuse c mit dem Satz des Pythagoras.
✎ $c^2 = a^2 + b^2$

Umfang der Figur

$u = 8\text{ cm} + 12\text{ cm} + 6\text{ cm} + 10\text{ cm} + 12\text{ cm}$

$u = 48\text{ cm}$

✎ Addiere die Teilstrecken und du erhältst den Umfang der Figur.

Hinweise und Tipps

7   **Korrekte Aussagen**
a) $0{,}25 = 25\,\%$
$27\,\% > 25\,\%$

b) $\dfrac{3}{5} = 0{,}6$
$0{,}58 < 0{,}6$

c) $40\,\% = 0{,}4 = \dfrac{4}{10}$
$\dfrac{4}{10} = 40\,\%$

Suche im Kreis jeweils eine Zahl, die ungefähr der linken Zahl entspricht.
Schreibe den Dezimalbruch als Prozent.

Schreibe den Bruch als Dezimalzahl.

Schreibe den Prozentsatz als Dezimalbruch und als Bruch.

8   **Wasserstand in den Gefäßen**

Wasserstand im Gefäß A
$500\,\text{cm}^3 = 50\,\text{cm}^2 \cdot h_P$ $\mid : 50\,\text{cm}^2$
$h_P = 10\,\text{cm}$

Wasserstand im Gefäß B
$500\,\text{cm}^3 = 125\,\text{cm}^2 \cdot h_Z$ $\mid : 125\,\text{cm}^2$
$h_Z = 4\,\text{cm}$

Wasserstand im Gefäß C
$500\,\text{cm}^3 = 80\,\text{cm}^2 \cdot h_P$ $\mid : 80\,\text{cm}^2$
$h_P = 6{,}25\,\text{cm}$

Wasserstand im Gefäß D
$500\,\text{cm}^3 = 40\,\text{cm}^2 \cdot h_P$ $\mid : 40\,\text{cm}^2$
$h_P = 12{,}5\,\text{cm}$

Im Gefäß **D** steht das Wasser am höchsten.
Im Gefäß **B** steht das Wasser am niedrigsten.

Die Abbildung zeigt 3 Prismen und einen Zylinder.
Für das Volumen aller Prismen gilt:
$V_{\text{Prisma}} = A_{\text{Grundfläche}} \cdot h_P$
Für das Volumen eines Zylinders gilt:
$V_{\text{Zylinder}} = A_{\text{Grundfläche}} \cdot h_Z$
Setze in die Formel die gegebenen Werte ein und löse nach der Höhe auf.

Ergänze die beiden Sätze zu einer wahren Aussage.

9   **Eintritt für ein Kind**
$10{,}20\,\text{€} : 3 = 3{,}40\,\text{€}$

Eintritt für zwei Erwachsene
$18{,}40\,\text{€} - 3{,}40\,\text{€} = 15{,}00\,\text{€}$

Eintritt für einen Erwachsenen
$15{,}00\,\text{€} : 2 = 7{,}50\,\text{€}$

	Eintrittspreis
1 Kind	**3,40 €**
1 Erwachsener	**7,50 €**

Der Eintrittspreis für 3 Kinder ist bekannt.
Berechne den Eintrittspreis für 1 Kind.
Der Eintrittspreis für 1 Kind ist bekannt.
Berechne schrittweise den Eintrittspreis für einen Erwachsenen.

Ergänze die Preisliste.

/ Hinweise und Tipps

10   Anzahl der Schachteln im Regal

In ein Regalfach passen der Breite nach:
4 Schachteln

/ Breite einer Schachtel: 30 cm
/ Breite eines Fachs: 130 cm

Es können übereinander gestapelt werden:
2 Schachteln
4 Schachteln · 2 = 8 Schachteln

/ Höhe einer Schachtel: 15 cm
/ Höhe eines Fachs: 35 cm

In ein Regalfach passen hintereinander:
2 Schachteln
8 Schachteln · 2 = 16 Schachteln

/ Tiefe einer Schachtel: 60 cm
/ Tiefe eines Fachs: 130 cm

Das Regal hat 2 gleich hohe Regalfächer:
16 Schachteln · 2 = 32 Schachteln

/ Das Regal hat 2 Regalfächer.

Es passen maximal 32 Schachteln in das Regal.

---

11   Abschätzen der Breite des Strandkorbs

/ Bei dieser Aufgabe musst du deine Annahme auch begründen. Als Bezugsgröße dienen die 3 Personen im Strandkorb.

Sitzbreite der 3 Personen in der Abbildung: 2 cm

/ Miss die Sitzbreite der 3 Personen in der Abbildung.

Länge des Sitzfläche des Strandkorbs in der Abbildung: ca. 8 cm

/ Miss die Länge der Sitzfläche des Strandkorbs in der Abbildung.

Maximale Anzahl der Personen im Strandkorb:
2 cm $\triangleq$ 3 Personen
8 cm $\triangleq$ 12 Personen

/ Wie viele Personen können maximal in dem Strandkorb Platz nehmen?

Sitzbreite einer Person: ca. 0,5 m
Platzbedarf für 12 Personen im Strandkorb:
0,5 m · 12 = 6 m

/ Welchen Platz nimmt eine Person in der Realität ein?
/ Miss dazu deine Sitzbreite. Berücksichtige einen kleinen Abstand zur nächsten Person.

/ Bestimme nun den Platzbedarf für 12 Personen im Strandkorb. Je nach Grundannahme und Rundung kann dein Ergebnis zwischen 5,5 m und 7,5 m variieren.

Stärke einer Wand: ca. 25 cm
25 cm = 0,25 m

/ Berücksichtige bei der gesamten Länge des Strandkorbs auch die Stärke der Wände links und rechts.

gesamte Breite des Strandkorbs
6 m + 2 · 0,25 m = 6,5 m

Teil B – Aufgabengruppe I

1 Anzahl der …

roten Schürzen: x

gelben Schürzen: 3x

blauen Schürzen: $3x + 20$

Überlege, wie sich die bestellten Schürzen auf die drei Farben aufteilen.

Lege für die Anzahl einer Farbe die Variable x fest. Die Anzahl der roten Schürzen eignet sich hier besonders gut.

Drücke die Anzahl der gelben und blauen Schürzen mithilfe von x aus:

„Dreimal so viele gelbe Schürzen wie rote Schürzen": 3x

„20 blaue Schürzen mehr als gelbe Schürzen": $3x + 20$

$$x + 3x + 3x + 20 = 83$$
$$7x + 20 = 83 \quad |-20$$
$$7x = 63 \quad |:7$$
$$x = 9$$

Stelle die Gleichung auf und löse sie.

Anzahl der …

roten Schürzen: 9

gelben Schürzen: $3 \cdot 9 = 27$

blauen Schürzen: $3 \cdot 9 + 20 = 47$

Berechne die Anzahl der verschiedenfarbigen Schürzen.

---

2 **a)** **Länge der Dreieckshöhe h**

$$h^2 = (5,5\,\text{cm})^2 - (4,5\,\text{cm})^2$$
$$h^2 = 30,25\,\text{cm}^2 - 20,25\,\text{cm}^2$$
$$h^2 = 10\,\text{cm}^2 \qquad |\sqrt{}$$
$$h = 3,162\ldots\,\text{cm}$$
$$h \approx 3,2\,\text{cm}$$

Im gleichschenkligen Dreieck teilt die Höhe h die Grundseite g in der Mitte.

Zeichne für das rechtwinklige Dreieck eine Skizze und trage die bekannten Längen ein. Im rechtwinkligen Dreieck sind die Länge der Hypotenuse und die Länge einer Kathete bekannt. Berechne die Länge der Höhe h mithilfe des Satzes von Pythagoras.

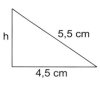

Runde sinnvoll (hier: 1 Dezimalstelle).

Flächeninhalt des vorderen und rückwärtigen Dreiecks

$$A_D = 2 \cdot \frac{9\,\text{cm} \cdot 3,2\,\text{cm}}{2}$$
$$A_D = 28,8\,\text{cm}^2$$

Setze die bekannten Werte in die Formel zur Berechnung des Flächeninhalts eines Dreiecks ein:

$$A_D = 2 \cdot \frac{g \cdot h}{2}$$

Flächeninhalt der seitlichen Rechtecke

$$A_R = 2 \cdot 5,5\,\text{cm} \cdot 12\,\text{cm}$$
$$A_R = 132\,\text{cm}^2$$

Setze die bekannten Werte in die Formel zur Berechnung des Flächeninhalts eines Rechtecks ein:

$$A_R = a \cdot b$$

Flächeninhalt des unteren Rechtecks

$$A_R = 9\,\text{cm} \cdot 12\,\text{cm}$$
$$A_R = 108\,\text{cm}^2$$

Oberflächeninhalt des Werkstücks

$$O = 28,8\,\text{cm}^2 + 132\,\text{cm}^2 + 108\,\text{cm}^2$$
$$O = 268,8\,\text{cm}^2$$

Addiere die Flächeninhalte der Teilflächen und du erhältst den Oberflächeninhalt des Werkstücks.

b) **Volumen des Werkstücks**

$$V_P = \frac{9\,\text{cm} \cdot 3,2\,\text{cm}}{2} \cdot 12\,\text{cm}$$

$$V_P = 172,8\,\text{cm}^3$$

 Hinweise und Tipps

Das Werkstück hat die Form eines Prismas mit dreieckiger Grundfläche.
Setze die bekannten Werte in die Formel zur Berechnung des Volumens eines Prismas ein.

$$V_P = A_{\text{Grundfläche}} \cdot h$$

3   a)

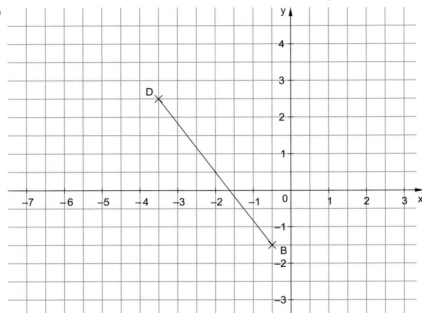

Lege ein Koordinatensystem mit der Einheit 1 cm an.
x-Achse: –7 cm bis +3 cm
y-Achse: –3 cm bis +4 cm
Beschrifte das Koordinatensystem vollständig.
Trage den Punkt B(–0,5 | –1,5) ein. Gehe dazu 0,5 cm nach links und 1,5 cm nach unten.
Trage den Punkt D(–3,5 | 2,5) ein. Gehe dazu 3,5 cm nach links und 2,5 cm nach oben.
Verbinde die Punkte B und D zur Strecke [BD].

 b)

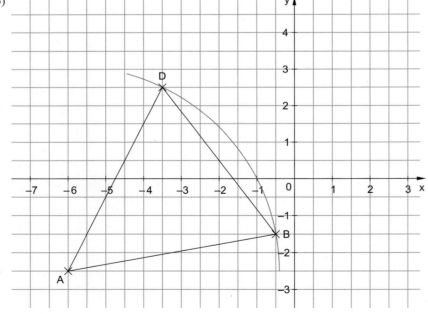

Trage den Punkt A(–6 | –2,5) ein. Gehe dazu 6 cm nach links und 2,5 cm nach unten.
Verbinde die Punkte B und D jeweils mit dem Punkt A.
Miss die Länge der Strecken [AB] und [AD]. Beide Schenkel haben die gleiche Länge. Es entsteht ein gleichschenkliges Dreieck.

oder:
Zeichne den Kreisbogen um A mit dem Radius [AB]. Der Punkt C liegt auf dem Kreisbogen. Die Schenkel [AB] und [AD] haben die gleiche Länge. Es entsteht ein gleichschenkliges Dreieck.

c)

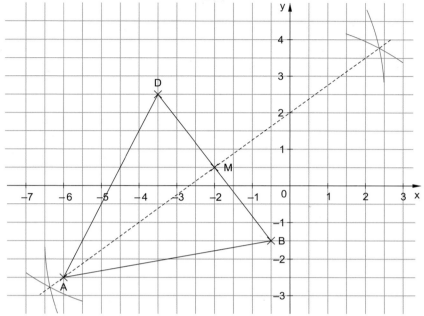

d)

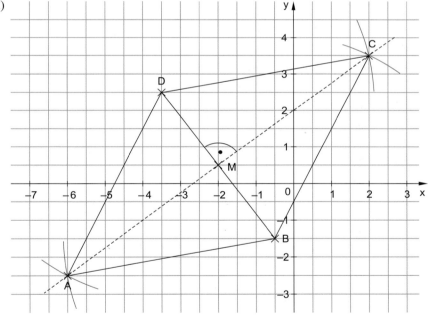

Hinweise und Tipps

In einem gleichschenkligen Dreieck halbiert die Höhe die Basis.
Halbiere die Strecke [BD] mit dem Geodreieck.
Bezeichne den Mittelpunkt der Strecke [BD] mit M.
Zeichne mit dem Geodreieck die Senkrechte zur Strecke [BD] durch den Punkt M.

oder:

Zeichne jeweils einen Kreisbogen um B und D mit beliebigem Radius (hier: 6 cm). Verbinde die Schnittpunkte der Kreisbögen miteinander und du erhältst die Senkrechte zur Strecke [BD] durch den Punkt M.

Die Strecke [BD] und die Senkrechte sind die Diagonalen in der Raute.
In einer Raute stehen die Diagonalen senkrecht aufeinander und halbieren sich.
Miss mit dem Geodreieck die Strecke [AM].
Trage auf der Mittelsenkrechten die Länge der Strecke [AM] ab. Du erhältst den Punkt C.

oder:

Zeichne jeweils einen Kreisbogen um B und D mit Radius [AB]. Der Schnittpunkt der Kreisbögen ergibt den Eckpunkt C der Raute ABCD. Verbinde die Punkte B und D jeweils mit dem Punkt C und du erhältst die Raute ABCD.
Überprüfe nochmals die korrekte Beschriftung der Raute.

4   a) **durchschnittlicher Gurkenverzehr einer Person im Jahr**

$100\,\% \triangleq 93\,\text{kg}$

$1\,\% \triangleq 0,93\,\text{kg}$

$6,8\,\% \triangleq 0,93\,\text{kg} \cdot 6,8 = 6,324\,\text{kg}$

$6,324\,\text{kg} \approx 6,3\,\text{kg}$

oder:

$93\,\text{kg} \cdot 0,068 = 6,324\,\text{kg}$

$6,324\,\text{kg} \approx 6,3\,\text{kg}$

Eine Person isst durchschnittlich in einem Jahr 6,3 kg Gurken.

b) **prozentualer Anteil der Tomaten am verzehrten Gemüse**

$p\,\% = 24,9\,\text{kg} : 93\,\text{kg} \cdot 100\,\%$

$p\,\% = 26,774\ldots\,\%$

$p\,\% \approx 26,8\,\%$

Der prozentuale Anteil der Tomaten am verzehrten Gemüse beträgt 26,8 %.

c) **Gemüseverzehr einer vierköpfigen Familie in einem Monat**

$93\,\text{kg} \cdot 4 : 12 = 31\,\text{kg}$

Eine vierköpfige Familie isst im Monat durchschnittlich 31 kg Gemüse.

d) **jährlicher, durchschnittlicher Gemüseverzehr je Person in Bayern**

$102,6\,\% \triangleq 93\,\text{kg}$

$1\,\% \triangleq 93\,\text{kg} : 102,6 = 0,90643\ldots\,\text{kg}$

$100\,\% \triangleq 0,9064\,\text{kg} \cdot 100 = 90,643\ldots\,\text{kg}$

$90,643\,\text{kg} \approx 90,6\,\text{kg}$

$100\,\% \triangleq 93\,\text{kg}$

$1\,\% \triangleq 0,93\,\text{kg}$

$97,4\,\% \triangleq 0,93\,\text{kg} \cdot 97,4 = 90,582\,\text{kg}$

$90,582\,\text{kg} \approx 90,6\,\text{kg}$

Jede Person in Bayern isst durchschnittlich 90,6 kg Gemüse pro Jahr.

Hinweise und Tipps

In der Tabellenspalte „Anteil" findest du den Prozentsatz für den Verzehr von Gurken, in der Tabellenspalte „Menge" den Grundwert.
Berechne den Prozentwert mithilfe des Dreisatzes.

Runde den Prozentwert sinnvoll (hier: 1 Dezimalstelle).

Rechne mit dem Faktor:
$6,8\,\% = 0,068$

In der Tabellenzeile „Tomaten" findest du den **P**rozentwert, in der Tabellenzeile „Summe" den **G**rundwert.
Berechne den Prozentsatz.
$p\,\% = P : G \cdot 100\,\%$
Runde den Prozentsatz nach der Vorgabe.

In der Tabelle ist die Summe des verzehrten Gemüses **pro Person** in **einem Jahr** angegeben.
Berechne den Verzehr an Gemüse für **4 Personen** in **einem Monat**.
1 Jahr hat 12 Monate.

Der durchschnittliche Verzehr an Gemüse ist in Deutschland um 2,6 % höher als der in Bayern.
$100\,\% + 2,6\,\% = 102,6\,\%$
Grundwert: 93 kg
Berechne den Prozentwert.

Runde sinnvoll (hier: 1 Dezimalstelle).

Die Aufgabenstellung lässt auch einen anderen Ansatz/Lösungsweg zu:

Ein Bayer verzehrt durchschnittlich 2,6 % weniger Gemüse als eine Person in Deutschland.
$100\,\% - 2,6\,\% = 97,4\,\%$
Berechne den Prozentwert mithilfe des Dreisatzes.
Runde sinnvoll (hier: 1 Dezimalstelle).

Teil B – Aufgabengruppe II

Hinweise und Tipps

1
$$34,25x - 48 - 3,5 \cdot (23 + x) = (166,25 + 20x) : 2,5 + 6,5x$$
$$34,25x - 48 - (80,5 + 3,5x) = (66,5 + 8x) + 6,5x$$
$$34,25x - 48 - 80,5 - 3,5x = 66,5 + 8x + 6,5x$$
$$30,75x - 128,5 = 66,5 + 14,5x$$
$$16,25x = 195$$
$$x = 12$$

| Multipliziere und dividiere in die Klammern.

| Fasse zusammen.

| $-14,5x; \; +128,5$

| $: 16,25$

---

2 **a)** **Mehrwertsteuersatz in Österreich**

Mehrwertsteuer in €

$1\,800 \, € - 1\,500 \, € = 300 \, €$

Mehrwertsteuer in %

$p\,\% = 300 \, € : 1\,500 \, € \cdot 100\,\%$

$p\,\% = 20\,\%$

oder:

$p\,\% = 1\,800 \, € : 1\,500 \, € \cdot 100\,\%$

$p\,\% = 120\,\%$ (vermehrter Grundwert)

$120\,\% - 100\,\% = 20\,\%$

Die Mehrwertsteuer in Österreich beträgt 20 %.

Der Preis ohne Mehrwertsteuer ist der Grundwert **G**, die Differenz aus dem Preis mit Mehrwertsteuer und dem Preis ohne Mehrwertsteuer ist der Prozentwert **P**.

Berechne den Prozentsatz p:

$p\,\% = P : G \cdot 100\,\%$

Der Preis ohne Mehrwertsteuer ist der Grundwert **G**. Der um die Mehrwertsteuer erhöhte Preis ist der Prozentwert **P** (vermehrter Grundwert). Berechne den Prozentsatz p (vermehrter Grundwert). Berechne die Differenz der Prozentsätze.

b) **Preis in Deutschland mit 19 % Mehrwertsteuer**

$100\,\% \; \hat{=} \; 1\,500 \, €$

$1\,\% \; \hat{=} \; 15 \, €$

$19\,\% \; \hat{=} \; 15 \, € \cdot 19 = 285 \, €$

$1\,500 \, € + 285 \, € = 1\,785 \, €$

oder:

$100\,\% \; \hat{=} \; 1\,500 \, €$

$1\,\% \; \hat{=} \; 15 \, €$

$119\,\% \; \hat{=} \; 15 \, € \cdot 119 = 1\,785 \, €$

oder:

$1\,500 \, € \cdot 1,19\,\% = 1\,785 \, €$

Das Gerät kostet in Deutschland mit Mehrwertsteuer 1 785 €.

Der Preis ohne Mehrwertsteuer ist der Grundwert, die Mehrwertsteuer ist der Prozentsatz. Berechne den Prozentwert mithilfe des Dreisatzes. Addiere zum Preis ohne Mehrwertsteuer die Mehrwertsteuer in €.

Der Preis mit Mehrwertsteuer beträgt:

$100\,\% + 19\,\% = 119\,\%$

Berechne den Prozentwert.

Löse mit dem Faktor:

$100\,\% + 19\,\% = 119\,\%$

$119\,\% = 1,19$

c) **Preis für das Gerät ohne Skonto**

$98\,\% \; \hat{=} \; 2\,073,68 \, €$

$1\,\% \; \hat{=} \; 2\,073,68 \, € : 98 = 21,16 \, €$

$100\,\% \; \hat{=} \; 2\,116 \, €$

Bei dieser Aufgabe musst du schrittweise rückwärts rechnen. Skonto ist ein Preisnachlass, den der Händler dem Kunden bei Barzahlung gewährt. Der Kunde erhält 2 % Skonto. Er bezahlt daher nur $100\,\% - 2\,\% = 98\,\%$. Der zu zahlende Betrag ist der um 2 % verminderte Grundwert. Berechne den zu zahlenden Betrag ohne Skonto. Löse den Dreisatz.

**Preis für das Gerät ohne Skonto und Rabatt
– ursprünglicher Preis**

$$92\,\% \triangleq 2\,116\,€$$
$$1\,\% \triangleq 2\,116\,€ : 92 = 23\,€$$
$$100\,\% \triangleq 2\,300\,€$$

oder:

Preis für das Gerät ohne Skonto

$$2\,073,68\,€ : 0,98 = 2\,116\,€$$

Preis für das Gerät ohne Rabatt

$$2\,116\,€ : 0,92 = 2\,300\,€$$

Ersparnis für das Gerät

$$2\,300,00\,€ - 2\,073,68\,€ = 226,32\,€$$

Die Ersparnis für das Gerät beträgt 226,32 €.

✎ Hinweise und Tipps

Der Preis ohne Skonto ist der neue Grundwert (100 %).
Der Händler gewährt 8 % Rabatt.
Durch den Rabatt vermindert sich der Grundwert um 8 %.
$100\,\% - 8\,\% = 92\,\%$
Berechne den Preis des Geräts ohne Rabatt.
Löse mit dem Dreisatz.

Löse mit dem Faktor:
2 % Skonto: $100\,\% - 2\,\% = 98\,\%$
$98\,\% = 0,98$
8 % Rabatt: $100\,\% - 8\,\% = 92\,\%$
$92\,\% = 0,92$

Subtrahiere vom ursprünglichen Preis den zu zahlenden Preis und du erhältst die Ersparnis.

---

3   a) **Zeichnen des Parallelogramms**

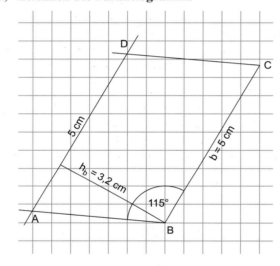

Zeichne eine Skizze und trage die gegebenen Werte ein.

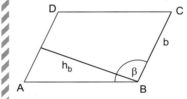

Zeichne die Seite b = 5 cm.

Beschrifte die Eckpunkte mit B und C.
Der Punkt B ist der Scheitel für den Winkel β.
Trage mit dem Geodreieck im Punkt B den Winkel β = 115° an. Beachte, dass sich der Winkel β nach links öffnet.

Zeichne mit dem Geodreieck eine Senkrechte zu b durch den Punkt B. Miss mit dem Geodreieck auf der errichteten Senkrechten 3,2 cm ab. Du erhältst die Länge der Höhe h_b.

Zeichne mit dem Geodreieck eine Parallele zur Seite b. Bezeichne den Schnittpunkt der Parallele mit dem freien Schenkel des Winkels β mit A.

Trage auf der Parallelen zur Seite b mit dem Geodreieck von A aus die Strecke 5 cm ab. Du erhältst den Punkt D. Verbinde die Punkte C und D zu einem Parallelogramm.

oder:

Zeichne eine Parallele zur Strecke [AB] durch den Punkt C. Der Schnittpunkt mit der Parallelen zur Seite b ergibt den Eckpunkt D.

Kontrolliere, ob du das Parallelogramm korrekt beschriftet hast.

b) **Flächeninhalt des Parallelogramms**

$b = 5$ cm; $h_b = 3,2$ cm
$A_P = 5\ \text{cm} \cdot 3,2\ \text{cm}$
$A_P = 16\ \text{cm}^2$

Setze die bekannten Werte in die Formel zur Berechnung des Flächeninhalts eines Parallelogramms ein.
$A_P = g \cdot h$

c) **Flächeninhalt des Rechtecks**

$A_R = 2 \cdot A_P$

$A_R = 2 \cdot 16 \text{ cm}^2$

$A_R = 32 \text{ cm}^2$

Mögliche Seitenlängen des Rechtecks

$a = 2 \text{ cm}$

$32 \text{ cm}^2 = 2 \text{ cm} \cdot b \qquad | : 2$

$\phantom{32 \text{ cm}^2 =} b = 16 \text{ cm}$

oder:

$a = 4 \text{ cm}$

$32 \text{ cm}^2 = 4 \text{ cm} \cdot b \qquad | : 4$

$\phantom{32 \text{ cm}^2 =} b = 8 \text{ cm}$

oder:

$a = 10 \text{ cm}$

$32 \text{ cm}^2 = 10 \text{ cm} \cdot b \qquad | : 10$

$\phantom{32 \text{ cm}^2 =} b = 3,2 \text{ cm}$

---

4 **Länge der Höhe h_P der Glaspyramide**

$h_P^2 = (17 \text{ cm})^2 - (8 \text{ cm})^2$

$h_P^2 = 289 \text{ cm}^2 - 64 \text{ cm}^2$

$h_P^2 = 225 \text{ cm}^2 \qquad | \sqrt{}$

$h_P = 15 \text{ cm}$

Volumen der Glaspyramide V_P

$V_P = \dfrac{1}{3} \cdot 16 \text{ cm} \cdot 16 \text{ cm} \cdot 15 \text{ cm}$

$V_P = 1\,280 \text{ cm}^3$

Volumen des Schaumstoffwürfels V_W

$V_W = 20 \text{ cm} \cdot 20 \text{ cm} \cdot 20 \text{ cm}$

$V_W = 8\,000 \text{ cm}^3$

Volumen des Transportschutzes V_T

$V_T = 8\,000 \text{ cm}^3 - 1\,280 \text{ cm}^3$

$V_T = 6\,720 \text{ cm}^3$

Hinweise und Tipps

Das Rechteck hat den doppelten Flächeninhalt des Parallelogramms. Bestimme den Flächeninhalt des Rechtecks.

Wähle für a einen Wert, mit dem du gut rechnen kannst. Setze den gewählten Wert und den bekannten Flächeninhalt des Rechtecks in die Formel zur Berechnung des Flächeninhalts eines Rechtecks ein und löse nach b auf.

$A_R = a \cdot b$

Kontrolliere, ob das Produkt deiner gewählten Seitenlängen den Flächeninhalt des Rechtecks ergibt.

Du erhältst das Volumen des Transportschutzes, wenn du von dem Volumen des Würfels das Volumen der Glaspyramide subtrahierst.
Berechne zunächst das Volumen der Glaspyramide.

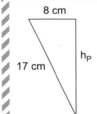

Im rechtwinkligen Dreieck ist die Länge der Hypotenuse ($h_S = 17 \text{ cm}$) und die Länge einer Kathete $\left(\dfrac{a}{2} = 8 \text{ cm} \right)$ bekannt.
Berechne die Länge der Kathete h_P mithilfe des Satzes von Pythagoras.

Setze die bekannten Werte in die Formel zur Berechnung des Volumens einer Pyramide mit quadratischem Grundriss ein und berechne das Volumen der Pyramide.

$V_P = \dfrac{1}{3} \cdot a \cdot a \cdot h_P$

Setze die bekannten Werte in die Formel zur Berechnung des Volumens eines Würfels ein und berechne das Volumen des Würfels.

$V_W = a \cdot a \cdot a$

Berechne das Volumen des Transportschutzes.

Teil B – Aufgabengruppe III

/ Hinweise und Tipps

1

$$\frac{3}{4} \cdot (12x - 32) + \frac{20 - 4x}{8} = 9 - (4x - 7)$$

| Multipliziere mit dem Hauptnenner 8.

$$\frac{3 \cdot 8}{4} \cdot (12x - 32) + \frac{8 \cdot (20 - 4x)}{8} = 8 \cdot 9 - 8 \cdot (4x - 7)$$

| Kürze.

$$6 \cdot (12x - 32) + (20 - 4x) = 72 - 8 \cdot (4x - 7)$$

| Multipliziere aus. Achte auf die Vorzeichen.

$$72x - 192 + 20 - 4x = 72 - 32x + 56$$

| Fasse zusammen.

$$68x - 172 = 128 - 32x$$

| $+172;\ +32x$

$$100x = 300$$

| $:100$

$$x = 3$$

oder:

$$\frac{3}{4} \cdot (12x - 32) + \frac{20 - 4x}{8} = 9 - (4x - 7)$$

| Wandle die Brüche in Dezimalbrüche um.

$$0,75 \cdot (12x - 32) + 0,125 \cdot (20 - 4x) = 9 - (4x - 7)$$

| Multipliziere aus. Achte auf die Vorzeichen.

$$9x - 24 + 2,5 - 0,5x = 9 - 4x + 7$$

| Fasse zusammen.

$$8,5x - 21,5 = 16 - 4x$$

| $+21,5;\ +4x$

$$12,5x = 37,5$$

| $:12,5$

$$x = 3$$

---

2   **Flächeninhalt des rechtwinkligen Dreiecks A_D**

$d = 2 \cdot r$
$d = 2 \cdot 2$ cm
$d = 4$ cm

$e = 8$ cm $- 5$ cm
$e = 3$ cm

$$A_D = \frac{3\,\text{cm} \cdot 4\,\text{cm}}{2}$$

$A_D = 6$ cm^2

Flächeninhalt des Rechtecks A_R
$a = 5$ cm
$d = 4$ cm

$A_R = 5$ cm $\cdot 4$ cm
$A_R = 20$ cm^2

Flächeninhalt des Halbkreises A_H
$A_H = (2\,\text{cm} \cdot 2\,\text{cm} \cdot 3,14) : 2$
$A_H = 6,28$ cm^2

Flächeninhalt der grauen Fläche
$A_{grau} = 6$ cm$^2 + 20$ cm$^2 - 6,28$ cm^2
$A_{grau} = 19,72$ cm^2

Die graue Fläche setzt sich aus einem rechtwinkligen Dreieck und einem Rechteck zusammen, aus dem ein Halbkreis entfernt wurde.

Bezeichne die beiden Katheten mit d und e. Bestimme die Längen von d und e.

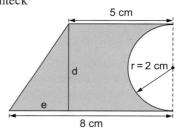

Setze die bekannten Werte in die Formel zur Berechnung des Flächeninhalts eines Dreiecks ein.

$A_D = \dfrac{g \cdot h}{2}$. Hier ist $d = g$ und $e = h$.

Setze die bekannten Werte in die Formel zur Berechnung des Flächeninhalts eines Rechtecks ein.
$A_R = a \cdot b$

Setze die bekannten Werte in die Formel zur Berechnung des Flächeninhalts eines Kreises ein.
$A_K = r \cdot r \cdot \pi$
Verwende die π-Taste oder rechne mit $\pi = 3,14$.

Addiere den Flächeninhalt des Dreiecks und den Flächeninhalt des Rechtecks und subtrahiere davon den Flächeninhalt des Halbkreises, dann erhältst du den Flächeninhalt der grauen Fläche.

Hinweise und Tipps

3 a) **regulärer Preis für einen Schnitzelburger und einen Salat**

Schnitzelburger	$3,90$ €
Salat	$2,10$ €
Gesamtpreis	$6,00$ €

In der Tabelle findest du für jede Teilaufgabe alle benötigten Angaben.
Der Gesamtpreis für einen Schnitzelburger und einen Salat ist der Grundwert.

Ersparnis mit dem Rabattgutschein

$100\,\% \,\hat{=}\, 6,00$ €
$1\,\% \,\hat{=}\, 0,06$ €
$15\,\% \,\hat{=}\, 0,06$ € $\cdot\, 15 = 0,90$ €

Der Rabattgutschein ist der Prozentsatz.
Berechne den Prozentwert mit dem Dreisatz.

oder:
$6,00$ € $\cdot\, 0,15 = 0,90$ €

Ina spart $0,90$ €.

Rechne mit dem Faktor:
$15\,\% = 0,15$

b) **Einsparung für Tom**

Gemüseburger	$3,50$ €
Pommes	$+\,1,50$ €
Cola	$+\,1,50$ €
Gesamtpreis	$6,50$ €
Mittagsangebot	$-\,5,40$ €
Einsparung	$1,10$ €

$p\,\% = 1,10$ € $:\, 6,50$ € $\cdot\, 100\,\%$
$p\,\% = 16,92\dots\,\%$
$p\,\% \approx 17\,\%$

Tom spart gegenüber dem regulären Preis $17\,\%$.

Der reguläre Preis für Toms Mittagessen ist der Grundwert G.
Der Unterschied zwischen dem regulären Preis und dem Mittagsangebot ist der Prozentwert P. Berechne den Prozentsatz.
$p\,\% = P : G \cdot 100\,\%$

c) $35\,\% \,\hat{=}\, 105$ Hamburger
$\,1\,\% \,\hat{=}\, 105$ Hamburger $:\, 35 = 3$ Hamburger
$100\,\% \,\hat{=}\, 300$ Hamburger

Der Prozentwert und der Prozentsatz sind bekannt.
Berechne den Grundwert mit dem Dreisatz.

oder:
105 Hamburger $:\, 0,35 = 300$ Hamburger

Es wurden 300 Hamburger verkauft.

Rechne mit dem Faktor:
$35\,\% = 0,35$

---

4 a) **Fehlende Werte in der Tabelle**

Gesamtpreis für einen Tag
20 € $+\,25$ € $= 45$ €

Gesamtpreis für 5 Tage
20 € $\cdot\, 5 + 25$ € $= 125$ €

Die Zuordnung „Mietdauer – Gesamtpreis" ist eine proportionale Zuordnung mit Grundgebühr.
Der Gesamtpreis setzt sich aus der einmaligen Abschlussgebühr und der Mietgebühr pro Tag zusammen.

Mietdauer bei einem Gesamtpreis von 205 €
205 € $-\,25$ € $= 180$ €
180 € $:\, 20$ € $= 9$ (Tage)

Subtrahiere zuerst vom Gesamtpreis die einmalige Abschlussgebühr.
1 Tag kostet 20 €.

Hinweise und Tipps

Lege ein Koordinatensystem mit der Einheit 1 cm an.

Der Platzbedarf ist in der Angabe gegeben.

Rechtswertachse: 14 cm; Hochwertachse: 15 cm

Beschrifte das Koordinatensystem vollständig.

Beachte, dass der Graph nicht im Koordinatenursprung beginnt, sondern wegen der Abschlussgebühr auf der Hochwertachse bei 25 €. Markiere den Punkt auf der Hochwertachse.

Trage nun die Werte aus der Tabelle in das Koordinatensystem ein. Beachte die Zuordnungsvorschrift für die Rechtswertachse und die Hochwertachse.

b) **grafische Darstellung**

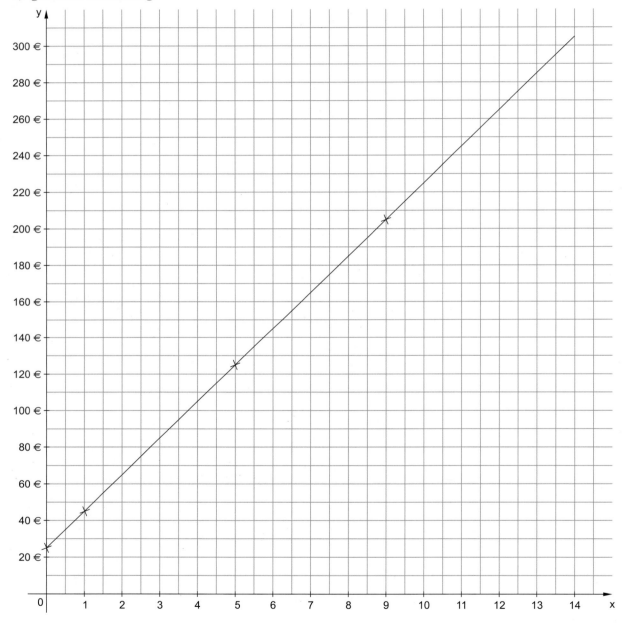

c) **Zeitspanne, nach der es sich lohnt, das Rollgerüst zu kaufen**

279 € – 25 € = 254 €

254 € : 20 € = 12,7 (Tage)

12,7 Tage ≈ 13 Tage

Ab 13 Tagen ist es günstiger, das Rollgerüst zu kaufen.

✦ Subtrahiere vom Kaufpreis für das Rollgerüst die Abschlussgebühr.
✦ Dividiere den Mietpreis ohne Abschlussgebühr durch den täglichen Mietpreis, dann erhältst du die Anzahl der Tage.
✦ Runde auf ganze Tage.

Qualifizierender Abschluss der Mittelschule 2019

Teil A – Arbeitsblatt

Hinweise und Tipps

1 a) Verdienst in einer Woche

Verdienst in 8 Stunden: 72 €
Verdienst in 1 Stunde: 72 € : 8 = 9 €
Verdienst in 36 Stunden: 9 € · 36 = 324 €

Berechne zuerst, wie viel Florian in einer Stunde verdient. Rechne dann auf 36 Stunden hoch.

b) 220 Prospekte · 5 = 1 100 Prospekte

1 100 Prospekte : 4 = 275 Prospekte

Berechne zunächst, wie viele Werbeprospekte fünf Jugendliche insgesamt austeilen.
Verteile nun die Anzahl aller Werbeprospekte, die ausgeteilt werden müssen, auf vier Jugendliche.

---

2 **Kreuze jeweils die richtige Aussage an.**

a) Die Entfernung von der Erde zur Sonne beträgt $1{,}496 \cdot 10^8$ km. Das sind

☐ 1 496 000 000 000 km.

☐ 149 600 000 000 km.

☒ 149 600 000 km.

☐ 149 600 km.

$10^8 = 100\,000\,000$
Das Komma wird um 8 Stellen nach rechts verschoben.
Ergänze fehlende Stellen mit 0.

b) Die Länge eines Bakteriums beträgt 0,000006 m. Das sind

☐ $6 \cdot 10^{-3}$ m.

☐ $6 \cdot 10^{-5}$ m.

☒ $6 \cdot 10^{-6}$ m.

☐ $6 \cdot 10^{-7}$ m.

$0{,}000001 = 1 \cdot 10^{-6}$
An der 6. Stelle nach dem Komma steht die Ziffer.

---

3 **Abschätzen der Größen**
Als Bezugsgröße dient die durchschnittliche Größe eines männlichen Erwachsenen, ca. 1,80 m.

Bei dieser Aufgabe musst du deine Aussagen auch begründen.
Wähle als Bezugsgröße den Mann im Bild.
Überlege dir, welche durchschnittliche Größe ein erwachsener Mann hat.

Zusammenhang der Längen im Bild mit den Längen in der Realität
Größe des Erwachsenen im Bild: 1,8 cm
1,8 cm in der Zeichnung entsprechen 1,80 m in der Realität.
1 cm in der Zeichnung entspricht 1 m in der Realität.

Miss die Größe des Erwachsenen im Bild.
Welcher mathematische Zusammenhang besteht zwischen der Größe des Erwachsenen im Bild und der Größe deiner Bezugsgröße?

Bestimmen der benötigten Längen zur Berechnung des Flächeninhalts der Schaufensterscheibe

Länge der Quadratseite a im Bild: 1 cm
Länge der Quadratseite a in der Realität: 1 m
Länge des Radius r in der Realität: 1 m

Flächeninhalt der Schaufensterscheibe

Flächeninhalt der sechs Quadrate
$1\,\text{m} \cdot 1\,\text{m} \cdot 6 = 6\,\text{m}^2$

oder:
Flächeninhalt des Rechtecks
$a = 2\,\text{m}$
$b = 3\,\text{m}$
$2\,\text{m} \cdot 3\,\text{m} = 6\,\text{m}^2$

Flächeninhalt des Halbkreises
$1\,\text{m} \cdot 1\,\text{m} \cdot 3 : 2 = 1,5\,\text{m}^2$

Flächeninhalt der Schaufensterscheibe
$6\,\text{m}^2 + 1,5\,\text{m}^2 = 7,5\,\text{m}^2$

Kosten für die Reinigung der Schaufensterscheibe

$3\,\text{€}/\text{m}^2 \cdot 7,5\,\text{m}^2 = 22,5\,\text{€}$
Für die Reinigung der Schaufensterscheibe berechnet die Firma 22,50 €.

Hinweise und Tipps

Du sollst den Flächeninhalt der Schaufensterscheibe bestimmen. Die rechteckige Schaufensterscheibe setzt sich aus sechs Quadraten und einem Halbkreis zusammen. Miss die Länge einer Quadratseite.
Prüfe mit dem Geodreieck, ob es sich tatsächlich um Quadrate handelt.
Der Radius des Halbkreises hat dieselbe Länge wie eine Quadratseite.

Berechne den Flächeninhalt der sechs Quadrate.
$6 \cdot A_{\text{Quadrat}} = 6 \cdot a \cdot a$

Berechne den Flächeninhalt des Rechtecks.
$A_{\text{Rechteck}} = a \cdot b$

Berechne den Flächeninhalt des Halbkreises.
$A_{\text{Halbkreis}} = r \cdot r \cdot \pi : 2$
Rechne mit $\pi = 3$.
Addiere die Flächeninhalte der rechteckigen und der halbkreisförmigen Teilfläche und du erhältst den Flächeninhalt der Schaufensterscheibe.

Für 1 m² berechnet die Reinigungsfirma 3 €.
Es müssen 7,5 m² gereinigt werden.

---

4   fehlende Zahlen im magischen Quadrat

0,9		
0,4	0,6	0,8
		0,3

0,9		
0,4	0,6	0,8
0,5		0,3

0,9		
0,4	0,6	0,8
0,5	**1**	0,3

Addiere die Zahlen in der zweiten Zeile.
$0,4 + 0,6 + 0,8 = 1,8$
Überprüfe, ob die Summe der Zahlen in der Diagonale ebenfalls 1,8 ergibt.
$0,9 + 0,6 + 0,3 = 1,8$
Die Summe der drei Zahlen in jeder Zeile, Spalte und Diagonale ergibt immer 1,8.

Berechne nun die fehlenden Zahlen und trage sie in das magische Quadrat ein.
Erste Spalte:
$0,9 + 0,4 + \square = 1,8$
$1,3 + \square = 1,8 \qquad |-1,3$
$\square = 0,5$

Dritte Zeile:
$0,5 + \square + 0,3 = 1,8$
$0,8 + \square = 1,8 \qquad |-0,8$
$\square = 1$

0,9	**0,2**	
0,4	0,6	0,8
0,5	1	0,3

0,9	0,2	**0,7**
0,4	0,6	0,8
0,5	1	0,3

Hinweise und Tipps

Zweite Spalte:

$\square + 0,6 + 1 = 1,8$

$\square + 1,6 = 1,8 \qquad | -1,6$

$\square = 0,2$

Erste Zeile:

$0,9 + 0,2 + \square = 1,8$

$1,1 + \square = 1,8 \qquad | -1,1$

$\square = 0,7$

oder:

Dritte Spalte:

$\square + 0,8 + 0,3 = 1,8$

oder:

Diagonale:

$0,5 + 0,6 + \square = 1,8$

---

5   **Ergänze die beiden fehlenden Zeilen der Gleichung.**

$$10x + 5 = 32 + 7x \qquad | -7x$$
$$\underline{3x + 5 = 32} \qquad | -5$$
$$\underline{\underline{3x = 27}} \qquad | :3$$
$$x = 9$$

Erste Zeile: Rechne rückwärts.

Addiere auf jeder Seite der Gleichung in der zweiten Zeile 7x und fasse zusammen, dann erhältst du die Gleichung für die erste Zeile.

$3x + 7x + 5 = 32 + 7x$

Dritte Zeile:

Subtrahiere auf beiden Seiten der Gleichung in der zweiten Zeile 5 und fasse zusammen, dann erhältst du die dritte Zeile der Gleichung.

$3x + 5 - 5 = 32 - 5$

---

6   **Ergänze die fehlenden Einträge.**

	Anzahl der Würfe	Anzahl der Treffer	Trefferquote
Burak			**60 %**
Aileen	**20**		25 %
Thomas		**12**	75 %

Trefferquote von Burak

15 von 25: $\dfrac{15}{25} = \dfrac{3}{5} = 60\,\%$

oder:

15 von 25: $\dfrac{15}{25} = \dfrac{60}{100} = 60\,\%$

Entnimm die Anzahl der Würfe und die Anzahl der Treffer der Tabelle.

15 Würfe von 25 Würfen sind Treffer.

Schreibe als Bruch und kürze.

Schreibe den Bruch als Prozentsatz.

Schreibe als Bruch und erweitere auf den Nenner 100.

Schreibe den Hundertstelbruch als Prozentsatz.

Anzahl der Würfe von Aileen

5 Würfe · 4 = 20 Würfe

Hinweise und Tipps

Aileen erzielt 5 Treffer.

$25\% = \dfrac{1}{4}$

$\dfrac{1}{4}$ der Würfe sind Treffer. $\dfrac{4}{4}$ ist die Anzahl der Würfe.

Berechne das Ganze.

oder:

$25\% \mathrel{\hat{=}} 5$ Treffer

$100\% \mathrel{\hat{=}} 20$ Treffer

Der Prozentsatz ist die Trefferquote, der Prozentwert die Anzahl der Treffer.

Berechne den Grundwert.

Anzahl der Treffer von Thomas

$75\% = \dfrac{3}{4}$

$\dfrac{3}{4}$ von 16: $\dfrac{3 \cdot 16}{4} = 3 \cdot 4 = 12$

Thomas wirft 16-mal. Der Grundwert ist die Anzahl der Würfe, die Trefferquote der Prozentsatz.

Schreibe den Prozentsatz als Bruch und berechne den Prozentwert.

---

7 **Entscheide, ob die Aussagen richtig oder falsch sind.**

Kreuze entsprechend an:

	richtig	falsch

a) Das Volumen des Zylinders ist dreimal so groß wie das Volumen des Kegels. ☒ ☐

Der Zylinder und der Kegel haben die gleiche Grundfläche A_G und die gleiche Körperhöhe h_K.

$V_{Zylinder} = A_G \cdot h_K$

$V_{Kegel} = \dfrac{1}{3} A_G \cdot h_K$

b) Der Oberflächeninhalt des linken Quaders ist doppelt so groß wie der des Würfels. ☐ ☒

Schiebe in Gedanken von rechts einen zweiten Würfel mit der Kantenlänge a = 10 cm an den ersten Würfel. Es entsteht der linke Quader. Der Quader und die beiden Würfel haben das gleiche Volumen, aber der Oberflächeninhalt der beiden Würfel ist um den Flächeninhalt der beiden Quadrate, an denen die Würfel zusammenstoßen, größer als der Oberflächeninhalt des Quaders.

oder:

Schneide in Gedanken den Quader senkrecht in der Mitte durch. Aus dem Quader entstehen zwei Würfel mit der Kantenlänge a = 10 cm. Der Oberflächeninhalt des linken Quaders ist um den Flächeninhalt der beiden Schnittflächen kleiner als der doppelte Oberflächeninhalt des Würfels.

c) Der linke Quader hat ein Volumen von 3 000 cm³. ☐ ☒

Berechne das Volumen des linken Quaders. Die benötigten Maße findest du in der Zeichnung.

$V_{Quader} = a \cdot b \cdot c$

a = 20 cm, b = 10 cm, c = 10 cm

$V_{Quader} = 20 \text{ cm} \cdot 10 \text{ cm} \cdot 10 \text{ cm}$

$V_{Quader} = 2\,000 \text{ cm}^3$

d) Der Oberflächeninhalt des Zylinders ist größer als der des Würfels. ☐ ☒

Hinweise und Tipps

Stelle in Gedanken den Zylinder in den Würfel. Der Zylinder passt von der Breite (d = 10 cm) und der Höhe (h = 10 cm) her genau in den Würfel. Der Flächeninhalt der quadratischen Grund- und Deckfläche des Würfels ist größer als der Flächeninhalt der kreisförmigen Grund- und Deckfläche des Zylinders. Wickle in Gedanken die vier quadratischen Flächen des Würfelmantels auf dem Zylindermantel ab. Du erkennst, dass der Würfelmantel größer ist als der Zylindermantel.

---

8 **Umdrehungen der Gartenschlauchrolle, um den ganzen Schlauch aufzurollen**

Umfang der Gartenschlauchrolle

d = 40 cm

u = 40 cm · 3

u = 120 cm

u = 1,2 m

Anzahl der Umdrehungen der Gartenschlauchrolle, um 12 m Gartenschlauch aufzurollen

12 m : 1,2 m = 10

oder:

1,2 m ≙ 1 Umdrehung

12 m ≙ 10 Umdrehungen

Bei einer Umdrehung der Gartenschlauchrolle wird ein Stück des Gartenschlauchs in der Länge des Umfangs der Gartenschlauchrolle aufgewickelt. Entnimm den Durchmesser der Gartenschlauchrolle der Aufgabenstellung und berechne den Umfang.

u = d · π

Rechne nach der Vorgabe mit π = 3.

Rechne den Umfang der Gartenschlauchrolle in m um. Die Umrechnungszahl ist 100.

Bei einer Umdrehung der Gartenschlauchrolle werden 1,2 m Gartenschlauch aufgerollt. Berechne die Anzahl der Umdrehungen, um 12 m Gartenschlauch aufzuwickeln.

---

9 **Diagramm, das den Sachverhalt am genauesten darstellt**

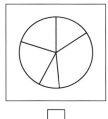 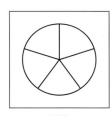 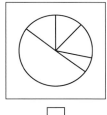 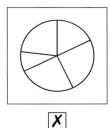

☐   ☐   ☐   ☒

Für „Klettern" und „Fußball" liegen jeweils gleich viele Anmeldungen vor.

⇒ Es müssen zwei gleich große Sektoren im Kreisdiagramm enthalten sein.

Keine andere Aktivität hat mehr Anmeldungen als „Klettern" und „Fußball".

⇒ „Klettern" und „Fußball" sind jeweils die größten Sektoren im Kreisdiagramm.

oder:

Von den 200 Anmeldungen entfallen 50 Anmeldungen auf „Klettern" und 50 Anmeldungen auf „Fußball".

„Klettern" und „Fußball" machen zusammen 100 Anmeldungen aus. 100 Anmeldungen von 200 Anmeldungen sind 50 % aller Anmeldungen.

⇒ Zwei gleich große Sektoren nehmen die Hälfte des Kreisdiagramms ein.

✏ **Hinweise und Tipps**

10 **Bestimme den Flächeninhalt des grau gefärbten Pfeils in cm²**

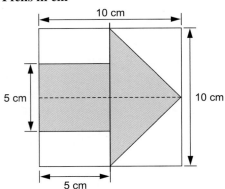

✏ Zerlege den grauen Pfeil in ein Quadrat und ein Dreieck.

Flächeninhalt des Quadrats

$a = 5\text{ cm}$

$A_{\text{Quadrat}} = 5\text{ cm} \cdot 5\text{ cm}$

$A_{\text{Quadrat}} = 25\text{ cm}^2$

✏ Berechne den Flächeninhalt des Quadrats.

$A_{\text{Quadrat}} = a \cdot a$

Flächeninhalt des Dreiecks

$g = 10\text{ cm}$

$h = 5\text{ cm}$

$A_{\text{Dreieck}} = \frac{1}{2} \cdot 10\text{ cm} \cdot 5\text{ cm}$

$A_{\text{Dreieck}} = 25\text{ cm}^2$

✏ Berechne den Flächeninhalt des Dreiecks.

$A_{\text{Dreieck}} = \frac{1}{2} \cdot g \cdot h$

Flächeninhalt des grauen Pfeils

$25\text{ cm}^2 + 25\text{ cm}^2 = 50\text{ cm}^2$

✏ Addiere die Teilflächen und du erhältst den Flächeninhalt des grau gefärbten Pfeils.

$A_{\text{Pfeil}} = A_{\text{Quadrat}} + A_{\text{Dreieck}}$

oder:

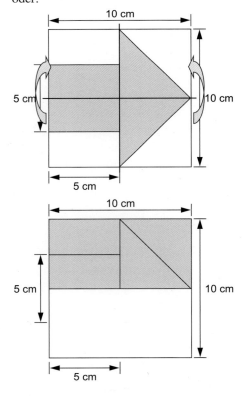

✏ Zerlege den grau gefärbten Pfeil und setze die Teile zu einem Rechteck zusammen.
Berechne den Flächeninhalt des Rechtecks.

$A_{\text{Rechteck}} = a \cdot b$

✎ Hinweise und Tipps

Flächeninhalt des Rechtecks
$a = 10\,cm$
$b = 5\,cm$
$A_{Rechteck} = 10\,cm \cdot 5\,cm$
$A_{Rechteck} = 50\,cm^2$

oder:

Flächeninhalt des gesamten Quadrats
$A_{Quadrat} = 10\,cm \cdot 10\,cm$
$A_{Quadrat} = 100\,cm^2$

Flächeninhalt des grauen Pfeils
$A_{grauer\ Pfeil} = 100\,cm^2 : 2$
$A_{grauer\ Pfeil} = 50\,cm^2$

✎ Die vier weißen Flächen sind zusammen genauso groß
wie die graue Fläche.
Beide Flächen zusammen ergeben das gesamte Quadrat.
Berechne den Flächeninhalt des gesamten Quadrats.
$A_{Quadrat} = a \cdot a$

✎ Die Hälfte des Flächeninhalts des gesamten Quadrats
ergibt den Flächeninhalt des grauen Pfeils.

---

11 **Rechne in die jeweils angegebenen Einheiten um.**

   a) $12{,}34\,t = 12\,340\,kg$

✎ $1\,t = 1\,000\,kg$
Die Umrechnungszahl ist 1 000.
Verschiebe das Komma um 3 Stellen nach rechts.
Ergänze fehlende Stellen mit 0.

   b) $1\,735\,mm = 1{,}735\,m$

✎ $1\,000\,mm = 1\,m$
Die Umrechnungszahl ist 1 000.

   c) $7{,}5\,m^3 = 7\,500\,\ell$

✎ $1\,Liter = 1\,dm^3$
Die Umrechnungszahl ist 1 000.
Verschiebe das Komma um 3 Stellen nach rechts.
Ergänze fehlende Stellen mit 0.

   d) $100\,Stunden = 4\,Tage\ 4\,Stunden$

✎ Gehe schrittweise vor.
1 Tag hat 24 h.
2 Tage haben $2 \cdot 24\,h = 48\,h$.
3 Tage haben $3 \cdot 24\,h = 72\,h$.
4 Tage haben $4 \cdot 24\,h = 96\,h$.
Es bleiben 4 Stunden übrig.

---

12 **Erklärung für Furkans Fehler**
Furkan wendet den Satz des Pythagoras falsch an.

oder:

Furkan hat nicht beachtet, dass der Schenkel des
gleichschenkligen Dreiecks die Hypotenuse ist.

oder:

Furkan verwechselt die Hypotenuse mit der Kathete.

oder:

In Furkans Lösung wird die Länge der Hypotenuse
eines rechtwinkligen Dreiecks berechnet, hier ist aber
die Länge der Kathete zu berechnen.

✎ Überlege dir, welche Seite im rechtwinkligen Dreieck
die Hypotenuse ist und welche Seiten die Katheten sind.
Die anschließende Rechnung ist mathematisch richtig,
aber für die Berechnung der Höhe h falsch.

Teil B – Aufgabengruppe I

1

$$\frac{\overset{2}{\cancel{6}} \cdot (2x+3)}{\cancel{3}} - 2,5 \cdot (3x+4) = \frac{5x}{2} - x - 14$$

$$2 \cdot (2x+3) - 2,5 \cdot (3x+4) = 2,5x - x - 14$$

$$(4x+6) - (7,5x+10) = 1,5x - 14$$

$$4x + 6 - 7,5x - 10 = 1,5x - 14$$

$$-3,5x - 4 = 1,5x - 14 \qquad |-1,5x; +4$$

$$-5x = -10 \qquad |:(-5)$$

$$x = 2$$

oder:

$$\frac{6 \cdot (2x+3)}{3} - 2,5 \cdot (3x+4) = \frac{5x}{2} - x - 14 \qquad |\cdot 6$$

$$\frac{\overset{2}{\cancel{6}} \cdot 6 \cdot (2x+3)}{\cancel{3}} - 6 \cdot 2,5 \cdot (3x+4) = \frac{\overset{3}{\cancel{6}} \cdot 5x}{\cancel{2}} - 6 \cdot x - 6 \cdot 14$$

$$12 \cdot (2x+3) - 15 \cdot (3x+4) = 15x - 6x - 84$$

$$(24x+36) - (45x+60) = 9x - 84$$

$$24x + 36 - 45x - 60 = 9x - 84$$

$$-21x - 24 = 9x - 84 \qquad |-9x; +24$$

$$-30x = -60 \qquad |:(-30)$$

$$x = 2$$

✦ Kürze den Bruch auf der linken Seite der Gleichung. Schreibe den Bruch auf der rechten Seite der Gleichung als Dezimalbruch.
✦ Multipliziere in die Klammer.
✦ Löse die Klammern auf. Beachte die Vorzeichenregel.
✦ Fasse zusammen.

✦ Multipliziere mit dem Hauptnenner 6.

✦ Kürze.

✦ Multipliziere in die Klammer.
✦ Löse die Klammern auf. Beachte die Vorzeichenregel.
✦ Fasse zusammen.

---

2 **Flächeninhalt des rechtwinkligen Dreiecks**

$a = 1,80\,\text{m}$

$b = 0,19\,\text{m}$

$$A_{\text{Dreieck}} = \frac{1}{2} \cdot 1,80\,\text{m} \cdot 0,19\,\text{m}$$

$$A_{\text{Dreieck}} = 0,171\,\text{m}^2$$

✦ Ein rechtwinkliges Dreieck und ein Rechteck sollen mit Leuchtfarbe besprüht werden.
✦ Vom rechtwinkligen Dreieck sind die Längen der Katheten bekannt.
✦ Berechne den Flächeninhalt des rechtwinkligen Dreiecks.
✦ $A_{\text{Dreieck}} = \frac{1}{2} \cdot a \cdot b$

Länge der Rechteckseite

$$\ell^2 = (0,19\,\text{m})^2 + (1,8\,\text{m})^2$$

$$\ell^2 = 0,0361\,\text{m}^2 + 3,24\,\text{m}^2$$

$$\ell^2 = 3,2761\,\text{m}^2 \qquad |\sqrt{}$$

$$\ell = 1,81\,\text{m}$$

✦ Die lange Seite des Rechtecks ist zugleich die Hypotenuse im rechtwinkligen Dreieck. Die Längen der beiden Katheten sind gegeben.
✦ Bezeichne die lange Rechteckseite (Hypotenuse) mit ℓ und berechne ℓ mithilfe des Satzes von Pythagoras.

Flächeninhalt des Rechtecks

$\ell = 1,81\,\text{m}$

$b = 1,30\,\text{m}$

$$A_{\text{Rechteck}} = 1,81\,\text{m} \cdot 1,30\,\text{m}$$

$$A_{\text{Rechteck}} = 2,353\,\text{m}^2$$

✦ Berechne den Flächeninhalt des Rechtecks.
✦ $A_{\text{Rechteck}} = \ell \cdot b$

zu besprühende Gesamtfläche

$$A_{\text{Gesamt}} = 0,171\,\text{m}^2 + 2,353\,\text{m}^2$$

$$A_{\text{Gesamt}} = 2,524\,\text{m}^2$$

✦ Addiere den Flächeninhalt des rechtwinkligen Dreiecks und den Flächeninhalt des Rechtecks und du erhältst die zu besprühende Gesamtfläche.

Bedarf an Farbdosen

$2,524\,\text{m}^2 : 1,2\,\text{m}^2 = 2,103\dots$

✦ 1 Dose reicht für $1,2\,\text{m}^2$. Berechne die Anzahl der zu kaufenden Dosen für die zu besprühende Gesamtfläche.
✦ Beachte, dass nur ganze Dosen gekauft werden können.

♦ Hinweise und Tipps

oder:

1 Dose reicht für 1,2 m².

2 Dosen reichen für 1,2 m² · 2 = 2,4 m².

3 Dosen reichen für 1,2 m² · 3 = 3,6 m².

2,4 m² < 2,524 m² < 3,6 m²

Es müssen 3 Dosen gekauft werden.

✔ Gehe schrittweise vor.

✔ 1 Dose reicht für 1,2 m².

---

3 a) **Zeichnen der Strecke [AC] und des Halbkreises**

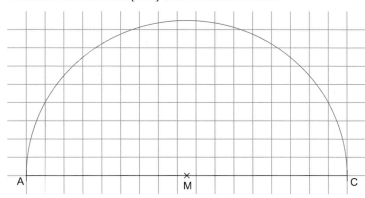

✔ Zeichne die Strecke $\overline{AC} = 8,5$ cm.

Halbiere die Strecke [AC] mit dem Geodreieck.

Bezeichne den Mittelpunkt der Strecke [AC] mit M.

Zeichne mit dem Zirkel einen Halbkreis um M mit r = $\overline{AM}$.

b) **Flächeninhalt des Halbkreises**

r = 8,50 cm : 2

r = 4,25 cm

$A_{\text{Halbkreis}}$ = 4,25 cm · 4,25 cm · 3,14 : 2

$A_{\text{Halbkreis}}$ = 28,358… cm²

$A_{\text{Halbkreis}}$ = 28,36 cm²

✔ Der Radius r des Halbkreises ist die Hälfte der Länge der Strecke $\overline{AC}$.

Berechne den Radius r des Halbkreises.

Berechne den Flächeninhalt des Halbkreises.

$A_{\text{Halbkreis}} = r \cdot r \cdot \pi : 2$

Du kannst die π-Taste verwenden oder mit π = 3,14 rechnen. Rechne hier mit π = 3,14.

Runde den Flächeninhalt des Halbkreises sinnvoll (hier: 2 Dezimalstellen).

c) **Zeichnen des Drachenvierecks ABCD**

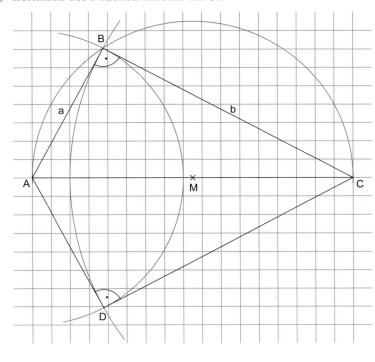

✔ Zeichne mit dem Zirkel einen Kreisbogen um A mit dem Radius r = 4 cm.

Zeichne mit dem Zirkel einen Kreisbogen um C mit dem Radius r = 7,5 cm.

Die Schnittpunkte der Kreisbögen ergeben die Eckpunkte B und D des Drachenvierecks. Trage die Eckpunkte B und D in deine Zeichnung ein.

Verbinde die Punkte B und D jeweils mit den Punkten A und C. Du erhältst das Drachenviereck ABCD.

Hinweis: Es ist auch möglich, ein Drachenviereck mit a = 7,5 cm und b = 4 cm zu konstruieren. Es ändern sich entsprechend die Radien der Kreisbögen um die Punkte A und C. Die übrige Konstruktion erfolgt analog.

Hinweise und Tipps

d) **Flächeninhalt des Drachenvierecks ABCD**

$a = 4$ cm

$b = 7,5$ cm

$$A_{\text{Drachenviereck}} = 2 \cdot \frac{1}{2} \cdot 4 \text{ cm} \cdot 7,5 \text{ cm}$$

$$A_{\text{Drachenviereck}} = 30 \text{ cm}^2$$

Das Drachenviereck setzt sich aus zwei deckungsgleichen rechtwinkligen Dreiecken zusammen. Von den rechtwinkligen Dreiecken sind die Längen der Seite a und der Seite b bekannt. Berechne den Flächeninhalt der zwei rechtwinkligen Dreiecke und du erhältst den Flächeninhalt des Drachenvierecks ABCD.

$$A_{\text{rechtwinkliges Dreieck}} = \frac{1}{2} \cdot a \cdot b$$

---

4 a) **Anstieg der Stromerzeugung durch Wind von 2016 auf 2017**

Anstieg der Stromerzeugung durch Wind in TWh

2017	103,7 TWh
2016	−77,8 TWh
Anstieg:	25,9 TWh

Anstieg der Stromerzeugung durch Wind in Prozent

$G = 77,8$ TWh

$P = 25,9$ TWh

$p\% = 25,9 \text{ TWh} : 77,8 \text{ TWh} \cdot 100\%$

$p\% = 33,29\ldots\%$

$p\% \approx 33,3\%$

oder:

$G = 77,8$ TWh

$P = 103,7$ TWh

$p\% = 103,7 \text{ TWh} : 77,8 \text{ TWh} \cdot 100\%$

$p\% = 133,29\ldots\%$

$p\% \approx 133,3\%$

Anstieg der Stromerzeugung durch Wind in Prozent

$133,3\% - 100\% = 33,3\%$

Der prozentuale Anstieg der Stromerzeugung durch Wind von 2016 auf 2017 beträgt 33,3 %.

Im Schaubild findest du die Säulen für Wind.

Die Stromerzeugung durch Wind im Jahr 2016 ist der Grundwert G, die zahlenmäßige Zunahme von 2016 auf 2017 der Prozentwert P.
Berechne zunächst die Zunahme der Stromerzeugung durch Wind in TWh, dann den Prozentsatz.
$p\% = P : G \cdot 100\%$
Runde den Prozentsatz sinnvoll (hier: 1 Dezimalstelle).

Der Grundwert G ist die Stromerzeugung im Jahr 2016, der Prozentwert P die Stromerzeugung im Jahr 2017.
Berechne den Prozentsatz.
$p\% = P : G \cdot 100\%$
Runde den Prozentsatz sinnvoll (hier: 1 Dezimalstelle).
Im Jahr 2017 werden 133,3 % Strom aus Windkraft erzeugt, im Jahr 2016 waren es 100 %.
Der prozentuale Anstieg ist die Differenz aus den Prozentsätzen der beiden Jahre.

b) **Stromerzeugung 2016 durch Biomasse in TWh**

$100\% + 1,3\% = 101,3\%$

$101,3\% \,\hat{=}\, 47,6$ TWh

$\quad 1\% \,\hat{=}\, 47,6 \text{ TWh} : 101,3 = 0,46989\ldots$ TWh

$100\% \,\hat{=}\, 46,989 \text{ TWh} \approx 47,0$ TWh

2016 wurden 47,0 TWh Strom durch Biomasse erzeugt.

Entnimm die benötigten Daten aus dem Schaubild.
Der prozentuale Anstieg der Stromerzeugung durch Biomasse vom Jahr 2016 zum Jahr 2017 betrug 1,3 %.
Die Stromerzeugung durch Biomasse im Jahr 2017 ist der vermehrte Grundwert G.
$100\% + 1,3\% = 101,3\%$
Die Stromerzeugung durch Biomasse im Jahr 2016 ist der Prozentsatz p (100 %).
Berechne die Stromerzeugung durch Biomasse für das Jahr 2016 in TWh.
Rechne mit dem Dreisatz.
Runde sinnvoll (hier: 1 Dezimalstelle).

c) **gesamte Stromerzeugung im Jahr 2017 in TWh**

Stromerzeugung durch Wind und Solar 2017 in TWh

$103,7 \text{ TWh} + 38,4 \text{ TWh} = 142,1 \text{ TWh}$

$25,9\% \mathrel{\hat{=}} 142,1 \text{ TWh}$

$\quad 1\% \mathrel{\hat{=}} 142,1 \text{ TWh} : 25,9 = 5,48648... \text{ TWh}$

$100\% \mathrel{\hat{=}} 5,48648 \text{ TWh} \cdot 100 = 548,648... \text{ TWh}$

$\approx 548,6 \text{ TWh}$

oder:

Stromerzeugung durch Wind und Solar 2017 in TWh

$103,7 \text{ TWh} + 38,4 \text{ TWh} = 142,1 \text{ TWh}$

$142,1 \text{ TWh} : 0,259 = 548,648... \text{ TWh}$

$\approx 548,6 \text{ TWh}$

2017 wurden insgesamt 548,6 TWh Strom erzeugt.

Hinweise und Tipps

Im Schaubild findest du die benötigten Daten.

Die Summe der Stromerzeugung aus Wind und Solar ist der Prozentwert P, der Prozentsatz p von Wind und Solar an der gesamten Stromerzeugung ist gegeben.

Berechne den Grundwert G mit dem Dreisatz.

Runde sinnvoll (hier: 1 Dezimalstelle).

Rechne mit dem Faktor:

$25,9\% = 0,259$

Runde sinnvoll (hier: 1 Dezimalstelle).

Teil B – Aufgabengruppe II

1   gesamte Kosten für 4 Personen: $9,50 \, € \cdot 4 \cdot x$
    gesamte Kosten für den Stellplatz: $30,50 \, € \cdot x$ $\Big\}$ 844 €
    Kosten für die Waschmaschine: $5,50 \, € \cdot 4$

$$9,50 \cdot 4 \cdot x + 30,50 \cdot x + 5,50 \cdot 4 = 844$$
$$38x + 30,5x + 22 = 844$$
$$68,5x + 22 = 844 \quad |-22$$
$$68,5x = 822 \quad |:68,5$$
$$x = 12$$

Die Familie verbrachte 12 Tage auf dem Campingplatz.

⟋ In den Gesamtkosten sind die Kosten pro Tag für den Stellplatz, die Kosten pro Tag für vier Personen und die Kosten für die viermalige Nutzung der Waschmaschine enthalten.
Lege für die Anzahl der Tage die Variable x fest.
Die Familie muss täglich für den Aufenthalt von vier Personen zahlen.
Die Stellplatzgebühr wird täglich berechnet.
Die Waschmaschine wird viermal benutzt.
Stelle eine Gleichung auf.

oder:
Gesamtkosten ohne die Nutzung der Waschmaschine
viermalige Nutzung der Waschmaschine: $5,50 \, € \cdot 4 = 22 \, €$
$844 \, € - 22 \, € = 822 \, €$

gesamte tägliche Kosten

4 Personen	$9,50 \, € \cdot 4 = 38,00 \, €$
Stellplatz	$+ 30,50 \, €$
gesamte tägliche Kosten	$68,50 \, €$

Anzahl der Tage auf dem Campingplatz
$822 \, € : 68,50 \, € = 12$

Die Familie verbrachte 12 Tage auf dem Campingplatz.

⟋ In den Gesamtkosten sind die täglichen Kosten und die Kosten für die viermalige Nutzung der Waschmaschine enthalten.
Berechne die Gesamtkosten ohne die viermalige Nutzung der Waschmaschine.
Täglich entstehen Kosten für den Stellplatz und für den Aufenthalt der vier Personen.
Berechne die gesamten täglichen Kosten.
Für 68,50 € kann die Familie einen Tag auf dem Campingplatz verbringen.
Berechne, wie viele Tage die Familie für 822 € auf dem Campingplatz verbringen kann.

---

2   **Höhe des gleichseitigen Dreiecks**
$$h^2 = (15 \text{ cm})^2 - (7,5 \text{ cm})^2$$
$$h^2 = 225 \text{ cm}^2 - 56,25 \text{ cm}^2$$
$$h^2 = 168,75 \text{ cm}^2 \qquad |\sqrt{}$$
$$h = 12,99\ldots \text{ cm}$$
$$h \approx 13,0 \text{ cm}$$

⟋ Das Prisma und die Pyramide besitzen die gleiche Grundfläche.
Die Grundfläche ist ein regelmäßiges Sechseck.
Ein regelmäßiges Sechseck besteht aus sechs gleichseitigen Dreiecken.
Im gleichseitigen Dreieck sind alle Seiten gleich lang.
Die Höhe halbiert die Grundseite.
Zeichne die Skizze eines gleichseitigen Dreiecks und trage die bekannten Maße ein. Berechne die Länge der Höhe h mithilfe des Satzes von Pythagoras. Runde die Länge der Höhe sinnvoll (hier: 1 Dezimalstelle).
Die Länge der Grundseite und die Länge der Höhe sind nun bekannt.

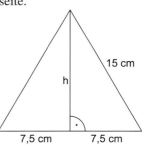

Flächeninhalt eines gleichseitigen Dreiecks
$$A_{\text{Dreieck}} = \frac{1}{2} \cdot 15 \text{ cm} \cdot 13 \text{ cm}$$
$$A_{\text{Dreieck}} = 97,5 \text{ cm}^2$$

Flächeninhalt des regelmäßigen Sechsecks

$A_{\text{Sechseck}} = 6 \cdot 97{,}5 \text{ cm}^2$

$A_{\text{Sechseck}} = 585 \text{ cm}^2$

Volumen des sechseckigen Prismas

$A_G = 585 \text{ cm}^2$

$h_{\text{Prisma}} = 5 \text{ cm}$

$V_{\text{Prisma}} = 585 \text{ cm}^2 \cdot 5 \text{ cm}$

$V_{\text{Prisma}} = 2\,925 \text{ cm}^3$

Volumen der aufgesetzten Pyramide

$A_G = 585 \text{ cm}^2$

$h_{\text{Pyramide}} = 20 \text{ cm}$

$V_{\text{Pyramide}} = \frac{1}{3} \cdot 585 \text{ cm}^2 \cdot 20 \text{ cm}$

$V_{\text{Pyramide}} = 3\,900 \text{ cm}^3$

Volumen des Werkstücks

$A_{\text{Werkstück}} = 2\,925 \text{ cm}^3 + 3\,900 \text{ cm}^3$

$A_{\text{Werkstück}} = 6\,825 \text{ cm}^3$

3 a) **Mehrwertsteuer in €**

$G = 714 \text{ €}$

$p = 19 \%$

$119 \% \ \hat{=}\ 714 \text{ €}$

$\quad 1 \% \ \hat{=}\ 714 \text{ €} : 119 = 6 \text{ €}$

$\ 19 \% \ \hat{=}\ 6 \text{ €} \cdot 19 = 114 \text{ €}$

Die enthaltene Mehrwertsteuer beträgt 114 €.

b) **Preissteigerung gegenüber dem Vorjahr in Prozent**

Preis pro Person

$714 \text{ €} : 40 = 17{,}85 \text{ €}$

Preissteigerung gegenüber dem Vorjahr in €

$17{,}85 \text{ €} - 16{,}30 \text{ €} = 1{,}55 \text{ €}$

Preissteigerung gegenüber dem Vorjahr in Prozent

$G = 16{,}30 \text{ €}$

$P = 1{,}55 \text{ €}$

$p \% = 1{,}55 \text{ €} : 16{,}30 \text{ €} \cdot 100 \%$

$p \% = 9{,}509\ldots \%$

$p \% \approx 9{,}5 \%$

oder:

$G = 16{,}30 \text{ €} \ (100 \%)$

$P = 17{,}85 \text{ €}$

$p \% = 17{,}85 \text{ €} : 16{,}30 \text{ €} \cdot 100 \%$

$p \% = 109{,}509\ldots \%$

$p \% \approx 109{,}5 \%$

Differenz der Prozentsätze

$109{,}5 \% - 100 \% = 9{,}5 \%$

Die Preissteigerung gegenüber dem Vorjahr beträgt 9,5 %.

✏ Hinweise und Tipps

✏ Berechne den Flächeninhalt des regelmäßigen Sechsecks.

✏ Entnimm die Körperhöhe des regelmäßigen sechseckigen Prismas der Abbildung.
✏ Berechne das Volumen des Prismas.
✏ $V_{\text{Prisma}} = A_G \cdot h_{\text{Prisma}}$

✏ Entnimm die Körperhöhe der aufgesetzten Pyramide der Abbildung.
✏ Berechne das Volumen der Pyramide.
✏ $V_{\text{Pyramide}} = \frac{1}{3} \cdot A_G \cdot h_{\text{Pyramide}}$

✏ Addiere das Volumen des Prismas und das Volumen der aufgesetzten Pyramide, dann erhältst du das Volumen des Werkstücks.

✏ Die Kosten ohne MwSt. entsprechen 100 %. Die Kosten mit MwSt. entsprechen $100 \% + 19 \% = 119 \%$.
✏ Die Kosten mit der MwSt. sind der vermehrte Grundwert G, die MwSt. von 19 % der Prozentsatz p.
✏ Berechne den Prozentwert P.
✏ Rechne mit dem Dreisatz.

✏ Der Preis für das Vorjahr ist für eine Person angegeben.
✏ Der diesjährige Preis gilt für 40 Personen.
✏ Berechne den diesjährigen Preis für eine Person.

✏ Berechne die Preissteigerung gegenüber dem Vorjahr.

✏ Der Preis für das Vorjahr ist der Grundwert G, die Preissteigerung der Prozentwert P.
✏ Berechne den Prozentsatz.
✏ $p \% = P : G \cdot 100 \%$
✏ Runde den Prozentsatz sinnvoll (hier: 1 Dezimalstelle).

✏ Der Vorjahrespreis ist der Grundwert G, der diesjährige, erhöhte Preis der Prozentwert P.
✏ Berechne den Prozentsatz.
✏ $p \% = P : G \cdot 100 \%$
✏ Runde den Prozentsatz sinnvoll (hier: 1 Dezimalstelle).

✏ Berechne die Differenz der Prozentsätze.

Hinweise und Tipps

c) **Überweisungsbetrag bei 2,5 % Rabatt**

$$100\,\% \mathrel{\hat=} 714\,€$$
$$1\,\% \mathrel{\hat=} 7,14\,€$$
$$97,5\,\% \mathrel{\hat=} 7,14\,€ \cdot 97,5 = 696,15\,€$$

oder:
$$714\,€ \cdot 0,975 = 696,15\,€$$
Der Verein muss 696,15 € überweisen.

Rabatt ist ein Preisnachlass, den der Busunternehmer dem Verein bei fristgerechter Zahlung gewährt.
Der Verein erhält 2,5 % Rabatt. Der Verein bezahlt daher nur 100 % − 2,5 % = 97,5 %.
Berechne den Überweisungsbetrag mit dem Dreisatz.

Rechne mit dem Faktor:
97,5 % = 0,975

---

4   a) **fehlende Werte für das Angebot von Ferien-wohnung A**

erste Tabellenspalte
Gesamtpreis in €
Mietkosten für 3 Übernachtungen:
$$60\,€ \cdot 3 = 180\,€$$
einmalige Gebühr: 50 €
Gesamtpreis: $180\,€ + 50\,€ = 230\,€$

dritte Tabellenspalte
Mietkosten ohne einmalige Grundgebühr:
$$650\,€ - 50\,€ = 600\,€$$
$$600\,€ : 60\,€ = 10$$
Anzahl der Übernachtungen: 10

Die Preise findest du im Angebot der Ferienwohnung A.
Zu den Mietkosten für drei Übernachtungen kommt noch die einmalige Gebühr dazu.
Berechne den Gesamtpreis.

Im Gesamtpreis von 650 € ist die einmalige Grundgebühr enthalten. Berechne die Mietkosten ohne Grundgebühr.
Eine Übernachtung kostet 60 €. Berechne die Anzahl der Übernachtungen bei 600 € reinen Mietkosten.

b) grafische Darstellung

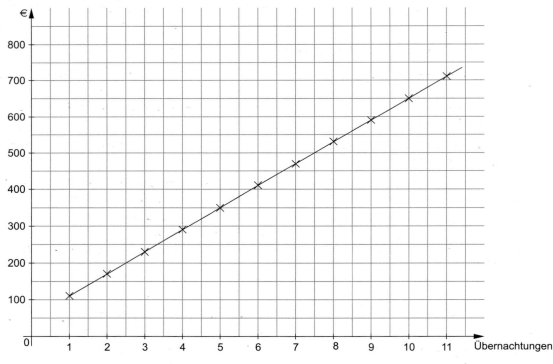

Hinweise und Tipps

Lege ein Koordinatensystem nach der Vorgabe an.

Rechtswertachse: 1 cm $\hat{=}$ 1 Übernachtung

Hochwertachse: 1 cm $\hat{=}$ 100 €

Platzbedarf:

Rechtswertachse: 12 cm; Hochwertachse: 8 cm

Beschrifte das Koordinatensystem vollständig.

Wähle zwei Wertepaare aus, die du gut in das Koordinatensystem eintragen kannst. Die Wertepaare 5 Übernachtungen – 350 € und 10 Übernachtungen – 650 € eignen sich sehr gut.

Trage die beiden Punkte in das Koordinatensystem ein.

Verbinde die Punkte zu einer Halbgeraden. Beachte, dass die Halbgerade nicht beim Koordinatenursprung, sondern bei der ersten Übernachtung beginnt.

Streng genommen gehören nur die Punkte mit ganzzahligen Übernachtungen und der dazugehörige Preis zur Darstellung, da es z. B. keine 3,75 Übernachtungen gibt. Die Halbgerade hilft dir aber dabei, die dazugehörigen Preise zu markieren.

Markiere diese Punkte auf der Halbgeraden.

c) **Ersparnis beim günstigeren Angebot**

Gesamtkosten bei Ferienwohnung B

67 € · 5 = 335 €

Gesamtkosten bei Ferienwohnung A

60 € · 5 + 50 € = 350 €

Ersparnis bei Ferienwohnung B

350 € – 335 € = 15 €

Ersparnis für jeden der drei Freunde

15 € : 3 = 5 €

Jeder Freund kann 5 € sparen.

Die Kosten für eine Übernachtung findest du im Angebot der Ferienwohnung B.

Berechne die Gesamtkosten für fünf Übernachtungen.

Entnimm die Gesamtkosten für fünf Übernachtungen in der Ferienwohnung A der Tabelle aus Teilaufgabe a).

Du kannst die Kosten auch mit dem Angebot der Ferienwohnung A berechnen.

Berechne die Ersparnis bei Ferienwohnung B.

Berechne, wie viele € jeder der drei Freunde sparen kann.

Teil B – Aufgabengruppe III

Hinweise und Tipps

1 Auflösen der Gleichung

$$82 - (44,5 + 0,625x) : 0,25 = (-2) \cdot (-6,5x + 17)$$
$$82 - (178 + 2,5x) = 13x - 34$$
$$82 - 178 - 2,5x = 13x - 34$$
$$-96 - 2,5x = 13x - 34 \qquad |-13x; +96$$
$$-15,5x = 62 \qquad |:(-15,5)$$
$$x = -4$$

Dividiere auf der linken Seite der Gleichung in die Klammer. Multipliziere auf der rechten Seite der Gleichung in die Klammer. Achte auf die Vorzeichenregel.
Löse die Klammern auf. Beachte auf der linken Seite der Gleichung die Vorzeichenregel.
Fasse zusammen.
Löse nach x auf.

2 a) **Fruchtanteil im Himbeerjoghurt**
 G = 500 g
 P = 34 g
 p % = 34 g : 500 g · 100 %
 p % = 6,8 %
 6,8 % > 6 %
 Es handelt sich um Fruchtjoghurt.

Das Gewicht des Himbeerjoghurts ist der Grundwert G, das Gewicht der Himbeeren der Prozentwert P.
Berechne den Prozentsatz p.
p % = P : G · 100 %
Entscheide, ob es sich um Fruchtjoghurt handelt.

  b) **vorheriges Gewicht der Erdbeeren**
 100 % + 4 % = 104 %
 P = 26 g
 104 % ≙ 26 g
  1 % ≙ 26 g : 104 = 0,25 g
 100 % ≙ 0,25 g · 100 = 25 g

 In einem Becher Joghurt waren zuvor 25 g Erdbeeren enthalten.

Der neue Fruchtanteil ist der vermehrte Grundwert G.
Der neue Fruchtanteil beträgt 100 % + 4 % = 104 %.
Das Gewicht der verwendeten Erdbeeren ist der neue Prozentwert P.
Berechne den alten Prozentwert (100 %).
Rechne mit dem Dreisatz.

  c) **Menge an Fruchtjoghurt für jeden der vier Freunde**
 P = 270 g
 p % = 30 %
  30 % ≙ 270 g
  1 % ≙ 270 g : 30 = 9 g
 100 % ≙ 9 g · 100 = 900 g

 oder:
 270 g : 0,3 = 900 g

 Menge an Fruchtjoghurt für jeden der vier Freunde
 900 g : 4 = 225 g

 Jeder der vier Freunde bekommt 225 g Fruchtjoghurt.

Das Gewicht der Erdbeeren ist der Prozentwert, der Fruchtanteil der Prozentsatz.
Berechne den Grundwert mit dem Dreisatz.

Rechne mit der Formel:
30 % = 0,3
Teile nun das Gesamtgewicht des hergestellten Joghurts auf vier Freunde auf.

3 **Flächeninhalt eines Halbkreises**
 d = 70 cm
 r = 70 cm : 2
 r = 35 cm
 $A_{\text{Halbkreis}}$ = 35 cm · 35 cm · 3,14 : 2
 $A_{\text{Halbkreis}}$ = 1 923,25 cm²

Das Logo besteht aus drei deckungsgleichen Figuren. Eine Figur setzt sich aus einem Halbkreis und einem gleichschenkligen Dreieck zusammen. Der Durchmesser des Halbkreises ist gegeben. Berechne den Flächeninhalt eines Halbkreises. Du kannst die π-Taste verwenden oder mit π = 3,14 rechnen. Rechne hier mit π = 3,14.
$A_{\text{Halbkreis}}$ = r · r · 3,14 : 2

Höhe des gleichschenkligen Dreiecks

$h^2 = (91\,\text{cm})^2 - (35\,\text{cm})^2$

$h^2 = 8\,281\,\text{cm}^2 - 1\,225\,\text{cm}^2$

$h^2 = 7\,056\,\text{cm}^2$ $|\sqrt{}$

$h = 84\,\text{cm}$

Flächeninhalt eines Dreiecks

$g = 70\,\text{cm}$

$h = 84\,\text{cm}$

$A_{\text{Dreieck}} = \dfrac{1}{2} \cdot 70\,\text{cm} \cdot 84\,\text{cm}$

$A_{\text{Dreieck}} = 2\,940\,\text{cm}^2$

Flächeninhalt einer Figur

$A_{\text{Halbkreis}}:\quad 1\,923,25\,\text{cm}^2$

$\underline{A_{\text{Dreieck}}:\quad +\,2\,940\,\text{cm}^2}$

$A_{\text{Figur}}:\quad 4\,863,25\,\text{cm}^2$

Flächeninhalt des Logos

$4\,863,25\,\text{cm}^2 \cdot 3 = 14\,589,75\,\text{cm}^2$

$14\,589,75\,\text{cm}^2 = 145,8975\,\text{dm}^2 = 1,458975\,\text{m}^2$

$\approx 1,46\,\text{m}^2$

✔ Hinweise und Tipps

✔ Zeichne die Skizze eines gleichschenkligen Dreiecks. Trage die gegebenen Maße ein. Die Höhe h halbiert die Grundseite. Im rechtwinkligen Dreieck sind die Längen der Hypotenuse und einer Kathete bekannt. Berechne die Länge der Höhe mithilfe des Satzes von Pythagoras.

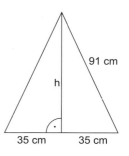

✔ Die Länge der Grundseite und die Länge der Höhe sind nun bekannt. Berechne den Flächeninhalt des gleichschenkligen Dreiecks.

$A_{\text{Dreieck}} = \dfrac{1}{2} \cdot g \cdot h$

✔ Addiere den Flächeninhalt des Halbkreises und den Flächeninhalt des Dreiecks und du erhältst den Flächeninhalt einer Figur.

✔ Das Logo besteht aus drei deckungsgleichen Figuren.

✔ Berechne den Flächeninhalt des Logos.

✔ Du kannst den Flächeninhalt des Logos auch in einer größeren Einheit (hier: m) angeben.

✔ Die Umrechnungszahl für Flächeneinheiten ist 100.

✔ Runde sinnvoll (hier: 2 Dezimalstellen).

---

4 **a) Unterschied zwischen den Durchschnittstemperaturen des wärmsten und des kältesten Monats**

wärmster Monat: 15,9 °C

kältester Monat: −2,9 °C

Temperaturunterschied:

$15,9\,°C - (-2,9\,°C) = 15,9\,°C + 2,9\,°C = 18,8\,°C$

✔ Die Durchschnittstemperaturen findest du in der ersten Tabellenzeile.

✔ Der Juli ist der wärmste, der Januar der kälteste Monat. Der Unterschied zwischen den Durchschnittstemperaturen ist die Differenz aus der höchsten und der niedrigsten Temperatur. Bestimme den Temperaturunterschied.

b) Durchschnitt der monatlichen Niederschlagsmengen

Januar		61 mm
Februar	+	56 mm
März	+	61 mm
April	+	76 mm
Mai	+	102 mm
Juni	+	115 mm
Juli	+	122 mm
August	+	125 mm
September	+	93 mm
Oktober	+	69 mm
November	+	70 mm
Dezember	+	73 mm
12 Monate		1 023 mm Niederschlag im Jahr

durchschnittliche Niederschlagsmenge pro Monat

$1\,023\,\text{mm} : 12 = 85,25\,\text{mm}$

✔ Die Niederschläge findest du in der zweiten Tabellenzeile. Addiere die Niederschlagsmengen aller Monate.

✔ Dividiere die Summe der Niederschlagsmengen durch die Anzahl der Monate.

c) **Anzahl der Regentage im Juni**
Anzahl aller Regentage in einem Jahr
14,5 Tage · 12 = 174 Regentage

/ Die durchschnittliche Anzahl der Regentage für einen
/ Monat ist gegeben. Berechne die Regentage für ein Jahr.
/ Ein Jahr hat 12 Monate.

Januar		17 Regentage
Februar	+	15 Regentage
März	+	13 Regentage
April	+	14 Regentage
Mai	+	15 Regentage
Juni		
Juli	+	16 Regentage
August	+	15 Regentage
September	+	12 Regentage
Oktober	+	13 Regentage
November	+	14 Regentage
Dezember	+	14 Regentage
		158 Regentage

/ Die durchschnittlichen Regentage für jeden Monat
/ findest du in der dritten Tabellenzeile. Addiere die
/ Regentage pro Monat.

Anzahl der Regentage im Juni
174 Regentage − 158 Regentage = 16 Regentage

In Oberstdorf regnet es im Juni durchschnittlich an 16 Tagen.

/ Subtrahiere von der Anzahl aller Regentage pro Jahr die
/ Anzahl der Regentage ohne die Regentage im Juni und
/ du erhältst die Anzahl der Regentage für den Monat
/ Juni.

d) **prozentualer Anteil der Tage ohne Regen im April**
April: 30 Tage
14 Regentage
30 Tage − 14 Tage = 16 Tage ohne Regen

/ Die Regentage für den Monat April findest du in der
/ Tabelle.
/ Der Monat April hat 30 Tage.
/ Berechne die Anzahl der Tage im Monat April, an
/ denen es nicht regnet.

Anteil der Tage ohne Regen im April
G = 30 Tage
P = 16 Tage
p % = 16 Tage : 30 Tage · 100 %
p % = 53,333… %
p % ≈ 53 %
An 53 % der Tage im April regnet es nicht.

/ Die 30 Tage im April sind der Grundwert G, die Tage
/ ohne Regen der Prozentwert P.
/ Berechne den Prozentsatz.
/ p % = P : G · 100 %
/ Runde sinnvoll (hier: ganze Prozent).

Qualifizierender Abschluss der Mittelschule 2020

Teil A – Arbeitsblatt

1   a)   **Jeans**

richtig $\boxed{X}$

falsch $\boxed{}$

T-Shirt

richtig $\boxed{X}$

falsch $\boxed{}$

Hemd

richtig $\boxed{}$

falsch $\boxed{X}$

b)   **fehlender Prozentsatz**

−40 %

Hinweise und Tipps

Um wie viel Euro wird die Jeans günstiger?

$40\,€ - 32\,€ = 8\,€$

Der Grundwert **G** ist der alte Preis, der Prozentwert **P** die Ermäßigung in €.

Berechne den Prozentsatz.

$8\,€ \text{ von } 40\,€ = \dfrac{8\,€}{40\,€} = \dfrac{1}{5} = 0,2 = 20\,\%$

Kreuze „richtig" an.

Um wie viel Euro wird das T-Shirt günstiger?

$32\,€ - 24\,€ = 8\,€$

Der Grundwert **G** ist der alte Preis, der Prozentwert **P** die Ermäßigung in €.

Berechne den Prozentsatz.

$8\,€ \text{ von } 32\,€ = \dfrac{8\,€}{32\,€} = \dfrac{1}{4} = 0,25 = 25\,\%$

Kreuze „richtig" an.

Um wie viel Euro wird das Hemd günstiger?

$60\,€ - 45\,€ = 15\,€$

Der Grundwert **G** ist der alte Preis, der Prozentwert **P** die Ermäßigung in €.

Berechne den Prozentsatz.

$15\,€ \text{ von } 60\,€ = \dfrac{15\,€}{60\,€} = \dfrac{1}{4} = 0,25 = 25\,\%$

Kreuze „falsch" an.

Um wie viel Euro werden die Schuhe günstiger?

$80\,€ - 48\,€ = 32\,€$

Der Grundwert **G** ist der alte Preis, der Prozentwert **P** die Ermäßigung in €.

Berechne den Prozentsatz.

$32\,€ \text{ von } 80\,€ = \dfrac{32\,€}{80\,€} = \dfrac{4}{10} = 0,4 = 40\,\%$

Setze 40 ein.

---

2   a)   **Berichtigung der zweiten Zeile der Gleichung**

$0,5 \cdot (16x + 5) + 8,5 = 6 + x - (5 - 3x) \cdot 2$

~~$8x + 2,5 + 8,5 = 6 + x - 5 + 6x$~~

$8x + 2,5 + 8,5 = 6 + x - \mathbf{10} + 6x$

oder:

$8x + 2,5 + 8,5 = 6 + x - (\mathbf{10} - 6x)$

Multipliziere die Klammern aus.

In der zweiten Zeile wird auf der rechten Seite die Zahl 5 nicht mit 2 multipliziert. Verbessere die Zeile.

Multipliziere die Zahl 2 in die Klammer auf der rechten Seite.

b) **falsche Anwendung einer Regel bei der Umformung**

$2 \cdot (12x - 3) = 3x - (2 - 4x)$

Falsche Umformung:
$24x - 6 = 3x - 2 - 4x$

Richtige Umformung:
$24x - 6 = 3x - 2 + 4x$

☐ Punkt- vor Strichrechnung

☐ gleiche Rechenoperation auf beiden Seiten der Gleichung

☒ Vorzeichenregel beim Auflösen der Klammer

✦ Hinweise und Tipps

✦ Löse die Klammern auf. Achte auf die Vorzeichenregel.
Die Vorzeichenregel wurde nicht beachtet:
$-(-4x) = +4x$

✦ Kreuze an.

---

3   **Begründung für „kein Parallelogramm"**

$\gamma = 360° - \alpha - \beta - \delta$
$\gamma = 360° - 55° - 135° - 135°$
$\gamma = 35°$
$\alpha = 55°$
$\alpha \neq \gamma$

Das Viereck ist kein Parallelogramm, da ein Paar gegenüberliegender Winkel nicht gleich groß ist.

oder:

$\alpha = 55°$
$\beta = 135°$
$\alpha + \beta = 55° + 135°$
$\alpha + \beta = 190°$
$180° \neq 190°$

Das Viereck ist kein Parallelogramm, da die Winkelsumme benachbarter Winkel nicht 180° beträgt.

✦ In jedem Viereck beträgt die Summe der Innenwinkel 360°. Berechne die Größe des Winkels γ.
In jedem Parallelogramm haben gegenüberliegende Winkel die gleiche Größe. Vergleiche die Größe der Winkel α und γ.

✦ In jedem Parallelogramm beträgt die Winkelsumme benachbarter Winkel 180°. Zum Beispiel sind α und β benachbarte Winkel.
Berechne die Winkelsumme von α und β und entscheide.

---

4   **realistische Größenangaben**

a) **Strecke einer Fahrradtour**

☐ 400 m.

☒ 22 000 m.

☐ 900 000 m.

✦ Welche Strecke kann bei einer zweistündigen Fahrradtour bewältigt werden?
In zwei Stunden können deutlich mehr als 400 m mit dem Rad zurückgelegt werden.
Wandle die anderen Längenangaben in km um. Die Umrechnungszahl ist 1 000.
22 000 m = 22 km
22 km in zwei Stunden sind bei gemütlicher Fahrweise vorstellbar.
900 000 m = 900 km
900 km sind mit dem Fahrrad in zwei Stunden absolut unmöglich zurückzulegen.
✦ Kreuze 22 000 m an.

Hinweise und Tipps

b) **Gewicht einer vollen Getränkekiste**

☐ 500 g.

☐ 3 kg.

☒ 0,017 t.

Überlege: 0,7 ℓ Getränk wiegen rund 700 g, eine leere Glasflasche rund 600 g. Eine gefüllte Glasflasche wiegt rund 1 300 g oder 1,3 kg.
Eine gefüllte Getränkeflasche wiegt bereits mehr als 500 g.
Drei gefüllte Getränkeflaschen wiegen mehr als 3 kg.
Wandle 0,017 t in kg um. Die Umrechnungszahl ist 1 000.
0,017 t = 17 kg
12 gefüllte Glasflaschen und der Getränkekasten könnten rund 17 kg wiegen.
Kreuze 0,017 t an.

c) **Füllmenge eines Glases**

☐ 20 mℓ.

☐ 62,5 mℓ.

☒ 200 mℓ.

Überlege:
1 ℓ = 1 000 mℓ
Ein Fingerhut hat ein Volumen von rund 20 mℓ.
Drei Fingerhüte haben ein Volumen von rund 60 mℓ.
Ein viertel Liter entspricht 250 mℓ. Es gibt Saftgläser mit einem Volumen von 250 mℓ. Das abgebildete Glas ist nicht ganz mit Saft gefüllt.
Kreuze 200 mℓ an.

d) **Gewicht eines Taschenrechners**

☒ 0,205 kg.

☐ 0,01 t.

☐ 2,5 kg.

Überlege:
Für das Gewicht eines Taschenrechners ist die Gewichtsangabe in der Einheit Gramm eine realistische Größenangabe.
Wandle die gegebenen Antwortmöglichkeiten in kleinere Einheiten um und entscheide.
0,205 kg = 205 g
Ein Gewicht von 205 g für einen Taschenrechner ist durchaus realistisch.
0,01 t = 10 kg
Ein Gewicht von 10 kg oder 2,5 kg ist für einen Taschenrechner absolut unrealistisch.
Kreuze 0,205 kg an.

---

5 **Flächeninhalt des Buchstabens P**

Flächeninhalt des Rechtecks

$a = 1\,dm$

$b = 4\,dm + 3\,dm = 7\,dm$

$A_{Rechteck} = 1\,dm \cdot 7\,dm$

$A_{Rechteck} = 7\,dm^2$

Der Buchstabe P setzt sich aus einem Rechteck und einem halbkreisförmigen Kreisring zusammen.
Berechne zunächst den Flächeninhalt des Rechtecks.
$A_{Rechteck} = a \cdot b$
Entnimm die benötigten Maße der Skizze.

Flächeninhalt des äußeren Halbkreises

$d = 4\,dm$

$r = 2\,dm$

$\pi = 3$

$A_{äußerer\ Halbkreis} = 2\,dm \cdot 2\,dm \cdot 3 : 2$

$A_{äußerer\ Halbkreis} = 6\,dm^2$

Berechne den Flächeninhalt des äußeren Halbkreises.
$A_{Halbkreis} = r \cdot r \cdot \pi : 2$
Rechne mit $\pi = 3$.
Entnimm die benötigten Maße der Skizze.

Flächeninhalt des inneren Halbkreises

d = 2 dm

r = 1 dm

$\pi = 3$

$A_{\text{innerer Halbkreis}} = 1\,\text{dm} \cdot 1\,\text{dm} \cdot 3 : 2$

$A_{\text{innerer Halbkreis}} = 1,5\,\text{dm}^2$

Flächeninhalt des halbkreisförmigen Kreisrings

$A_{\text{Halbkreisring}} = 6\,\text{dm}^2 - 1,5\,\text{dm}^2$

$A_{\text{Halbkreisring}} = 4,5\,\text{dm}^2$

Flächeninhalt des gesamten Buchstabens

$A_{\text{Buchstabe}} = 7\,\text{dm}^2 + 4,5\,\text{dm}^2$

$A_{\text{Buchstabe}} = 11,5\,\text{dm}^2$

Hinweise und Tipps

✦ Berechne den Flächeninhalt des inneren Halbkreises.

✦ $A_{\text{Halbkreis}} = r \cdot r \cdot \pi : 2$

✦ Rechne mit $\pi = 3$.

✦ Entnimm die benötigten Maße der Skizze.

✦ Subtrahiere vom Flächeninhalt des äußeren Halbkreises den Flächeninhalt des inneren Halbkreises und du erhältst den Flächeninhalt des halbkreisförmigen Kreisrings.

✦ Addiere die Teilflächen und du erhältst den Flächeninhalt des Buchstabens.

---

6 Wochentag des 27. Septembers 2019

2. September 2019, Montag

9. September 2019, Montag

16. September 2019, Montag

23. September 2019, Montag

24. September 2019, Dienstag

25. September 2019, Mittwoch

26. September 2019, Donnerstag

27. September 2019, Freitag

Der 27. September war ein Freitag.

✦ Gehe schrittweise vor.

✦ Eine Woche hat 7 Tage.

✦ Wenn der 2. September 2019 ein Montag war, dann war der 9. September auch ein Montag.

✦ Gehe Woche für Woche vor bis zum 23. September.

✦ Arbeite dich nun Tag für Tag bis zum 27. September vor.

---

7 passende Maßeinteilung für den Messbecher

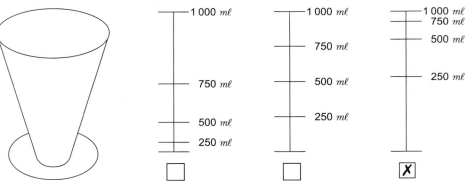

✦ Überlege:

✦ Der fast kegelförmige Messbecher ist unten sehr eng, nach oben wird er immer breiter. Fülle den dargestellten Messbecher gedanklich mit Wasser. Zu Beginn steigt der Wasserstand sehr schnell an, da wegen des geringen Durchmessers am unteren Ende des Messbechers nur wenig Wasser in den Messbecher passt.

✦ Je mehr Wasser du in den Messbecher gießt, umso langsamer steigt der Wasserstand, da der Durchmesser des Messbechers mit steigendem Wasserstand immer größer wird.

✦ ⇒ Die linke Maßeinteilung eignet sich für einen Messbecher, der unten sehr breit ist und nach oben immer schmäler wird.

✦ ⇒ Die mittlere Maßeinteilung hat zwischen den einzelnen Maßeinteilungen gleiche Abstände. Diese Maßeinteilung passt zu einem Zylinder oder Prisma.

✦ ⇒ Die rechte Maßeinteilung eignet sich für einen Messbecher, der unten sehr schmal ist und nach oben immer breiter wird.

✦ Kreuze die rechte Maßeinteilung an.

8 **Flächeninhalt des ausgeschnittenen Dreiecks ABC**

$a = 10\,\text{cm}$

$A_{\text{Quadrat}} = 10\,\text{cm} \cdot 10\,\text{cm}$

$A_{\text{Quadrat}} = 100\,\text{cm}^2$

$A_{\text{Dreieck}} = 100\,\text{cm}^2 : 4$

$A_{\text{Dreieck}} = 25\,\text{cm}^2$

oder:

$g = 10\,\text{cm}$

$h = 10\,\text{cm} : 2 = 5\,\text{cm}$

$A = \dfrac{1}{2} \cdot 10\,\text{cm} \cdot 5\,\text{cm}$

$A = 25\,\text{cm}^2$

Das ausgeschnittene Dreieck ABC ist ein gleich-schenklig-rechtwinkliges Dreieck. Der Flächeninhalt des Dreiecks ABC ist der vierte Teil des Quadrats. Berechne den Flächeninhalt des Quadrats.

$A_{\text{Quadrat}} = a \cdot a$

Berechne den vierten Teil des Flächeninhalts des Quadrats.

Die Länge der Höhe des gleichschenklig-rechtwinkligen Dreiecks ist die halbe Länge einer Quadratseite. Berechne den Flächeninhalt des Dreiecks ABC.

$A = \dfrac{1}{2} \cdot g \cdot h$

---

9 **späteste Abfahrtszeit des Zugs für Jasmin**

späteste Ankunftszeit in Nürnberg

$15\,\text{min} + 20\,\text{min} = 35\,\text{min}$

$14\text{:}00\,\text{Uhr} - 35\,\text{min} = 13\text{:}25\,\text{Uhr}$

Ankunft in Nürnberg: 13:19

Abfahrt in Erlangen: 13:02

Sie muss spätestens mit dem Zug um **13:02** Uhr fahren.

Wie viele Minuten vor dem Vorstellungsgespräch muss der Zug spätestens in Nürnberg ankommen? Wähle aus dem Fahrplan den Zug aus, der vor 13:25 Uhr in Nürnberg ankommt.

Schreibe die Abfahrtszeit in Erlangen auf.

---

10 **Setze korrekt ein.**

a) $\sqrt{0,25} = 0,5$

$0,5 > 0,4$

$\sqrt{0,25} > 0,4$

Ziehe die Quadratwurzel aus $\sqrt{0,25}$.
Vergleiche mit 0,4.
Setze > ein.

b) $2,5 \cdot 10^{-2} = \dfrac{2,5}{100} = \dfrac{25}{1000} = \dfrac{1}{40}$

$\dfrac{3}{8} > \dfrac{1}{40}$

$\dfrac{3}{8} > 2,5 \cdot 10^{-2}$

Schreibe $2,5 \cdot 10^{-2}$ als Bruch und kürze.

Vergleiche die Brüche.

Setze > ein.

oder:

$\dfrac{3}{8} = 3 : 8 = 0,375$

$10^{-2} = 0,01$

$2,5 \cdot 0,01 = 0,025$

$0,375 > 0,025$

$\dfrac{3}{8} > 2,5 \cdot 10^{-2}$

Schreibe $\dfrac{3}{8}$ als Dezimalbruch.

Schreibe $2,5 \cdot 10^{-2}$ als Dezimalbruch.

Vergleiche die Dezimalbrüche.

Setze > ein.

11 Entfernung zwischen Passau und Aschaffenburg
Abmessen der Streckenlängen in der Karte
Strecke München – Nürnberg: 3 cm
Strecke Passau – Aschaffenburg: 7 cm
Berechnung der tatsächlichen Entfernungen
3 cm in der Karte ≙ 150 km
1 cm in der Karte ≙ 150 km : 3 = 50 km
7 cm in der Karte ≙ 7 · 50 km = 350 km
Die Entfernung zwischen Passau und
Aschaffenburg beträgt 350 km.

✦ Hinweise und Tipps

✦ Miss mit dem Geodreieck die Strecke
✦ München – Nürnberg. Runde auf ganze cm.
✦ Miss mit dem Geodreieck die Strecke
✦ Passau – Aschaffenburg. Runde auf ganze cm.
✦ Berechne nun die tatsächliche Entfernung zwischen
✦ Passau und Aschaffenburg.
✦ 3 cm in der Karte entsprechen 150 km Luftlinie.
✦ Wie viele km Luftlinie beträgt die Entfernung zwischen
✦ Passau und Aschaffenburg? Löse mit dem Dreisatz.

12 passende Puzzle-Teile

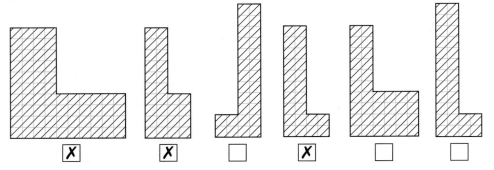

✦ Das Rechteck ist 14 Kästchen lang und 12 Kästchen breit.
✦ Beachte, dass du die Puzzle-Teile auch drehen kannst.
✦ Das große Puzzle-Teil (erste Wahlmöglichkeit) passt in der Länge und der Breite unten an die rechte Seite des
✦ Rechtecks. Es muss dazu gedreht werden.
✦ Das fehlende Puzzle-Teil, das links unten angelegt werden kann, muss im unteren Teil aus einem Quadrat mit
✦ Seitenlänge 4 Kästchen bestehen.
✦ Oben fehlt ein Puzzle-Teil mit einer Länge von 10 Kästchen. Das Puzzle-Teil darf (bis auf seinen „Fuß") nur
✦ 2 Kästchen breit sein.
✦ Kreuze die entsprechenden Puzzle-Teile an.

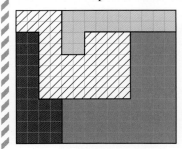

Teil B – Aufgabengruppe I

1

Basketbälle: x
Fußbälle: x − 10 ⎫
Volleybälle: 0,5x ⎬ 120 Bälle

$x + x - 10 + 0,5x = 120$
$\qquad 2,5x - 10 = 120 \qquad |+10$
$\qquad\qquad 2,5x = 130 \qquad |:2,5$
$\qquad\qquad\quad x = 52$

Basketbälle: 52
Fußbälle: 52 − 10 = 42
Volleybälle: 0,5 · 52 = 26

Hinweise und Tipps

Überlege, wie sich die Anzahl der bestellten Bälle auf die drei Ballarten verteilt.
Lege für die Anzahl der bestellten Basketbälle die Variable x fest.
Drücke die Anzahl der Fußbälle und Volleybälle mithilfe von x aus.
„10 Fußbälle weniger als Basketbälle": x − 10
„halb so viele Volleybälle wie Basketbälle": 0,5x
Stelle die Gleichung auf und löse sie.
Berechne die Anzahl der verschiedenen Bälle.

2

a) **Anteil der durch Elfmeter erzielten Tore bei der Fußballweltmeisterschaft 2018 in Prozent**
G = 169 Tore
P = 22 Tore
$p \% = 22 \text{ Tore} : 169 \text{ Tore} \cdot 100 \%$
$p \% = 13,017\dots \%$
$p \% \approx 13 \%$

Die benötigten Daten findest du in der Abbildung bei 2018.
Die Anzahl aller Tore bei der Fußballweltmeisterschaft 2018 ist der Grundwert **G**, die durch Elfmeter erzielten Tore sind der Prozentwert **P**.
Berechne den Prozentsatz p %.
$p \% = P : G \cdot 100 \%$
Runde den Prozentsatz sinnvoll (hier: ganze Prozent).

b) **Durchschnitt der Tore durch Elfmeter bei den vier Fußballweltmeisterschaften 2006 bis 2018**
2006: 13 Tore durch Elfmeter
2010: + 9 Tore durch Elfmeter
2014: + 12 Tore durch Elfmeter
2018: + 22 Tore durch Elfmeter
4 Jahre: 56 Tore durch Elfmeter

Durchschnitt der durch Elfmeter erzielten Tore bei den letzten vier Fußballweltmeisterschaften:
56 Tore : 4 = 14 Tore

Die Anzahl der Tore durch Elfmeter findest du in der Abbildung bei den Jahreszahlen (hellgraue Säule).
Addiere die Anzahl der Tore durch Elfmeter bei allen Fußballweltmeisterschaften.

Dividiere die Summe der Tore durch Elfmeter durch die Anzahl der Jahre.

c) **Berechnen der Winkel für das Kreisdiagramm**
$74 \text{ Elfmeter} \triangleq 360°$
$\ 1 \text{ Elfmeter} \triangleq 360° : 74 = 4,864\dots°$
$18 \text{ Elfmeter} \triangleq 4,864\dots° \cdot 18 = 87,567\dots°$
$87,567\dots° \approx 88°$ (Elfmeter ohne Tor)
$360° - 88° = 272°$ (Elfmeter mit Tor)

Bereite die Daten für das Kreisdiagramm auf.
Alle Elfmeter bei den letzten vier Fußballweltmeisterschaften entsprechen 360°.
Berechne die Größe des Winkels für den Kreissektor der Elfmeter, die nicht zu einem Tor führten.
Runde die Größe des Winkels sinnvoll (hier: ganze Grad).
Zeichne einen Kreis mit r = 4 cm.
Trage den Winkel für das Kreissegment „Elfmeter, die nicht zu einem Tor führten" mit dem Geodreieck ein.
Beschrifte das Schaubild vollständig.

Ergebnisse der Elfmeterschießen bei Fußball-WMs

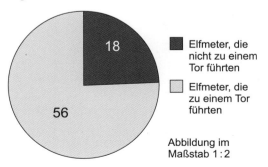

Elfmeter, die nicht zu einem Tor führten

Elfmeter, die zu einem Tor führten

Abbildung im Maßstab 1 : 2

3 **Volumen der aufgesetzten rechteckigen Pyramide**

$a = 12\,\text{cm}$
$b = 9\,\text{cm}$
$h_p = 16\,\text{cm}$

$$V_{\text{Pyramide}} = \frac{1}{3} \cdot 12\,\text{cm} \cdot 9\,\text{cm} \cdot 16\,\text{cm}$$
$$V_{\text{Pyramide}} = 576\,\text{cm}^3$$

✦ Setze die gegebenen Werte in die Formel zur Berechnung des Volumens einer Pyramide mit rechteckiger Grundfläche ein und berechne das Volumen der Pyramide.

$$V_{\text{Pyramide}} = \frac{1}{3} \cdot a \cdot b \cdot h_p$$

Durchmesser des Zylinders

$a = 12\,\text{cm}$
$b = 9\,\text{cm}$

$d^2 = (12\,\text{cm})^2 + (9\,\text{cm})^2$
$d^2 = 144\,\text{cm}^2 + 81\,\text{cm}^2$
$d^2 = 225\,\text{cm}^2 \qquad |\sqrt{}$
$d = 15\,\text{cm}$

✦ Bezeichne die Länge der Diagonale der rechteckigen Grundfläche mit d. d ist auch die Länge des Durchmessers des Zylinders.
Die Länge des Durchmessers d und die Seiten a und b des Rechtecks bilden ein rechtwinkliges Dreieck. Der Durchmesser d ist die Hypotenuse, die Seiten a und b sind die Katheten. Berechne die Länge des Durchmessers d mithilfe des Satzes von Pythagoras.

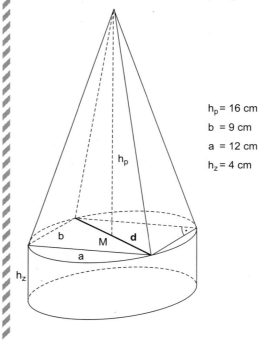

$h_p = 16\,\text{cm}$
$b = 9\,\text{cm}$
$a = 12\,\text{cm}$
$h_z = 4\,\text{cm}$

Volumen des Zylinders

$d = 15\,\text{cm}$
$r = 15\,\text{cm} : 2$
$r = 7,5\,\text{cm}$
$h_z = 4\,\text{cm}$

$V_{\text{Zylinder}} = 7,5\,\text{cm} \cdot 7,5\,\text{cm} \cdot 3,14 \cdot 4\,\text{cm}$
$V_{\text{Zylinder}} = 706,5\,\text{cm}^3$

✦ Berechne das Volumen des Zylinders.
✦ Bestimme dazu zuerst seinen Radius.

✦ $V_{\text{Zylinder}} = r \cdot r \cdot \pi \cdot h_z$
✦ Rechne mit $\pi = 3,14$.

Volumen des Werkstücks

$V_{\text{Werkstück}} = 576\,\text{cm}^3 + 706,5\,\text{cm}^3$
$V_{\text{Werkstück}} = 1\,282,5\,\text{cm}^3$

✦ Addiere die Teilvolumen.

4

a) **Mittelpunktswinkel γ**

$\gamma = 360° : 5$

$\gamma = 72°$

Basiswinkel α

$2\alpha + 72° = 180° \qquad |-72°$

$\quad 2\alpha = 108° \qquad |:2$

$\quad\ \ \alpha = 54°$

Zeichnung

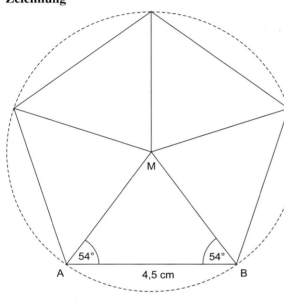

54°   54°

A   4,5 cm   B

b) **Seitenlänge a des anderen regelmäßigen Fünfecks**

$u = 29,5 \text{ cm}$

$a = 29,5 \text{ cm} : 5$

$a = 5,9 \text{ cm}$

Unterschied der Seitenlängen der beiden Fünfecke

$5,9 \text{ cm} - 4,5 \text{ cm} = 1,4 \text{ cm}$

✎ Hinweise und Tipps

Ein regelmäßiges Fünfeck setzt sich aus fünf deckungsgleichen gleichschenkligen Dreiecken zusammen.
Berechne die Größe des Mittelpunktswinkels für ein Bestimmungsdreieck im regelmäßigen Fünfeck.

Berechne damit die Größe der Basiswinkel im Bestimmungsdreieck.

Eine Dreiecksseite und die beiden daran anliegenden Winkel sind nun bekannt.
Zeichne eine Strecke mit der Länge 4,5 cm.
Bezeichne den Anfang und das Ende der Strecke mit A und B.
Trage die Basiswinkel mit dem Geodreieck an den Enden der Strecke [AB] an und zeichne das Bestimmungsdreieck (wsw).
Der Schnittpunkt der Schenkel ergibt den Mittelpunkt M des Umkreises.
Zeichne einen Kreis um M mit r = $\overline{\text{MA}}$.
Trage die Länge der Strecke [AB] mit dem Zirkel auf der Kreislinie ab.
Arbeite genau!
Verbinde die Schnittpunkte mit der Kreislinie der Reihe nach. Dann erhältst du das regelmäßige Fünfeck.

Der Umfang eines regelmäßigen Fünfecks ist das Fünffache einer Seitenlänge a. Berechne die Länge einer Seite.

Subtrahiere von der längeren Fünfecksseite die kürzere Fünfecksseite.

Teil B – Aufgabengruppe II

1 $\dfrac{2x+9}{5} - \dfrac{1}{2} \cdot (x-15) = \dfrac{3}{4} \cdot (13-7x) + 15$ $| \cdot 20$

✐ Multipliziere mit dem Hauptnenner 20.

$$\dfrac{\overset{4}{\cancel{20}} \cdot (2x+9)}{\cancel{5}} - \dfrac{\overset{10}{\cancel{20}} \cdot 1}{\cancel{2}} \cdot (x-15) = \dfrac{\overset{5}{\cancel{20}} \cdot 3}{\cancel{4}} \cdot (13-7x) + 20 \cdot 15$$

✐ Kürze.

$4 \cdot (2x+9) - 10 \cdot (x-15) = 15 \cdot (13-7x) + 300$

$8x + 36 - 10x + 150 = 195 - 105x + 300$

$-2x + 186 = -105x + 495$ $|+105x; -186$

$103x = 309$ $|:103$

$x = 3$

✐ Multipliziere aus. Achte auf die Vorzeichen.
✐ Fasse zusammen.

oder:

$$\dfrac{2x+9}{5} - \dfrac{1}{2} \cdot (x-15) = \dfrac{3}{4} \cdot (13-7x) + 15$$

✐ Wandle die Brüche in Dezimalbrüche um.

$0,2 \cdot (2x+9) - 0,5 \cdot (x-15) = 0,75 \cdot (13-7x) + 15$

$0,4x + 1,8 - 0,5x + 7,5 = 9,75 - 5,25x + 15$

$-0,1x + 9,3 = 24,75 - 5,25x$ $|+5,25x; -9,3$

$5,15x = 15,45$ $|:5,15$

$x = 3$

✐ Multipliziere aus. Achte auf die Vorzeichen.
✐ Fasse zusammen.

---

2 a) **Kosten für das Doppelzimmer bei 15 % Frühbucherrabatt**

$100\,\% \triangleq 680\,€$

$1\,\% \triangleq 6,80\,€$

$15\,\% \triangleq 6,80\,€ \cdot 15 = 102\,€$

$680\,€ - 102\,€ = 578\,€$

✐ Michael und Nicole bekommen 15 % Frühbucherrabatt.
✐ Sie bezahlen also 15 % weniger.
✐ Der Grundwert **G** ist der normale Preis für das Doppelbettzimmer.
✐ Der Prozentsatz **p** ist der Frühbucherrabatt in %.
✐ Berechne den Frühbucherrabatt in Euro mit dem Dreisatz.
✐ Subtrahiere den Preisnachlass durch den Frühbucherrabatt vom regulären Preis.

Hotelkosten bei sofortiger Bezahlung

$G = 578\,€$

$p\,\% = 2\,\%$

$100\,\% \triangleq 578\,€$

$1\,\% \triangleq 5,78\,€$

$2\,\% \triangleq 5,78\,€ \cdot 2 = 11,56\,€$

$578\,€ - 11,56\,€ = 566,44\,€$

Bei sofortiger Bezahlung betragen die Hotelkosten 566,44 €.

oder:

Kosten für das Doppelzimmer bei 15 % Frühbucherrabatt und 2 % Skonto

$100\,\% \triangleq 680\,€$

$1\,\% \triangleq 6,80\,€$

$85\,\% \triangleq 6,80\,€ \cdot 85 = 578\,€$

oder:

$680\,€ \cdot 0,85 = 578\,€$

✐ Wenn Michael und Nicole sofort zahlen, erhalten sie auf den durch den Frühbucherrabatt verminderten Preis noch mal 2 % Skonto.
✐ Der neue Grundwert **G** (100 %) ist der ermäßigte Preis durch den Frühbucherrabatt.
✐ Berechne den neuen Preisnachlass bei 2 % Skonto. Rechne mit dem Dreisatz.
✐ Subtrahiere den Preisnachlass bei 2 % Skonto vom verminderten Preis durch den Frühbucherrabatt.

✐ Michael und Nicole bekommen 15 % Frühbucherrabatt.
✐ Sie bezahlen nur 100 % – 15 % = 85 %.
✐ Berechne den ermäßigten Preis für das Doppelzimmer mit dem Dreisatz oder mit dem Faktor.

✐ 85 % = 0,85

Hinweise und Tipps

$$100\ \% \triangleq 578\ \text{€}$$
$$1\ \% \triangleq 5{,}78\ \text{€}$$
$$98\ \% \triangleq 5{,}78\ \text{€} \cdot 98 = 566{,}44\ \text{€}$$

Michael und Nicole erhalten bei sofortiger Bezahlung auf den verminderten Preis zusätzlich 2 % Skonto. Sie bezahlen nur 100 % − 2 % = 98 % des verminderten Preises. Der neue Grundwert **G** ist der ermäßigte Preis durch den Frühbucherrabatt.

oder:
$$578\ \text{€} \cdot 0{,}98 = 566{,}44\ \text{€}$$

Berechne die Hotelkosten bei sofortiger Bezahlung mit dem Dreisatz oder mit dem Faktor.
98 % = 0,98

oder:
$$680\ \text{€} \cdot 0{,}85 \cdot 0{,}98 = 566{,}44\ \text{€}$$

Verkette die Faktoren.

Bei sofortiger Bezahlung betragen die Hotelkosten 566,44 €.

b) **Anzahl der möglichen Karten für die Rodelbahn**

Kosten für den Klettergarten
$$23{,}50\ \text{€} \cdot 2 = 47\ \text{€}$$

Geld für die Rodelbahn
$$75\ \text{€} - 47\ \text{€} = 28\ \text{€}$$
$$28\ \text{€} : 5{,}70\ \text{€} = 4{,}91\ldots$$

Michael und Nicole können maximal 4 Fahrkarten kaufen.

Wie viel Geld bleibt Michael und Nicole nach dem Klettergarten noch für die Rodelbahn?

Eine Fahrkarte kostet 5,70 €. Wie viele Fahrkarten können Michael und Nicole kaufen?

Es können nur ganze Fahrkarten gekauft werden.

---

3 **Flächeninhalt der beiden grau markierten Dreiecke**

Flächeninhalt des Quadrats
$$a = 6\ \text{cm}$$
$$A_{\text{Quadrat}} = 6\ \text{cm} \cdot 6\ \text{cm}$$
$$A_{\text{Quadrat}} = 36\ \text{cm}^2$$

Die beiden grau markierten Dreiecke besitzen zusammen den halben Flächeninhalt des Quadrats.
Berechne den Flächeninhalt des Quadrats.
$$A_{\text{Quadrat}} = a \cdot a$$

Flächeninhalt der beiden grau markierten Dreiecke
$$36\ \text{cm}^2 : 2 = 18\ \text{cm}^2$$

Berechne den Flächeninhalt der beiden grau markierten Dreiecke.

Länge der Höhe h eines Parallelogramms
$$a = 6\ \text{cm}$$
$$b = 7{,}5\ \text{cm}$$
$$h^2 = (7{,}5\ \text{cm})^2 - (6\ \text{cm})^2$$
$$h^2 = 56{,}25\ \text{cm}^2 - 36\ \text{cm}^2$$
$$h^2 = 20{,}25\ \text{cm}^2 \qquad |\sqrt{}$$
$$h = 4{,}5\ \text{cm}$$

Im Parallelogramm bilden die Seiten a, b und die Höhe h ein rechtwinkliges Dreieck.
Die Seite b ist die Hypotenuse, die Seite a und die Höhe h sind die Katheten.
Berechne die Länge der Höhe h mithilfe des Satzes von Pythagoras.

Flächeninhalt der vier deckungsgleichen Parallelogramme
$$a = 6\ \text{cm}$$
$$h = 4{,}5\ \text{cm}$$
$$A_{\text{Parallelogramm}} = 6\ \text{cm} \cdot 4{,}5\ \text{cm}$$
$$A_{\text{Parallelogramm}} = 27\ \text{cm}^2$$
$$27\ \text{cm}^2 \cdot 4 = 108\ \text{cm}^2$$

Setze die gegebenen Werte in die Formel zur Berechnung des Flächeninhalts eines Parallelogramms ein und berechne den Flächeninhalt.
$$A_{\text{Parallelogramm}} = a \cdot h$$

Multipliziere den Flächeninhalt eines Parallelogramms mit 4.

Flächeninhalt der grau markierten Fläche
$$18\ \text{cm}^2 + 108\ \text{cm}^2 = 126\ \text{cm}^2$$

Addiere die Teilflächen.

4   a) **fehlende Werte in der Tabelle**

Miete für den Akku in 2 Jahren
$$800 \text{ €} \cdot 2 = 1600 \text{ €}$$

Mietzeit bei einer Akkumiete von 4 000 €
$$4000 \text{ €} : 800 \text{ €} = 5 \text{ (Jahre)}$$

Miete für den Akku in 8 Jahren
$$800 \text{ €} \cdot 8 = 6400 \text{ €}$$

Vollständige Tabelle:

Mietzeit in Jahren	2	5	8	12
Miete für den Akku in €	1 600	4 000	6 400	9 600

b) **grafische Darstellung**

Lege ein Koordinatensystem nach der Vorgabe an.

Rechtswertachse: $1 \text{ cm} \mathrel{\hat=} 1 \text{ Jahr}$

Hochwertachse: $1 \text{ cm} \mathrel{\hat=} 1000 \text{ €}$

Platzbedarf:

Rechtswertachse 13 cm; Hochwertachse 11 cm

Beschrifte das Koordinatensystem vollständig.

Trage den Punkt 5 Jahre − 4 000 € in das Koordinatensystem ein. Verbinde den Koordinatenursprung und den Punkt zu einer Halbgerade.

Arbeite genau. Der Punkt 10 Jahre − 8 000 € muss exakt auf der Halbgerade liegen.

Gehe von der Rechtswertachse aus bei den in der Tabelle aufgeführten Jahren senkrecht bis zur Halbgerade nach oben und anschließend nach links bis zur Hochwertachse.

Trage nur die in der Tabelle aufgeführten Punkte ein.

Anmerkung: Streng genommen gehören nur die Punkte mit ganzzahligen Jahren zur Darstellung, da die Mietzeit für den Akku nur in ganzen Jahren abgerechnet wird. Die Halbgerade hilft dir aber dabei, die Punkte aus der Tabelle genau einzutragen.

Hinweise und Tipps

Arbeite dich schrittweise von links nach rechts durch die Tabelle.

Im Angebot B findest du die jährlichen Kosten für den Akku.

Hinweise und Tipps

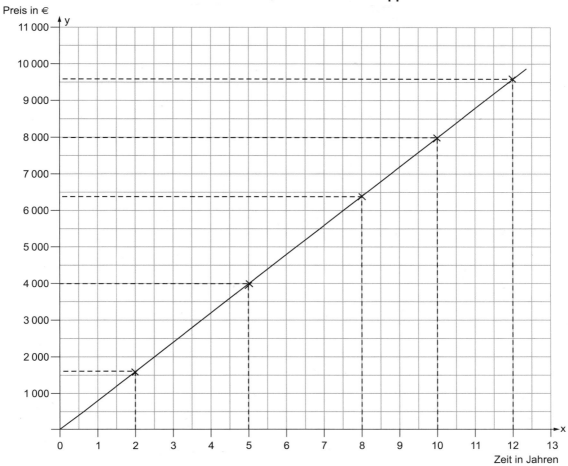

c) **Vergleich der Angebote A und B**
Kaufpreis des Fahrzeugs ohne Akku
21 460 €

Miete für den Akku in 9 Jahren
800 € · 9 = 7 200 €

Gesamtkosten bei Angebot B nach 9 Jahren
21 460 € + 7 200 € = 28 660 €

Angebot A: 29 860 €
Angebot B: 28 660 €
28 660 € < 29 860 €

Das Angebot B ist günstiger.

✦ Addiere zum Kaufpreis des Fahrzeugs ohne Akku die Miete für den Akku bei einer Mietzeit von 9 Jahren. Die benötigten Daten findest du bei Angebot B.

✦ Vergleiche die Angebote und entscheide.

Teil B – Aufgabengruppe III

Hinweise und Tipps

1

$$12 \cdot (1,3x + 10,4) - 3 \cdot (2x - 3) = (8,1x + 2 \cdot 7,2) : 0,2$$
$$12 \cdot (1,3x + 10,4) - 3 \cdot (2x - 3) = (8,1x + 14,4) : 0,2$$
$$(15,6x + 124,8) - (6x - 9) = 40,5x + 72$$
$$15,6x + 124,8 - 6x + 9 = 40,5x + 72$$
$$9,6x + 133,8 = 40,5x + 72 \qquad |-40,5x; -133,8$$
$$-30,9x = -61,8 \qquad |:(-30,9)$$
$$x = 2$$

- Berechne zunächst das Produkt in der rechten Klammer.
- Multipliziere auf der linken Seite in die Klammern, dividiere auf der rechten Seite in der Klammer.
- Löse die Klammern auf und achte auf die Vorzeichenregel.
- Fasse zusammen.

2

a) Zunahme der Abfälle von Bauarbeiten von 2012 bis 2016 in Millionen Tonnen

$G = 199$ Mio. t

$p\% = 11,5\%$

$100\% \triangleq 199$ Mio. t

$1\% \triangleq 1,99$ Mio. t

$11,5\% \triangleq 1,99$ Mio. t $\cdot 11,5 = 22,885$ Mio. t

$22,885$ Mio. t ≈ 23 Mio. t

Abfälle von Bauarbeiten 2016

199 Mio. t $+ 23$ Mio. t $= 222$ Mio. t

oder:

$100\% \triangleq 199$ Mio. t

$1\% \triangleq 1,99$ Mio. t

$111,5\% \triangleq 1,99$ Mio. t $\cdot 111,5 = 221,885$ Mio. t

$221,885$ Mio. t ≈ 222 Mio. t

oder:

199 Mio. t $\cdot 1,115 = 221,885$ Mio. t

$221,885$ Mio. t ≈ 222 Mio. t

- Die benötigten Daten findest du in der Tabellenzeile „Abfälle von Bauarbeiten".
- Die Abfälle von Bauarbeiten im Jahr 2012 sind der Grundwert **G**, die Zunahme um 11,5 % ist der Prozentsatz **p %**. Berechne den Prozentwert **P** mit dem Dreisatz.
- Runde den Prozentwert sinnvoll (hier: auf ganze Mio. t).
- Addiere zu den Abfällen von Bauarbeiten im Jahr 2012 den Anstieg der Abfälle von Bauarbeiten bis 2016.
- Von 2012 bis 2016 steigen die Abfälle von Bauarbeiten um 11,5 % an. 2016 fallen $100\% + 11,5\% = 111,5\%$ Abfälle von Bauarbeiten an. Der Grundwert **G** (100 %) sind die Abfälle von Bauarbeiten im Jahr 2012.
- Berechne den Prozentwert mit dem Faktor. $111,5\% = 1,115$

b) Abfälle aus Privathaushalten im Jahr 2012 in Millionen Tonnen

$G = 54$ Mio. t

$108\% \triangleq 54$ Mio. t

$1\% \triangleq 54$ Mio. t $: 108 = 0,5$ Mio. t

$100\% \triangleq 0,5$ Mio. t $\cdot 100 = 50$ Mio. t

- Die Abfallmenge aus privaten Haushalten stieg von 2012 (100 %) bis 2016 um 8 % auf $100\% + 8\% = 108\%$.
- Die Abfälle in Millionen Tonnen findest du in der Tabellenzeile „Abfälle aus Privathaushalten". Die gesamte Abfallmenge aus Privathaushalten im Jahr 2016 ist der erhöhte Grundwert **G**.
- Berechne den Prozentwert **P** mit dem Dreisatz.

c) gesamte Abfallmenge 2016 in Millionen Tonnen

$p\% = 14\%$

$P = 58$ Mio. t

$14\% \triangleq 58$ Mio. t

$1\% \triangleq 58$ Mio. t $: 14 = 4,14285\dots$ Mio. t

$100\% \triangleq 4,14285\dots$ Mio. t $\cdot 100 = 414,285\dots$ Mio. t

$414,285\dots$ Mio. t ≈ 414 Mio. t

2016 fielen insgesamt 414 Millionen Tonnen Abfälle an.

- Die benötigten Daten findest du in der Tabellenzeile „Abfälle aus der Produktion".
- Die Abfälle aus der Produktion im Jahr 2016 in Millionen Tonnen sind der Prozentwert **P**, der zugehörige Prozentsatz **p %** ist in der Aufgabenstellung gegeben. Die gesamte Abfallmenge in Millionen Tonnen für das Jahr 2016 ist der Grundwert **G**.
- Berechne den Grundwert **G** mit dem Dreisatz.
- Runde den Grundwert sinnvoll (hier: ganze Millionen Tonnen).

3

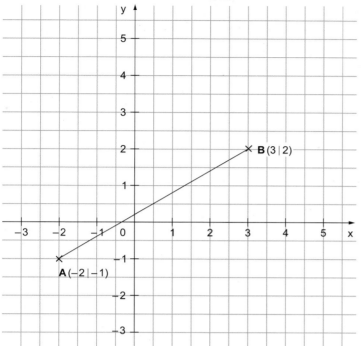

Zeichne ein Koordinatensystem mit der Einheit 1 cm.
x-Achse: −3 cm bis 5 cm
y-Achse: −3 cm bis 5 cm
Beschrifte das Koordinatensystem vollständig.
Trage den Punkt A(−2|−1) ein. Gehe dazu vom Koordinatenursprung aus 2 cm nach links und 1 cm nach unten.
Trage den Punkt B(3|2) ein. Gehe dazu vom Koordinatenursprung aus 3 cm nach rechts und 2 cm nach oben.
Beschrifte die Punkte.
Verbinde die Punkte zur Strecke [AB].

a)

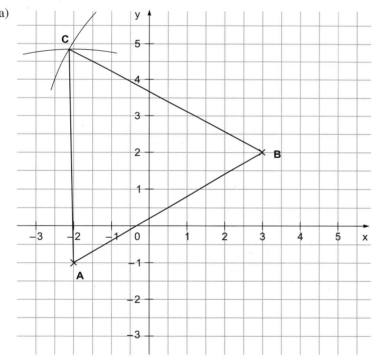

Ein gleichseitiges Dreieck hat drei gleich lange Seiten.
Zeichne einen Kreisbogen um A mit r = $\overline{AB}$.
Zeichne einen Kreisbogen um B mit r = $\overline{AB}$.
Der Schnittpunkt der beiden Kreisbögen ergibt den Punkt C.
Verbinde die Punkte A und B jeweils mit dem Punkt C und du erhältst das gleichseitige Dreieck ABC.

Anmerkung: Bezeichnet werden Ecken von geometrischen Figuren grundsätzlich gegen den Uhrzeigersinn. Daher kann das gleichseitige Dreieck nur nach oben gezeichnet werden.

b)

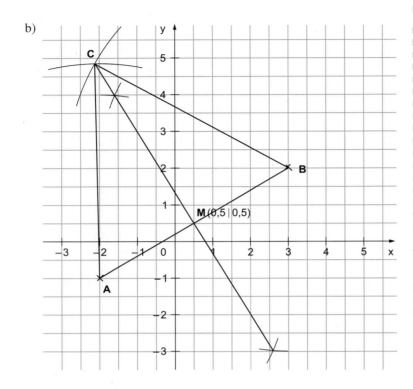

Hinweise und Tipps

Halbiere die Strecke [AB] mit dem Geodreieck. Trage den Punkt M ein. Zeichne mit dem Geodreieck die Senkrechte durch den Punkt M.

oder:

Konstruiere mit dem Zirkel die Mittelsenkrechte.
Zeichne einen Kreisbogen um A mit beliebigem Radius (hier: r = 5 cm).
Zeichne einen Kreisbogen um B mit dem gleichen Radius.
Zeichne durch die Schnittpunkte der beiden Kreisbögen die Mittelsenkrechte. Trage den Punkt M ein.

oder:

Im gleichseitigen Dreieck ABC halbiert die Mittelsenkrechte die Strecke [AB] und verläuft durch den Punkt C. Zeichne mit dem Geodreieck die Mittelsenkrechte. Beschrifte den Schnittpunkt der Mittelsenkrechten mit der Strecke [AB] mit M.

c)

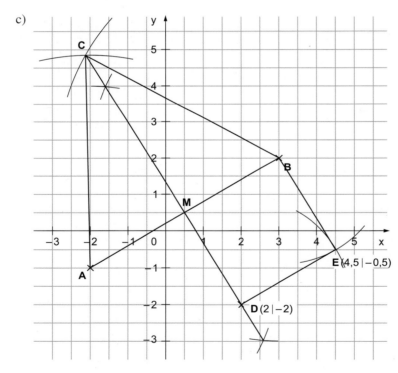

Trage mit dem Zirkel die Strecke [BM] auf der Mittelsenkrechten nach unten ab. Du erhältst den Punkt D.
Zeichne einen Kreisbogen um D mit r = $\overline{BM}$. Zeichne einen Kreisbogen um B mit r = $\overline{BM}$.
Der Schnittpunkt der beiden Kreisbögen ergibt den Eckpunkt E. Trage den Eckpunkt E ein.
Verbinde die Eckpunkte D und B jeweils mit dem Punkt E und du erhältst das Quadrat BMDE.

Anmerkung: Bezeichnet werden Ecken von geometrischen Figuren grundsätzlich gegen den Uhrzeigersinn. Daher kann das Quadrat nur nach unten gezeichnet werden.

4 **Länge der Seite c**

$A = 96\,\text{cm}^2$

$b = 12\,\text{cm}$

$96\,\text{cm}^2 = 12\,\text{cm} \cdot c \qquad |:12\,\text{cm}$

$\phantom{96\,\text{cm}^2 = 12\,\text{cm} \cdot} c = 8\,\text{cm}$

Länge der Seite a

$d = 17\,\text{cm}$

$c = 8\,\text{cm}$

$a^2 + c^2 = d^2 \qquad\qquad |-c^2$

$a^2 = d^2 - c^2$

$a^2 = (17\,\text{cm})^2 - (8\,\text{cm})^2$

$a^2 = 289\,\text{cm}^2 - 64\,\text{cm}^2$

$a^2 = 225\,\text{cm}^2 \qquad\quad |\sqrt{}$

$a = 15\,\text{cm}$

Oberflächeninhalt des Quaders

$a = 15\,\text{cm}$

$b = 12\,\text{cm}$

$c = 8\,\text{cm}$

$O = 2 \cdot (15\,\text{cm} \cdot 12\,\text{cm}) + 2 \cdot (15\,\text{cm} \cdot 8\,\text{cm}) + 2 \cdot (12\,\text{cm} \cdot 8\,\text{cm})$

$O = 360\,\text{cm}^2 + 240\,\text{cm}^2 + 192\,\text{cm}^2$

$O = 792\,\text{cm}^2$

oder:

Flächeninhalt der linken und rechten Seitenfläche

$2 \cdot 96\,\text{cm}^2 = 192\,\text{cm}^2$

Flächeninhalt der Grund- und Deckfläche

$2 \cdot 15\,\text{cm} \cdot 12\,\text{cm} = 360\,\text{cm}^2$

Flächeninhalt der vorderen und hinteren Fläche

$2 \cdot 15\,\text{cm} \cdot 8\,\text{cm} = 240\,\text{cm}^2$

Oberflächeninhalt des Quaders

$192\,\text{cm}^2 + 360\,\text{cm}^2 + 240\,\text{cm}^2 = 792\,\text{cm}^2$

Hinweise und Tipps

Die Oberfläche eines Quaders besteht aus sechs Rechtecken, von denen jeweils zwei gegenüberliegende Rechtecke gleich groß sind.

Von der grau markierten, rechteckigen Seitenfläche sind der Flächeninhalt und die Länge einer Seite gegeben.

Setze in die Formel zur Berechnung des Flächeninhalts eines Rechtecks die bekannten Werte ein und löse nach c auf.

$A_{\text{Rechteck}} = b \cdot c$

Die Seite c, die Seite a und die Diagonale d bilden ein rechtwinkliges Dreieck. Die Diagonale d ist die Hypotenuse, die Seiten a und c sind die Katheten.

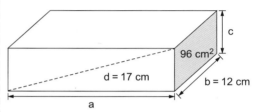

Berechne die Länge der Seite a mithilfe des Satzes von Pythagoras.

Setze in die Formel zur Berechnung des Oberflächeninhalts des Quaders die bekannten Werte ein und berechne den Oberflächeninhalt.

$O = 2 \cdot (a \cdot b) + 2 \cdot (a \cdot c) + 2 \cdot (b \cdot c)$

Gehe schrittweise vor.

Addiere die Teilflächen.

Wenn du dich beim Thema Bewerbung ungefähr so fühlst, dann helfen dir unsere **Bücher** und **Online-Assessments**

Bist du bereit für deinen Einstellungstest?

Hier kannst du testen, wie gut du in einem Einstellungstest zurechtkommen würdest.

1. **Allgemeinwissen**
Der Baustil des Kölner Doms ist dem/der ... zuzuordnen.

a) Klassizismus   b) Romantizismus
c) Gotik   d) Barock

2. **Wortschatz**
Welches Wort ist das?

N O R I N E T K T A Z N O

3. **Grundrechnen**
-11 + 23 - (-1) =

a) 10   b) 11   c) 12   d) 13

4. **Zahlenreihen**
Welche Zahl ergänzt die Reihe logisch?

17 14 7 21 18 9 ?

5. **Buchstabenreihen**
Welche Auswahlmöglichkeit ergänzt die Reihe logisch?

e d f f e g g f h ? ? ?

a) h i j   b) h g i   c) f g h   d) g h i

Lösungen: 1 c; 2 Konzentration; 3 d; 4 27; 5 b

Alles zum Thema Einstellungstests findest du hier:

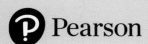 **Pearson**   www.pearson.de   **STARK**

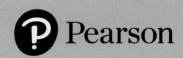